广视角·全方位·多品种

权威·前沿·原创

皮书系列为
"十二五"国家重点图书出版规划项目

文化蓝皮书

BLUE BOOK OF
CHINA'S CULTURE

中国少数民族文化发展报告
（2012）

REPORT ON THE CULTURAL DEVELOPMENT OF
CHINA'S ETHNIC MINORITIES (2012)

国家民族事务委员会文化宣传司
中国社会科学院文化研究中心　编

主　编／武翠英　张晓明　张学进
执行主编／惠　鸣　任乌晶　李　民

社会科学文献出版社
SOCIAL SCIENCES ACADEMIC PRESS (CHINA)

图书在版编目（CIP）数据

中国少数民族文化发展报告. 2012/武翠英，张晓明，张学进主编. —北京：社会科学文献出版社，2013.3
（文化蓝皮书）
ISBN 978 - 7 - 5097 - 4340 - 9

Ⅰ.①中…　Ⅱ.①武…　②张…　③张…　Ⅲ.①少数民族 - 民族文化 - 文化发展 - 研究报告 - 中国 - 2012　Ⅳ.①K28

中国版本图书馆 CIP 数据核字（2013）第 035501 号

文化蓝皮书
中国少数民族文化发展报告（2012）

主　　编/武翠英　张晓明　张学进
执行主编/惠　鸣　任乌晶　李　民

出 版 人/谢寿光
出 版 者/社会科学文献出版社
地　　址/北京市西城区北三环中路甲 29 号院 3 号楼华龙大厦
邮政编码/100029

责任部门/皮书出版中心（010）59367127　　　　责任编辑/周映希
电子信箱/pishubu@ssap.cn　　　　　　　　　责任校对/李　敏
项目统筹/邓泳红　　　　　　　　　　　　　　责任印制/岳　阳
经　　销/社会科学文献出版社市场营销中心（010）59367081　59367089
读者服务/读者服务中心（010）59367028

印　　装/北京季蜂印刷有限公司
开　　本/787mm×1092mm　1/16　　　　　　印　　张/24
版　　次/2013 年 3 月第 1 版　　　　　　　　字　　数/412 千字
印　　次/2013 年 3 月第 1 次印刷
书　　号/ISBN 978 - 7 - 5097 - 4340 - 9
定　　价/69.00 元

《中国少数民族文化发展报告 (2012)》
编 委 会

《中国少数民族文化发展报告 (2012)》
总课题组

课题组负责人　武翠英　张晓明

课题组成员　（按姓氏笔画排序）

惠　鸣　贾旭东　李　河　李旭练

李　民　任乌晶　王艳芳　意　娜

张铁军　张学进　章建刚　钟廷雄

《中国少数民族文化发展报告（2012）》
撰 稿 人

陈 烨　郭学娟　何其敏　黄 骏　惠 鸣　李 河

林燕萍　马 戎　马洪伟　裴圣愚　赛 罕　司马俊莲

汪 晖　汪春燕　王 毅　王克松　王晓蕊　向 轼

熊坤新　徐珊珊　杨富强　杨晓静　意 娜　张晓明

章建刚　赵 玲　郑长德　周亚成　祖力亚提·司马义

主编简介

武翠英 国家民委文化宣传司司长。

张学进 国家民委文化宣传司副巡视员。

张晓明 中国社会科学院文化研究中心副主任、研究员；"中国少数民族文化发展战略研究"项目总主持人，中国传媒大学文化发展研究院博士生导师；"文化产业重大课题研究计划"项目管理办公室主任；文化蓝皮书系列《中国少数民族文化发展报告》、《中国文化产业发展报告》、《国际文化产业发展报告》主编，《中国公共文化服务发展报告》执行主编；国家动漫产业基本战略研究组组长。

摘　要

《中国少数民族文化发展报告（2012）》是国家民委文化宣传司与中国社会科学院文化研究中心合作编写的第2本少数民族文化蓝皮书，也是"中国少数民族文化发展战略研究"项目的阶段性成果之一。

本书由"总报告"、"年度专稿"、"年度主题"、"年度聚焦"、"专家论坛"、"区域报告"、"田野调查"、"国外经验"组成。

"年度专稿"收录了3篇国内知名学者关于中国少数民族文化政策与理论研究重大问题的文章。"年度主题"收录了关于"促进新疆稳定发展的文化建设策略"这一主题的6篇研究报告。"年度聚焦"收录了关于新疆地区双语教育和少数民族语言发展研究的专题性论文。"专家论坛"、"区域报告"、"田野调查"等栏目从不同角度展示了国内优秀学者对少数民族文化发展所进行的专业性的深入研究。"国外经验"收录了中国学者对国外相关经验的研究。

由"总课题组"撰写的"总报告"是全书的核心内容。"总报告"认为，少数民族文化是社会主义先进文化的重要组成部分，发展和繁荣少数民族文化是新的历史条件下提升少数民族群众的文化福祉，增强中华文化的生命力和凝聚力、促进各族人民的爱国意识，以及推动民族地区经济社会加速发展的重要保障。"十一五"期间，我国少数民族文化各项事业全面进步，取得重大成果。"十二五"期间，我国少数民族文化正在迎来一系列重要的发展机遇。

"总报告"认为，在新的历史维度下，我们需要以更加宏阔的战略视野推动少数民族文化政策体系创新和转型，建构少数民族文化发展的国家战略，促进少数民族文化更好、更快地发展。

"十二五"期间，改革开放的不断深入和全社会对科学发展观的自觉践行必将推动少数民族文化政策更加科学、合理化，促进少数民族文化发展战略更加清晰、更加完善，促使少数民族文化发展的理论视野更加开阔。我们对少数民族文化的繁荣发展和中华民族文化的灿烂前景充满信心。

Abstract

"A Report on the Cultural Development of China's Ethnic Minorities (2012)" is the second volume of the blue book on ethnic minority culture. This book, which is co-compiled by the Culture and Publicity Bureau of the State Ethnic Affairs Commission of China and the Research Center for Cultural Policy of Chinese Academy of Social Sciences, is also a part of the achievements of "The Research Project on the Development Strategy of China's Ethnic Minority Culture".

The body part of this book consists of the following divisions: "General Report", "Annual Specials", "Annual Topic", "Annual Focus", "Experts' Forum", "Regional Report", "Field Investigation" and "Overseas Experience".

"Annual Specials" includes three research papers written by famous domestic scholars on the key issues of the theories and policies of China's ethnic minority culture. "Annual Topic" comprises 6 research reports on the topic of "The Cultural Construction Strategies in Promotion of the Stable Development of Xinjiang Uyghur Autonomous Region". "Annual Focus" is composed of 3 disquisitions on bilingual education and the development of ethnic minority languages in Xinjiang. Other divisions such as "Experts' Forum", "Regional Report", "Field Investigation" demonstrate from various perspectives the in-depth research by some outstanding domestic scholars on the cultural development of China's ethnic minorities. At last, "Overseas Experience" pools together the research by Chinese Scholars on the relevant foreign experience in administrating ethnic issues.

"General Report", composed by General Research Group, is the core content of this book. The report proclaims that ethnic minority culture is an integral part of the socialist advanced culture. The development and prosperity of ethnic minority culture is crucial to guarantee the promotion of the cultural welfares of the ethnic minorities, strengthen the vitality and the cohesiveness of the Chinese culture, enhance the patriotic feelings of all the ethnic groups and accelerate the social and economic development of the minority areas.

During "the Eleventh Five-Year Plan" period, various cultural causes of Chinese ethnic minorities achieved fruitful progress.

During "the Twelfth Five-Year Plan" period, Chinese ethnic minority culture is confronted with a series of critical development opportunities.

"General Report" argues that, in the new historical dimension, we should push forward the development of the ethnic minority culture soundly and rapidly with an even grander strategic horizon.

During "the Twelfth Five-Year Plan" period, the deepening of the reform and opening up and the conscious implementing of the Scientific Outlook on the Development of the whole society will surely help make the cultural policies of ethnic minorities more scientific and rational, the development strategy of ethnic minority culture more distinct and improved, and its theoretical horizon broader. We are fully confident about the prosperous development of the ethnic minority culture and the splendid future of the Chinese culture.

目录

B Ⅳ 年度聚焦：双语教育与新疆
少数民族语言发展

B Ⅴ 专家论坛

B Ⅵ 区域报告

B Ⅶ   田野调查

B Ⅷ   国外经验

B Ⅸ   大事记

皮书数据库阅读 使用指南

CONTENTS

B I   General Report

B II   Annual Specials

B III Annual Topic: The Cultural Construction Strategies in Promotion of the Stable Development of Xinjiang Uyghur Autonomous Region

B IV Annual Focus: Bilingual Education and the Development of Ethnic Minority Languages in Xinjiang Uyghur Autonomous Region

B V Experts' Forum

B VI Regional Report

总 报 告

General Report

B.1

面向"十二五":中国少数民族
文化发展的新视野

总课题组　惠　鸣　张晓明*　执笔

　　摘　要:"十一五"期间,中国少数民族文化各项事业全面进步,取得重要成果。民族地区公益性文化事业迈上新阶梯,少数民族语言文字出版业和现代传媒事业稳步推进,少数民族文化遗产传承与保护取得新突破。民族地区文化产业加速发展,教育事业取得重要突破。"十二五"期间,我国少数民族文化正在迎来一系列重要的发展机遇。在新的历史维度下,我们需要以更加宏阔的战略视野研究制定针对现实问题的科学的少数民族文化政策体系,推动少数民族文化政策从"保护救助性"向"发展支持性"转型。同

* 惠鸣,中国社会科学院文化研究中心特聘研究员、主任助理;张晓明,中国社会科学院文化研究中心副主任、研究员,中国传媒大学博士生导师,"中国少数民族文化发展战略研究"项目总主持人,"文化产业重大课题研究计划"项目管理办公室主任,文化蓝皮书系列《中国少数民族文化发展报告》、《中国文化产业发展报告》、《国际文化产业发展报告》主编,文化蓝皮书《中国公共文化服务发展报告》执行主编。邮编:100732。

时，要布局长远，在新的政治视野中建构少数民族文化发展的国家战略体系。

关键词：少数民族文化　公益性文化事业　文化产业　政策　战略

少数民族文化是社会主义先进文化的重要组成部分。发展和繁荣少数民族文化是新的历史条件下提升少数民族群众的文化福祉，增强中国各民族的凝聚力和向心力，促进民族团结，维护祖国统一，以及推动民族地区经济社会加速发展的重要保障。"十一五"以来，我国少数民族文化事业取得重大进展，民族地区公共文化事业迈上新台阶，文化产业迅速增长，教育事业达到新高度。

"十二五"期间，我国经济总量和综合国力都将跨上新台阶，为少数民族文化发展提供更加雄厚的物质基础。新一轮西部大开发、全国范围内公共服务均等化、文化产业快速增长和民族地区教育事业的加速发展都为少数民族文化发展提供了重要机遇。我们应该抓住机遇，全面优化民族地区公共文化服务体系、积极促进边境民族地区文化开放发展，加速民族地区文化产业转型升级，大力提升民族地区教育质量。

应该看到，"十二五"时期我国改革已经进入"深水区"，民族地区各种社会矛盾更加复杂，如果处理不当，某些深层矛盾和问题还可能尖锐化。同时，随着我国周边环境和国际战略形势的变化，一些外部因素及其影响还会对民族地区的稳定产生破坏和干扰。包括文化事业在内的少数民族各项事业都将面临更为复杂的国内外环境。在此背景下，我们必须站在新的历史高度，充分把握少数民族文化发展的全局性影响、战略性地位和复杂性内涵。我们需要解放思想，高瞻远瞩，深入研究少数民族文化发展面临的新矛盾和新问题，积极开拓少数民族文化政策的创新空间，全面保障少数民族群众的公民文化权利，研究制定少数民族文化发展的国家战略，推动少数民族文化繁荣发展。

一　我国少数民族文化发展的新成就

"十一五"期间，党的"十七大"做出推动社会主义文化大发展大繁荣的战略部署，国务院出台《关于进一步繁荣发展少数民族文化事业的若干意见》，民族地区各项重大文化建设工程稳步推进，文化事业和文化产业快速发展，教育事业取得重大进步。

（一）少数民族文化事业取得新进展

1. 民族地区公益性文化事业迈上新台阶

"十一五"期间，我国民族地区公共文化服务基础设施建设力度全面加大，公共文化服务水平显著提高。2010年，我国民族地区文化馆、文化站、图书馆和博物馆数量分别达到576个、7842个、636个和344个，分别比2005年增加84个、798个、45个和160个。[①] 2010年，包括内蒙古自治区、广西壮族自治区、西藏自治区、宁夏回族自治区、新疆维吾尔自治区和贵州省、云南省、青海省在内的8个民族省区（以下简称八省区），人均文化事业经费达到25.93元，比2005年增长1.86倍，由2005年的低于全国平均水平11.2%转变为比全国平均水平高出7.5%，其中青海、西藏、内蒙古、宁夏、新疆5省区分别位列全国第3、第4、第5、第8和第10位。[②] "十一五"期间，八省区平均每万人拥有群众文化基础设施面积达到143.43平方米，比"十五"末期增长33.5%，其中西藏自治区达到437.9平方米，宁夏回族自治区达到188.9平方米，超过全国平均水平。[③]

"十一五"期间，农村电影放映工程、农家书屋工程、东风工程、春雨工程等重大文化工程稳步推进，对完善民族地区公共文化服务体系和丰富民族地区各族人民群众的文化生活发挥了重大作用。

国家有关部委和各级地方政府高度重视农村电影放映工程。"十一五"期间，中央财政和地方财政投入资金超过50亿元，用于采购放映设备和放映场次补贴，以及购买公益版权和补贴农村题材影片。包括民族地区在内的全国广大农村基本实现了农村电影放映由胶片向数字化过渡，民族地区农村公益电影放映网络初步形成。最早实施农村电影放映工程的省区之一西藏自治区，完成了对全区7962个放映点的覆盖，连续多年超额完成农村电影放映工程确定的任务。"十一

---

① 数据来源：《中国文化文物统计年鉴2006》，第74页，《中国文化文物统计年鉴2011》，第20页。
② 数据来源：根据《中国文化文物统计年鉴2011》第14页、《中国统计年鉴2011》第104页相关数据计算。
③ 数据来源：根据《中国文化文物统计年鉴2011》第119页相关数据计算。

五"期间,国家相关部门资助新疆维吾尔自治区605套农村流动数字电影放映设备及20辆流动电影放映车,建立了遍布全疆15个地(州、市)的数字电影地面卫星接收站。内蒙古自治区组建了内蒙古星河农村牧区数字电影院线公司,累计发放数字电影放映设备719台,电影放映车114辆,全区478支农牧区电影机队年均放映电影16万场,实现了一村一月放映一场电影的目标。①

"农家书屋工程"是为改善我国广大农村地区人民群众看书难、读报难而实施的重大文化民生工程。"十一五"期间,中央和地方财政累计投入近80亿元用于行政村一级的"农家书屋工程"建设,建成农家书屋30多万家。到2010年底,我国5个自治区中,西藏全区共建成了约2000个农(牧)家书屋,新疆全区共建成农家书屋3000个;广西全区建成农家书屋6314个;内蒙古全区建成"草原书屋"5700个,其中汉文书屋配置图书1228种、1766册,音像制品100种,报刊20种,蒙文书屋配置图书1223种、1561册,音像制品100种,报刊20种,蒙文书屋中配置了45%的蒙古文出版物;宁夏全区建成农家书屋1311个,并将农家书屋的建设延伸至林场、农场、监狱等,使更多的人群受惠。

以维护新疆稳定、促进新疆全面发展和提升新疆先进文化传播力为主要目标的新疆新闻出版"东风工程"于2007年起正式实施。这是新中国成立以来国家对新疆新闻出版行业一次性投入最大、覆盖面最广、时间跨度最长的公益性文化惠民工程,"十一五"期间完成一期项目建设,主要由出版物免费赠阅、出版物市场监管及"扫黄打非"工作、发行网点建设、党报党刊及音像电子出版物印刷制作设备配置、新疆新闻出版技工学校教学综合楼及出版物市场监管用房建设、出版物市场监管网络建设六大项目构成,总投入3.79亿元。至2010年底,"东风工程"已经分5批向全疆851个乡镇和8661个行政村,免费赠阅汉、维吾尔、哈萨克等6种语言文字的报纸39种36.93万份、期刊16种44.25万份、图书(挂图)1281种1267多万册(套)、音像制品267种308万盒,有效缓解了新疆农牧区缺书少刊的问题。

2010年,由文化部和中央文明办共同组织开展的"春雨工程"启动,并于当年组织志愿团赴新疆、西藏开展文化志愿服务。"春雨工程"开启了中央文化

---

① 数据来源:本文所引用的数据,除特别注明出处的,均来源于互联网和相关报刊,或根据各类媒体上已经公开的数据整理。

主管部门、内地省市与志愿者合作，向边疆民族地区提供公共文化服务的新形式，使志愿者服务成为边疆民族地区公共文化服务的组成部分，对于推动边疆民族地区与内地文化交流及丰富边疆地区各族群众文化生活具有重要意义。

2. 民族地区现代传播体系快速发展

包括出版、广播、电视、互联网等媒体在内的现代传播体系是少数民族文化传播发展的重要依托，也是实现民族地区各族群众文化需求的重要平台。"十一五"期间，我国民族地区现代传播体系快速发展，取得了重要成就。

2010年，我国5个自治区共出版图书16684种，其中新出版图书7320种，分别比"十五"末期的2005年增长58%和33%。2010年，全国共出版少数民族文字报纸82种，平均每期印数82.07万份，比2005年增加29.5%；总印数19846.24万份，比2005年增长84.1%。同年，全国共出版少数民族文字期刊207种，比2005年增加7.8%，平均期印数89.05万册，比2005年增加62.8%；总印数850.11万册，比2005年增长82.46%。①

"十一五"期间，在西新工程和广播电视村村通工程等重大文化工程的推动下，民族地区广播电视事业取得重大进步。"十一五"末期，我国8个民族省区广播节目综合人口覆盖率平均达到92.26%，电视节目综合人口覆盖率平均达到94.87%，均比"十五"末期有显著增长。其中，5个自治区广播覆盖率平均达到93.04%，电视覆盖率平均达到95%，分别比"十五"末期增长2.88个百分点和3.95个百分点。②"十一五"期间进行的西新工程第四期，累计安排工程建设和运行维护资金110.4亿元，共新建、扩建了599座广播电视发射台，新增、更新了1140部广播发射机，211部电视发射机，为民族地区新增了蒙古语、柯尔克孜语、彝语、壮语、苗语、哈尼语、傣语、景颇语、傈僳语等民族语广播电视节目译制制作设备，并为新疆、西藏及青海、四川藏区以及吉林延边、辽宁丹东购置民族语节目译制制作设备。在西新工程第四期的推动下，新疆、西藏、内

---

① 数据来源：根据《中国出版年鉴2006》第746页、第778页、第788页和《中国出版年鉴2011》第990页、第1013页、第1021页相关数据计算。

② 数据来源：根据《广西统计年鉴2011》第446页、《贵州统计年鉴2011》第411页、《宁夏统计年鉴2006》第391页、《宁夏统计年鉴2011》第475页、《青海统计年鉴2011》第519页、《西藏统计年鉴2006》第277页、《西藏统计年鉴2011》第294页、《新疆统计年鉴2006》第544页、《新疆统计年鉴2011》第554页、《云南统计年鉴2011》第425页、《内蒙古统计年鉴2006》第499页、《内蒙古统计年鉴2011》第473页相关数据计算。

蒙古、宁夏和甘肃、四川、云南、青海四省藏区广播电视覆盖率大幅度提高。"十一五"期间，全国广播电视村村通工程累计完成72.28万个20户以上已通电自然村广播电视覆盖"盲村"的"村村通"建设，包括民族地区在内，全国20户以上已通电自然村全部实现通广播电视。

"十一五"期间，我国民族地区广播电视节目内容更加丰富，形成了蒙古语、藏语、维吾尔语、哈萨克语、朝鲜语等少数民族语言广播影视节目译制制作、传输覆盖的体系。中央人民广播电台用5种以上少数民族语言播出，其中藏语、维吾尔语广播都已实现分频播出，每天播出藏语广播节目18小时，维吾尔语广播节目18小时。西藏、新疆、内蒙古、四川人民广播电台共新开办了9套民族语言广播节目，每天播音时间增加到98小时。

内蒙古电视台蒙古语卫视频道成为我国少数民族语言广播电视节目"走出去"的先行者，"十一五"期间已经覆盖澳大利亚、俄罗斯、蒙古国、新西兰等53个国家和地区，实现在蒙古国和俄罗斯的布里亚特共和国落地入户，并受到欢迎。由内蒙古自治区广播电影电视局与蒙古国企业合资兴办的桑斯尔有线电视公司，已经成为蒙古国用户数量最多、影响力最大的有线电视公司。内蒙古广播电视信息网络有限公司与俄罗斯布里亚特共和国贝加尔有线网络公司，还就共同建设乌兰乌德市有线电视网络等事宜达成协议。

移动通信和互联网是现代传媒产业的基础。"十一五"时期，我国全面实现农村地区"村村通电话、乡乡能上网"，全国100%的行政村通电话，100%的乡镇通互联网（其中98%的乡镇通宽带），94%的20户以上自然村通电话。到2010年底，八省区移动电话普及率平均达到每百人60.6部，比"十五"末期增长1.64倍。① "十一五"末期，八省区互联网普及率平均水平从"十五"末期的5%提高到28.2%，网站总量和域名数量分别从"十五"末期的27305个和92740个增加到101926个和242465个，各自增加2.73倍和1.61倍。② 截至2010年底，全国文化信息资源共享工程已建成1个国家中心，33个省级分中心，2867个县级支中心，22963个乡镇基层服务点，59.7万个村基层服务点，省、

---

① 数据来源：工业和信息化部《2005年12月通信行业统计月报》、《2010年全国电信业统计公报》。
② 数据来源：根据CNNIC《第17次中国互联网络发展状况统计报告》和CNNIC《第27次中国互联网络发展状况统计报告》相关数据计算。

县、乡镇、村四级覆盖率分别达到100%、95%、67%和98%，少数民族群众普遍成为这一工程重要的受益者。

民族地区移动通信和互联网的快速发展，满足了各族人民群众"求知识、求富裕、求健康、求快乐"的文化需求，适应了民族地区信息化的发展需求，对少数民族文化繁荣发展起到重要的推动作用。

3. 少数民族文化遗产传承保护取得新突破

文化遗产的保护和传承是少数民族文化发展的重要维度，"十一五"期间，我国民族地区文物和"非遗"保护双双取得重大突破。

2007年开始开展第三次全国文物普查基本摸清了我国大陆地区地上、地下、水下的不可移动文物近766722处，其中新发现登记占登记总量的69.91%。这是继20世纪50年代和80年代之后，我国对全国文物又一次全面摸底，为少数民族文物保护全面迈上新台阶奠定了坚实基础。"十一五"期间，我国全面加强了对文物保护的财政投入力度。2010年，八省区文物部门获得的财政拨款总量达13.32亿元，比2005年增长15.5倍；同期，八省区文物部门文物藏品总量达1946563件/套，比"十五"末期增长18.9%。[1]

"十一五"期间我国首次完成全国非物质文化遗产普查工作，共收集珍贵实物和资料29万件，普查文字记录达20亿字，拍摄图片477万张，普查资源总量近87万项。通过"非遗"普查，我国民族地区非物质文化遗产资源的种类、数量、分布情况及保护现状第一次清晰地呈现出来。2006年和2008年国务院先后批准公布两批共1028项国家级非物质文化遗产名录，其中少数民族项目共有367项，占36%；文化部公布的1488名国家级非物质文化遗产项目代表性传承人中，少数民族传承人有393名，占26%。[2] 到"十一五"末期，民族地区已经设立4个国家级文化生态保护实验区，占全国总量的40%（热贡文化生态保护实验区、羌族文化生态保护实验区、武陵山区（湘西）土家族苗族文化生态保护实验区和迪庆文化生态保护实验区）；13项少数民族"非遗项目"入选联合国教科文组织"人类口述和非物质文化遗产代表作名录"名录（卡姆、蒙古族长

① 数据来源：根据《中国文化文物统计年鉴（2006）》第508页和《中国文化文物统计年鉴（2011）》第37页、第348页相关数据计算。

② 数据来源：焦雯撰《让民族文化基因重焕光华——"十一五"非遗保护工作回眸》，《中国文化报》2010年11月25日，第1版。

调、花儿、侗族大歌、格萨（斯）尔、玛纳斯、呼麦、热贡艺术、藏戏、中国朝鲜族农乐舞、羌年、黎族传统纺染织绣技艺、麦西热甫），占全国总量的38%。① 在文化部等各级文化部门的推动下，我国已经初步建成国家、省、市、县四级"非遗"保护体系。

少数民族古籍是各民族在历史上形成的各类文字和口传典籍，是少数民族精神生活和社会生活的全面写照，它们集中反映了各少数民族对中华文化的伟大贡献。保护和整理少数民族古籍是少数民族文化当代发展的重要组成部分，也是保护中华文化多样性的重点领域。"十一五"期间，少数民族古籍保护和整理工作受到国家高度重视，《中国少数民族古籍总目提要》被列入《国家"十一五"时期文化发展规划纲要》，国务院办公厅下发了《关于进一步加强古籍保护工作的意见》，国家民委和文化部联合发布了《关于进一步加强少数民族古籍保护工作的实施意见》。在各方共同努力下，少数民族古籍整理，少数民族语言文字古籍保护与整理工作取得新成就。截至"十一五"末，国家民委正在深入推进的《中国少数民族古籍总目提要》已出版了《锡伯族卷》《鄂伦春族卷》等19个民族卷，共收录古籍条目2.6万余条、1000余万字，即将出版或完成编纂的有《苗族卷》《侗族卷》《蒙古族卷》等14个民族卷；云南省实施的《中国贝叶经全集》100卷已经出版60卷，《彝族毕摩经典译注》100卷已经出版60卷；新疆维吾尔自治区组织编写了《中国少数民族古籍总目提要·新疆各民族卷》，搜集到各民族古籍近700册，陆续整理出版了《哈萨克族系谱》等10多部古籍；西藏自治区出版了《藏族十明文化传世经典丛书》《十世班禅佛学文集》《藏医药经典荟萃》等一批国家"十一五"重点图书出版项目，并展开了大规模的古籍普查保护工作。

（二）民族地区文化产业获得新发展

文化产业是当代文化创新发展的重要动力。发展具有民族和地域特色的文化产业不仅有利于丰富民族地区文化产品与服务供给、满足少数民族群众日益多样的文化消费需求，也有利于实现民族地区丰富多样的自然与文化资源的合理开发

---

① 焦雯：《让民族文化基因重焕光华——"十一五"非遗保护工作回眸》，《中国文化报》2010年11月25日第1版。

与利用，推动少数民族文化创新发展。

"十一五"以来，民族地区依托独特的民族文化资源和自然风光资源，大力发展以旅游文化产业和民族地域特色艺术与工艺品为重点的文化产业，成就斐然。2010年，八省区中，除新疆、西藏、云南外，内蒙古自治区、青海省、广西壮族自治区、宁夏回族自治区和贵州省文化产业增加值占本地GDP的比例分别达到1.29%、1.66%、1.88%、1.94%和2.44%。截至"十一五"末期，民族地区已经形成一大批省级文化产业基地和重点园区，文化部命名的四批204家"国家文化产业示范基地"中，有27家位于八省区，占全国总数的13%。《印象·刘三姐》《梦幻漓江》《云南映象》《丽水金沙》《印象·丽江》《梦幻腾冲》《浪漫天涯》《鄂尔多斯婚礼》《多彩贵州风》《幸福在路上》等展示民族文化和地域风情的精品剧目、精品演出已经成为民族地区文化产业发展的新"名片"，取得了良好的经济和社会效益。

民族文化大省云南省是我国文化产业快速发展的代表性省区之一。"十一五"期间，云南省大力实施文化产业振兴战略，重点发展新闻出版、影视动漫、文化演艺、文化旅游、休闲娱乐、节庆会展、珠宝玉石、民族民间工艺、茶文化和体育等十大特色文化产业，形成了滇中核心区和滇西北、滇东南、滇西南、滇东北等文化产业圈以及30个省级文化产业重点园区和重点项目，全省文化产业增加值年均增长19.2%。2010年，云南省文化产业增加值占本地GDP的比例达6.1%，遥遥领先于其他7个民族省区，与北京、上海、广东、湖南一起成为全国5个文化产业增加值占GDP比重超过5%的省区市。

文化产业发展进一步促进了民族地区旅游产业的整体发展。2010年，八省区接待国内游客和5.12亿人，接待入境游客852.5万人，旅游总收达到4226.6亿元，分别比"十五"末期的2005年增长1.4倍、1.79倍和2倍。"十一五"期间，八省区旅游总收入年均增长24.97%，其中国内旅游总收入和国际旅游总收入年均增长率分别高达26%和16.2%。文化产业与旅游产业的融合发展已经成为推动少数民族文化创新发展、促进民族地区产业升级、实现科学发展的重要动力。①

---

① 数据来源：根据《中国统计年鉴（2011）》及相关省、自治区2006年、2011年统计年鉴相关数据整理。

(三) 民族地区教育事业迈上新台阶

教育事业的发展是少数民族文化传承、发展和创新的基础条件。"十一五"期间，我国全面实现了城乡免费义务教育，全国"两基"（基本普及九年义务教育和基本扫除青壮年文盲）人口覆盖率达到100%，民族地区义务教育阶段的入学率进一步巩固提升。2010年，八省区高中阶段教育毛入学率平均达到70.2%，比"十五"末期增长26.7个百分点，同时，高中阶段教育中职业教育的比例也显著提升，教育结构更加合理；我国8个民族省区高等教育毛入学率平均达到22.9%，比"十五"末期的2005年提高6.8个百分点，与全国平均水平的差距缩小到3.6个百分点。①

根据第六次全国人口普查的结果，2010年，全国少数民族人口平均受教育年限达到7.88年，与全国平均水平的差距为0.92年，其中有12个民族人均受教育年限高于全国平均水平。2010年，全国每10万少数民族人口中，大专以上学历人数从3806人增加到7139人，与全国平均水平的差距缩小到1251人，有15个少数民族每10万人大专以上学历人数高于全国平均水平。人均受教育年限最高的俄罗斯族达到11.23年，每10万人大专以上学历水平最高的民族为全国平均水平的3.08倍。②

双语教学是民族地区教育体系的重要组成部分。因地制宜，建设科学、合理、高效的双语教育体系是我国民族地区教育发展的一项长期的战略任务。"十一五"期间，新疆维吾尔自治区的双语教育体系建设取得历史性突破。在双语教学的体系建构方面，"十一五"期间，全区全面加强学前双语教育体系建设，通过实施"少数民族双语幼儿园建设工程"，建成1695所农村学前双语幼儿园，为义务教育阶段双语教学的普遍实施创造了有利条件。"十一五"末期，全区学前三年少数民族接受双语教育和"民考汉"的在园幼儿达37.16万人，分别占学前三年少数民族幼儿的56.5%和学前两年少数民族幼儿的77.6%；全区开展双语教学和民汉合校的中小学达到1376所，

---

① 数据来源：根据相关省、自治区"十五"及"十一五"时期"教育事业发展规划"计算。

② 《少数民族已经进入素质提高适度增长的良好发展阶段》，《中国民族报》2011年7月13日，第5版。

比 2005 年增长 82.5％；接受双语和"民考汉"教育的少数民族中小学在校生由 20.4 万人增加到 82.71 万人，净增了近 3 倍。[1] 在双语教学师资培训方面，"十一五"期间全区招聘双语特岗教师 12223 人，招收免费师范生 6000 人，"送教下乡"培训教师 9000 人，培训学前和中小学双语教师 4.96 万人，双语教师紧缺的矛盾得到了有效缓解。[2] 双语教学的突破性发展标志着新疆维吾尔自治区教育事业已经站在了新的历史起点，为全面实现《新疆维吾尔自治区中长期教育改革和发展规划纲要（2010～2010）》提出的"到 2020 年，教育发展达到全国平均水平、位居西部前列"这一战略目标奠定了坚实基础。

新疆维吾尔自治区"十一五"期间双语教学的发展成就是我国民族地区教育事业全面加速发展的一面镜子。民族地区教育事业的加速发展不仅提升了少数民族人口的文化素质，拓展了少数民族群众个人发展空间，也从整体上提升了少数民族群众的文化创造能力，为少数民族文化发展和创新提供了根本动力。

二　我国少数民族文化发展的新机遇

"十二五"是我国到 2020 年全面建成小康社会的关键时期，也是我国进一步全面深化改革，实现经济、政治、社会、文化和生态保护协调发展的战略机遇期。2011 年，我国经济总量已经上升到世界第二位，人均 GDP 超过 5400 美元，到"十二五"末期，我国人均 GDP 将全面超过 7000 美元，一些发达地区人均 GDP 将会超过 15000 美元。随着国家综合实力进一步增强以及全国范围内工业化、城镇化、信息化和农业现代化的全面推进，民族地区各项事业已经具备实现加速发展的有利条件，少数民族文化发展正在迎来一系列重要的发展机遇。

---

[1] 蒋夫尔：《天山跨越：新疆教育事业"十一五"改革发展成就综述》，《中国教育报》2011 年 6 月 9 日第 3 版。

[2] 蒋夫尔：《天山跨越：新疆教育事业"十一五"改革发展成就综述》，《中国教育报》2011 年 6 月 9 日第 3 版。

（一）文化强国上升为国家发展的战略目标，少数民族文化发展的政策环境发生重大变化

2011 年 10 月，中共十七届六中全会通过了《中共中央关于深化文化体制改革推动社会主义文化大发展大繁荣若干重大问题的决定》，明确提出到 2020 年我国文化改革发展的总体目标，并确立了"文化强国"的宏伟战略。这是 2007 年"十七大"提出推动社会主义文化大发展大繁荣之后，党和国家对文化建设在国家整体发展中地位的又一次重大提升。"文化强国"战略目标的出台表明，"十二五"初期，我国已经完成了国家发展层面的"文化自觉"，全党全社会已经充分认识到文化建设在国家整体现代化过程中的关键性影响和作用，文化改革发展的整体环境发生重大变化。

从"十一五"到"十二五"，围绕文化强国战略的逐步形成，党和国家对少数民族文化给予了前所未有的高度重视。《国家"十一五"时期文化发展规划纲要》（2006）、《少数民族事业"十一五"规划》（2008）、《中共中央关于深化文化体制改革推动社会主义文化大发展大繁荣若干重大问题的决定》（2011）、《国家"十二五"时期文化改革发展规划纲要》（2012）等重要文件，都对推动少数民族文化发展做了重要部署。同时，我国还连续出台了一批促进少数民族文化繁荣发展的专门性文件，其中包括：首次从国家层面对发展繁荣少数民族文化事业做出全面部署的《国务院关于进一步繁荣发展少数民族文化事业的若干意见》，中宣部和国家民委等 5 部委联合印发的针对少数民族出版事业发展的《关于进一步加大对少数民族文字出版事业扶持力度的通知》（2007），《国家民委关于做好少数民族语言文字管理工作的意见》（2009），教育部等八部门联合印发的针对新疆地区教育事业发展的《关于推进新疆教育实现跨越式发展的意见》（2010），十部门联合印发的《关于推进新疆双语工作的实施意见》（2010），等等。这些文件的内容涉及少数民族语言文字文化产品生产与供给、少数民族文化传统保护与传承、少数民族人口教育水平提升、民族地区公共文化服务体系优化、民族地域特色文化产业发展等各个方面。

在如此集中的时间内密集出台有关少数民族文化发展的重要政策，这是我国少数民族文化发展历史上前所未有的，其形成的政策合力也是前所未有的。这一现象凸显了新的历史条件下推动我国少数民族文化全面发展的紧迫性，也充分表明我国少数民族文化发展的政策环境已经发生了重大变化。政策环境的重大变化不仅为少数民族文化发展提供了最直接的推动力,更为少数民族文化发展繁荣释放了创造性空间。可以预期,全方位的"政策红利"必将对"十二五"期间我国少数民族文化繁荣发展产生巨大的推动作用。

(二) 新一轮西部大开发和全国范围内公共服务均等化全面推进,民族地区文化发展的基础条件发生重大改变

我国民族地区绝大部分集中在西部,八省区和延边朝鲜族自治州、恩施土家族苗族自治州、湘西土家族苗族自治州等都包括在西部大开发的范围。少数民族的集中分布决定了西部地区在我国区域协调发展总体战略中的优先地位、特殊地位。只有西部地区实现了全面发展,全国才能实现区域协调发展,民族平等和民族团结进步才能真正实现,各族人民的国家认同才能更加巩固。始于20世纪末的西部大开发对于缩小西部地区与中东部地区发展差距、全面提升西部地区各族人民群众生活水平发挥了重大作用。

"十二五"是新一轮西部大开发全面实施的关键时期,与10多年前相比,新一轮西部大开发在强调深化西部地区对外开放、优化西部地区产业结构、实现区域协调互动和科学发展的同时,更加强调保障和改善民生。公共文化服务是西部地区各族人民基本文化权益的重要保证,《西部大开发"十二五"规划》明确要求,要进一步加强广大西部地区公共文化基础设施建设,以农村和基层为重点,实施广播影视和文化惠民工程,推动开展全民阅读活动,基本建成公共文化服务体系,建立健全基层公共文化服务体系经费保障机制。作为保障措施,"十二五"期间,国家继续在西部地区深入开展西新工程、广播电视村村通工程、农村电影数字放映工程、东风工程、文化信息资源共享工程、地市级文化场馆建设工程等一批重大文化工程,这些工程的实施将对全面优化民族地区的公共文化服务体系产生重要的推进作用。

"十二五"期间,国家更加注重全国范围内的公共服务均等化,《中华人民共和国国民经济和社会发展第十二个五年 (2011～2015年) 规划纲要》和《西部大开发"十二五"规划》都对推动全国范围内的公共服务均等化做出了部署,强调从缩小城乡差距、区域差距着手,逐步解决我国中、东、西部基本公共服务差距。《国家基本公共服务体系"十二五"规划》明确规定了"十二五"时期公

共文化体育服务国家基本标准，并针对少数民族语言广播影视、少数民族语言文字出版译制做出了专门的安排。国家还安排中央财政投入向西部地区倾斜，缩短了这些地方与全国其他地区基本公共服务水平的差距。根据规划，"十二五"期间，我国将基本实现广播电视户户通，全国广播电视人口综合覆盖率将达到99%，基本实现城乡广播电视公共服务均等化。

随着"十二五"时期西部地区经济快速增长、经济结构全面优化，西部地区自身对公共文化服务体系建设的投入能力将显著增强。西部地区的公共文化服务体系建设将形成国家重大文化工程推进、中央财政专项转移支付重点倾斜、东部省市对口援助、本地财政投入大幅增加的局面，整体面貌将焕然一新。西部地区公共文化服务体系建设的新局面将对"十二五"期间我国少数民族文化发展产生重大的推进作用，对我国少数民族文化繁荣发展产生深远影响。

（三）民族地区文化产业进入快速增长时期，少数民族文化发展的产业推动力发生重大改变

"十一五"以来，文化产业已经成为我国重点发展的产业部门之一。《中华人民共和国国民经济和社会发展第十二个五年规划纲要（2011～2015年）》提出，要推动文化产业成为国民经济支柱产业。《中共中央关于深化文化体制改革推动社会主义文化大发展大繁荣若干重大问题的决定》则进一步明确提出到2020年，要把文化产业建设成国民经济的支柱产业，达到GDP的5%。文化部发布的《文化部"十二五"时期文化产业倍增计划》也提出，"十二五"期间，文化部门管理的文化产业要实现增加值年平均现价增长速度高于20%，2015年比2010年至少翻一番。

经过"十一五"期间的快速增长，"十二五"期间，我国文化产业正在迎来新一轮高速增长期。根据国家统计局公布的数据，从2004年到2010年，我国文化产业增加值年均增长率为21.48%，如果"十二五"期间我国文化产业也能够实现这一增速，2015年文化产业增加值将占我国GDP的5%以上，提前成为国民经济的支柱产业。

相对于东部地区，我国民族地区文化产业起步较晚，产业规模和企业市场竞争力总体较弱。"十二五"以来，由于政策环境、市场主体和市场空间的变化，民族地区文化产业已经进入快速增长周期。顺势而为，全面加速发展文化产业已

成为我国民族地区自觉的战略性选择。

在政策环境方面,随着"十一五"以来文化体制改革的深入开展和全球金融危机以来政策效应的不断积累,我国文化产业的政策环境不断优化。开放市场准入、土地使用和税收优惠、财政补贴、文化产业发展专项基金、支持符合条件的文化企业上市融资等全方位的促进机制,大大激发了全社会投资文化产业的热情,民族地区文化产业正在迎来新一轮的发展热潮。根据已经公布的数据,"十二五"期间,八省区中,除新疆维吾尔自治区将文化部门所管理的文化产业年增长率规划为12%外,其余7个省区的年均增长率目标规划均不低于18%。宁夏回族自治区、西藏自治区都将"十二五"末期文化产业增加值的增长目标确定为全区GDP的3%,内蒙古自治区为4%,贵州省的目标为接近全国平均水平,广西壮族自治区为5%,云南省的目标高达8%。

在市场主体方面,随着全国文化体制改革的深入推进,民族地区大批国有演艺机构、演出场馆、发行流通和出版机构成功改制为企业,成为文化产业发展创新的市场主体。同时,丰富的民族文化资源和自然资源也吸引着东部地区的许多文化企业到民族地区投资、并购。市场主体的成长壮大使民族地区初步形成了以国有文化企业为主体,多种所有制并存的市场竞争环境,为文化产业的快速发展创造了条件。

在市场空间方面,随着"十二五"期间民族地区经济快速发展,各族人民群众的文化消费能力将获得显著提升,旅游基础设施的完善和升级将使民族地区在国内旅游文化消费市场的份额持续扩大。同时,"十二五"期间,随着全国范围内三网融合的推进、国家宽带战略的实施和数字多媒体技术的不断创新发展,民族地区现代传媒产业也将获得巨大的增长空间。

文化产业是依托文化资源进行创意、开发、流通和消费的产业,它通过从创意、设计到符号化、时尚化、商品化的生产过程,为古老的民族传统文化注入当代的审美气息,使它们以新的面貌和方式呈现在世界面前,与其他文化对话交融,获得新生。"十二五"期间民族地区文化产业的加速发展无疑将为少数民族文化繁荣发展带来巨大的产业推动力。

(四)民族地区教育事业全面加速发展,少数民族文化发展的创新力量发生重大变化

"十二五"期间,随着国家基本普及学前教育政策的实施,我国民族地区

将实现学前教育基本普及。根据相关规划，我国 5 个自治区的学前教育入学率都将实现质的跨越。到 2013 年底，新疆维吾尔自治区将力争实现适龄儿童学前一年毛入园率达到 81.5%，学前两年毛入园率达到 75%，学前三年毛入园率达到 66%；内蒙古自治区学前三年入园率将达到 70%；广西壮族自治区学前三年毛入园率将达 58%，学前一年毛入园率将达 80%；宁夏回族自治区学前一年毛入园率将达 94%，学前两年毛入园率将达 70%，学前三年毛入园率将达 59%。到 2015 年，西藏自治区将实现城镇基本普及学前三年双语教育，农牧区基本普及学前两年双语教育，学前教育幼儿毛入学率将达 60% 以上。学前教育的基本普及是民族地区全面形成从学前教育、义务教育、高中阶段教育到高等教育和继续教育的完整链条的标志。这是继全面"普九"之后，我国民族地区教育体系建设的又一次重大突破，同时也是新中国成立 60 多年来我国少数民族教育事业在基础领域发生的最为重大的变化，对少数民族教育事业发展的影响极为深远。

与此同时，民族地区教育体系内部也将发生一系列质的变化。根据《国家教育事业发展第十二个五年规划》，"十二五"期间，全国基本普及学前一年教育，农村学前一年毛入园率将达 80% 左右，城镇和经济发达地区农村将基本普及学前三年教育；义务教育巩固率将达 93%；农村义务教育阶段学校标准化率将达 50%；高中阶段教育将基本普及，毛入学率将达 87%；高等教育毛入学率将达 36%。这些目标的实现将使长期受经费不足和合格师资短缺制约的民族地区教育事业各项指标获得大幅提升。在国家的大力支持下，民族地区的教育条件不断改善。2012 年，西藏自治区已经率先在全国实现从学前至高中阶段（包括中职学生）15 年免费教育，并对农牧民子女、城镇困难家庭子女实行"三包"。到 2013 年，内蒙古自治区也将实现高中免费教育。

"十二五"时期，国家将通过基本公共教育均等化和公共财政投入向西部地区、民族地区倾斜等重大政策，推动民族地区教育事业加快发展。《西部大开发"十二五"规划》提出了加强边境地区学校建设、推动东西部地区合作，加快民族地区教育发展，支持西藏、新疆等民族地区实施双语教育，积极稳妥推进民汉合校，办好内地少数民族班（学校），新增高校招生计划向西部地区倾斜，扩大东部地区高校在西部地区招生规模等政策措施，促进民族地区教育事业发展。2012 年 10 月，国务院出台新的政策，将六盘山区等 11 个连片特困地区、西藏及四省（四川、云南、甘肃、青海）藏区、新疆南疆三地州中等职业学校农村学生全部纳入享受中等职业学校国家助学金资助范围。

在国家政策的有力推动和各地教育部门共同努力下，我国民族地区教育事业正在全面加速发展。教育是文化发展的根基，民族地区教育事业的发展将为少数民族文化发展提供强大的消费动力和创新动力，推动少数民族文化在更加深厚的土壤中茁壮生长、在更高的起点上发展繁荣。

三　我国少数民族文化发展的新视野

面向"十二五"，我们看到中国少数民族文化繁荣发展的重大机遇和辉煌未来。但同时，我们还必须看到，经过改革开放30多年的发展和国家对外开放的不断扩大，我国民族地区已经处在全新的历史方位。从发展水平看，民族地区经济发展水平、城市化水平、教育科技文化发展水平整体上还落后于国内其他地区，与东部发达地区相比，发展差距更为突出。从对外开放的区位特征看，民族地区已经由改革开放初期对外开放的后方转变为内陆边境全方位对外开放的前沿地带。从市场环境看，民族地区的市场环境已经由改革开放初期相对封闭转变为全面对外开放。从外部环境看，国际政治、文化环境的巨变使我国民族地区受到外部动荡不安因素影响的程度加深，以"藏独"、"疆独"为代表的分裂势力和极端宗教势力对民族地区的社会安定还造成相当程度的威胁；随着我国与周边国家经济联系日益紧密，一些跨境民族在民族文化认同和民族文化创新发展方面受境外因素较多的影响，边境民族地区文化建设的复杂性日益突出。

民族地区历史方位的巨大变迁使得少数民族文化发展问题实际上具有了更为复杂、深远的维度。我们必须认识到，在新的历史维度下，少数民族文化发展面临的挑战绝不仅仅来自促进民族地区教育事业跨越式发展、全面优化民族地区公共文化服务和现代传媒体系、保护少数民族传统文化、发展繁荣民族地区文化产业这些传统领域，一些新的问题和矛盾正在日益凸显。例如，随着民族地区与国内其他地区经济发展的差距不断加大，如何解决民族地区与国内其他地区日益突出的教育公平问题，这是民族地区原本相对落后的教育体系面临的新挑战。又如，随着市场经济中个人经济权利的边界不断清晰化，民族地区各族人民群众的文化权利意识也日益自觉，如何在新的背景下充分保障少数民族群众的语言权利

对民族地区教育体系、现代传播体系和公共文化服务体系的建构都带来了新的挑战。再如，如何推动少数民族文化在边境民族地区对外开放的格局下健康、繁荣地发展，并最大限度地实现国家的文化利益，对边境民族地区文化政策的调整和创新构成了新挑战。

面对少数民族文化发展的新问题和新挑战，我们需要以更加宏阔的战略视野拓展少数民族文化政策的新空间，筹谋少数民族文化发展的新战略，推动少数民族文化在新的历史方位下更好、更快地发展。

（一）解放思想，与时俱进，在新历史条件下推动少数民族文化政策体系创新

我国的少数民族文化政策体系是新中国成立后逐步形成的，每一项政策的出台都与特定的历史背景和特定时期的国情紧密相关。如果从 20 世纪 50 年代初我国少数民族文化政策体系的初创时期算起，我国少数民族文化政策形成至今已经超过 60 年；如果从《民族区域自治法》颁布的 1984 年算起，我国少数民族文化政策体系有明确的法律依据也已经将近 30 年。数十年来，民族地区的人口构成、经济社会发展状况、各民族人均受教育状况、我国的经济社会文化发展整体状况、周边国家的经济和政治格局都已经发生巨大变化。这种背景下，我国少数民族文化发展领域的矛盾和问题亦已发生巨大变化，许多新问题、新矛盾都需要我们去深入研究，并通过政策的创新来解决。例如，如何对待境外同源民族对跨境民族的强势文化影响？在大力发展繁荣少数民族文化的同时，怎样有效巩固和提升少数民族群众对中华文化的认同？深入研究这些问题，对于新形势下推动我国少数民族文化繁荣发展和实现民族团结、国家稳定具有重大意义。

新的历史条件下，要实现文化强国的宏伟目标，我们需要建立针对现实矛盾的科学、高效的少数民族文化政策体系。为此，我们应该进一步解放思想，与时俱进，将特定国情与世界各国的相关经验充分结合，研究制定新形势下经得住历史考验的少数民族文化政策。

（二）推动转型，在新的历史方位下全面落实少数民族群众公民文化权利

我国是多民族国家，少数民族文化政策的核心问题是少数民族群众文化权利

的保障。在新的历史方位下,我们的少数民族文化政策需要完成以"发展支持性"政策为主、以"保护救助性"政策为辅的政策模式转型。

"保护救助性"政策是长期以来我国少数民族文化领域实行的一种政策模式。这一政策实施的社会环境是计划经济,对象是少数民族整体,价值取向是群体间的公平,目的是救助,实施手段是行政措施,基础是民族身份的识别。"保护救助性"政策强调国家对少数民族和少数民族文化传承发展所应承担的责任和义务,并通过少数民族语言政策、少数民族的集体性文化权利、教育权利来保护少数民族传统文化,提升少数民族人口的教育水平。新中国成立60多年来,"保护救助性"政策对实现民族团结、促进各民族之间的文化公平和少数民族文化繁荣发展发挥了重大作用,已经成为我国民族政策的重要组成部分。

但从"保护救助性"政策的实践过程看,这一政策的不足之处也逐渐暴露出来。首先,"保护救助性"政策往往用国家的决策代替少数民族群众对本民族文化发展的内在需求,造成少数民族文化发展的内生性需求不能得到充分尊重,不利于少数民族群众的文化创造性的充分发挥。其次,"保护救助性"政策在公共教育服务体系中对少数民族学生实行的相对较低的课程大纲与考试标准,不利于少数民族人口竞争力的整体提升。再次,由于受经济发展水平和公共财政预算的制约,"保护救助性"政策对少数民族传统文化的保护效果往往难以达到预期的目标。

"保护救助性"政策的形成环境和实施手段都与计划经济密切相关。经过改革开放30多年的发展,民族地区社会环境已经发生重大变化,市场经济的基本环境已经建立。对于少数民族群众而言,一方面,除了一些基本的文化需求可通过公共文化服务体系和公共教育服务体系得到满足外,大部分个人的文化需求都可以通过市场得以满足;另一方面,随着市场经济中个人利益边界的不断清晰化,少数民族群众的文化权利意识也日益上升。这两个方面的合力使少数民族文化政策的外部环境发生了根本性的改变。在新的形势下,我们需要在"保护救助性"政策的基础上,发展出一种基于市场经济条件下公民文化权利实现和保护的新的少数民族文化政策。这种政策我们称为"发展支持性"政策。

"发展支持性"政策形成的社会环境是市场经济,对象是少数民族群众个

体,价值取向是个体间的公平,目的是支持和发展,基本实施手段是法律,辅助手段是财政支持,基础是个人文化权利的尊重。与"保护救助性"政策不同,"发展支持性"政策关注少数民族群众个人在本民族文化传承创新方面的选择权以及个人文化身份塑造的自主权,鼓励少数民族群众个体的文化创新活动。同时,"发展支持性"政策强调全面提升少数民族教育体系的整体质量、切实提升少数民族学生的学习目标、学习效果和个人竞争力,以此为基础实现少数民族文化整体发展。"发展支持性"政策还注重通过制度性安排消除少数民族学生就业和个人发展中的各种隐性障碍,为少数民族学生在全国范围内自由就业、竞争、实现个人发展提供制度保障,从而实现更高层次的文化权利公平。

表 1　保护救助性政策与发展支持性政策的对比

	政策对象	价值取向	政策目的	实施手段	政策实施的前提	市场环境	政策影响
保护救助性政策	行政区域内少数民族	群体间的公平	进行群体性救助	行政手段调集、配置资源	民族身份识别	计划经济	引导社会关注少数民族集体性文化权利
发展支持性政策	行政区域内全体公民	个体成员之间的平等	促进个人发展	法律制度是根本,辅以财政支持	公民文化权利的法律保障	市场经济	引导社会关注少数民族个体成员的公民文化权利

公民文化权利的充分实现是巩固和强化国家认同的重要条件。面对新的历史环境,"发展支持性"政策无疑应当成为我国少数民族文化政策的主导内容,但同时,我们还应继续发挥"保护救助性"政策的积极作用。因此,我们需要以"发展支持性"政策为主、以"保护救助性"政策为辅的新型政策模式。这种新型政策模式,更加有利于少数民族文化的保护与发展,更加有利于各民族文化的交流与创新,也更加有利于中华文化的繁荣与发展。

要实现向这种新型文化政策模式转型,核心是落实并保障每一位少数民族群众的公民文化权利。"十二五"期间是我国民族地区文化体制改革的关键时期,我们应当抓住机遇,深化民族地区文化体制改革,积极探索切实保障少数民族群众公民文化权力的政策体系,切实保障少数民族群众的文化表达权、文化批评权、公共教育服务与公共文化服务选择权、公共文化服务决策参与权等文化权利,为新的历史条件下少数民族文化的繁荣发展奠定坚实根基。

（三）布局长远，在新的政治视野中建构国家少数民族文化发展战略

在文化强国的战略宏图中，少数民族文化发展是极其重要的一环。2010 年，我国 55 个少数民族共有 1.138 亿人口，占全国人口的 8.49%，绝大部分分布在占国土面积 2/3 以上的中、西部地区。我国陆地边境线长达 2.28 万公里，与 14 个国家接壤，沿陆地边境分布着 9 个省、自治区的 136 个边境县（旗、市、市辖区）及新疆生产建设兵团的 58 个边境团场，生活着 30 多个跨境民族。民族地区和边境地区的文化建设，在很大程度上影响着我国民族团结和边疆稳定的大局。

建设社会主义文化强国，必须高度重视并落实 1 亿多少数民族群众的个人文化权利、文化需求并激发他们的文化创造力；必须充分尊重各少数民族的传统文化，努力促进各民族文化的创新发展，实现各民族文化的共同繁荣；必须高度重视边境民族地区和跨境民族的文化建设在少数民族文化建设中的特殊地位，使边境民族地区在我国与周边国家的文化互动中发挥积极的文化纽带作用。

少数民族文化发展的复杂格局决定了只有从维护国家长治久安和建设文化强国的战略高度进行制度安排和政策设计，才能为少数民族文化发展中面临的各种挑战和问题找到科学合理、高瞻远瞩的解决思路。研究制定少数民族文化发展的国家战略，是全面推进我国文化强国战略的必然选择。

从我国少数民族文化发展的现状和面临的挑战来看，少数民族文化发展战略主要应包括：民族地区公共文化服务体系建设战略、民族地区现代传媒体系建设战略、少数民族传统文化保护和传承战略、民族地区文化产业发展战略、陆地边境"文化纽带"建设战略、少数民族人口教育水平提升战略和少数民族语言文字传承发展战略。

1. 民族地区公共文化服务体系建设战略

公共文化服务体系是落实少数民族群众基本文化权益的重要保障。虽然我国民族地区公共文化服务体系建设已经取得重大成就，但由于公共文化服务人才短缺、公共文化基础设施建设滞后、民族特色和少数民族语言文字文化产品供给不足等原因，民族地区公共文化服务水平与各族人民群众的需求之间还有较大差距。与国内其他地区相比，民族地区公共文化服务体系的服务整体水平较低。基于这种背景，我国民族地区公共文化服务体系建设战略的目标应当是：全面深化

民族地区文化体制改革，加强少数民族群众的文化权利保障，加大民族特色和少数民族语言文字文化产品和服务的供给，大力提升公共文化服务的水平与绩效，不断缩小与国内其他地区公共文化服务水平的差距，推动全国公共文化服务均等化。

从民族地区文化发展现状出发，民族地区公共文化服务体系建设战略应当围绕五项重点来展开。一是要根据少数民族文化发展的特点，整合文化、新闻出版、广电、旅游、体育等部门，形成文化管理的大部门，建设与民族地区文化发展需求相适应的新型文化管理体制。二是要加强保障少数民族群众在教育、语言、文化表达、文化批评与监督等领域的公民文化权利，推动少数民族文化创新发展。三是要加大财政支持力度，大力增加图书报刊、广播电视、互联网等领域少数民族特色和少数民族语言文字文化产品的供给，增强少数民族文化的现代传播力。四是改革民族地区公共文化服务体系建设的投入方式，逐步改变大量依靠各类文化工程推进公共文化服务体系建设的方式，形成由民族地区文化部门统一掌握财政经费，根据当地实际需要安排公共文化服务体系建设项目的常规化投入模式，保证投入的高效性。五是要发挥当地文化部门和少数民族群众在公共文化服务体系建设决策上的主导作用，实现公共文化服务决策的民主化、水平化、地方化，缩短公共文化服务决策环节与使用者之间的距离，推动公共服务体系使用效率最大化。

2. 民族地区现代传媒体系建设战略

现代传媒体系是民族地区公益性文化事业的重要组成部分，也是民族地区文化市场的重要组成部分。民族地区的现代传媒体系既发挥着传播党和国家的声音、宣传社会主义核心价值观和进行舆论引导的重大作用，又承担着向少数民族群众提供丰富多样的少数民族语言文化产品的基本职能。

我国民族地区现代传媒体系整体上还比较落后，与全国整体水平和发达地区都有一定的差距。但现代传媒的技术特征和国家经济实力的大幅提升使民族地区现代传媒体系具备了实现跨越式发展的条件。民族地区现代传媒体系的建设战略目标应当是：深化传媒体制改革，加大财政投入，加快技术革新，推动民族地区新闻出版、广播电视电影和互联网事业加快发展，为民族地区实现跨越式发展创造信息和文化基础。

民族地区现代传媒体系建设战略应该围绕公益先导和加大供给两大原则进

行。在出版领域,要对各类少数民族语言文字出版物提供财政补贴和税收减免,推动少数民族语言文字出版物的数字化出版,鼓励优秀汉文图书的少数民族语言翻译出版,奖励少数民族语言文字优秀著作者,促进少数民族语言文字出版事业的繁荣。要增加非时政类的报刊数量,丰富少数民族语言文字报刊的供给。在广播电视领域,要围绕三项重点,着力增加少数民族语言节目内容的生产和供给。一是要加大公共财政对少数民族语言广播电视节目制作、译制的支持力度;二是要在制播分离的基础上,对社会资本开放节目和内容制作,使少数民族语言节目内容更加丰富;三是要积极推动少数民族语言广播电视机构与东部具有丰富市场经验和创新经验的广播电视台合作,加强节目创新,强化节目的吸引力。在互联网领域,要依托国家光纤通信网络,实施"宽带下乡"、"计算机下乡"等惠民工程,大幅提升民族地区城乡家庭计算机普及率和家庭宽带普及率,推动民族地区信息化基础设施建设实现跨越式发展。同时,要推动公共财政力量和市场力量相结合,重点打造一批具有全国性、国际性影响的少数民族语言文字重点门户网站,增强少数民族文化的网络传播力量。

3. 少数民族传统文化保护和传承战略

少数民族传统文化是少数民族历史上的生活方式和文化创造在当代的流传,是不同民族的文化特征、生活方式和价值观念的突出体现,也是中华文化多样性的具体呈现。在民族地区经济、社会和文化现代化的进程中,少数民族传统文化正面临失传、断裂、碎片化和遗产化的危机。少数民族传统文化保护和传承战略的目标应当是:进一步完善民族地区文物保护体系和非物质文化遗产保护与传承体系,通过公共教育课程设置、文物保护场馆建设、生态博物馆建设和民族文化生态村建设等各种方式,全面建立科学高效的世界领先的民族文化传承体系,为少数民族文化传承和保护奠定基础。

推进少数民族传统文化保护与传承体系建设战略,应当围绕四个重点展开。一是要加强民族地区博物馆体系建设,完善少数民族文物和非物质文化遗产保护传承的基础条件。二是要促进少数民族传统文化保护传承工作与高新技术的融合,全面提升民族地区文物与非物质文化遗产保护的科技水平。三是要促进文物保护研究人才和非物质文化遗产传承人才的培养与民族地区公共科研服务体系、公共教育服务体系、公共文化服务体系的融合,使少数民族传统文化保护成为民族地区社会文化生活的有机组成。四是要加强执法力度,为少数民族文物保护和

非物质文化遗产保护提供有力的法律保障。

4. 民族地区文化产业发展战略

文化产业作为文化生产力的主要表现形式，是推动文化创新发展的重要动力。进入21世纪以来，在国家相关政策推动下，我国民族地区文化产业快速发展，成为实现经济增长，推动产业升级转型和引领社会全面发展的重要力量。民族地区文化产业发展战略的目标应当是：深化文化体制改革，进一步完善文化市场，通过政策创新和人才培养工程，全面提升文化产业发展水平，推动文化产业成为引领民族地区全面协调发展和产业结构升级的战略性支柱产业。

实施民族地区文化产业发展战略，需要围绕五项重点来开展。一是要进一步深化民族地区新闻出版、广播电视等重点文化领域的改革，推动文化事业单位转企改制，为文化产业发展培养市场主体。二是要清理各种市场壁垒，加快文化市场开放步伐，为各类文化企业创造公平、高效的市场环境。三是要大力推动文化产业政策创新，实行比东部和中部地区更加优惠的人才、税收、土地、财政、金融支持等政策，吸引文化产业资本和文化产业人才到西部民族地区投资创业。四是推动文化创意人才的培养体系与民族地区职业教育体系和高等教育体系的深度融合，大力培养少数民族文化创意人才。五是要明确文化产业发展的战略重点，走文化旅游与创意设计相结合的道路。一方面要依托丰富多样的民族文化资源、独特的地域风光，重点开发民族地域特色旅游文化产业；另一方面要树立全球视野，大力提升文化产业的创意设计水平，推动民族地区文化产业迈向全球市场，走出以创意设计引领民族特色文化产业发展的文化创新之路。

5. 陆地边境"文化纽带"建设战略

我国的改革开放已经从沿海地区对外开放转向全方位对外开放，边境民族地区已经处于对外开放的新前沿。我国有30多个跨境民族，他们与境外同一民族血缘相近，语言相通，文化上存在较深的联系和相互影响。文化交流作为一种富含情感与价值认同的交流方式，对增加我国与周边国家关系的韧性与厚度、提升相邻国家人民对我国的认同度与友善度具有重要作用。方面在这种背景下，陆地边境地区和跨境民族在对外文化交流中的纽带作用凸显出来。陆地边境"文化纽带"战略的目标应当是：全面加强陆地边境地区文化基础设施建设，推动跨境民族的民族语言文字和民族特色文化产品的创作和生产，充分发挥跨境民族在促进我国与相邻国家和地区之间的文化交流以及传播我国文化软实力方面的桥梁和纽带作用，推动我国陆地边境地区的繁荣稳定和国家软实力的提升。

实施陆地边境"文化纽带"战略，需要抓好三项重点。一是要以更为积极进取、更为开放的姿态维护国家战略利益，把边境民族地区和陆地口岸地区公共文化服务体系建设纳入国家重点建设的视野，进行高标准的建设，使这些地区的公共文化服务设施在传播优秀民族文化和国家软实力方面发挥重要作用。二是要从边境民族地区整体发展的高度，加强跨境民族的文化保护，激励跨境民族语言的文化产品尤其是传媒产品的开发和生产。三是要根据边境民族地区的现代传播体系的特点，提升在对外文化传播和政治导向上实际上具有"国家队"作用的地方少数民族语言广播电台、电视台的地位，并给予相应的财政支持，使之更好地服务于国家战略和国家利益。

6. 少数民族人口教育水平提升战略

少数民族人口的教育水平是少数民族群众在全国统一市场就业、竞争和发展的文化基础，也是少数民族文化传承、发展的基础条件。从 1990 年到 2010 年，全国少数民族人口人均受教育年限从 5.29 年增加到 7.88 年，与全国人均受教育年限的差距从 0.97 缩小到 0.92 年。但少数民族人口文化教育水平相对较低依然是制约民族地区和少数民族文化发展的重要因素。全面提高少数民族人口的文化教育水平，对于促进少数民族群众个人发展，繁荣少数民族文化和实现各族人民之间的教育公平具有重要意义。

少数民族人口教育水平提升战略的目标应当是：通过长期的国家战略，不断改善民族地区的办学条件、优化民族地区各级各类学校的师资水平和教材体系、完善民族地区各个阶段的教育机制，全面提升民族地区教育质量与教育水平，加快实现少数民族人口教育水平整体达到全国平均水平。

推进少数民族人口教育水平提升战略需要着力推动五个方面的工作。一是要实施民族地区教育基础条件全面提升工程。要全面加大国家财政对民族地区教育事业的投入力度，在较短的时期大幅提升民族地区各级各类学校校园建设水平以及电子化、网络化教学设备的水平。同时，要加强国家远程教育体系建设，在民族地区加快建成适应各个层级、各种年龄人群的多层次的远程教育体系，实现民族地区教育基础条件的跨越式发展。二是要实施民族地区师资力量提升工程，以师资水平提升为战略突破口，全面提升民族地区的教育质量。要通过加强培训、资格认定、提升待遇等方式全面提高民族地区各个教育阶段的师资整体水平；同

时，要建立优秀教育人才和志愿者到西部民族地区支教的国家制度，大幅扩大教育发达地区教育人才和志愿者到西部民族地区支教的数量和规模，全面加快西部民族地区师资力量的提升速度。三是要实施民族地区教材创新工程。要全面提高民族地区的各个教育阶段的教材编写水平，使之更加适合少数民族学生的学习特点，从而促进民族地区教育质量的内在提升。四是要推动民族地区与国内其他地区之间优质教育资源的均等化。要继续扩大新疆、西藏内地班规模和招生数量，并显著增加内地优秀中学和重点高校对中西部少数民族学生的招收数量和比例；同时，要推动教育发达地区的重点中小学、国内一流大学和重点大学到西部边疆和民族地区创办分校，大幅提升少数民族学生享受全国优质教育资源的机会。五是要进一步完善民族地区各类继续教育体系，推动民族地区加快形成终身学习的社会氛围。

7. 少数民族语言文字传承发展战略

民族语言文字是少数民族文化、历史、艺术、思想传承的载体，在少数民族文化传承发展中具有决定性的作用，保护和发展少数民族语言文字是保护和发展少数民族文化的前提和基础。我国55个少数民族中，除回族和满族使用汉语外，其他民族共使用72种语言，其中3/4以上的语言没有自己的文字，使用汉字。在其余有文字的少数民族语言中，共有29个民族使用54种文字，其中包括国家为苗、壮、布依、侗、白等10个民族新创制的13种文字。但除蒙古、藏、维吾尔、哈萨克、朝鲜等少数民族的语言文字在本民族人口内部或所聚居的区域广泛用于政治、经济、文化、教育等领域外，其他所有少数民族语言文字的使用范围都比较有限，语言活力较弱。

少数民族语言文字传承发展战略的目标应当是：全面建设我国少数民族语言文字传承发展体系，促进少数民族语言文字在少数民族文化发展领域的广泛应用，充分发挥少数民族语言文字在满足少数民族群众文化需求、传承少数民族传统文化和推动我国文化"走出去"方面的关键作用。

实施少数民族语言文字传承发展战略，关键在于三个方面。一是要制定科学规划，根据不同少数民族语言文字的使用范围、传承、影响状况等特征，分类制定传承保护措施，视不同情况通过记录保护、口头传承、教学应用等方式进行保护传承。二是要明确重点，对于一些使用人口超过数百万乃至上千万、社会文化领域应用较广，并在境外有一定使用范围的少数民族语言文字，要通过双语教学等方式进行有效的传承保护，并通过支持创作、翻译、出版印刷，加强广播电视和互联网等平台建设，拓展其实现应用的空间。三是要深入开展少数民族语言文字的标准化、信息化研究，着力解决少数民族语言文字在计算机平台和其他数字多媒体平台的输入方法问题，为少数民族语言文字适应当代传媒技术开辟道路。

四　结语

中华民族的伟大复兴离不开中华文化的复兴，少数民族文化的繁荣发展必将推动这一伟大复兴提早到来。党的"十八大"强调，要扎实推进社会主义文化强国建设，繁荣发展少数民族文化事业。在新的历史条件下，少数民族文化繁荣发展需要解放思想、开拓创新，需要新的理论视野来推动政策体系转型和创新，需要高瞻远瞩的战略眼光来建构面向未来的发展战略。

"十二五"时期是破除阻力、继续深入贯彻科学发展观，进一步解放思想、深化改革的关键时期，改革开放事业在深度与广度方面都将继续延伸。改革开放的不断深入和全社会对科学发展观的自觉践行必将推动少数民族文化政策更加科学、更加合理，促进少数民族文化发展战略更加清晰、更加完善，促使少数民族文化发展的理论视野更加开阔。面向"十二五"，展望"十三五"，我们对少数民族文化的繁荣发展和中华文化的灿烂前景充满信心。

年度专稿

Annual Specials

B.2

中华民族的文化建构

马 戎*

摘 要：中国必须构建一个全体国民都能够接受、都愿意认同并都以此为自豪的中华民族的"共同文化"，使之成为维系全体公民的文化纽带。唯有如此，才能在13亿国民中不断巩固对中华民族的共同政治认同。费孝通教授提出的"中华民族多元一体格局"理论可以作为思考的宏观框架。建设一个包含56个民族的共同文化，加强各族民众对"中华民族"的政治认同和文化认同，关键在于汉族是否能够持之以恒和有效地教育本族民众彻底摈弃针对少数族群的各种偏见，在制度设计和各项政策的执行过程中，在日常工作中彻底杜绝针对少数族群的任何歧视行为。

关键词：中华民族 共同文化 建构 政治认同

党的十七届六中全会把"文化发展"作为会议的主题，并通过了《关于深化

---

* 马戎，北京大学社会学系、社会学人类学研究所教授，博士生导师。邮编：100871。

文化体制改革推动社会主义文化大发展大繁荣若干重大问题的决定》。这一历史性文件显示党中央在推动经济建设和社会建设的同时，对于我国的文化建设也给予高度关注，这将为中国在 21 世纪全面建设一个现代化国家奠定一个更加坚实的基础，是党中央面对当前国内国际发展新形势所做出的具有世纪战略眼光的重大决策。在发展经济方面，中国建设的是有中国特色的社会主义市场经济。在推动文化繁荣方面，中国的社会主义文化也必须带有中国特色，中国社会主义文化的建设即 21 世纪中华民族的文化建设。因此，我们在思考中国社会的文化建设时，不应仅仅局限于文化体制的改革，还需要对"中国社会主义文化"和"中华文化"的内涵和许多相关问题进行思考和讨论。只有把一棵大树的根系和主干扶直理顺，才能使树冠的发展枝繁叶茂，开出绚丽的花朵，结出甘美的果实。

今天世界上的大多数国家，在政体上都不同程度地属于现代"民族国家"（nation state）的范畴和形式。由于各国形成过程中的诸多历史原因，许多国家内部存在具有不同语言、宗教和文化传统的少数群体。有的国家把这些群体称为"族群"（ethnic groups）或"部落"、"部族"（tribe），有的国家把这些群体称为"民族"（nation）或"种姓"（caste）。如何把这些在语言、宗教、文化传统、体质等方面存在显著差异的群体团结起来，防止国家分裂，防止外敌干涉，始终是各国政府和主流社会思考的核心问题。在各国"民族构建"（nation-building）的进程中，为了增强全体国民的内部凝聚力，各国政府和主流社会无一例外地采取了各种措施来建立和加强主流社会群体和少数群体之间的各种纽带。

首先，许多国家积极吸收少数族群精英和领袖人物进入执政党和政府机构，有的采用联邦制、自治区等行政架构作为维系和加强少数族群与中央政府之间的政治纽带。同时，一些国家努力建立区域之间相互依赖的经济合作体制，推动跨区域人员交流，对少数族群聚居的偏远地区提供资金支持，以此来建立和加强主流社会群体与少数族群之间的经济纽带。但是最重要也是一些人容易忽视的，就是一个国家必须构建一个全体国民都能够接受、都愿意认同并都以此为自豪的"共同文化"，这就是维系全体公民的文化纽带。只要有了这样一个共同文化，不管这个国家在政治体制或执政党方面出现什么危机，也不管发生因巨大自然灾害和金融危机所导致的经济崩溃，只要存在一个坚强的共同文化基础，全体国民就能够团结一心，克服困难，携手重建一个新的政治结构和一个新的经济体系，重建国家的政治纽带和经济纽带。从这个意义上讲，我们可以说一个国家、一个

民族的真正的生命力和竞争力源自共同文化的建设。

在国际竞争空前激烈的 21 世纪，中国需要不断深化经济体制和政治体制的改革，同时需要协调各种不同政见和不同利益群体之间的矛盾，为了增强国民凝聚力以引导这些改革的讨论和实践向积极的方向发展，我们今天必须高度重视对中华民族共同文化的建设，唯有如此，我们才能在 13 亿国民中不断巩固对中华民族的共同政治认同，使各族民众认识到我们的命运是牢不可分的，团结一致来共同应对国内外各种挑战和可能出现的危机。

今天，我们需要建设的是一个包括 13 亿国民的中华民族的共同文化。需要指出的是，"中华民族"这个概念并不是与生俱来的，而是中国在近代应对帝国主义侵略时吸收了西方现代"民族"（nation）概念后，在各种不同理解和不同目标的争论中出现的。从 1840 年到 1949 年新中国成立，"中华民族"概念的产生经历了一个曲折的历史过程，今天建设中华民族的共同文化仍然是一个未竟的历史任务，这也是我们必须加强"中华民族"共同文化建设的主要原因之一。

一 从"天下帝国"到"民族国家"

（一）19 世纪的中国是否需要转型为一个现代的民族国家？

根据考古发现和历史文献记载，费孝通教授对中华民族的形成过程进行了系统论述，概括出"中华民族多元一体格局"这样一个理论框架。他认为"中华民族作为一个自觉的民族实体，是近百年来中国和西方列强对抗中出现的，但作为一个自在的民族实体则是几千年的历史过程所形成。……它的主流是由许许多多分散存在的民族单位，经过接触、混杂、联结和融合，同时也有分裂和消亡，形成一个你来我去、我来你去、我中有你、你中有我，而又各具个性的多元统一体"①。这是我们认识中华民族形成历程的重要理论框架。

1840 年的鸦片战争结束了两千多年中国在东亚地区扮演的社会、经济、文化发展领导者的角色，随着其后一连串反侵略战争的失败和割地赔款，"救亡图存"逐步成为大清朝野臣民需要思考的最迫切的问题。人们最开始认识到的，

---

① 费孝通：《中华民族的多元一体格局》，《北京大学学报》1989 年第 4 期，第 1~19 页。

是西方列强的"船坚炮利",所以开始学习应用性技术,出现了"洋务运动";随后认识到需要调整制度,所以出现了"戊戌变法";最后认识到必须改变思想观念和文化,于是废科举、兴新学,引入西方一整套教育体制和知识体系。几千年来,中国是一个自认为世界文化中心、居高临下俯视蛮夷的"天下帝国",这个体系被打破之后,中国人突然发现自己是一个衰弱和落后的国家。那么,中国究竟应当转型为一个什么样的国家?中国是否应当追随日本"明治维新"的榜样,效仿西方列强建立一个"民族国家"?如果这就是中国发展的前景,大清朝属下的汉满蒙回藏各群体又将如何纳入这个"民族国家"的概念体系?清朝采用不同形式治理的西藏、蒙古、新疆、西南各土司领地将与中央政权建立一种什么样的关系?

(二) 应当在什么样的基础上构建一个新的"中国"?

源于西欧各国的"民族主义"运动,提出了现代的"民族"(nation)理念,用公民权和共和制取代了欧洲传统的世袭专制王权,建立了一批"民族国家"。这些新的政治实体在基本理念上与传统的"部族国家"不同,把"公民权"视作"现代民主的公民国家的一项基本制度"[1],而传统的"部族国家把政治认同与种族起源和种族身份联系在一起"[2]。19世纪的中国如果想建设成为一个现代的公民国家,其最重要、最核心的问题,就是如何从一个强调"血缘"、"氏族"身份、强调各族差异的部族社会传统过渡到一个对国家领土上所有公民平等对待的政治制度。

在被西方列强数次打败之后,中国知识精英们开始明确了要以西方列强的共和宪政体制为榜样来开展国家构建的目标,努力建立一个现代"民族国家"(nation state)。此时,中国的知识精英们面临一系列问题:未来中国这个"民族国家"在汉文中应称为"国族"还是"民族"?如果称为"民族",那么对"中华民族"如何定义?应该包括哪些群体?在这一系列问题上一度出现尖锐分歧。这一分歧其实自清朝中期即已开始,即位处边疆的"蛮夷"是否能够被视为"华夏",中国或者中华是否包括清朝的旗人,在雍正皇帝写《大义觉迷录》时这一争论曾达到高潮,

---

① 菲利克斯·格罗斯:《公民与国家——民族、部族和族属身份》,新华出版社,2003,第32页。
② 菲利克斯·格罗斯:《公民与国家——民族、部族和族属身份》,新华出版社,2003,第36页。

而在清末"保皇党"和"革命党"的争论中再次达到顶点。

以康有为等人为首的保皇党坚持认为，应以是否接受中华文化传统为标准来辨别"华夷"，所以清廷和清朝统治下的各族都属于"中华民族"。以章太炎等人为首的革命党则从血统和"种族"意识出发，倡议建立一个只包括汉人的"中华"国家，激烈排满，号召"驱除鞑虏，恢复中华"。在清朝所设22个行省和其他边疆地区中，革命党心目中的"中国"排除了东北3省和新疆等地区，只包括汉人聚居的18个省。"'中华'甚至被他们改造成了'汉族'这样一个狭义的民族概念。革命派对'中华'的解释，最终目的是为了建设起一个'中华＝中国＝汉族'的公式"。①

今天研究中国近代史的人们往往关注清末革命党人"反满"的激愤言辞，但是却很少有人关注在革命党人背后的帝国主义势力这个隐藏的因素。

革命党人倡议"十八行省建中华"，辛亥革命后首先打出的旗帜是"十八星旗"。这个口号和相应的所谓"中国本部"这个概念首先是谁提出来的？顾颉刚先生在他的文章里曾讨论过这个问题。"'中国本部'这个名词，究竟创始于谁人的笔下？此间书籍缺少，无从稽考，只知道我们的地理教科书是译自日本的地理教科书，而这个名词就是从日本的地理教科书里抄来的。"②

清朝末年，曾有大批日本浪人活动在中国各地，绘制地图，调查资源，联络各族精英，并把分裂和统治中国作为日本称霸世界的核心战略步骤。其最重要的方法就是鼓动汉人民族主义革命，推翻清廷，以便使日本可以夺取蒙古和满洲，为大和民族拓展发展空间。其中一个活跃人物就是著名的宗方小太郎③，甲午战争时期，他在为侵华日军第一军用中文所撰的《开诚忠告十八省之豪杰》告示中，提出：

"满清氏原塞外之一蛮族，既非受命之德，又无功于中国，乘朱明之衰运，暴力劫夺，伪定一时，机变百出，巧操天下。当时豪杰武力不敌，吞恨

① 王柯：《民族与国家——中国多民族统一国家思想的系谱》，中国社会科学出版社，2001，第193页。
② 顾颉刚：《"中国本部"一名亟应废弃》，《益世报》，1939年1月1日《星期评论》。
③ 宗方小太郎（1864～1923年），日本肥后人。日本海军省间谍，中国通。东亚同盟的鼓吹者之一。是清末民初最著名的日本间谍，其在甲午战争中冒死潜入威海卫军港侦察，并在暴露行踪后成功脱逃，立功甚伟，为此得到过天皇的破格接见。

抱愤以至今日……

满清氏之命运已尽，而天下与弃之因也。我日本应天从人，大兵长驱。以问罪于北京朝廷，将迫清主面缚乞降，尽纳我要求，誓永不抗我而后休矣。虽然，我国之所惩伐在满清朝廷，不在贵国人民也；……

夫贵国民族之与我日本民族同种、同文、同伦理，有偕荣之谊，不有与仇之情也。切望尔等谅我徒之诚，绝猜疑之念，察天人之向背，而循天下之大势，倡义中原，纠合壮徒，革命军，以逐满清氏于境外，起真豪杰于草莽而以托大业，然后革秕政，除民害，去虚文而从孔孟政教之旨，务核实而复三代帝王之治。"①

同样，后来被兴中会用作入会誓词的"驱除鞑虏，恢复中华"这一狭隘的汉民族主义的口号，也是日本黑龙会下属玄洋社人士向孙中山建议的。由居心叵测的日本人发明的这一狭隘排满的汉人民族主义口号，简单地把"中华"与汉人画了等号，不仅仅只是单纯排满，而且把蒙古、新疆、西藏、青海等地区的各族民众也都排斥在"中华"（"中国"）之外，这对当时中华民族各群体团结一致、共同抵御帝国主义和殖民主义侵略的斗争起到极其恶劣的分化作用。如果新诞生的革命党政府真的坚持"十八行省建中华"，那么，中国各地必然出现民族混居地区的大规模人口迁移并伴随惨烈的民族清洗甚至内战。

幸运的是这一幕并未真正发生。清朝被推翻后建立的民国打出的是"汉满蒙回藏五族共和"的新旗帜，大致保持了清朝继承的几千年形成的中华民族的族群结构，并为在新的历史时期使传统的中华"大清帝国"演变为新型的现代中华"民族国家"奠定了基础。孙中山在"临时大总统宣言书"中提出"合汉满蒙回藏诸地为一国，则合汉满蒙回藏诸族为一人，是曰民族之统一"②，明确提出以"中华民族"作为"民族"单元来建立"民族国家"，新的中国必须参照欧洲民族国家的理念和形式来重新塑造自己的国体和国民。中国这个传统多部族大帝国在西方帝国主义国家的武装侵略中被迫进行政体转型，"被纳入'民族国家'这件紧身衣"③。

---

① 《日清战争实记》，日本博文堂，1894。
② 孙中山：《孙中山选集》，人民出版社，1981，第2页。
③ 孙隆基：《历史学家的经线》，广西师范大学出版社，2004，第21页。

在辛亥革命之后的百年历程中，中华民族历经种种磨难，走上一条曲折的建国之路。同时我们必须指出的是，当年中华民国的创立者们有一个未竟的工作，这就是没有明确地勾勒出一个"中华民族文化"的基本轮廓、结构与内容。他们有时泛泛地讲"汉满蒙回藏五族共和"，有时笼统地以"汉人"来代表"中国"①。随后"五族共和"和"中国＝中华民族"的理念先后被北洋政府和南京国民党政府作为国家构建的总体目标。特别是在 1931～1945 年的抗日战争中，"中华民族是一个，各族都是中华民族成员"② 的意识在全国进一步得到普及。

二 中华民族"多元一体"格局是民族文化的基本框架

今天我们讨论如何构建 21 世纪中国民族的共同文化，费孝通教授提出的"中华民族多元一体格局"理论同样可以作为思考的宏观框架。费孝通教授在这篇文章里主要谈的是政治结构，如果我们分析中华民族的文化格局，可以看出，中华文化内部实际上也存在着一个历史上形成的"多元一体"格局。在清末保皇党与革命党对于如何界定"中华民族"进行激烈争论时，这个"多元一体"的文化格局也遇到了挑战。

印度裔美国学者杜赞奇认为，在中国的历史进程中，在"中国"的边界与认同意识方面交替地存在着一条"文化主义"（或天下主义）（Chinese culturalism）的主线（"把文化——帝国独特的文化和儒家正统——看作一种界定群体的标准"）和一条"汉人狭隘族群国家"（ethnic nation）的复线（"界限分明的汉族与国家的观念"③）。

在清朝末年，正是"汉人狭隘族群国家"的思潮主导着革命党的文化观和民族观，激进的汉人思想家如章太炎的论著以及邹容、陈天华发表的《革命军》《警世钟》《猛回头》等都充满了极端种族主义的词句，自称是"皇汉人种"，称"中

---

① 孙中山先生在《三民主义》一书中这样评述："就中国的民族说，总数的四万万人，当中掺杂的不过是几百万蒙古人，百多万满洲人，几百万西藏人，百几十万回教之突厥人，外来的总数不过一千万人。所以就大多数说，四万万中国人，可以说完全是汉人。"见孙中山《三民主义》，岳麓书社，2000，第 5 页。

② 顾颉刚：《中华民族是一个》，《益世报》，1939 年 2 月 13 日《边疆周刊》。

③ 杜赞奇：《从民族国家拯救历史：民族主义话语与中国现代史研究》，社会科学文献出版社，2003，第 46～47 页。

国之一块土，为我始祖黄帝所遗传……有异种贱族，染指于我中国，侵占我皇汉民族之一切权利者，我同胞当不惜生命共逐之""驱逐住居中国之满洲人，或杀以报仇"①。这些汉人民族主义言论在汉人知识分子和民众中掀起一股狂热的排满思潮。这些革命党人的仇恨对象并不限于满人，如陈天华在《猛回头》中，列数了与"汉种"相对立的群体："满洲是通古斯种……新疆为回回种……西藏为吐蕃种……苗、瑶是从前中国的土人……满洲、蒙古、西藏、新疆的人，从前都是汉种的对头，无一刻不提防他。其人皆是野蛮，凶如虎狼，不知礼义，中国称他们为犬羊"②。

据旅美华裔学者孙隆基考察，把黄帝奉为民族始祖只是清末汉人革命党为了反对清朝和建立"汉人国家"而创造的一个文化符号，"甚至连'满族'、'汉族'这类名词也是很现代的。……待1900年以后保皇与革命之争奇，满汉矛盾乃上升为主要矛盾，但'汉族'这个概念却有待重新发明"③。换言之，在中国传统的认同体系中，并没有现代政治与文化内涵的"汉族"概念，这个概念只是清末汉人狭隘民族主义创造出来的一新的文化符号。这个文化符号又与"皇汉人种"、"炎黄子孙"紧密相扣，成为清末革命党的精神武器和动员工具。这种狭隘的汉人种族主义理念与几千年历史中形成的"中华民族多元一体"主线的认同观念是截然不同的，体现的仅仅是杜赞奇描述的"复线"。我们没有必要去责怪清末革命党人的褊狭认同观，这在当时的历史场景中也是十分自然的感情宣泄。但是，我们必须看到汉人狭隘种族主义的族群观对中华民族团结和凝聚力所造成的重大危害。在看到这些危害之后，我们对于近些年一些政府部门和文艺界试图用清末革命党发明的"炎黄子孙"、"华夏子孙"及"龙的传人"这些文化符号作为加强中国人认同的工具的恶劣后果，就可以有一个更加清醒的认识。

中华民族是一个在历史长河中形成的包括了中华各族人民的"多元一体"的政治共同体，各族人民共享历史上国家发展的经历，也共享近代共同抵御帝国主义侵略的经历。除了沿海城镇的满、汉、回将士普遍参与抵抗外国军队入侵外，内地各民族也积极参加历次反帝战争。如1841年桂、贵、鄂少数族群士兵

---

① 邹容：《革命军》，华夏出版社，2002，第37、55页。

② 陈天华：《猛回头·警世钟》，华夏出版社，2002，第9页。

③ 孙隆基：《历史学家的经线》，广西师范大学出版社，2004，第17页。

参加广东抗英战争,四川松潘、建昌、大金的藏、羌、彝族士兵支援江浙抗英前线;1860 年数万蒙古骑兵顽强阻击进攻北京的英法联军;1885 年壮、瑶、白、彝各族士兵参加中法战争镇南关战役;1894 年中日战争期间,满族、回族将士在平壤保卫战中英勇抗击日军。① 我们必须尊重这些历史事实,尊重历史形成的各族之间的血肉联系和兄弟情谊,在以现代公民国家为楷模而建立的中华人民共和国成立 60 余年的今天,是否还需要借用"炎黄子孙"、"华夏子孙"、"龙的传人"等带有特殊历史标记的文化符号,确实是值得深思的一件事。

我国宪法序言中确定"中华人民共和国是全国各族人民共同缔造的统一的多民族国家",国歌歌词呼吁的是"中华民族到了最危急的时刻"。所以尽管我国政府在中华民族内部认定了 56 个民族,一些民族之间存在语言、宗教和文化习俗的差异,但是这 56 个民族在反抗帝国主义的斗争中已经结合成为一个有机的整体。在今天我们必须以"中华民族多元一体"格局这个大思路为基本框架来构建 21 世纪中华民族的共同文化。

三　每个"民族国家"必须构建本国的"民族文化"

如果我们承认今天的中国是一个以"中华民族"为单元建立的现代"民族国家",我们也就必须思考如何构建我国 56 个民族共享的"中华民族"的"民族文化"。我国宪法指出"中国各族人民共同创造了光辉灿烂的文化",这里所指的"光辉灿烂的文化",既包含了各族自身具有特点的民族文化,也包括各族共享的中华民族的共同文化。

(一) 究竟什么是"中华民族的共同文化"或"中华文化"?

我们对此的理解是,"中华文化"就是中华民族全体国民共同从祖先继承下来并在社会历史进程中不断丰富和发展的文化的总合。首先,56 个民族都是中华民族的成员,56 个民族的文化汇总成为中华文化。汉族文化只是中华文明的重要组成部分。其次,中国 56 个民族在几千年共存和互动的过程中,在文化上形成了"你中有我,我中有你"的"多元一体"格局,在语言、文学、宗教、

---

① 中国近代史编写组:《中国近代史》,中华书局,1979,第 23、95、216、223 页。

音乐、绘画、医学、建筑、服饰、饮食、农业、政治制度、生产技术、生活习俗等领域相互学习、彼此融汇，各族共享着中华文明的许多内容。以语言为例，回、满、赫哲、土家、锡伯、畲族等民族绝大多数成员讲汉语。蒙古、藏、壮、撒拉、苗、瑶、东乡、土、保安、羌、仫佬、白等族中有很大比例的干部群众通用汉语。语言是文化的重要载体，以上的语言通用情况就是这些民族在语言方面的文化共享。到了进入现代化发展的近代，中华各族（以沿海地区的汉族、满族为首）积极学习吸收欧洲的现代工业文明，同时努力保存自身文明的优秀部分，鄙弃与现代化不相符的糟粕，追求文化创新。

（二）在强调保护各民族文化特点时，不能忽视各族共享的文化共性

在 20 世纪 50 年代开展的"民族识别"过程中，为了区分不同的"民族"，学者们和政府部门关注的是群体之间在各方面的差异，而往往漠视甚至否认各群体在文化等方面的共性。许多文化特征（如房舍建筑、服装、饮食习俗、节庆日等）都与居住地地理特征（高原、平原、草原、山区、湖区等）、气候特征（温度、湿度、降雨、植被等）、物产（农作物品种、牲畜品种、矿产等）密切相关，居住在同一个地区的各族居民，通常会共享许多相近的文化传统。因此，人们总结的许多"民族特点"实际上是"地区特点"。这种以 56 个民族为单元开展的"传统文化发掘与建设"，客观上斩断了历史上形成的文化共享的局面。同时，在各民族内部推动以某个"标准音"为基准的语言"标准化"和以某个小群体的"文化模式"（服饰、节日、风俗等）来统一本民族的"文化"，客观上又在消灭内部各群体的文化多样性。以保护民族"文化多样性"为旗帜而实际上消减族内的"文化多样性"，这样的思路和做法究竟是否恰当，非常值得关心少数族群传统文化的专家们思考。

在近些年政府推动的"发展各民族传统文化"的工作中，这种只强调差异、忽视共性的思维导向又得到进一步发展。许多人认为，如果关注民族之间的文化共性就是强调"文化同化"，而突出各族文化特点才是对少数民族的尊重和保护。在"多元一体"的中华文化格局中，只强调"多元"而忽视"一体"，看不到多元之间的相互有机联系而把各民族的文化彼此割裂开来，对建设中华民族的共同文化非常不利。

（三）一个"民族国家"的建设和巩固必须以全民族的共同文化为基础

许多学者指出，为了使一个内部存在许多族群（民族）的政治实体凝聚并建设成为一个真正的现代民族国家，非常需要从历史的发展和文化的传统中提供一个各族共享的"共同文化"（common culture）。这个"共同文化"的基础就是历史中各族长期共享的社会伦理、生活方式和彼此之间的文化认同，它能够把讲不同语言、信仰不同宗教的各族联系到同一个政治实体之中，各族群中出现少数具有分裂主义倾向的团体或个人无法破坏民族国家的整体团结。①

我们今天需要回答的问题是：在中国现有的 56 个少数民族群体中，无论是各族精英还是普通民众，他们分别都在多大程度上建立起以"中华民族"为单元的民族认同？由于各种历史原因，我国不同民族对"中华民族"的认同程度很可能存在差异。那些在历史上与汉族交往程度和融合程度较深的群体，在近代反抗外来帝国主义、殖民主义侵略斗争中（如抗日战争）与中华民族其他族群密切合作的群体，它们对"中华民族"的认同度会高一些，另一些与中原汉族地区文化（语言、宗教）差距较大、交流与融合程度较低，在近代反对外来侵略斗争中与中原地区合作较少的群体，认同程度可能会低一些。这说明我们在建设中华民族共同文化的过程中，面对不同地区的不同群体，需要依据当地实际情况采取实事求是的有差别的思路和做法。

一位印度学者断言，凡是在历史上没有形成族群间的"共同文化"，凡是近代没有发展出以这样"共同文化"为基础的"民族主义"的"多民族的民族国家"（multinational nation-states），就有可能解体，苏联即一例。这位在苏联生活多年的印度学者认为，苏联并没有真正发展出"苏维埃民族主义"（Soviet nationalism），相反，各族群却发展出"微观层面的民族主义"（micro-nationalism）和各自的群体认同，以及寻求建立独立"民族国家"的潜在愿望。②

---

① Behera Subhakanta, Nation-State：Problems and Perspectives, New Delhi：Sanchar Publishing House, 1995, p. 18.

② Behera Subhakanta, Nation-State：Problems and Perspectives, New Delhi：Sanchar Publishing House, 1995, p. 18.

这种倾向在并入苏联时间不长的波罗的海三国和摩尔达维亚尤为明显。苏联政府在波罗的海三国大量投资以促进经济增长的做法，并没能有效地建立起当地民族对"苏联"的认同。所以在适当的国际环境和国内政治气候下，这些地区就会出现民族主义思潮并追求独立建国。

苏联和中华人民共和国都是在无产阶级武装斗争中建立起来的。在社会矛盾激化的阶级革命时期，共产主义意识形态曾在两国发挥了凝聚各族贫困民众的重要作用，并成为全国性的政治文化，"阶级认同"成为各族民众最核心的身份认同。但在消灭阶级后的和平建设时期，意识形态的感召力和凝聚力必然出现递减。今天的中国必须使"国家统一"建立在一个更牢固的基础上，面对意识形态感召力弱化的现状，必须考虑如何调整或重新构建中国社会在国家层面即"中华民族"层面的"政治文化"。中国必须构建一个全体国民都能够接受、都愿意认同并都以此为自豪的中华民族的"共同文化"，使之成为维系全体公民的文化纽带。否则，在社会发展中新出现的社会分化所导致的矛盾很可能将会危及国民对社会制度和中央政府的认同，对社会某些制度和分配规则的怨恨和不满有可能超过对自己国民身份应有的骄傲和信心，而一个社会不稳定、缺乏内部凝聚力的国家，无疑是一个在软实力方面有重大缺憾的国家。

四　在中华民族共同文化的建构中如何看待
内部各群体的文化传统

今天在中国这片辽阔的土地上生活着 13 亿各族人民，在官方的身份认定体系中，他们分属 56 个民族，大的群体如汉族人口超过 12 亿，小的如赫哲族人口约为 5 千。不仅每个民族都有自己的历史和文化特征，而且各民族内部还存在许多不同层次的"亚群体"。以语言为例，许多民族内部存在不同的方言，如藏语中的卫藏、安多、康方言，汉语中的粤、闽、沪、津、客家各种方言，彝语分为五大方言区，苗语分为湘西、黔东、川黔滇三大方言区。顾颉刚先生认为，若以文化分，中国境内有三个文化集团："汉文化集团"、"回文化集团"和"藏文化集团"。"满人已完全加入汉文化集团里了，蒙人已完全加入了藏文化集团了"①，

---

① 顾颉刚：《中华民族是一个》，《益世报》，1939 年 2 月 13 日《边疆周刊》。

顾先生并详细列数了各族之间相互文化融合的事例。这些客观存在的事实都展示出在中华各族群之间有一个共性与特性并存的"多元一体"文化模式。

（一）我们应如何评价其他群体的文化传统

那么，中国内部的每个民族应当如何看待和理解其他群体的文化传统呢？应当从正面还是负面来看待其他群体与本族之间的文化差异呢？在把本族的文化特征与其他群体的文化特征进行比较时，应当持一种怎样的价值观和立场呢？

现在人们口头常说的一个词就是"美女"。如果提出一个问题："达到什么样的标准可以算是美女"？回答自是众说纷纭，莫衷一是。但是我们仔细分析一下人们提到的标准，还是有规律可循的。如果我们给某位女性的相貌"打个分数"，可以在最低分和最高分之间进行选择，人们通常会根据大致的印象做出一个粗略的评价。上帝是公平的，他在造物时绝对不会造出两个完全一样的人，每个人都是"绝版"和"唯一"。即使是孪生姐妹，仔细分辨仍然能够发现细小差异。这就是每个人独特的价值。同时，上帝又是不公平的，因为造出的女人美媸不一，那些美女得到先天的资源，更容易得到社会的关注和宠爱，因而获得更多机会，同时使那些不够漂亮的女人为了同样的机会要付出更多的努力。

人们常说"情人眼里出西施"。假如并不是所有的人都承认某位女士美若西施时，讲这句话是什么意思呢？这就是说，当众人比较全面和客观地给这位女士打分而且看到容貌中某些部分存在缺点的时候，在我们这位男士的眼里只看到了她容貌漂亮的某些部分，而忽视了不够漂亮的其他部分，他已经不能够客观地来评价这位女士了，仅是她漂亮的这部分就足以使她在他的眼里成为"西施"。

每个民族都具有自己的发展历史和特色，在这个意义上，每个民族都是"绝版"和"唯一"的。每个民族传统居住地的自然条件差别极大，有的如夏威夷人居住在四季如春的海岛，没有猛兽和异族的威胁，随手可得的瓜果鱼虾使他们的生活过得如同天堂一样；有的如爱斯基摩人生活在北极冻土，住在用雪块垒成的房子里，终年在严寒中与北极熊和海豹争夺食物；有的如亚马逊流域的印第安部落居住在热带雨林里，每天生活在鳄鱼、毒蛇、蚊虫的攻击之中。所以有的民族像美女一样生活得非常惬意，有的则生活得十分艰辛。那么，我们应当如何评价他们？他们之间又应当如何对彼此进行评价呢？如果我们只盯着对方不那么美丽的部分，同时眼里只看到自己身上比较美丽的部分，那么彼此绝对是无法相处的，我们的眼中永远不会出现"西施"。如果中国的这三大文化体系（儒家文化体系，穆斯林文化体系和藏传佛教文化体系）都以自身的文化为"优等文化"，其他文化为"劣等文化"，亨廷顿所讲的"文明冲突"在中国的土地上就是无法避免的。

（二）不同文明体系都存在与其他文明和谐共处的传统，应以真正虚心的态度相互学习

中国的三大文化体系内部各自都存在着与其他文明和睦相处和共生发展的文化基因。如儒家学说推崇"和而不同"，伊斯兰教义主张人人平等①，佛教认为众生平等，人们在来世可以转生为其他族群甚至各种生物。同时在各种文明体系中都存在排斥其他群体和文明的极端人员或某些教派。如明代著名儒学家王夫之曾激烈排斥其他"非华夏"的群体，"夷狄者，歼之不为不仁……何也？信义者，人与人相与之道，非以施之异类"②。在伊斯兰教中也存在一些极端的教派（如伊扎布特）鼓动穆斯林民众对"异教徒"开展"圣战"。而理论上反对杀生的藏传佛教，寺庙中也曾拥有相当比例的僧兵。③

费孝通先生在讨论跨文化交流时曾讲过四句流传甚广的话："各美其美，美人之美，美美与共，天下大同"。这里所说的"美人之美"，就是说我们在看其他人、其他民族或其他文化传统时，要学会欣赏它们优秀的地方，这就像观察一个女人时，要努力去寻找容貌中长得比较漂亮的部分，而不是只盯着她有缺陷的部分不放。其实我们看镜子中自己的面容，何尝看不出自己各方面的许多不足？许多汉人认为汉文化历史悠久、精美无比，可是读过柏杨先生的《丑陋的中国人》，就很难否认我们可爱的同胞们身上确实存在许多劣根性。

所以，为了与其他文明和其他民族和谐相处、在合作中共同发展，我们必须

---

① "穆圣在辞朝演说中说：'人们啊！你们的祖先是同一个祖先，你们都是阿丹的子孙，阿丹来自泥土。阿拉伯人不比非阿拉伯人优越，非阿拉伯人也不比阿拉伯人优越……'"。见中国伊斯兰教教务指导委员会编《新编卧尔兹演讲集》第二辑（试行本），宗教文化出版社，2003，第98页。

② 转引自杜赞奇《从民族国家拯救历史：民族主义话语与中国现代史研究》，社会科学文献出版社，2003，第47页。

③ "常驻（拉萨）三大寺的喇嘛中有10%～15%是僧兵"。见梅·戈尔斯坦《喇嘛王国的覆灭》，时事出版社，1994，第28页。

以欣赏对方的态度来寻找他人身上的长处，努力学习其他文化的优点。中国的几个较大文明群体的知识分子和社会精英们，需要开展对其他文明传统文化要义和精华内容的深度研习和梳理，绝不能人云亦云，一知半解，以讹传讹。我们不妨想一想，在穆斯林群体以外的汉人知识分子和藏族知识分子中，有多少人认真阅读过《古兰经》？在维吾尔族和藏族知识分子中，又有多少人认真阅读并理解了《论语》和《孟子》？在汉族知识分子和维吾尔知识分子中，有多少人认真系统地读过佛教经典？半懂不懂，道听途说得来的印象，只能是褊狭扭曲的文化偏见（prejudice），以这种偏见来处理族际关系，是不可能导致良性互动的。

无论是国内的还是境外的文化群体和民族，在他们的文化传统中都具有某些优点和长处，都是中华文化的建设发展中所需要的健康的文化元素。例如基督教对于"诚信"原则的坚持，是十分执著的，作伪证和讲假话会使人名誉扫地，甚至可以导致国家总统被迫下台。这种精神难道不值得我们学习吗？伊斯兰教的"五功"之一是"天课"，就是要求人们把自己收入的十分之一拿出来，无偿地用于帮助那些穷苦需要帮助的人，所以穆斯林民众对待乞丐的态度是与汉人不同的。藏传佛教看重信仰的修行，看淡尘世的物质享受，提倡好善乐施。这与基督教之间又存在共通之处。与此同时，我们必须承认，在各文化传统中除了自身的优点与精华之外，也存在缺点和糟粕，这是每个民族必须正视的现实。在族群交往与互动中，我们能否虚心查找对方身上的优点，同时客观地认识到自己身上的缺点，在欣赏对方的同时努力提高自己，唯有这样一种虚心学习的态度，才能使个人和群体得到真正的发展。

为了实现族群之间的良性互动，最核心的问题就是各群体（包括种族、族群和宗教信仰群体）能不能真正平等地看待和对待其他群体。我们在前文中提到，费孝通教授对跨文化交流提出的"各美其美，美人之美，美美与共，天下大同"这十六个字。"各美其美"并不难做到，每个民族、每个族群都会比较珍视自己的历史记忆和文化传统，每个宗教之所以保存下来，就是因为坚信自己的信仰。这是群体共处的第一个层次，即不是盲目地"崇洋媚外"和"妄自菲薄"，而是尊重本族、本国、本教的历史传统，对自己群体的未来有坚定的自信心，这样才有可能平等地与其他群体相处。第二个层面就是要真正树立起种族、族群、宗教之间的平等观。只有在心里对其他民族和宗教不排斥，没有对"异教徒"的反感和蔑视，能够把"公民"或"人类"的身份认同看得高于自己族群、宗教的认同，才能达到这样的境界。

唯有人们在认识和感性上达到彼此之间的"平等"，才有可能进一步去欣赏对方，才能达到第三个层面，那就是真正做到从心里能够欣赏其他文明、其他宗教、其他民族的传统与习俗，从内心和感情上做到"美人之美"，这实在不是一件容易的事，是群体互动中人类所能达到的最高层面。人们保持自己群体的优点，同时也能够看到并欣赏其他群体的优点，这样就有可能向其他群体学习，从而提升自身的文明修养和发展能力。

五 结束语

在中国这样的一个多民族国家，各民族之间的关系是否和谐，国家的统一是否牢固和经得起考验，主要的核心问题就是建设一个包括所有国民的"中华民族"的共同文化。由于汉族人口占总人口的91%，汉族地区在科技、教育、经济等方面发展较快，成为占据人口大多数的主流群体。能否真正建设好一个包含56个民族的共同文化，加强各族民众对"中华民族"的政治认同和文化认同，其关键就在于汉族是否能够持之以恒和有效地教育本族民众彻底摈弃针对少数族群的各种偏见，在制度设计和各项政策的执行过程中，在日常工作中彻底杜绝针对少数族群的任何歧视行为。也正因为这一点非常重要，我国宪法明确提出"在维护民族团结的斗争中，要反对大民族主义，主要是大汉族主义，也要反对地方民族主义"。

在当年推翻帝制、建立民国的年代，帝国主义者始终极力向中国各族知识分子灌输一个以汉族为主体并排斥其他民族的"中华"和"中国"观，利用中国传统的"夷夏之辨"把满蒙回藏等群体列入"中华"之外的"蛮夷"。今天，一些境外的反华势力仍然采用各种方法来分化中华民族，具体的办法就是强调各族之间存在的文化差异。国内各族知识分子和民众在对这些问题的认识上仍然存在许多糊涂观念，这对我们构建中华民族的政治认同和共同文化非常不利。在21世纪，中国需要在社会和经济领域不断深化体制改革，改善民众的生活条件，化解体制改革中出现的各种社会矛盾，同时必须关注少数民族地区的社会经济发展，加强各族之间的文化交流，坚持不懈地在构建中华民族共同文化这个方面向前推进，在各民族共享改革开放成果的进程中巩固国家统一和实现中华各民族的共同繁荣。

B.3

民族区域与跨体系社会

——民族问题研究的区域视野

汪 晖*

摘 要：所有区域、尤其是民族区域是一个跨体系社会，以族群、宗教、语言等单一方式研究区域和民族区域，难以呈现区域的复合性和混杂性的特征。跨体系社会的概念提供了一种超越欧洲民族主义知识理解中国及其区域的新的视野。

关键词：跨体系社会 区域 民族区域 中心与边缘 流动性

在 1989 年之后，中国几乎是当代世界上唯一在人口构成和地域范围上大致保持着前 20 世纪帝国格局的政治共同体。在各种有关中国的具体问题的讨论中，"何为中国？"这一问题始终是一个核心的但常常被掩盖了的问题。

本文以历史研究和民族研究中的区域概念为线索，论述了区域的稳定性、流动性，中心与边缘关系，导致区域格局发生变动的条件，区域在空间和时间上的差异结构及其互动关系等问题。通过对中国历史研究中有关"区域"的论述和"区域主义"方法的分析和总结，笔者试图在跨体系社会（a society of inter-systems）这一概念下，提出一种不同于民族主义知识框架下的中国观。① "跨体

---

* 汪晖，清华大学人文学院教授，清华人文与社会高等研究中心执行主任。邮编：100084。

① 本文提纲曾在由中国文化论坛与中央民族大学联合举办的"区域、民族与中国历史的叙述"（2008 年 12 月 6~7 日，北京）学术讨论会上作为开场发言宣读。2009 年 5 月 20~23 日，作为前一次会议的延续，中央民族大学与中国文化论坛联合举办了"跨社会体系——历史与社会科学中的区域、民族与文明"学术讨论会，根据王铭铭教授拟定的会议宗旨，"跨社会体系"（supra-societal systems）是指超越我们通常定义的"民族体"的区域性物质与精神关系的体系，既有"物质文化"、"地理"、"经济"的表达方式，亦有宗教、仪式、象征、法权、伦理的表达方式，既可以是现世的，也可以是宇宙论与道德—法权方面的。我在会（转下页注）

系社会"是指包含着不同文明、宗教、族群和其他体系的人类共同体，或者说，是指包含着不同文明、族群、宗教、语言和其他体系的社会网络。它可以是一个家庭，一个村庄，一个区域或一个国家。在欧洲民族主义的时代，康德曾断言："国家是一个人类的社会，除了它自己本身而外没有任何别人可以对它发号施令或加以处置。它本身像是树干一样有它自己的根茎。"① 如果就不仅着眼于民族国家与社会的关系，也着眼于社会形态与政治结构的关系而言，这一判断仍然有着合理性：作为一个人类社会的国家涉及物质文化、地理、宗教、仪式、政治结构、伦理和宇宙观及想象性世界等各种要素，而不是一个简单的人造物。"跨体系社会"不但不同于从"民族体"的角度提出的各种社会叙述，也不同于多元社会的概念，它更强调一种各体系相互渗透并构成社会网络的特征。例如，中国西南民族混居地区的家庭和村庄常常包含着不同的社会体系（族群的、宗教的、语言的等），并与这些"体系"之间存在着联系，但同时，这些社会体系又内在于一个家庭和村庄、一个社会。将跨体系社会与区域范畴相关联，是因为"区域"既不同于民族—国家，也不同于族群，在特殊的人文地理和物质文明的基础上，这一范畴包含着独特的混杂性、流动性和整合性，可以帮助我们超越民族主义的知识框架，重新理解中国及其历史演变。另外，跨体系社会同时也与跨社会体系（trans-societal system）相互缠绕。例如，中国历史中的朝贡体系不仅是跨体系社会的联系方式，而且也是跨社会体系的连接网络，它将更广阔的区域内的各政治共同体连接在一起。因此，在跨体系社会和跨社会体系的视野中，重新检讨区域、尤其是民族区域的概念，对于回答"如何理解中国"或"何为中国"这样的问题而言是至关重要的。

一 两种区域主义叙述

过去二三十年来，区域研究兴起，无论在国家史内部，还是在世界史的范围

（接上页注①）议发言中将这一概念倒转为"跨体系社会"，主要是为了强调物质文化、地理、经济、宗教、仪式、象征、法权和伦理表述的多样性共存于一个社会体之中，从而为观察一个社会的政治文化提供新的视角。本文初稿使用的是"复合社会"这一概念，而在会议之后，我决定用"跨体系社会"取代"复合社会"的概念，以与"跨社会体系"这一概念相互呼应。

① 康德：《永久和平论》，何兆武译，《历史理性批判文集》，商务印书馆，1991，第99页。

内，逐渐成为主流的历史研究方法。本文不拟直接进入对于具体研究成果及其结论的评判，而是以方法论问题为中心，结合各种研究路径，对"区域作为方法"这一问题做一点儿分析。这也给了我一点儿自由，即跨越不同的研究领域，观察"区域"在经济史、人类学和民族史等领域的不同运用及其相关性。

20 世纪 70 年代以降，所谓地方史取向在美国的中国研究中产生了一系列成果，在社会史、革命史、城市史和经济史的研究中，这一方法改变了中国研究的整体框架。由于人类学和文化研究的引入，地方史研究的方法发生了一系列变化、性别、族群等话题也在区域史的范围内展开了。与此相联系但有所区别的，是在世界史范围内观察区域联系的努力，其关注的重心是那些跨越民族国家边界的区域联系和认同关系。布罗代尔的《地中海》可以算做这一潮流的先驱，它综合了长时段（地理时间）、中时段（社会时间）和短时段（事件史）三个时间层次，用以研究总体史。这类研究一方面超越民族国家的框架，在不同区域之间构成了比较性的关系；另一方面又将区域设定为一种新的、形态不同的主体，如亚太、欧洲、东亚和东南亚等，并在不同的时间层次中对区域进行观察。① 我将前一种区域主义方法称为"针对国家及其行政区划而产生的区域主义叙述"，将后一种区域主义方法称为"针对民族国家和全球主义而产生的跨国性区域主义叙述"。这两种方法并无明显的隔绝，围绕民族起源、朝贡—外交关系、经济圈或文明圈等框架，它们相互支撑和渗透。我们的讨论以"民族区域"为中心，但上述两种区域主义方法并不是与此无关的。

施坚雅（G. William Skinner）编著的《中华帝国晚期的城市》（*The City in Late Imperial China*）出版于 1977 年，是在美国的中国研究中的区域史转向的奠基性作品，对其后美国的中国研究中的地方史取向有重大的影响。② 施坚雅将集市体系与区域体系综合在他的研究模式中，为中国市场史、人口史和城市史的研究提供了新的视野。在解释他的研究动机时，施坚雅说："大部分中国人想到中国的疆域时，是从省、府和县这一行政等级区划出发的。根据行政区域来认知空

---

① 布罗代尔：《菲利普二世时代的地中海和地中海世界》（两卷本），商务印书馆，1996。
② 孔飞立（Philip Kuhn）对太平天国与清代地方军事化的分析、黄宗智（Philip Huang）对华北和江南的小农经济的研究、周锡瑞（Joseph W. Esherick）对山东义和团运动的讨论、艾尔曼（Benjamin Elman）关于常州学派的研究，以及革命史和社会史中有关浙江会党、汉口等地方的研究，也都可以视为美国的中国研究中的地方史转向的代表性作品。

间在明清时甚至更为明显。

这种把中国疆域概念化为行政区划的特点，阻碍了我们对另一种空间层次的认识。这种空间层次的结构与前者相当不同，我们称之为由经济中心地及其从属地区构成的社会经济层级。就一般情况而言，在明清时期，一个地方的社会经济现象更主要的是受制于它在本地以及所属区域经济层级中的位置，而不是政府的安排。本书的贡献之一，在于它讨论了社会经济层级作为一种理论构架对于分析明清时期中国的社会进程、经济交流和文化变迁的重要意义。"①

在施坚雅看来，省、府、州、县等行政区划也构筑了区域的范畴，但与"由经济中心地及其从属地区构成的社会经济层级"相比，前者更像是一种由上而下的人为秩序，而后者"不是政府的安排"，是漫长历史进化的更为自然的结果。因此，这一区域主义方法隐含着一种自然演化的秩序观，它将政府所确定的、作为行政单位的区域视为一种不能真实反映区域关系的安排和规划。

从大的方面看，针对国家行政区划而产生的区域主义并未直接挑战民族国家史的框架，但它将国家做了区域性的解释。如果我们超出经济史的范畴，就会发现这种区域主义方法在早期中国的民族史研究中并不陌生。例如，李济在1928年完成的博士论文《中国民族的形成》中就提出过"一种不同于省份区划的地理单位"。按照他的观察，各个朝代出于行政管理的目的而用不同的方式划分中国的政治单位，中国的地区划分是随着政治的演进而不断变化的。值得注意的是，国家或王朝对区域的划分并不是简单的自上而下的行为，它也综合了各种历史演化的要素，比如，"各地区的面积主要是随着人口聚集的程度而异，而聚集的地望又多半取决于移民迁徙的路线。因此，政治单位的数量和面积的变动在某种程度上可以显示出我群聚集地望的变动。"但是，由于政治单位是根据地望变动而形成的，"找寻出某些决定着地望变动而不是为地望变动所决定的地理划分，对于用比较的方法来研究这些变动是大有必要的。河流和山脉是人口流向的自然决定因素。其中，河流的影响尤其重要。"② 不是地理划分，而是地望变动及其动力才是划分区域的真正根据。李济就是据此区分出他的"五大区域"，即东北区（黄河东段以北地区，相当于今之直隶和山西），中部东区（黄河东段以

① 施坚雅：《中华帝国晚期的城市·中文版前言》，中华书局，2000，第1页。
② 李济：《中国民族的形成》，江苏教育出版社，2005，第247～248页。

南及长江东段以北地区，相当于今之山东、河南，及湖北、安徽和江苏的绝大部分），中部西北区（中部东区以西，黄河以南和长江以北地区，相当于今之陕西、四川，以及甘肃的一大部分），西北区（甘肃省内的一小部分，处在黄河以北地区），南方区（长江以南的所有地区，包括浙江、福建、江西、湖南、贵州、广东、广西，还有江苏、安徽、湖北的一部分以及云南）。

民族史研究以追溯中国民族的形成为中心，它所使用的资料大体包括中国人人体测量数据、史书里有关城邑建筑的资料、姓氏起源资料、人口资料和其他历史文献资料。从方法论的角度看，这些资料的使用——如张光直在概括李济的工作时所说——综合了考古调查、民族志调查、人体测量调查和中国语言研究等四种方法。正是根据这些文献和方法，李济分析出中国民族的五个源头：黄帝子孙、通古斯人、孟—高棉人、掸人和藏缅人。他的区域划分以追溯民族形成为目的，尽管十分注重中国民族形成的混杂性，但关注的空间范围主要局限于中国本部，满洲、西藏等后来成为中国行政统属范围的地区就不在他研究的"区域"范围之内。

费孝通将中华民族聚居地区归纳为六大板块和三大走廊的格局，显然考虑到了中华民族形成的漫长过程，尤其是各少数民族在民族形成与区域关系中的角色。这个看法显然与李济早期的观察不同了。费孝通所说的"六大板块"是指北部草原区、东北部高山森林区、西南部青藏高原区、云贵高原区、沿海区和中原区，三大走廊则是指藏彝走廊、南岭走廊和西北走廊，其中藏彝走廊包括从甘肃到喜马拉雅山南坡的珞瑜地区，这一走廊是汉藏、藏彝接触的边界，包含着许多其他族群。① 较之单纯的族裔民族主义的观点，这种以区域为中心形成的独特的中国观是对中国各族人民多元并存的格局的理解。苏秉琦等考古学者在考古学领域中所提的中国文明的"满天星斗说"也可以与此说相互参照，两者的共同意趣是显而易见的——不是黄河中心说，而是满天星斗说，为中国文明的源头提供了不同的图景，虽然那个时候还没有"中国"这一说。

同样以地望和迁徙为杠杆，早期民族史研究以民族形成为中心，而当代考古学

---

① "六大板块和三大走廊"的说法是李绍明根据费孝通的《民族社会学调查的尝试》、《谈深入开展民族调查问题》两篇文章中的有关论述总结而成，二文分别出自费孝通《民族研究文集》，民族出版社，1988，第268～285、295～305页。见李绍明《藏彝走廊研究中的几个问题》，《中华文化论坛》2005年第4期，第5～8页。关于藏彝走廊的论述，参见李绍明《费孝通论藏彝走廊》一文，见《西南民族学院学报》2006年第1期，第1～6页。

和人类学却以跨民族区域及其经济发展为中心，两者观察区域的立意已经有所区别。但这种区别是相对的。无论在中国的民族史研究中，还是在中国人类学研究中，都存在着一种笔者称之为"民族史内部的超民族叙述"。李济后来感叹说：

> "两千年来中国的史学家，上了秦始皇一个大当，以为中国的文化及民族都是长城以南的事情。这是一件大大的错误，我们应该觉悟了！我们更老的老家——民族的兼文化的——除了中国本土以外，并在满洲、内蒙古、外蒙古以及西伯利亚一带：这些都是中华民族的列祖列宗栖息坐卧的地方。"[①]
>
> "我们以研究古史学为职业的人们，应该有一句新的口号，即打倒以长城自封的中国文化观，用我们的眼睛，用我们的腿，到长城以北去找中国古代史的资料。那里有我们更老的老家。"[②]

秦始皇筑长城是一种"政府安排"，它割断了中国民族形成的广阔空间，而到长城以北去找中国古代史的材料当然也意味着打破这种人为的历史割裂。但是，随着时间的推移，长城已经成为一种地域性的界标，对其后边疆区域的形成影响深远。李济在这里将民族形成推广至"满洲"、蒙古及西伯利亚一带，除了往上追溯的线索外，不是也回应了其后中国历史的区域演化吗？关于这一点，稍后在讨论拉铁摩尔的工作时，笔者会进一步讨论。

为什么民族史内部会出现这些超民族叙述？笔者认为动力存在于两个方面：第一，民族形成本身的多元性和混杂性迫使以追溯民族起源为己任的民族学、考古学向超越单一起源论方向发展；第二，由于中国历史的独特性，历史学者自觉和不自觉地将中国作为一个自然演化过程的动态存在，而不是某个强力由上至下进行规划的产物。从这个角度，我们也看到了施坚雅在政府安排与社会演化的二元论中所展开的中国叙述的局限。将区域视为自然的，而将国家及其规划视为人为的，这一对区域与国家的界定没有考虑到两者之间的相互转化。从长时段历史的角度看，国家与区域的区别不是绝对的，将它们视为相互对立的范畴，而不是相互参照和相互渗透的范畴，有时反而会模糊了区域形成的多重动力。

---

① 李济：《中国民族的形成》，上海人民出版社，2008，第1页
② 李济：《中国民族的形成》，上海人民出版社，2008，第1页。

　　以灌溉工程与地域形成的关系为例，作为一个古老的农业文明，中国最好的土地即灌溉的土地，"而建立并维持灌溉制度所必需的水利工程，要想完全由私人完成是不可能的。""水利工程必定要由国家经营。这样，国家从事这类活动的能力，就比土地所有权更进一步地成为政治力量的基础。国家也要有大量的存粮，因为田赋的一部分是征收实物。这种存粮需要有一个社会中心，一个便于保护的中心——城池。这就造成了每一区域的结构单元，即都有一个城池和足够的土地，构成贸易与行政的单位。每一区域存粮的一部分，又集中在某些重要的仓库里，由政府支配，充作各地方的代表中央政权的驻军的粮饷。"① 由这类大型工程所形成的区域与行政区划有关系，但又未必是完全重叠的关系。

　　与上述针对国家行政区划的区域主义方法不同，针对民族国家和全球主义而产生的跨国性区域主义叙述力图超越的是跨越国家边界的区域构成。地望、迁徙、敬香和贸易活动同样是区域形成的基本要素，但这一区域主义产生于后民族国家与全球化的问题意识。区域整合、文明圈、地缘政治联盟、经济一体化等问题包含着对两个不同的力量的回应，即一方面超越民族主义和民族国家，另一方面又对新自由主义的全球主义进行限制。彭慕兰的《大分流》与滨下武志的《近代中国的国际契机——朝贡贸易体系与近代亚洲经济圈》可以作为跨国性区域主义的代表性著作。彭慕兰的作品是在美国的中国研究的地方史传统中形成的，他以江南及其从属区域为描述单位，但不同的地方在于，他将这一区域作为一个相对自主的经济中心从"中国"的整体范畴中抽出，并与英国北方资本主义兴起的动力进行比较，他所回答的仍然是为什么资本主义恰好从英国产生这一问题，但不同之处在于这是从区域主义的方法中产生的一种改写现代世界历史的努力。关于这一著作的争论仍然在延续之中，这里不做评论。从方法论的角度看，彭慕兰的不同之处在于将区域从国家范畴中解放出来，直接作为世界史叙述中的比较单位。不过，江南地区既非跨国界区域，又不涉及民族问题，这一描述与那种以跨国活动和多族群关系作为区域概念的构成要素的方法有所不同。

　　滨下武志的《近代中国的国际契机——朝贡贸易体系与近代亚洲经济圈》在经济史领域重新建立了一个以朝贡体系为纽带、以中国为中心的东亚世界体系，并以此确认亚洲内部——包括日本与中国之间——存在着一种区域性的

---

① 拉铁摩尔：《中国的亚洲内陆边疆》，江苏人民出版社，2005，第27页。

"连带关系"。我认为这种连带关系构成了一种"跨社会体系"。这部著作的方法论意义远远超越了经济史领域，对从其他角度思考亚洲区域问题产生了影响。在他的叙述中，朝贡网络是区域整体性的历史根据。按照他的研究，亚洲区域有下述三个特征：①不仅在文化上而且在经济和政治关系上构成了一个整体；②这个整体是以中华文明为中心的、以超国家的朝贡网络为纽带的；③与这一朝贡网络相匹配的是与欧洲"国家"关系不同的"中心—周边"及其相应的"朝贡—册封"关系。即便在近代，亚洲地区的朝贡网络也没有被西方资本主义的扩张彻底击毁，"作为一个世界体系的亚洲"至今仍然存在。滨下武志将朝贡关系中的宗属关系区分为六种类型，即：①土司、土官的朝贡；②羁縻关系下的朝贡；③关系最近的朝贡国；④两重关系的朝贡国；⑤位于外缘部位的朝贡国；⑥可以看成是朝贡国，实际上却属于互市国之一类。① 但构成区域整体性的基本依据的，并不是这些不同的朝贡类型，而是由这些朝贡关系所形成的相对稳定的"中心—周边"的框架，即一种在原理上与以主权为单位的民族国家关系极其不同的区域关系。滨下武志将网络性关系作为描述区域整体性的途径，而这一区域整体性的观念又以某种不同于民族国家的政治文化为根据，因此有可能与一种政治共同体的构想发生关系。例如，人们已经在问：亚洲地区——或者更具体地说——东北亚地区能够形成一种欧洲联盟式的政治主体吗？

很明显，无论从民族志的角度，还是从交通史的角度，区域研究从两个不同的方向上致力于打破行政区划与民族国家的双重边界。但问题是：区域整体性与政治主体性之间是什么关系？区域与人格性主体的关系究竟如何？

二　地方的非地方性：稳定与流动的辩证

将区域作为一个整体加以叙述，必然会强调区域的稳定性。无论内部存在多少动态关系，如果没有稳定性也就不能构成区域。布罗代尔的"长时段"概念就是与稳定和缓慢的变迁相联系的。上文引及的各个例子取向不同，但在强调区域具有某种稳定性方面没有明显的差别。事实上，这些区域概念既是对特定历史

---

① 滨下武志：《近代中国的国际契机——朝贡贸易体系与近代亚洲经济圈》，朱荫贵、欧阳菲译，中国社会科学出版社，1999，第35～36页。

关系的综述和描绘，也是以概念化的方式对这些流动性关系进行稳定化的努力。费孝通所说的六大区域、三大走廊一旦转化为国家经济发展的战略，原有的区域关系也就会转化为一种更为自觉的和行政性的关系。当国家的"西部大开发"政策出台的时候，云、贵、川等西南省份，甘、陕、晋、青海等西北省份，以及新疆、内蒙古、西藏等自治区忽然意识到了一种以"西部"为区域范围的联系，而国家的政策也以这样的区域概念为框架，重新构思国民经济的战略规划。

在历史研究中，对区域稳定性的描述也经常以政治组织的形成（亦即某种人格性的单位的产生）为前提。傅斯年1933年发表的《夷夏东西说》是一篇著名的论文，它以东/西、南/北关系的消长起伏作为描述中国历史变迁的杠杆，认为商代文化由西部夏族群和东部夷族开辟。傅斯年的具体结论已经为20世纪50年代以后的考古研究所质疑，比如考古学家在中原的二里岗文化中发现了殷墟文化，此后发掘的二里头遗址又被视为在龙山文化之后、二里岗文化之前的文化（有学者认为是夏文化遗址），而1983年发现的新的二里岗遗址也证明二里头文化与二里岗文化是两种不同的文化。考古学家认为，公元前2000年左右，龙山文化被另一文化取代，显示二里岗文化从中原向东发展。由此，商是否起源于东就成了一个问题。这些学术史上的新发现值得我们思考，但笔者不打算只是在起源论的意义上讨论区域问题。区域很难用单一起源加以说明。正是在这个意义上，傅斯年对区域的叙述仍然具有某种方法论上的意义。在这篇长文中，他描述中国政治大势的方式不是从政治中心出发的，而是从区域关系的变动中展开的。傅斯年说："自东汉末以来的中国史，常常分南北，或者是政治的分裂，或者由于北方为外族所统制。但这个现象不能倒安在古代史上。到东汉，长江流域才大发达。到孙吴时，长江流域才有独立的大政治组织。在三代时及三代以前，政治的演进，由部落到帝国，是以河、济、淮流域为地盘。在这片大地中，地理的形势只有东西之分，并无南北之限。历史凭借地理而生，这两千年的对峙，是东西而不是南北。现在以考察古地理为研究古史的一个道路，似足以证明三代及近于三代之前期，大体上有东西不同的两个系统。这两个系统，因对峙而生争斗，因争斗而起混合，因混合而文化进展。夷与商属于东系，夏与周属于西系。"①

三代时及三代以前，区域（河、济、淮流域）的形成是与政治的演进密切

---

① 傅斯年：《夷夏东西说》，见《傅斯年全集》第三卷，湖南教育出版社，2003，第181页。

相关的，否则中国古代史中的东西问题不能成立。同样，若没有东汉及此后长江流域的大型政治组织的发展，中国历史中的所谓南北问题也不能产生。区域在这个意义上并不是一个自然的范畴，它和政治变迁密切相关。这并不是说区域本身完全依附于政治变迁，因为一旦区域形成，它也有着某种非人格性的自主性或稳定性。在这个意义上，傅斯年发现区域常常能够超越王朝和其他政治变迁，成为某种稳定性的存在。

就此而言，他的区域观与滨下武志的跨民族区域的稳定性描述是相似的，即区域是历史形成的，从而是动态的，但区域一旦形成却有着某种自主的稳定性。傅斯年因此又说：

> 东方与西土之地理重心，在东平原区中以南之空桑为主，以北之有鄅为次；在西高地系中，以外之洛阳为主，内之安邑为次，似皆是凭藉地形，自然长成，所以其地重要，大半不因朝代改变而改变。此四地之在中国三代及三代以前史中，恰如长安洛邑建康汴梁燕山之在秦汉以来史。秦汉以前，因部落及王国之势力消长，有本文所说。四个地理重心虽时隆时降，其为重心却是超于朝代的。认识此四地在中国古代史上的意义，或者是一件可以帮助了解中国古代史全形的事。[1]

中国古代史的"全形"只有通过超越王朝变迁的视野才能获得，那么，这一超越王朝变迁的视野又如何获得呢？傅斯年将区域——即他所说的以城邑和政治为中心的、"凭藉地形，自然长成"的"地理重心"或"地系"及其相互关系——作为把握中国古代史之"全形"的根据。在这个意义上，过于强烈地将区域与行政区划相对立，在方法论上也易于陷入另一种陷阱，即将区域的稳定性误解为一种纯粹非政治性的自然存在。区域的稳定性本身常常与政治安排有关，这一点并不因之与行政区划（及国家边界）的差异而改变。

区域的稳定性是相对的，而流动性是绝对的，两者有着辩证的关系。区域的形成除了地理条件之外，更重要的是人类的活动，其中迁徙、战争、和亲、贸易、敬香、朝贡等就是最为重要的区域形成条件，即便是自然生态的变迁最终也

---

① 傅斯年：《夷夏东西说》，《傅斯年全集》第三卷，湖南教育出版社，2003，第232页。

要通过人类活动才能转化为区域的变迁。至少在人类历史中,区域虽然以地理为条件,但并不是一个自然的概念。也正由于此,区域的稳定性必然以流动性为前提,而流动性又是区域形成的动力。傅斯年从流动中寻求古史中东西区域关系的稳定性,而桑原骘藏则将南北区域的形成放置在"事件"中加以叙述,即以动态关系描述静态区域。在发表于1925年的《历史上所见的南北中国》这篇名文中,桑原骘藏以两大"事件"——即晋室南渡与宋室南迁——作为结构中国历史中的南北变迁的中轴。"这宗重大事变,历史上称为永嘉之乱或晋室南渡,是中国社会状态的一大改变,在各方面均引起重大影响。在南北中国文化分野的区划上,此次事变是产生转变的一大原因。"中国历史中的南北问题历来讨论极多,但无论讨论环境、风俗、民情和其他问题,大多均以南北作为稳定的、相互区别的区域为前提。但桑原骘藏将南北问题放在"事件"创造的新关系之中,提供了隐含在区域静态关系中的动态关系。他说:

> 南方开发的端绪始于秦汉,因晋室南渡进度加速,唐、宋、元、明继其步伐,南方遂在文化、户口、物力等所有方面,凌驾于北方之上。清初顾炎武以"天运循环,地脉移动,彼此乘除之理"解释南北盛衰优劣交替的原因,自然并不彻底。清末刘光汉将原因归为五胡南北朝时期北狄的侵入和汉族的南下,以及南北水利的便利与否,则较为中肯。不过即使南方的水利在主张当地的开发中发挥作用是事实,也只是副因而非主因,是助因而非正因。主要的原因,不得不归于北狄的入侵和汉族的南下。这个华夷的移转,如刘光汉所言,并不限于五胡南北朝的三百年。唐、宋、元、明间北狄的入侵和汉族的南下,与五胡南北朝相比虽有大小之差,但亦同样不能不加以考虑。要之,过去一千六百年间,北方野蛮夷狄和南方优秀汉族的移住这两个事实,是解释南北盛衰原因的必要的和最重要的关键。①

与傅斯年一样,桑原骘藏的描述也是长时段的。如果参照他的《蒲寿庚考》《中国阿剌伯海上交通史》及有关西域和蒙古的研究,他的区域视野不但越出了

---

① 桑原骘藏:《历史上所见的南北中国》,《日本学者研究中国史论著选译(一)》,中华书局,1993,第19~68页。对于此处"野蛮夷狄"的表述作者并不认可。——作者注

"中国"的范畴，而且总是在流动的关系之中观察一个具体区域的特征。南北区域的差异在这一长时段的交流和碰撞中显现出根本的动态性。从这一动态的关系观察，南方之为南方的那些特征（族群、风俗和生活方式等）均需要从由事件凝聚起来的南北关系中加以解释，诸如水利开发的便利与否等自然性条件在形成南北区域关系中反而是次要的。区域的动态性也可以解释为地方的非地方性，它提示了一种观察地方性的视角，即流动性的视角。例如，傩戏至今在贵州仍然是活的文化，但其根源却在江淮之间；但今天江淮地区傩戏早已了无踪影，它被广泛地看作贵州区域的文化特征。我们可以从地域性的视野观察它，也可以从流动的角度理解它，或者从重叠、流动的关系中解释这一文化的衍生和发展。

流动性并不仅仅是指区域间的流动（如从中心到边缘的流动），就文化和习俗而言，流动性也体现在社会层级或阶级关系之中。例如，由于王朝南迁，一些宫廷文化流落民间，如今在乡村或下层社会流行的文化未必是"下层的"、"本土的"；而另一些民间习俗和文化也可能在流动中转化为上层的或精英的文化。因此，精英与大众、中心与边缘的关系都不是绝对的。稳定性和流动性共同构成了观察此类现象的视角。从事件的角度观察区域的形成，亦即将区域理解为动态的存在，但这并不构成对漫长的历史演化在区域形成中的意义。事件与区域的关系提示人们：区域常常是某种突变的产物，构成区域特征的那些风俗、文化、习惯、认同乃至语言等，都不是区域的本质性特征，而是其历史性特征。这里所说的突变，与桑原骘藏对事件的关注是一致的，它并不否定地望和其他更为稳定的条件在形成区域关系中的作用。

三　区域的中心—边缘及其相对化

区域的稳定性与流动性也决定了区域研究中结构性要素与历史性要素之间的辩证关系。强调稳定性，也就会强调结构性及结构的内部互动和弹性。施坚雅将区域作为一种稳定的、相对自然的体系，他的方法倾向于区域内部的结构关系便是自然的。区域结构这一概念预设了区域作为整体与其各个部分之间的关系，也预设了区域构造中不同层次的中心—边缘关系及其互动。在这里，用于描述区域结构内部关系的，是多层次的中心—边缘关系。施坚雅在描述中国的市镇体系与区域时使用了大区的概念，以说明区域结构内的

多层构造。他说：

> 区域结构……包含着以镇和市为连接点的本地和区域体系的层级。就中
> 国的情形而言，作为大区域经济的顶级城市的大都市，处在不同程度上整合
> 成一体的中心地层级的最高层。这个层级向下则延伸到农村的集镇。集市体
> 系以这些集镇为中心，一般包括十五至二十个村庄，组成了构筑经济层级的
> 基本单位。由此而上，层次愈高，社会经济体系愈趋广大和复杂，中心地在
> 其中起着连接点的作用。①

按照这个结构性的区域关系，区域是一种由中心—边缘关系构筑起来的连续
体，即它有一个最高的中心和广阔的边缘区域，而在相对于这个最高中心的边缘
区域，又在每一个层次上展开着以集镇—村为单位的一系列中心—边缘结构。
"区域体系理论的中心观点是，不仅大区域经济具有核心—边缘结构，它的每一
层次上的区域系统均呈现和大区的核心—边缘结构类似的内部差别。因此，每一
个本地和区域体系均是一个有连接点的、有地区范围的，而又有内部差异的人类
相互作用的体制。最后一个体系处在不断的有规律的运动之中，包括商品、服
务、货币、信贷、讯息、象征的流动，以及担当多种角色和身份的人的活动。镇
和市处于一个体系的中心，起着连接和整合在时空中进行的人类活动的作用。"②
结构性的区域概念注重于中心—边缘的空间关系，无论其层次多么复杂，
中心—边缘之间的关系是稳定和清晰的。例如，在这个结构中，城乡之间的中
心—边缘关系不可能逆转。但是，如果以过去一二十年当代中国珠江三角洲地
区的城镇化发展来看，经济区域是成片地展开，一个又一个小城镇蔓延伸展，
形成了一个广阔的经济区，我们很难用过于清晰的中心—边缘关系对之加以界
定。如果将这一结构关系放置于长时段历史或事件中观察，那么即便古代历史
中，中心与边缘的关系也可能发生变异，城市的绝对中心地位本身就是历史的
产物。在出版于1940年的《中国的亚洲内陆边疆》一书中，拉铁摩尔以长城
为"中心"描述一个超越政治和民族疆域的"亚洲大陆"，为我们理解历史中

---

① 施坚雅：《中华帝国晚期的城市·中文版前言》，中华书局，2000，第2页。
② 施坚雅：《中华帝国晚期的城市·中文版前言》，中华书局，2000，第3页。

的中心与边缘关系提供了极为不同的视野。按照他的"中心"概念，游牧和农耕两大社会实体在长城沿线形成了持久的互动和相互影响，并将这种影响反射或渗透到各自的社会生活方式之中。这个作为"互为边疆"的"长城中心说"不但纠正了中国历史叙事中的那种以农耕为中心的片面叙述，进而与黄河中心的中国叙述，以及宋代以后的运河—江南中心的中国叙述形成了鲜明对照。这个"互为边疆"的概念与施坚雅描述的那个以城市—乡村关系为中轴的相对稳定的中心—边缘关系完全不同。笔者所说的"完全不同"，并不是说两者是对立的，而只是说由于关注的中心点不一样，在前者那里相对稳定的中心—边缘关系就变成了不稳定的、相对化的关系。在这里，长城内外的边疆区域转化为中心，它既非城镇，也非乡村，而是绵延不绝的、连接两种生产方式的纽带。"中国与草原之间的经济差异并没有形成政治上的隔绝。虽然费了很大的力气将长城造起来，边疆却从来没有一条绝对的界线。就地理、经济、政治等方面而言，它是一个过渡地带，广狭不一。因为不论是在中国还是在草原上，精耕及粗放的平均水平及程度指标并不一样。两边的社会没有一个是永远统一的。"①

历史叙述的中心转移除了与各时代的中心地位的移动有关，还与观察历史变化的视野，尤其是观察历史变化的动力的视野相关。例如，一些民族不能适应关内的农耕方式，转而专力发展畜牧资源，当他们从"半草原"社会发展到彻底草原化的阶段，他们脱离了农耕社会的边缘地位，变成草原社会的中心区域。②"在中国强盛而使草原游牧民族称臣纳贡时，财富对移动性的统治最强。但是，这种统治也会因为移动性而妨害于财富。被委任统治边疆的官吏们，逐渐脱离汉族财富的根源，而取得草原权力的根源。"③ 桑原骘藏将南方区域的形成与北方民族南下关联起来，而拉铁摩尔则在一个特定时刻看到了另一个方向相反的运动，即在欧洲殖民主义和工业化的压力之下，中国历史内部的由北向南的运动路线终于转向由南向北的运动路线。他用"前西方"与"后西方"的概念来描述中国区域关系的这一逆转。

① 拉铁摩尔：《中国的亚洲内陆边疆》，江苏人民出版社，2005，第45页。这里的"中国"应理解为"中原"或"内地"，下同。——作者注
② 拉铁摩尔：《中国的亚洲内陆边疆》，江苏人民出版社，2005，第40页。
③ 拉铁摩尔：《中国的亚洲内陆边疆》，江苏人民出版社，2005，第50页。

四　两种或多种新势力

区域关系的逆转意味着某些区域的形成是由一种外来力量推动的。这种外来力量曾经被一些研究跨国性区域主义的学者称为"介入性力量"（intrusive system），① 即一种改变了旧有关系的、由区域外进入的"新势力"。拉铁摩尔说："如果我们不区分新势力与旧势力，就不能看到中国移民地区——从东三省到西藏——近代史的特征。新势力中最重要的是铁路及近代军备。每一条铁路对开发一个移民地区的重要性，随着经由该路而来的直接或间接的外来压力而有所不同。"② 他在这里所谈及的"新势力"就是西方及其工业化的力量。"新势力"的介入创造了完全不同的情境。拉铁摩尔说：

> "现代历史中，中国或其他国家不再由于大陆或海洋的阻隔而孤立。新兴势力对旧历史的影响来自两个方面：一方面，中国的疆域和它的边疆地区都清晰地表现出来；另一方面，新的普遍力量超越了远东及世界其他各地的地理的、民族的及文化的孤立性。"③

介入性力量打破了区域结构内部的中心—边缘关系的运动模式，它也可以区分为具体的介入性力量和"新的普遍力量"。例如，近代的西方影响是一种"新的普遍力量"，即它不仅影响某个区域，而且也渗透在全局关系之中；与之相比，某个游牧民族的南下是一个具体的介入性力量，它可能改变某个区域的平衡，但并未根本改变整个世界格局。晚清以降，西方势力的介入与其说是一种"外来力量"，毋宁说是一种决定性的形势。在这个形势下，中国与内陆边疆的关系不再由这个区域的中心—边缘关系决定，作为外来力量的西方已经是一种区域内力量并创造了新的中心—边缘关系。长城内外的区域关系已经是资本主义

---

① L. J. Cantori and S. L. Spiegal, The International Politics of Regions: A Comprehensive Approach, Eaglewood Cliffs, N. J. Prentice-Hill, 1970. 肖欢容：《地区主义：理论的演进》，北京广播学院出版社，第7页。

② 拉铁摩尔：《中国的亚洲内陆边疆》，江苏人民出版社，2005，第9页。

③ 拉铁摩尔：《中国的亚洲内陆边疆》，江苏人民出版社，2005，第2页。

"海洋时代"总体关系的一个部分。随着19世纪海洋时代的到来,"从海上涌进中国的势力"横扫亚洲大陆,它彻底终结了那种由北向南的区域运动路线。即便是日本的侵略也服从于这一更为广阔的形势——日本对"中国满洲及征服整个中国的企图,在某种意义上,表现了海上势力与陆上势力的直接冲突。毫无疑义,那是一个使中国亚洲内陆边疆受海上势力支配的企图"。①

现代资本主义的重要特点是"中心—边缘"关系的不断滑动。正由于此,传统的中心—周边关系很难描述现代区域关系。滨下武志在《资本主义殖民地体制的形成与亚洲——十九世纪五十年代英国银行资本对华渗入的过程》中指出:资本主义列强向亚洲特别是向中国金融渗透的深化,是与美国、澳大利亚的黄金发现所导致的国际金融市场的扩大过程密切相关的。从金融的角度观察,中国近代经济史可以被看作中国经济被编织在以伦敦为中心的整个世界一元化国际结算构造之中的过程。亚洲的"近代"是在经济上逐渐被包容进以欧洲为中心的世界近代历史的过程,其特征就是金融性统治—从属的关系。② 从区域的角度看,这种新型的中心—边缘关系并不稳定,它随着资本的移动而移动。但是,这一中心—边缘的滑动关系只是从一个层面叙述的,它并不意味着其他要素——如人口和区域内的其他关系——也同样不稳定。那么,在描述中心—边缘的滑动时,还要考虑这种滑动是在什么层面上展开的,否则也会将某个方面的转变描述为整体性的转变。在这个意义上,无论是对于区域形成的介入性力量的重视,还是对于中心—边缘的相对性的阐述,并没有取消对于相对稳定的结构及其中心—边缘关系进行探索的意义。

将区域内部的变动归结为不同的"新势力"的互动、角逐、冲突和融合,并没有取消新旧势力之间的对比,但这一对比不是在一个本土与外来的二元关系中展开的。"本土"只能在某一"新势力"的地方化或本土化的过程中理解,或者在"新势力"蜕变为"旧势力"的过程中理解。当地的势力并不等同于本土的势力。这一观点并没有取消当地势力与外来势力的交往、冲突和斗争中的历史判断问题(如对帝国主义和殖民主义的批判和反思),而是将这一

---

① 拉铁摩尔:《中国的亚洲内陆边疆》,江苏人民出版社,2005,第3~5页。
② 滨下武志:《资本主义殖民地体制的形成与亚洲——十九世纪五十年代英国银行资本对华渗入的过程》,《日本中青年学者论中国史·宋元明清卷》,中华书局,1995,第612~650页。

历史评判放置在历史关系的具体形态之中，而不是单纯的本土—外来的简单模式之中。

五 时空结构的差异性

由于区域构成的两个基本要素是地理条件和人的活动，空间与时间的多元性问题也因此产生。空间的多元性是一望而知的。由于存在中心—边缘的构造，如城市与乡村的关系，区域空间内部是多元性的。从更为广阔的范围看，无论是李济、费孝通对中国民族区域的观察，还是拉铁摩尔、滨下武志对于内陆边疆和海洋边疆的分析，他们在解释区域间的相互渗透关系的同时，也清晰地说明了各大区域间由地理、文化、族群、政治和经济等要素的差异而构成的多元性空间关系。这一空间差异性一旦与人类生活联系起来，也就转化为一种时间的差异性，即携带着自己的历史、认同和传统的不同社会群体（民族、族群、阶级或其他）的共存关系。施坚雅从经济史的角度这样表述"空间结构上的差异性"与"时间结构上的差异性"的关系：

"历史盛衰变化的长波在大区域之间经常是不同步的。区域发展周期不仅关系到经济的繁荣与萧条，也关系到人口的增长与停滞、社会的发展与倒退、组织的扩展与收缩以及社会秩序的和平与混乱。此外，由最底层的集市系统而上，每一层次中的体系均有其独特的运作模式和历史。它可以被视作人类相互作用的时空体系。在此时空体系中，与空间结构上的差异性一样，时间结构上的差异性也显示了一个体系的特征……对于有层级结构和地域特点的历史学来说，基本的时间单位是那些内在于一个特定区域体系的、周期性的、富于动态的事件。这种方法与通常的分期法不同，它强调中国历史中区域之间的差异性，而不是使之模糊。无论是笼统的概括，还是仅着眼于各不同区域体系的发展的平均水准，都会减弱或模糊地域间的差异，从而不利于研究整合为一的中国历史。相反，如果要获得对一个文明的历史的整体认识，我们必须全面理解它的各组成部分的独特而又相互作用的历史。"①

---

① 施坚雅：《中华帝国晚期的城市·中文版前言》，中华书局，2000，第3~4页。

尽管基本的描述单位是结构，但这个结构本身却是一个无论在空间还是在时间上都呈现出多元性和差异性的统一体。施坚雅将差异性的时间单位定位为"内在于一个特定区域体系的、周期性的、富于动态的事件"。例如，"由最底层的集市系统而上，每一层次中的体系均有其独特的运作模式和历史。它可以被视作人类相互作用的时空体系。在此时空体系中，与空间结构上的差异性一样，时间结构上的差异性也显示了一个体系的特征……"[①] 时间的差异性显示出的是区域之间的、相对稳定的差异性和独特性，它提示人们不但在研究诸如中国或东亚这样的对象时不能用同一时间框架去描述其不同的区域，而且在研究一个小的区域时也应该注意内部的时空差异性。

纵向的时间概念与主体性的建立之间有着密切的关系，将区域与纵向的时间相关联，最易产生的结果是一种人格性的区域概念的产生，即将区域视为一种相对自主的代理人体系。没有这一纵向的时间概念，就不能将区域与行政规划区分开来，因为前者包含了自律性，而后者却完全是他律的。如果非人格性的经济区域也需要放置在纵向时间的差异性概念下观察，那么人格性的民族、族群、社群就更不可能离开这一"时间结构上的差异性"了。从方法论的角度说，无论是民族史（national history），还是族群史（ethnical history）、地方史（local history）都不可能离开这一纵向的和差异的时间概念。这一"时间结构上的差异性"意义上的时间是抽象的、空洞的，但不是匀质的。匀质的时间只是塑造一个主体，即民族—国家史中的"民族主体"，或现代化理论框架下的"世界历史"，异质但同样纵向的时间概念提供的是多元主体的历史——无论这一多元性体现为地方性差异还是民族性差异。在民族史研究中，民族国家通常希望按照行政区划书写"地方史"，而民族或地方却希望将自己的历史置于纵向绵延的关系之中，不愿接受这一区划的限制——这是主体的历史，而不是地方的历史。

用神学的概念来表述，空洞、匀质的时间是一神教的，而差异、多元的时间是多神教的。在民族学、人类学和宗教学研究中，这种多元时间观提供了认同政治（差异政治）的认识论框架。在中国研究中，少数民族研究、地方史研究正是以一种多元时间的框架塑造新的主体，以抗衡或平衡单一主体（民族—国家历史）的时间观（或历史观）。因此，尽管存在着结构的概念，多元时间概念所

---

① 施坚雅：《中华帝国晚期的城市·中文版前言》，中华书局，2000，第3~4页。

召唤的区域主体性（以差异性为名）与结构之间的关系究竟如何处理，并不是一个在中心—边缘框架下就可以解决的问题。一旦民族、区域、地方被建构为一个人格性的认同主体，它与"结构"的关系，以及它与其他认同主体的关系，就不再是中心—边缘模式可以笼罩的了。统一与分裂、认同与差异、集权与分权、统属与自治等政治性议题全部可以在这一匀质时间与多元时间概念的对立中找到自身的认识论根据。正由于此，历史研究到底以族群为中心，还是以国家规划下的区域为中心，常常成为政治争议的焦点。这种焦点也可以解释为一元时间与多元时间之间或多神论时间与一神论时间之间的斗争。当代西方的中国研究越来越倾向于以多神的时间概念对抗一神的时间概念，这不但与多元主义理论的兴盛密切相关，而且也与解构民族主义神话、批判民族国家的压迫性的潮流有关。

　　如同上文所说，民族国家史内部包含着超越单一民族框架的趋势，这个趋势表现为三个有所不同（有时候极为不同）的方向。第一个方向是趋同论的方向，民族主义史学大多与此有关。除了诉诸单一起源之外，大多数以民族国家为单位的民族主义史观并不否定族源的多样性。顾颉刚在《编中国历史之中心问题》中说："中国无所谓汉族，汉族只是用了一种文化统一的许多小民族";[1] 傅斯年在论述中国历史中的"诸夷姓"时则说："与之（指诸夏）对峙之诸夷，乃并不如诸夏之简单，所谓'夷'之一号，实包括若干族类，其中是否为一族之各宗，或是不同之族，今已不可详考，然各夷姓有一相同之处，即皆在东方，淮济下流一带。"他的根据即古书所载之"夷者恶各族""其地望正所谓夷地者"等说法。[2] 这些从多元中统整的观念典型地体现于从"五族共和"发展为"中华民族只是一个"的民族史观。

　　另一个方向也在民族史观的大框架中，但更强调一体内部的多元性——不但承认民族的多元起源，也承认民族的多元发展和多元空间的必要性，亦即承认每一个民族和地域有其自身发展的规律性。较之早期中华民国的民族史观，中国革命的民族史观更强调少数民族的权利及其文化多样性。费孝通在人类学领域提出的"中华民族多元一体格局"的命题，苏秉琦在考古学领域提出的中国文明起源上的"满天星斗"说，都反映了这一历史观的特点。费孝通对于民族形成的

①　顾颉刚：《编中国历史之中心问题》，《顾颉刚学术文化随笔》，中国青年出版社，1998，第 3 页。
②　傅斯年：《夷夏东西说》，《顾颉刚学术文化随笔》，中国青年出版社，1998，第 213 页。

如下描述是经典性的：

> "它（中华民族）的主流是由许许多多分散孤立存在的民族单位，经过接触、混杂、联结和融合，同时也有分裂和消亡，形成一个你来我去、我来你去，我中有你、你中有我，而又各具个性的多元统一体。这也许是世界各地民族形成的共同过程。"①

在"一体"格局中力图发掘多元并存的格局，这与中国革命对于少数民族权利的重视、社会主义中国对于民族区域自治的构想有着明显的重叠关系。如果用施坚雅的时间结构与空间结构的概念来表述，这一民族历史的叙述同时包容着空间结构上的多元性和时间结构上的多元性，但多元性依存于结构的多样统一则是清晰的。值得注意的是，许多对于中国的民族识别和少数民族政策（其实民族识别是世界性的现象，而不是单纯的中国现象）提出批评的人类学家、历史学家和民族学家，既没有意识到这一政策本身的认识论是和这些对之持批评态度的多元主义者相差不远的，也没有意识到民族区域自治概念既非单纯地强调民族自治，也非强调区域自治，而是将民族区域作为一个独特的单位。

第三个方向是对一体性的解构。我们可以从三个不同的取向来理解这一对于"一体"的解构：首先是用"多元历史"解构民族主义的认识论，如后殖民主义提出的"复线历史"概念就是例证。解构主义文化研究大多遵循这一逻辑。其次是以族群、区域或其他单位为中心，重新复制民族主义的逻辑。通过分解结构的统一性，这一方法将多元性发展为新的主体论，从而为分裂型民族主义提供基础。从认识论上说，这是以多元时间为框架"想象"或建构新的民族体的努力，一旦民族体建构完成，多元时间也就转化为一元时间。最后是将民族概念转化为阶级概念或更为广泛的人类概念，进而塑造超越族裔性的主体性，以全球史取代一切以民族、地域为中心的普遍历史。国际主义与世界主义是这一普遍历史的两个不同的政治版本。在这种全球史中，以超越民族国家为中轴，区域与全球构成了新的联盟。

根据上述分类，一元时间与多元时间之间同样是可以相互转化的，两者均以

---

① 费孝通：《中华民族的多元一体格局》，《顾颉刚学术文化随笔》，中国青年出版社，1998，第23页。

纵向的时间概念为基础，从而为不同的主体性（民族国家的或族群的，国家的或地方的等）的生成提供认识论框架。由于时间概念在纵向轴上滑动，无论强调其一元还是多元，就主体构成来看，它们天然地具有综合、统整和排斥差异的倾向。与此相比，空间概念保留了更多的差异及并存的可能性，正由于此，大部分承认差异但同时重视"一体性"的叙述都诉诸空间的概念。傅斯年的"东西"、桑原骘藏的"南北"、拉铁摩尔的"互为边疆"、施坚雅的"结构"、费孝通的"多元一体"等，均包含了将多元性、复合性、重叠性、流动性、差异性融合在区域概念之中的努力。空间概念既能够包容多样性，也能够提供统整性，但空间不可能离开时间的轴线，一旦后者仍然在"时间结构上的统一性或差异性"上滑动，区域这一概念到底有什么新的意义就仍然是不清晰的——如前所述，民族主义史学（无论是统一型民族主义还是分离型民族主义）不但没有否定区域，而且高度重视区域，没有区域的概念也就不能产生疆域和边界的概念，而民族主体一旦脱离空间范畴也会变得日益模糊。

在这个意义上，仅仅用空间性的区域概念替换时间多元性，并不能有效地解决民族史研究中的那种中心化和排他性叙述的倾向。如前所述，在民族区域的研究中，以行政区为单位与以族群为单位书写历史具有截然不同的政治意涵——以民族为单位书写历史，意味着将区域的扩展置于纵向的差异性时间的轴线上，而以行政区划为单位书写地方史，则通过空间的规划将纵向的差异性时间置于统一的时间框架（民族国家的时间框架）之下。前者以民族认同切割区域内部的混杂性，通过对抗统整性叙述，重构另一层次的统整性逻辑；而后者将区域关系整合在全局关系之中，虽然不否认区域的内部差异性，但力图按照行政区划方式将这些关系的有机性置入一种自上而下的权力结构之中。

六 横向时间与政治文化的非人格化

如果将拉铁摩尔关于"长城走廊"（我将拉铁摩尔的长城与费孝通的走廊拼合起来，产生了这个说法）的描述与费孝通提出的"藏彝走廊"概念相对照，前者强调的是两种生产方式之间的中间地带，而后者则是指两个文化和文明区域之间的中间地带。"长城走廊"是国家行为的产物转化为自然地理的概念的典型，而"藏彝走廊"则诉诸自然区划以为国家的发展提供战略视野。在这里，人为与自然的分解是移动的。作为中间地带，"长城走廊"与"藏彝走廊"不但是对一切形式的"绝对的界线"的模糊化、混杂化和流动化，而且也是对从单一方向、尤其是单一的人格性主体如民族的角度描述这类区域的否定。例如，藏彝走廊的形成与西藏东扩的历史有着密切的关系，也与唐帝国以及此后蒙元、明清王朝往西延伸的历史相关，但那些消失了的民族（如吐谷浑）或混杂其间却没有形成大型政治体的民族难道没有对这个区域及其文化的形成产生作用吗？很明显，中间地带最为清楚地解释了区域的重叠性、混合性、模糊性与流动性的特点。但是，我们还应该追问：这种重叠性、混合性、模糊性与流动性仅仅是这类中间地带的特征，还是区域社会的普遍性特征？这一追问的真正含义在于拒绝那种将某一区域社会描述成单一社会的习惯，而将社会的复合性或跨体系社会视为一个普遍的特征。

在回答这一问题之前，有必要重新思考区域研究中对于区域空间的多元性与时间的多元性的讨论。区域的构成包含着自然地理的要素（以及某些已经自然化了的人为要素，如前述的长城和水利工程等）；文化的要素（如语言、文学艺术、民族或宗教等）；群体生活方式和生产方式的要素（如游牧、农耕、渔猎、商业、工业等）；经济和政治关系的相互依赖性（如城乡等中心—边缘结构）；迁徙和流动（如由贸易、灾荒、战争、走私和其他事件带动的变迁等）；国内—国际体系中的位置（如国内的中心—边疆关系、国际的三个世界划分或南北划分等）；国家规划的行政区域；世界承认的跨行政区域或跨国联盟，等等。无论从哪一个层次、哪一个角度看，中心—边缘及其互动是所有区域的特征。如前所述，互动并不完全是结构性的，源自区域外的力量常常是导致区域的中心—边缘关系发生逆转的动因。

时间结构的差异性以某个区域、体系和社会群体的自律性为中心，它所批评的是那种以国家行政的统一力量抹杀族群、地方和区域多样性的倾向。就对结构性霸权的批评而言，这一思考是十分自然的。但是，对于结构多样性的描述趋向于从纵向起源上描述区域的自主性，其论述的逻辑难以清晰地说明区域形成的多重动力、区域内的社会群体构成的横向联系。区域概念的模糊性和重叠性决定了一个双重事实，即一个地区（甚至国家）可能同时属于多个地区，一个地区可能包含多重社会关系（天下、一统、民族、主权、网络、宗教、贸易和其他社会活动等）。区域的概念与行政区划未必一致，也未必不一致，真正的区别在于行政区划按照自上而

下的轴线将区域组织在一个结构之中，而人类学、社会学意义上的区域却包含对各种历史偶然性、事件和其他形态的交往而形成的横向联系。区域的构成不能从一个单一的方向上加以界定，即既拒绝笼统地按照行政区划在区域间关系中进行人为划分，又不是将族群、宗教等关系作为本源性关系而否定这些关系本身是多重条件和历史互动的产物。从认识论的角度说，只有将时间从纵向的关系中解放出来，置于一种多重横向的运动中，才有可能找到区域这一空间概念的时间维度，其目的是将重叠性、模糊性、流动性与并置性置于历史思考的中心。

那么，能否设想超越时间结构上的统一性—差异性的逻辑，构想一种能够与区域的这种重叠性、模糊性、流动性、稳定性同时并存的时间概念呢？我把这个时间维度称为"横向时间"，它与一切神学的（无论是一神论的还是多神论的）时间没有关系，多少接近于中国古典的"时势"概念。布罗代尔的"长时段历史"和"中时段历史"在横向时间的框架下是"时势"的有机内容和"事件"的构成要素——时间只有与人的活动相关联的时候才有意义，而人的活动总是处于一定的互动关系之中。横向时间的概念或多或少与欧洲现代思想对于世俗化（以及市场活动）的描写有几分相近。查尔斯·泰勒（Charles Taylor）在谈论洛克、斯密等人创造的政治、经济想象时，特别提及了"世俗时间"（secular time）的观念，以与宗教时代的高级时间（higher time）相区别。① 高级时间将各种日常时间加以集中、重组，以形成一种神圣的、永恒的秩序，而世俗时间却将我们想象为处于一个横向的世界之中，新的集体机制和共同行动只是在这一横向时间的轴线上发生。在这一欧洲近代的世俗时间框架下，社会成为一种自我活动的舞台：社会活动与超越的或高级的时间彻底分离。如果说高级时间将社会活动臣服于国王、古代法、上帝等更高的逻辑或规范，而世俗时间却把社会活动看作是完全自主的、独立的、在相互关联中展开的活动。从经济领域看，这一世俗时间与市场交换活动有着密切关系。在宗教时代，高级时间倾向于将各种世俗的时间收编在一种目的论的秩序之中，而在现代社会，世俗时间则试图将高级世界放置在横向关系的轴线上。但是，泰勒没有追问如下问题：资本主义的"世俗时间"中包含着"高级时间"吗？如果把金钱拜物教置于这一问题之中，金钱作为横向活动的统摄力量恐怕不可忽视。

---

① Taylor, Charles, A Secular Age, Cambridge: Harvard University Press, 2007, pp. 54 – 61.

笔者在这里提出的是另一个问题：横向时间并不仅仅是"世俗时代"的现象。中国的儒家传统很难在神圣与世俗的二元框架中说明，但其政治文化所体现出的横向性——即将各种宗教置于横向关系中的方式——尤其值得我们注意。无论是朝贡体系所内含的多样性和灵活性，还是普遍王权的多重面向，都体现着这一政治文化力图将各种纵向关系编织进横向联系之中的逻辑。我们不妨从另一个角度思考这一问题：将神圣时间放置在历史叙述之中，各种社会活动必然被置于国家、民族、宗教等纵向关系（即将社会活动置于某种代理人视野内）之中，历史因而成为认同政治和相互对抗的战场。就此而言，即便强调多元时间、复线历史，历史研究也无法改变按照某种人格性主体（民族国家的、族类的等）的纵向轴线组织社会活动。将某个社群建构为独立自存的主体并不符合历史的实际关系，它不过是民族主义知识在不同层次的复制。如果按照横向时间的轴线叙述社会活动及其复杂的互动关系，就有可能将区域概念所蕴含的重叠性、模糊性、流动性等放置于时间概念之下。横向时间的概念并不否认不同主体的活动——它只是要求将主体的活动，无论是宗教的还是世俗的，文化的还是政治的，经济的还是礼仪交换的，放置在接触、交往、碰撞、融合、对立等关系之中解析其意义。因此，所谓从横向时间的角度观察一个社会，也就是将接触、混杂、联结、融合、分离、消亡等过程置于描述中心，不是通过纵向时间轴上的主体化，而是通过横向关系，理解一个社会的形成——由于将横向关系置于中心，这个社会形成的模糊性、流动性、重叠性等要素不但不会被取消，反而能够被突显为社会构成的基本要素。社会差异在这里被转化为一种弥散性的关系，而不是一组并置但相互隔绝的主体。如同一个多族群的家庭，并置强调的是其多族群性，而弥散性重视的是关系自身的混杂性、重叠性。在这种混杂性、重叠性基础上形成的"社会"的肌理不能化约为个别的元素，每一个"社会"成员可以从这个横向关系中建立自己的认同，但这个认同绝不是对这些实际的关系的排斥和遮蔽。换句话说，横向关系没有取消纵向的历史联系，但这个联系是横向时间轴线上的差异性要素，而不是独立自存的主体历史。

　　区域主义方法的两个主要动机是超越行政区划和超越民族国家边界，这一点已如前述。但区域概念的另一个、也许是更为根本的含义是将纵向时间轴线上的主体概念转化为一种横向的关系，进而将混杂、并置、接触、冲突、融合、转型、重叠等过程置于历史思考和描述的中心。这是一种不断衍生的关系，一种从

混杂性转向另一种混杂性的过程，民族、族群、阶级、宗教和其他历史主体必须
而且也只能在混杂性和重叠性的意义上加以界定。前面提及的若干历史研究的成
果已经提供了不同的方法论启示。例如，拉铁摩尔将游牧和农耕这两个冲突的主
体放置在长城内外的区域中观察，不但发现了边疆区域的"互为边疆"的性质，
而且揭示了游牧和农耕的主体性本身是重叠、混杂、并置、接触的产物。如果没
有非自身的要素，如相对于游牧的农耕的要素，草原社会无法形成，反之亦然。
与此相似，在《隋唐制度渊源略论稿》中，陈寅恪对隋唐制度的论述及于（北）
魏、（北）齐，梁、陈和（西）魏、周等三大渊源，并指出隋唐"文物制度流传
广播，北逾大漠，南暨交趾，东至日本，西极中亚，而迄鲜通论其渊源流变之专
书，则吾国史学之缺憾也"。[①] 这个描述不是单向的。在《唐代政治史述论稿》
《论唐代之藩将与府兵》等研究中，陈寅恪又论述了隋唐以来的中国制度、人口
和文化已经是欧亚大陆的多重文化渊源和制度渊源的产物，我们很难用纯粹的
"中国性"对这些制度和文化加以表述。

　　滨下武志以朝贡网络批判民族国家及其主权概念，这里所谓朝贡体系很可能
不是一个体系，而是一组混杂的关系。在 19 世纪初期，中国的海外私人贸易网
络成功地将官方的朝贡体系转化为私人贸易体系，这是长期历史互动的结果。但
是，"当欧洲人在 16 世纪初来到东亚的时候曾试图与官方的朝贡体系联系起来促
进贸易的发展，但他们发现他们日渐依赖于广大的中国海外贸易网络，因而有意
识地鼓励这种网络的发展。特别是在 19 世纪初期以降，面对着帝国主义列强的
不断增长的霸权和侵略，以中国为中心的官方朝贡体系仅仅是一个从未真正实现
的有关控制的官方幻想，因此，在很大程度上，不是官方朝贡体系，而是私人的
中国海外贸易网络把东亚地区整合到内在相关的历史体系之中。"[②] 从这个角度
看，不是朝贡贸易，而是私人海外贸易（包括走私活动），构筑了连接东亚和东
南亚的贸易网络的更为重要的纽带。在 19 世纪欧洲殖民主义的条件下，东南亚
的市场发展与其说是朝贡贸易的结果，毋宁说是打破朝贡体制的结果，走私、武
装贩运和欧洲国家的贸易垄断构成了 18～19 世纪东南亚贸易形式的重要特点。[③]

---

① 陈寅恪：《隋唐制度渊源略论稿》，《陈寅恪史学论文选集》，上海古籍出版社，1992，第 515 页。

② 以上所引是许宝强的博士论文中的话，该书尚未出版。感谢许宝强先生寄赐他的手稿供我参考。

③ 本文涉及亚洲问题的讨论，参见拙文《亚洲想象的政治》，《去政治化的政治》，三联书店，2008。

在这里，网络的历史演变正是"中心—边缘"的权力关系发生变异的产物。

无论多么强调其多样性和流动性，没有稳定性的前提，区域概念不可能构成；无论如何重视混杂性和重叠性，包括民族、族群在内的社群关系是区域的重要特征。但是，稳定性不是取消混杂性和重叠性的稳定性，民族区域不能取消区域本身的混杂性。稳定性和认同都必须建立在混杂性和重叠性的态势之上。施坚雅将稳定性描述为"结构"——不管今天有无必要继续使用这一概念，我们关心的是：这一"结构"不是一般功能主义的结构，它是有机的、历史的形成的关系。没有一定的政治文化，区域也是难以成型的。从历史的角度看，封建、郡县、朝贡和皇权等政治文化既相互区别，又能够以一定的形式生成一种混合体制，它们能够适应历史的变化而互相取舍和渗透。因此，讨论区域关系，不可能绕过制约这一关系的政治传统。

传统中国的政治文化经历了巨大的变动，即便同样称之为皇权，内容也不是完全一样的。皇帝不仅是以血统关系为基础的分封体制的产物，也是有关皇权这一位次的政治文化的产物，没有一种高于皇权本身的政治文化作为根据，皇帝的合法性就不能成立。皇帝越过其位次而行事的方式经常被解释为天下动荡或天下无道的根源。皇权的含义随时势变迁而产生变异，例如，明朝皇帝与清朝皇帝在职能上有所不同，后者除了在中原地区继承了皇统外，也在蒙古和西北地区承续了汗统。清朝皇帝有人格性身份，他是"满洲"的族长，但一旦将其置于皇帝的位次之上，这个身份就必须被小心地掩盖起来。皇权的非人格性是"普遍统治"的根据，儒学就是赋予皇权以普遍合法性的理论，其功能如同统合各种社会要素并加以合法化的宪法。如果皇权本身包含着多重特性，作为合法性根据的政治文化也必定包含多面性，其内涵远远超越了儒学一家的范畴。例如，清朝皇帝对喇嘛教的信奉是其统治蒙古、西藏的合法性之重要来源；再如，地方性的宗族关系、家族伦理等以宋明理学为中心，但王朝间的继承关系却必须诉诸经学、礼乐实践及其他方法；在中央与边疆、中央王朝与其他政治体的关系方面，朝贡关系构筑了一个象征性与实质性相互补充的网络，并为其他形态的交往提供了空间。

在民族—国家体制条件下，以皇权为中心的政治文化被彻底重组。几乎在普遍王权衰落和共和国诞生的同时，主权范畴内的统一与分裂就构成了中国政治危机的核心问题之一。重新讨论中国的政治文化及其内涵的多样性，不是为了追溯那些逝去的图景，而是为了探究那些政治文化的要素更能够为上述横向运动提供

空间。普遍王权的衰落是一个历史性现象，新的政治价值和社会关系阻止了通过复辟而形成普遍性帝国的可能性，但这并不意味着传统政治形态中没有值得我们借鉴的东西。在"五四东西文明论战"的始作俑者杜亚泉看来，中国的区域和行政体制的最为深刻的特征是其非人格性。正由于这种非人格性的政治文化，各不相同的要素能够被组织在一种相对稳定的关系之中。早在1916年，杜亚泉说：

> 我国社会内，无所谓团体。城、镇、乡者，地理上之名称，省、道、县者，行政上之区划，本无人格的观念存于其间。国家之名称，则为封建时代之遗物，系指公侯之封域而言，自国家以上，则谓之天下，无近世所谓国家之意义。王者无外，无复有相对之关系，其不认为人格可知。至民族观念，亦为我国所未有。①

这段话出自《静的文明与动的文明》这篇出名的论文，发表于他本人主编的《东方杂志》上。文章发表之时正值第一次世界大战，杜亚泉在静与动之间概括中西政治文化上的差异未免过于简单，但他将天下与国家的对立置于有无人格性这一点上仍然有启发性。

欧洲现代国家理论的一个普遍倾向是要求主权的非人格化，即将国家从一切人格性因素中解放出来，使国家形式从主观的形态转向一种客观的形态。现代政治理论的一个核心论点是：国家是作为一种秩序的权力和全民生活的形式，而不是某个权威的独裁势力，在国家领域中，任何趋向于人格性的因素都是与支配性的因素、专断的形式联系在一起的。但是，作为世俗化历史的产物，西方现代国家理论中的秩序观是从神学理论中脱胎而来的，不仅在个别的概念上，而且在其基本的结构上，两者之间仍然藕断丝连。因此，问题存在于两个方面，一方面，民族主义将各种关系——血缘、宗教、地域等——建构为一种人格性关系，国家主权的抽象性不正是通过这些人格化要素而正当化的吗？就如霍布斯的《利维坦》所显示的那样，现代国家的秩序（尤其是主权观念）与人格主义其实很难真正区分开来。另一方面，如果现代欧洲国家理论的所有重要概念都是从世俗化的历史中产生，从而与基督教神学世界之间存在着结构性的联系，那么，那些并

---

① 伧父：《静的文明与动的文明》，《东方杂志》第十三卷第十号（1916年10月）。

非产生于这个基督教神学世界及其世俗化的国家传统和国家理论又如何呢？在上引杜亚泉的那段话中，"王者无外"，传统"天下"文化中的政治单位从一开始就不是人格性的单位，从这样的政治文化中产生的政治概念，也就不能用"世俗化了的神学概念"来加以比附。杜亚泉回避了对于皇权的人格性与他所谓中国国家形式中的非人格性的关系之间的紧张，但可以设想："天"从人格性的概念向非人格性概念的演化为这一非人格性的天下概念提供了可能，因为天下概念的非人格性正是起源于天概念的非人格化过程。非人格性的行政和国家概念与近代民族国家或主权国家概念截然不同，反而与我们在这里讨论的区域有几分相近，它能够提供国家和区域内部各种自主性力量交互活动的空间——区域不能用一种人格性的方法（如民族）加以界定；区域不同于"相对关系"中的地方性，后者可能按照纵向时间框架建立一种排他性认同。区域是混杂性、流动性和重叠性的世界。杜亚泉不是将某个以经济和其他人类活动为中心形成的地区，而是将中国及其政治文化本身，作为一种超越族裔民族主义的范畴。所谓"静的文明"并非取消了混杂、重叠、接触、冲突等动态因素，而是将这些关系置于一种非人格性的关系之中——这是一种承认民族、宗教和其他认同但同时将其置于横向关系之中的政治文化。如果古典时代存在将纵向关系与横向关系相互关联的政治文化，那么，在今天一种新型的政治文化究竟应该具有怎样的特征呢？如果说统一与分裂的逻辑乃是民族主义政治的基本特征，那么，新的政治文化应该致力的，是克服现代社会的平等实践与文化多样性的矛盾——这正是章太炎在他的《齐物论释》中所提出的建立在多样性前提下的平等观所致力的目标。但他的"齐物平等"的概念还只是一个抽象的范畴，我们今天需要沿着这一线索思考一种政治文化的形成及其具体的制度性实践。

历史可以提供我们理解现实、构思未来的灵感，但历史同时也会限制我们对问题的思考。当我们运用传统概念表述区域等关系时，不能遗忘这类概念所负载的历史负担——就区域问题而言，最为需要的不是统整的政治观念，而是想象不同的人群在相互交往中形成的关系及其演化；区域关系的流动、混杂和融合早已不是过去的政治文化能够涵盖的。因此，为了理解区域的形成和变迁，从历史和现实中学习是必要的，重新构思新的概念，以描述和呈现那些经常突破既定框架的现象，也同样是必要的。这样的努力蕴含着超越民族主义知识并重新回答"何为中国"这一问题的可能性。

B.4
中国少数民族文化发展中的
宗教因素及其政策影响

何其敏*

摘　要：从中国少数民族地区的宗教概况看，中国少数民族宗教具有很强的多样性。少数民族地区宗教文化的特点表现在：宗教文化源远流长，融入生活方式的程度比较高；地域色彩浓厚，多元宗教共处的密切程度不同；民族身份认同与宗教身份认同有重叠但不等同；宗教是民族文化的有机组成部分。因此，宗教因素在我国少数民族地区文化政策创新方面具有重要的影响，它既提供了创新的资源，又构成了创新的途径。

关键词：少数民族　文化　宗教　文化政策

宗教作为一种社会文化体系，以无形的方式塑造着社会文化，同时，又与一定社会文化中的其他观念学说、行为活动和组织制度相互作用。当多元宗教文化与中国民族的多元性相契合的时候，在不同的生态环境、各自的历史传统、信仰主体的不同身份认同，多元文化生存环境等多个因素的作用下，必然呈现不同的特点，使得中国的少数民族宗教具有很强的多样性。

30年前，只有首都北京的常住人口涵盖了56个民族，随着改革开放，社会变迁与人口流动，更多的省区都是56个民族共居同一片蓝天下。多民族杂居相处，多宗教相互影响，加之现代化与城市化，都对我们重新认识不同民族的相处之道，认识各个民族的文化传统提出了新的挑战。然而，对于中国现有的各种宗教，特别是各个民族的宗教文化能否作为构建和谐社会的重要有机组成部分，并成为有利于

＊　何其敏，中央民族大学哲学与宗教学学院教授，博士生导师。邮编：100081。

社会发展的文化资源，还没有形成真切的共识。本文基于对中国少数民族地区宗教概况的梳理，对宗教在当代中国民族文化发展中的定位提出几点看法。①

一　当代中国少数民族地区宗教概况

（一）广西壮族自治区

据目前资料统计，广西信教人口约有 50 万，其中佛教徒 32 万，伊斯兰教徒 3 万，天主教徒 7 万，基督教徒 8 万。道教基本没有明确的活动场所，大多融入民间信仰之中。广西大多数少数民族还保留着浓厚的原生型宗教信仰，大多以灵魂崇拜、祖先崇拜、多神信仰为主。壮族主要信奉师公教和摩教。

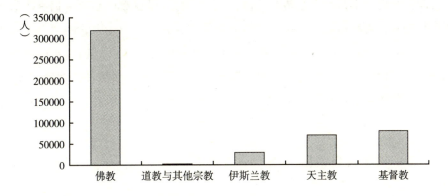

图1　广西壮族自治区宗教信仰人口的状况

从广西的民族分布看，信仰天主教的有壮、瑶、苗、京等族部分群众。信仰基督教的少数民族有壮、瑶、侗、苗、毛南等族部分群众。信仰伊斯兰教的民族主要是回族，也有一部分汉族群众。与其他宗教相比较，佛教信仰者的数量在广西最高，信仰佛教的少数民族有壮、瑶、苗、侗、仫佬、毛南、京等民族的部分群众。广西的佛教已融进了很多原生性宗教的内容和传统文化，如壮族地区的僧人大多半僧半俗，所行佛事及所祀神祇大多集巫道释于一体。

道教传入广西后受各民族宗教信仰影响，在一些地区主要从事设斋打醮、操

---

① 本文使用的"民族地区"概念包括五个自治区和云南、贵州、青海三个省。

办丧事、超度亡灵、免劫除灾等活动。道教的神职人员壮语称道公。道公对道教的教义和教规虽有遵从，但也已经过壮族本土宗教文化的改造而具有方士性质。道公无固定寺院，多以设坛组班的形式进行临时性的法事活动，除道教所祀奉的特有神祇外，已加进了佛教和壮族土著神。尽管道教分布比较广，几乎遍及壮族地区的每个县，但在统计数据方面却鲜有显示。

最具广西特色的是师公教和麽教。师公教又叫师教，有比较完整的教规和组织，但没有严格的修行仪轨，以壮语的土俗字书写的"壮经"为经典。壮族民间麽教是从越巫发展而来，有最高的创始祖神布洛陀；有基本的教义、教规和较系统的麽教经书；已形成较固定的法事仪式；有半职业性的神职人员布麽。

广西民间有信鬼好巫、大量祭祀的传统，自然崇拜、祖先崇拜、多神信仰等民间传统信仰丰富，这些传统信仰在民间，特别是少数民族地区仍有很大的遗存与影响，丧葬道场等大小宗教活动依然普遍盛行。源于宗教的"七月十四节"（骆越国国殇日）、"三月三歌节"（断尾蛇图腾节日）、"四月八插秧节"、"五月初五蛟龙节"、"六月六牛魂节"、"尝新节"等众多节日仍在民间保留，并具有浓郁的民俗特征，这些精神活动，都成为壮族传统文化不可分割的部分。

（二）内蒙古自治区

作为中国第三大省区，内蒙古自治区有信教群众 100 余万人，占全区总人口的 4.19%。信仰藏传佛教的信教群众 30 多万人，主要是蒙古族。绝大多数寺庙属格鲁派，且用藏文诵经。汉传佛教信徒有约 12 万人。从事道教活动人数较少，有信教群众 500 余人。藏传佛教的僧侣阶层在民众生活中的影响比较大，如群众建房请喇嘛看风水、公司开业请喇嘛看日子，建设小区、小孩诞生也请喇嘛起名字，失去亲人则会请喇嘛超度亡灵等。

信仰伊斯兰教的主要是回族，人口有 21 万余人，其中有千余名在阿拉善盟阿左旗的蒙古族群众信仰伊斯兰教。

内蒙古是天主教的一个总教区，下辖 5 个教区，信教群众 17.8 万余人。有基督教信徒 14.37 万人。信仰东正教的群众基本集中在呼伦贝尔市，那里有俄罗斯族东正教信教群众 2400 人，主要集中在额尔古纳市。

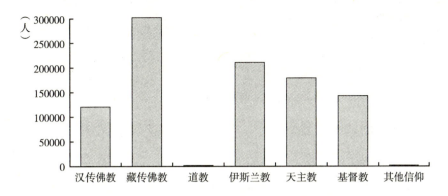

图2　内蒙古自治区宗教信仰人口的状况

　　萨满教是古代蒙古人最早信仰的一种宗教。随着藏传佛教在17世纪传入蒙古地区，蒙古人的信仰逐渐由萨满教转向了藏传佛教。尽管如此，蒙古人的生活中却依然保存着萨满教的遗迹，在部分地区保存着祭天、祭地、祭火、祭敖包等萨满教习俗。① 近些年，在内蒙古地区，对成吉思汗的崇拜活动有上升的趋势，成吉思汗已从民族英雄上升成了超凡脱俗的神，人们向成吉思汗求福、求治病、求安全、求护佑、求生子等。②虽然这些信仰在不同的地区重视的程度有差异，但民间仍然保留有完整的祭祀仪式，参加的有蒙古族和居住在当地的汉族。

（三）宁夏回族自治区

　　宁夏是中国面积最小的省区之一，五个宗教信仰者共有228万人，占全区人口比例的39%左右，其中20多万人信仰佛教、道教、天主教和基督教，少数民族中的宗教信仰者占少数民族人口的99%。

　　诸种宗教中，伊斯兰教影响最为深远，有信徒208万人，占全自治区总人口的36%，占全自治区信教人口的90%以上，主要为回、撒拉、东乡等民族所信仰，伊斯兰教也有伊赫瓦尼、格底目、哲赫林耶、虎夫耶、嘎德林耶和赛莱菲耶六个教派，其中以哲赫林耶的信众多、影响大。

---

① 　敖包，是蒙古人崇拜天、地、日、月等多种神灵的象征。

② 　以上资料、数据部分来源于《内蒙古年鉴2005卷》，参见内蒙古自治区民族宗教网 http：//www.nmgmzw.gov.cn。

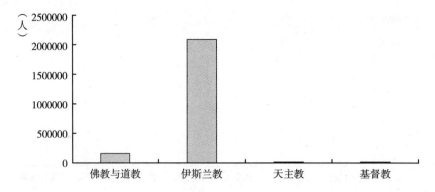

图3　宁夏回族自治区宗教信仰人口的状况

佛教和道教对汉族影响较大，佛教、道教不分家的情况比较普遍。全自治区约有信徒16万人。近年来，旅游热尤其是西部旅游热，带动了宁夏佛道教的发展。

基督教、天主教信教人数较少，分别为1.5万和0.7万，仅占人口总数的0.25%和0.11%。

宁夏信仰伊斯兰教的民族一般都很虔诚。参加礼拜、斋戒等宗教活动的人数较多，对有较高学识和威望的宗教神职人员、宗教领袖非常尊崇。佛教、道教和基督教、天主教则主要在汉族中发展。民间信仰主要传布于汉族、蒙古族、藏族之中，汉族的民间信仰较为普遍，土地庙、方神庙在汉族地区较为常见，汉族群众在丧葬、祭祀中都举行宗教仪式。但目前很难统计人数。宗教之间的关系与民族之间的关系密切，且呈正相关。

近十几年，传统的宗教格局随着人口的自由流动逐渐被打破，伊斯兰教的绝对优势格局正在发生变化，基督教、天主教向西部发展，汉传佛教、道教和民间信仰也在发展。

（四）西藏自治区

西藏自治区是以藏传佛教信仰为主、兼有其他宗教信仰的民族地区，有藏传佛教、伊斯兰教、天主教等世界性宗教，还有历史久远的民族宗教——苯教，以及一些民间信仰，如关帝信仰、格萨尔崇拜等。[1]

---

①　参见加央平措《关帝信仰与格萨尔崇拜》，《中国社会科学》2010年第2期，第200～219页。

藏传佛教是在佛教传入西藏之后形成的宗教,有 1300 多年的历史。在此之前,当地的传统宗教是苯教。在与佛教的交流和竞争中,苯教吸收了佛教的部分内容和形式。佛教也在与苯教和藏族文化的吸收、融合中形成了藏传佛教。至今在自治区内还有苯教寺庙约 88 座,僧人 3000 多,活佛 93 人,信教群众 13 万以上。

经过长期的发展演变,藏传佛教形成了宁玛、噶举、萨迦、格鲁、苯波等主要教派,以及大教派下的一些支系派别,成为藏族人日常生活中不可缺少的重要组成部分。一方面,藏传佛教在藏族人的婚丧嫁娶、衣食住行中无处不在;另一方面,大小五明①的藏族文化也以宗教信仰体系的方式积淀在了藏族人们的理想信念、思维模式、价值取向、审美趣味、道德规范、行为方式的深层结构之中。在西藏地区寺庙众多,分布广泛,宗教文化对西藏社会的政治、经济、文化均有深刻的影响,目前,自治区有住寺僧尼约 4.6 万人。② 时至今日,占藏族人口绝大多数的农牧民仍然是信仰藏传佛教的信徒。

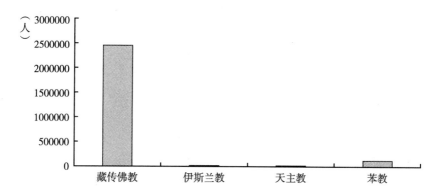

图 4 西藏自治区宗教信仰人口的状况

以寺院喇嘛有组织的佛事活动为中心,人们注重对佛像的祈祷,而且对活佛,以及历代为藏族发展做出过贡献的人物都有供奉。活佛作为一个特殊的群

---

① 佛教用语,意为学问。(1)声明,语言、文学之学;(2)工巧明,工艺、技术、历算等;(3)医方明,药石、针灸、禁咒等治疗之学;(4)因明,思想辩论规则之学(相当于逻辑学);(5)内明,阐明佛教自宗之学,即佛学。

② 参见 2006 年 8 月 6 日中国新闻网拉萨报道:西藏自治区民族宗教事务管理委员会宗教一处处长拉巴次仁接受记者采访谈话。

体，受到信徒的膜拜和尊崇。除了转世活佛外，一些品学兼优，精通显密的高僧大德也受到信徒们的尊崇。

西藏自治区内的伊斯兰教信仰者约有 4000 人，主要聚居在拉萨市内。早在公元 982 年拉萨就有少量的穆斯林居住并修建了最早的清真寺①，这些在藏族地区长期生活的穆斯林在语言和生活习俗等方面深受藏民族的影响，日常交际语言多为藏语或汉语，服装也已藏族化。现任清真寺的阿訇在做礼拜时，会先用阿拉伯语诵经，再用藏语详细解释，为了照顾来自内地穆斯林，他还会用汉语对一些最关键内容做讲解。现在的拉萨清真大寺，结合了藏、汉、阿拉伯三种风格。②在拉萨市内的另一座建于 20 世纪 20 年代的小清真寺的结构形式则是一座典型的藏式建筑物。

西藏唯一的天主教堂，坐落在与川滇交界处的芒康县上盐井村，当地信徒有600 多人（占村民的 80%），外来信徒有 100 多人，他们以藏族为主，也有少数的纳西族，祈祷经文为藏译本。当地教徒和其他藏民一样把藏历新年视作新年的开始，圣诞节开始时，神甫主持弥撒，讲经布道，最后是跳藏族传统的锅庄舞、弦子舞。

随着城市化的推进和当地人生计方式的改变，位于城镇的寺院的宗教功能逐渐由从前的讲经传法和文化教育功能向人文（旅游）功能转变。宗教节庆与法会往往带有世俗色彩，宗教功能有所削弱，旅游、文化和民俗等功能逐渐增强。一些宗教组织也在参与社会的服务性劳动和社会公益方面的工作。

（五）新疆维吾尔自治区

据能够收集到的数据，截至 2008 年底，新疆共有各种宗教活动场所约 2.48万座，其中有清真寺约 2.43 万座，在 2.9 万多宗教教职人员中伊斯兰教教职人员有 2.8 万多人。③清真寺和伊斯兰教的教职人员分别占全疆教职人员总数的95% 以上，基督教、天主教、东正教、佛教、道教、萨满教等民间宗教信仰等占了不足 5% 的份额。

① 房建昌：《西藏穆斯林与清真寺的若干史料》，《中国穆斯林》1990 年第 1 期。
② 拉萨市情调查组编《中国国情丛书——百县市经济社会调查拉萨卷》，中国大百科全书出版社，1995，第 36 页。
③ 中国国务院新闻办公室：《新疆的发展与进步白皮书》，人民出版社，2009。

新疆维吾尔自治区的宗教分布是以伊斯兰教为主的多种宗教并存的格局。仅维吾尔族、哈萨克族和回族的 1154.24 万的穆斯林，就占全疆信仰宗教人数的 95% 以上。① 基督教、天主教、东正教信仰人口约 6 万，另有少量的佛教（包括藏传佛教）、道教等信仰群体。

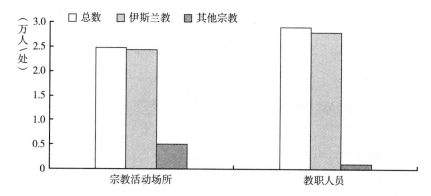

图 5 新疆维吾尔自治区宗教活动场所和教职人员的状况

新疆地区的藏传佛教为蒙古族、藏族、部分汉族和锡伯族所信奉。汉传佛教和道教为汉族所信奉，人口主要集中在乌鲁木齐和昌吉州。

基督教约有信徒 5 万多人，主要分布在乌鲁木齐、昌吉、伊犁、塔城、哈密等地。天主教有教徒 5 千多人，主要集中在乌鲁木齐、伊犁、塔城、阿勒泰、石河子等地。大多数俄罗斯族信仰东正教。

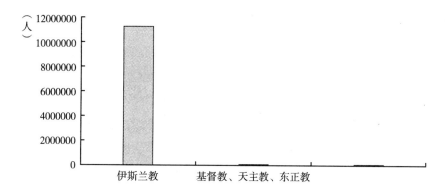

图 6 新疆维吾尔自治区宗教信仰人口的状况

---

① 新疆维吾尔自治区统计局编《新疆统计年鉴》，中国统计出版社，2006，第 88 页。

新疆各少数民族历史上曾信仰过萨满教、祆教、摩尼教、景教、佛教等多种宗教，因此在信仰人数最多的伊斯兰教、藏传佛教中也渗透着传统萨满教的痕迹。伊斯兰教传入后与维吾尔、哈萨克、乌兹别克等民族的原有文化和信仰结合，不同程度地保留了自然崇拜、原始神灵崇拜的仪式和习俗。伊斯兰正统派及苏菲主义思想与维吾尔族绿洲农业文明及原始的萨满教信仰和维吾尔族习俗相结合，形成了纳格什班底、虎夫耶、嘎的林耶、苏哈拉瓦迪耶等神秘主义教团，在南疆有传统悠久的麻扎朝拜。① 有些地方毛拉在主持伊斯兰教的活动时，也担任萨满的角色，为人治病、驱鬼。

天山山脉横贯新疆的中部，标志性地将新疆分为南疆和北疆。这两大区域从古代起即具有不同的自然地理、社会经济和人文特征。在当代，南疆地区仍然保持着以伊斯兰教为主要宗教信仰、以维吾尔族为主要民族成分的格局。伊斯兰教虽是新疆占主导地位的宗教，但维吾尔、哈萨克、柯尔克孜、乌兹别克、塔吉克族的先民在接受伊斯兰信仰之前，已经形成民族共同体，有自己的民族宗教传统，各有本民族共同居住的区域，有不同于其他民族的语言和文字，体质特征明显，民族文化独特，不同的民族也赋予了伊斯兰教不同的民族特征。因此，新疆宗教的多元性主要表现为伊斯兰教教派的多样性，在喀什地区有什叶派和逊尼派，其中什叶派有十二伊玛目派和七伊玛目派，逊尼派有依禅派等。北疆地区则因为多种民族的分布格局，具有以单一宗教为主、多种宗教并存的特点。

（六）云南省

根据云南省宗教局 2007 年统计，全省信教群众约占全省总人口的 1/10，信教群众的绝对数量在全国各省区中处于前列。其中，佛教（包括汉传佛教、南传上座部佛教、藏传佛教）282 万余人，道教 16 万余人，伊斯兰教 64 万余人，基督教 58.5 万余人，天主教约 4.3 万人。②

---

① 在南疆，伊斯兰教信众人数占总人口的 90%，是全国信仰伊斯兰教人数最集中的地区。

② 数据来自杨学政主编《云南宗教情势报告（2008～2009）》，云南大学出版社，2010，第 3～4页。在所采用数据中，天主教信教人数与《云南宗教情势报告 2004～2005》出入比较大，当时的统计数据是天主教信教人数为 8.5 万余人。

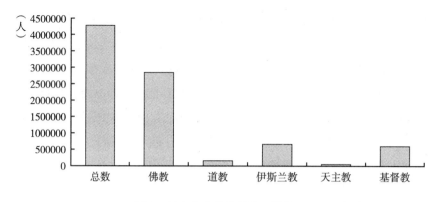

图7 云南省宗教信仰人口的状况

在文化地理的图景中，云南是处于多种文化交汇的边缘地带，即处于中原汉文化的西南边缘、青藏文化的东南边缘和东南亚文化的北部边缘。这一特殊的文化环境使云南文化具有明显的"边缘文化"和"融合文化"的特征。在云南，既有全民族信仰一种宗教的情况，如回族信仰伊斯兰教、傣族信仰南传上座部佛教、藏族信仰藏传佛教；也有不同民族信仰同一种宗教的情况，如信仰基督教的就有苗、傈僳、彝、景颇、拉祜等民族；有同一民族信仰不同的宗教情况，如苗族群众中分别有信仰基督教、天主教的，大部分还保留了民族的传统信仰仪式。此外，傈僳族、拉祜族、彝族也有部分群众信仰原始宗教，另一部分群众信仰基督教。道教主要为汉族所信仰，彝、白、壮、瑶等民族也有部分人信奉。在丽江纳西族、普米族等地区，存在着东巴教与藏传佛教、汉传佛教与道教、汉传佛教与藏传佛教以及儒、释、道合流的现象。各少数民族在信仰五种不同宗教的同时，几乎都有自己的民族民间信仰。除彝族的毕摩教，纳西族的东巴教，普米族的汗归教等，一些少数民族还保留了图腾崇拜、祖先崇拜、自然崇拜、鬼神崇拜等原始宗教信仰。

尽管在云南民族地区，交错而居，同一个村寨的村民信仰不同宗教的现象很常见，但各民族又有相对集中的聚居区域，这使得云南的宗教信仰表现出鲜明的区域特色。如南传上座部佛教主要在傣、布朗、阿昌、德昂等民族聚居的地区传播。汉传佛教主要在汉、白、彝等民族居住的地区传播。藏传佛教主要在藏、普米、纳西、怒等民族聚居的地区传播。佛教密宗阿叱力支系主要在大理白族地区流传。

在云南省，除少数民族的原始宗教形态外，其他宗教均为传播进入的外来宗教。因为原有的少数民族原生性宗教具备了满足生产、生活各方面需要的祭祀仪式和习俗，有相应的祭司、巫术、经典等，[①] 所以与外来宗教存在较多的文化差异。但文化环境的宽容使得外来文化、本土文化都能在云南立足与发展。道教、佛教、伊斯兰教、天主教、基督教都在云南多元文化的载体中完成了民族化、本土化，五大宗教在云南流传路径、流传民族和流传区域的不同，决定了这些宗教的本土化中具有鲜明的地域特点和民族特色。

（七）贵州省

据 2005 年统计，贵州省宗教信仰者约 76 万，其中基督教信仰人口最多，有23 万人。在基督教徒中少数民族大约占 80%，信教民族主要为彝、苗、汉等。天主教有教徒 9.7 万人，信教民族主要为汉、苗、布依、彝等。佛教有信徒 21.8万人，[②] 教徒遍布全省，以遵义、贵阳、安顺为最多。信教民族主要为汉族、彝族、侗族、瑶族、仡佬族、苗族等。道教信徒有 2.7 万人，道士、道姑 3750人。[③] 信教民族主要为汉族、苗族、彝族等。伊斯兰教信众以回族为主，另有少数维吾尔、东乡、哈萨克等族穆斯林，约 18.9 万人。[④]

在黔中、黔北等汉文化传承为主流的地区，佛教文化的根基相对深厚；在黔东、黔西南以及黔东南靠近湖广的地区，道教的影响最大；在黔西北、黔中以及黔南部分地区，基督教、天主教的传播和影响较明显。如在基督教徒最集中的赫章县，教徒中的少数民族占 89%。西部回族聚居地的威宁、普安、兴仁、兴义等地，则是伊斯兰教信众的集中地。

贵州省宗教的基本特点与其自然和经济生活相适应，由于"山间坝子"自然环境影响，相应地形成以本土少数民族的原生型宗教为主体的星罗棋布的民间宗教信仰，整体上表现出多元互补的共生型模式，以及儒道佛及民族民间宗教"混杂而不融合"的特点，即民间宗教混杂有诸多的五大宗教的因素，却没有融合成为一体。空间特点的多元互补与文化层次的不同类型构成了贵州宗教文化的景观。

---

① 杨学政、袁跃萍：《云南原始宗教》，宗教文化出版社，2004，第 4 页。
② 贵州宗教学会编《贵州省宗教概览》，贵州人民出版社，第 1 页。
③ 贵州宗教学会编《贵州省宗教概览》，贵州人民出版社，第 1 页。
④ 贵州宗教学会编《贵州省宗教概览》，贵州人民出版社，《前言》。

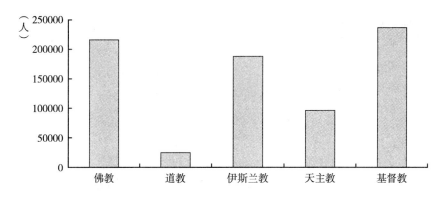

图8　贵州省宗教信仰人口的状况

（八）青海省

青海主要有藏传佛教、汉传佛教、道教、伊斯兰教、天主教、基督教和苯教。五个宗教的信仰者占全省区人口比例约45%。

藏传佛教在青海传播的历史悠久，是青海省藏族、土族、蒙古族全民族和部分汉族共同信仰的宗教。在青海现仍流传的有宁玛派、萨迦派、噶举派、格鲁派和觉囊派。全省有住寺僧侣2.5万多人，信教群众125万余人。① 藏民的传统宗教——苯教有住寺信徒300余人。②

信仰伊斯兰教的民族有回、撒拉、东乡、保安等民族，人数约92万。青海伊斯兰教在传播和发展过程中具有派多支繁的特点，教派主要有：伊赫瓦尼、格底目、赛莱费耶和四大门宦（哲赫林耶、嘎底林耶、虎夫耶、库布林耶）。其中，伊赫瓦尼是青海伊斯兰教最大的派别，有信徒52万多人，占穆斯林总人口的66.9%。③ 青海省的基督教信仰者约1.3万，④ 全省的天主教徒近1800人，多为信教家庭。⑤ 道教有信教群众约10万人，汉传佛教信教群众10万余。⑥

---

① 中共青海省委统战部：《青海宗教问题研究》（内部资料），1997年10月，第31页。

② 青海省编纂委员会：《青海省志·宗教志》，西安出版社，2000，第31页。

③ 中共中央统战部、国家宗教事务局：《宗教问题调研报告》（内部资料），1997年12月。

④ 中央民族大学宗教研究所：《中国少数民族宗教信仰试调查报告》（内部资料），2005。

⑤ 中央民族大学宗教研究所：《中国少数民族宗教信仰试调查报告》（内部资料），2005。

⑥ 中共青海省委统战部、宣传部、省委对外宣传办公室编印《青海民族宗教基本情况问答参考》（内部资料），第22页。

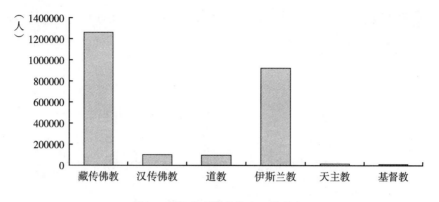

图9 青海省宗教信仰人口的状况

从空间分布看，藏传佛教和伊斯兰教在青海流传的历史较长，信众较多，虽然遍及全省各个地区，但在藏、蒙古、回、撒拉等民族中形成了各自的宗教文化圈，维系着人们之间的关系，具有思想文化和生活习惯等方面的牢固聚合力。天主教和基督教主要在城镇和铁路沿线，以及海南、黄南的局部地区。城镇以及大、中企业信徒较多。汉传佛教和道教在一些农业区有一定的影响。

由于自然历史的原因和经济以及教育、文化等社会各项事业发展的不平衡，藏传佛教在青海省不同地区的影响程度也有差异。在各项条件相对较好的地区，宗教信仰情况比气候条件差、环境恶劣、经济以及社会各项事业发展相对滞后的地区信教群众的宗教观念相对薄弱。比如，属于农业区的海东地区比牧业为主，但气候、交通相对较好的环湖三州薄弱，而同样是牧区，但气候、环境相对较差的青南三个藏族自治州与环湖相比则明显浓厚。

二 少数民族地区宗教文化的特点

（一）少数民族的宗教文化源远流长，融入生活方式的程度比较高

从统计数量观察，各个省区少数民族人口的宗教信仰比例比较高，不同地区都有1～2个比较主要的宗教形式。值得注意的是，在一些民族自治区，这些主要的宗教并不一定为少数民族所信仰。比如，广西壮族自治区的佛教信仰者最多，但与壮族并没有必然的联系。这种统计结果表明，一方面，并不是只有少数

民族群体宗教信仰浓厚；另一方面，这个统计中并没有将民间信仰，特别是汉族的民间信仰数字统计在内，但恰恰是民族民间信仰对一些民族地区少数民族的影响更重要。近十余年，每年农历三月初九壮族群众都会自发前往敢壮山祭奉始祖布洛陀，人数逾 20 万，场面壮观，具有比较强的群体性特征。这个活动直接带动了对珠江流域原始民族共同体的认同。这种对民族祖先神的信仰并非一般信仰研究中强调的"选择"结果，而是族群身份的证明。类似的还有彝族的毕摩文化、东北亚一些族群的萨满文化。

再如，与民族生活相关度比较高的伊斯兰教不仅仅是一种信仰，更是具有特殊文化风格的生活模式。中国自古以来没有因凭宗教信仰来划定居住区域的传统，无论道教、佛教，还是伊斯兰教，都是"大分散"的格局。在大多数情况下，佛教徒与道教徒只有"出家人"才聚集而居（寺庵），一般信众则是各择俗雅，各随其便。但是穆斯林则是聚族而居的，这主要是因为他们的生活习惯与众不同。所以在全国的版图上，星罗棋布的是佛教、道教的一个个名观古刹，以及时聚时散（定时或不定时）的香客；而伊斯兰教则是点点块块的（或者以清真寺为中心，或者没有清真寺的）穆斯林生活区，即具有"小集中"的特征。

这些内在于民族生活方式中的宗教文化虽然并没有在宗教统计数据中出现，但它们已经渗透到了民族生活方式和民族文化的价值取向之中，成为民族文化的重要组成部分，它涉及了神圣性的信仰、生命意义的追问，既定社会秩序的安排合法化等多重作用。

（二）少数民族宗教文化的地域色彩浓厚，多元宗教共处的密切程度不同

从宗教信仰人口分布看，全国各个少数民族地区不同的宗教都能够在同一个地区找到自己的生存环境并发展自己的宗教文化。虽然，在同一个地区的各种宗教势力并非均衡，但都呈现出地区性的宗教特色和宗教的地区性特点。在西北走廊、藏彝走廊、南岭走廊这三个走廊地带，既有中原地区的影响，更显示出自然生态环境和建立其上的生计方式对形成宗教多元性的决定作用。"西北走廊的伊斯兰教，形成与内陆地区各民族社会文化的互动融合；藏彝走廊的藏传佛教，构成与藏东、川西及横断山脉等山地、峡谷地区各民族社会文化的互动融合；南岭

走廊的道教，则构成与南方山地、沿海地区各民族社会文化的互动融合"。① 其中，相对固定地域中有流动的游牧文化、地域与社会关系稳定性强的稻作文化，以及因为地理高度的差异形成互惠关系的茶马文化，对应着建立在自然生态基础上的文化生态，三个民族走廊地带的宗教文化体现了信仰文化的选择服从于自然环境的生存条件的特质。可以认为，在整个边疆少数民族地区的区域之间、民族之间，宗教随着地方文化的不同而显示不同的特点和个性。西北地区，伊斯兰教的分布范围远远大于其他类宗教的范围，如在青海省和宁夏回族自治区的伊斯兰教显示出自己的宗教教派主导地位，而其他类的宗教似乎只是那个宗教生态圈中的配角。在南方的贵州、广西等地区，佛教的影响和分布范围则明显高于其他少数民族地区。

从各个民族的地域分布上可以看出，各少数民族之间，以及与汉族的界域上存有多元的过渡特点，使得民族间文化的、经济的、传统价值等方面的因素相互依存又相互影响。就不存在主体宗教的多民族杂居、多宗教并存的微观地域而言，不同民族价值观念同质与异质的交融，不同民族的通婚交往、日常生活互助交往和生产劳动交往等方面的交流，构成了民族社区多元宗教能够并存的基础。新疆维吾尔自治区的南疆与北疆的宗教文化多样态差异就比较典型。从宗教人口分布来说，由于南疆地区的维吾尔族人口比重为77%以上，信仰伊斯兰教的穆斯林最多，宗教氛围浓厚，伊斯兰教成为维吾尔族民族文化的主要特征。北疆地区在近代形成了多种民族共居的生态环境，使得北疆地区带有强烈的多民族文化特色。伊斯兰教信仰人口较为分散，伊斯兰教也呈现多样化的特点。

正是与文化地理环境的密切关系，使得各个民族地区多元宗教共处的密切程度不同，各个宗教在社会生活中的角色和地位也不相同。这些不同的地理区隔既造就了过去的传统宗教布局，同时这些区隔也会由于交通、信息、生计方式甚至娱乐化的旅游开发等多种原因被打破而出现重新布局的可能。

（三）民族身份认同与宗教身份认同有重叠但不等同

在民族认同中，宗教是十分重要的因素。中国少数民族悠久的历史传统与相对固定的生产生活方式，使得宗教身份与民族身份非常相似，互有重叠。但较之宗教认同的本质特点，民族身份与血缘有着更为密切的关系。在我国少数民族

---

① 王建新：《人类学视野中的民族宗教研究方法论探析》，《民族研究》2009年第3期，第26页。

中，宗教作为一种文化因素对民族认同的影响状况是十分复杂的。不同宗教在民族认同中的作用不同，同一种宗教对不同民族认同的影响也不同。我们对中国少数民族群体宗教信仰现象的研究也表明，在一定程度上，民族的起源决定了民族文化中宗教性的强弱，以及对民族不同要素的影响。在族群内部，语言、文化模式或生计方式等综合因素才是构成该群体认同的重要力量。即与民族认同有重合则宗教认同的程度强，反之，则弱。这个过程既是宗教本身的一种努力，也可以看作是人们对宗教文化的一种选择。在这种调适和认同的基础上，宗教与本土文化、某一宗教与其他宗教就能共存于一个空间。① 在这多种情形中，接受某种世界性宗教信仰之前已经形成民族共同体的民族较之在宗教文化认同基础上形成的民族共同体，对宗教认同的强度的差异就有重要的区别。这也会影响宗教信仰在民族文化、民族社会生活中的位置和强度。比如，佛教是世界性宗教，在我国分为汉地佛教、藏传佛教、南传上座部佛教。后两者在我国少数民族中是民族认同的重要的但非唯一的基础。如我国信仰藏传佛教的各个民族之间有很强的宗教认同，但如班班多杰教授指出的"在汉藏民族的融合中，宗教认同和文化认同可以互渗，但族籍认同是一个硬核，无法穿透，难以改变"。② 同理，在民族认同中，伊斯兰教对回族与维吾尔族的认同强度不同，佛教对藏族与蒙古族的认同强度不同，基督教对西南少数民族与东北朝鲜族的认同强度也不同，这些都构成了宗教在我国少数民族的民族认同中的作用的复杂性。

（四）宗教是民族文化的有机组成部分

宗教围绕神圣观念有不同的层面，③ 不同民族往往选取宗教中最适于弥补自身民族文化不足的方面予以接纳。在这个意义上，宗教的加入使得民族文化成为一个文化复合体，而非单一民族文化，或者单一的宗教文化群体。

中山大学王建新教授在研究过程中就根据伊斯兰教与不同民族群体社会文化

---

① 参见何其敏、张桥贵主编《流动的传统——云南多民族多宗教共处的历程和主要经验》，宗教文化出版社，2011。

② 班班多杰：《和而不同：青海多民族文化和睦相处经验考察》，《中国社会科学》2007 年第 6 期，第 111 页。

③ 参见吕大吉《宗教学通论新编》中关于宗教四个基本要素的分析。中国社会科学出版社，1998。

融合的特点将我国的伊斯兰文化分为不同类型：伊斯兰教在维吾尔族宗教文化中的融合模式可以表述为"知识体系融合型"；伊斯兰教在回族门宦文化中的融合模式可以概括为"社会组织融合型"。用同样的原理模型，王建新教授还针对在特殊的自然人文环境中形成的、与本土性社会文化浑然一体的原生性宗教系统，总结出了瑶族、壮族的宗教文化的"神灵科仪对称融合型"，苗族巫文化与道教融合的"巫傩方术实用融合型"。① 这种宗教文化类型研究关注了自然生态、社会秩序传统、文化生态、民族历史等非宗教因素对民族宗教文化的影响。同时指出了民族认同高于宗教认同，且宗教信仰体系如何有机地"化"于民族文化的特点。在中国，不同宗教传播的历史都有对本地文化的"顺随"或融合的经历。不同民族的生活环境和生产方式不同，精神上的需要也有区别，一个民族便有适用自己民族文化的宗教；同理，生活环境和生产方式不同，精神上的需要也有区别，不同民族在同一个地域生活，也会创造适应自己民族文化的宗教。民族与宗教互相影响，形式多样，内涵丰富。

各种宗教在民族地区传播与发展的事实表明，宗教在反映现实的同时，也能够改造现实，宗教的传播与接受就是对现实的改造，或者是表达了对现实的改造愿望。比如，基督教在少数民族地区的传播就不可避免地要与本土宗教相遇，从最初的相互接触到逐渐的相互交流，最后融合成一种新的文化。是少数民族社会地位及生活状况提供了适合基督教传播的土壤，使基督教在少数民族山区的生根比起在其他地区容易，作为一种外来的文化，它带给当地少数民族在生产生活、文化教育等方面的变化也是显而易见的。但与此同时，它也遭遇着其本来面目的丧失。基督教与本土文化的交流，改变了本土文化、本土宗教，也改变了基督教自身。即使是曾经的外来宗教文化，在中国也逐渐成为本地民族文化的一个组成部分。

三　宗教因素对民族地区文化政策创新的影响

宗教现象从来不是孤立存在和发展变化的，它始终处于和社会其他要素的互

---

① 王建新：《民族宗教研究的理论创新及拓展》，《宗教与民族》第 6 辑，宗教文化出版社，2009，第 128～132 页。

动关联中，这些要素通过社会发展、社会生活群体和个体等层面与宗教发生各种各样的关系，同时，这些要素自身也会在社会的发展变化与现代化进程的大背景中变化发展。这样便导致多种宗教与多种文化、社会、个体等要素的关系不是一成不变的，而是动态互动的。因此，在了解某个民族与宗教信仰结合的历史，即传统的基础上，我们还需要了解在目前形势下，宗教对民族群体的影响。

（一）宗教文化是民族地区持续且健康发展的重要资源

我们的社会经济发展已经遇到人们在享受着前所未有的物质财富的同时，在精神追求的方面，即价值观和在伦理道德层面指导的不足，以致在对待资源的分配、资源的享受、对自然的态度，以及对人的"生存质量"的理解方面，出现较大的偏差。同时，传统社会结构在经济飞速发展中被打破，也带来了人的存在危机，人们需要重新协调自己的社会身份、群体归属和利益导向，这些都不是仅仅靠经济发展就能够自然解决的。因此，需要在物质基础和精神基础两个方面共同发展，保持自然的、社会的、生态的、经济的以及利用自然资源体系中的基本关系的平衡。就此而言，我们必须关注文化，特别是传统文化对平衡这些基本关系的维护作用。

在中国现代的社会发展系统框架中，宗教被赋予文化事业、旅游事业、经济资源、伦理指导、外交策略、安全战略等多种角色，宗教是处于与其他社会文化形式高度相关的关系之中的存在。在中国影响民族群体发展方向的诸因素中，除经济、政治因素外，宗教文化在保持个体和群体身份稳定，引导价值观、伦理道德和社会秩序维持方面一直发挥着重要的作用。所以，尽管文化的可持续发展在中国被更多地解读为对传统文化的保留、保护，但将文化定位为社会可持续发展的一种资源或者一种社会资源的意义仍然存在。

从对外交往的角度看，宗教文化不仅是民族文化的具体表现形式，更由于历史与现实决定了在中国与邻国特定的历史文化关系和地缘政治关系中宗教文化占有重要的位置。就现实的地缘政治关系而言，在我们的邻国，包含有历史传统各不相同的多种民族，推行互有差异的社会制度，环境十分复杂，在现阶段，以意识形态为主导建立文化认同感的可能性微乎其微，所以宗教文化的沟通及辐射作用异常突出。

在这个意义上理解，作为民族文化一部分的宗教信仰既是中国民族文化传统

的组成部分，也是国家进行文化建设的重要资源。为此，能否调动这一文化资源为民族地区的社会发展和国家繁荣做贡献，一方面考验着我们对社会意识形态的建构与理解，另一方面也是关系到能否坚持以人为本，促进经济社会和人的全面发展的重要课题。

（二） 创新是使宗教文化成为民族文化积极因素的途径

在以农牧为主的传统社会里，宗教的世界观和行为规范包罗万象，世俗生活与宗教生活的重合点很多。在不同的自然文化生态区域内形成了多元的宗教文化。不同民族的生活环境和生产方式不同，精神上的需要也有区别，各个民族便有适用于自己民族文化的宗教。近现代社会，一方面是各个民族的传统宗教都受到其他宗教（特别是创生性宗教）的冲击，民族成员或个别或部分地改信（或兼信）了其他宗教，使全民信仰一种宗教的局面不复存在；另一方面是工业化和高科技的迅速发展极大地改善了各族人民的物质生活状况，社会制度与社会结构的变化改变了人们的社会地位，现代传媒扩大了人们的眼界，使人们的世界观和价值观或迅猛或潜移默化地发生了变化。世俗生活的分量在日益加大。结果是，宗教文化的多样性，既有个人选择的原因，也有群体追捧的现象。

一方面，社会的开放和人力资源的流动，将原来民族地区的少数民族带往了全国各地，他们丰富了当地原有的民族构成，也重构了当地的宗教文化布局。虽然，在各地的宗教信仰统计数据中并没有详细的格局分布统计，但像伊斯兰教和藏传佛教在东南沿海城市中的影响已经显现。这不仅意味着宗教的传播，也意味着原有的宗教传统与现代社会生活或者异地社会文化的融合与适应。如何加强传统宗教对现代社会生活的解释力，通过宗教认同，帮助民族群体在新的环境中生存、发展，既是民族文化传承的需要，也是全社会的责任。

另一方面，随着民族旅游开发的不断深入，许多具有宗教意义的民族习俗在形式上越来越受到重视，一些节日活动甚至开始成为旅游的一个个"项目"。但不同的"重视"的角度，使宗教文化在不同的情境中，被用作群体诉求的动员力量，发展地方经济的资源和民族凝聚的资源。无论怎样为复兴民族文化"修路搭桥"，与民族发展相关的宗教信仰状况都将成为人们关注的焦点。虽然出发点各不相同，但对中国少数民族宗教的多样性和少数民族宗教作为一种资源是有共识的。在中国民族地区，少数民族的社会秩序、道德原则等更多的是通过宗教文化的形式表现的，在这个意义上，无论是跨境民族具有的世界性宗教，还是受本土宗教影响的民族，宗教文化既是民族文化传统的内容，在将来相当长的时间内还会是许多民族的重要文化基础，也是国家进行文化建设的重要资源。

但所谓"文化建设"绝不仅仅指"被娱乐"的文化和那些具有物质资本价值的文化，更在于对知识、信仰、艺术、道德、法律、风俗等人类生活方式的建设。在中国民族地区宗教文化已经渗透到了民族生活方式和民族文化的价值取向之中，成为民族文化的重要组成部分，它涉及了神圣性的信仰、生命意义的追问、既定社会秩序的安排合法化等多重作用。

任何经济生产方式的变动都不会是单纯的物质发展问题，生活环境和生产方式不同，精神上的需要也会有区别，在关注宗教文化的相应变迁的同时，经济发展带来的社会关系的调整，带来的宗教文化的变化和重新选择，也是我们需要给予关注的，这些都为民族文化的发展提供了创新空间。

（三）各归其位，各显其能是民族地区文化政策创新的必要途径

"宗教文化"的概念是将宗教看作一种社会存在，而不仅仅是精神文化层面的存在。这个定位突出了宗教表现出的社会资源、社会结构、社会规范、非正式制度等"新身份"。促使人们从更深层次关注那些隐藏于社会结构中的宗教因素；同时也促使人们思考——宗教作为政治、经济以外的非正式制度因素，如何与正式制度相配合，在经济发展、政治民主、社会秩序等方面发挥作用。民族地区文化政策的创新点也正在于此。

目前，在民族地区的现实发展中对待宗教文化的态度存在着悖论，一方面，为与主流意识形态保持一致，对宗教的影响仍然充满警惕；另一方面则对基层社会文化建设重视不足，为实现经济利益，争相为宗教搭台。走出悖论的途径是还原宗教的"本来面貌"。宗教文化与其他文化体系的差异在于，它是以超越性的存在为引领性思想，并与实践性行动结合的一种文化形态，虽然在指导思想层面与主流意识形态有着一定的距离，但在社会实践层面与民族的文化，特别是社会组织文化密切相关。中国素有重视人伦关系的文化传统，个人的人际关系网络在社会生活中一直扮演着相当重要的角色。同时，我们也需要注意到，作为少数民族传统文化重要组成部分的宗教文化，在调节社会秩序的过程中，在发挥多层面作用的同时，也一直随着社会的发展而变化。

"中国的宗教文化是一种具有建设性、协调性及和谐性的'维稳'文化，它虽然有着保守性和对传统的维系，却可以防止社会走向解体和崩盘；它会以其对传统中华文化的保守及忠贞来尽量让社会稳定下来，给人们一种安然的心情和安全的感觉。同样，中国的宗教文化也在不断自我扬弃、自我改造、自我升华、自我完善，有着对社会发展的积极适应，并对这种发展做出贡献。"① 如何实现宗教所提供的意义系统的神圣性不因物质利益的企图被消解，不因与社会身份选择的差异被扭曲，我们需要通过社会民族文化建设的路径走出"宗教搭台，经济唱戏"的怪圈，使两者各归其位，各显其能。

宗教文化参与其中的民族文化是传统社会的运转动力之一，也是现代社会和谐运转的资源之一，在我们的文化建设和社会建设的事业中，宗教文化所能够发挥的基于"神圣"合法性在构建民族身份、调整社会秩序、引导行为规范等方面的导向作用需要我们认真对待。宗教文化与一个民族的内在精神息息相关，尊重他们的信仰，就是尊重他们的文化和民族情感，在相互尊重的基础上达到文化资源整合，既是多样性的必然要求，也是加强公民意识和国家认同的基础前提。

以上文本是笔者在2009年完成国家民委民族研究中心的《中国民族地区宗教文化多样性研究》课题之后部分成果的一次分析。如果从宗教所涉及的个体、社会、文化等不同层面考察，这份报告主要在社会层面对中国民族地区的宗教文化做了简单的统计式归纳，就民族群体而言，民族是多个文化向度的叠加，而非某一单一宗教的文化群体，宗教文化对民族成员也非仅仅是一种社会组织的存在，还有许多问题需要我们去探究。因为，对宗教文化在民族文化中的位置的理解会指导我们做出未来的社会发展模型。

---

① 卓新平：《"中华魂，归来兮"——关注宗教与文化发展》，《中国民族报》2012年8月7日，第6版，"宗教周刊论坛"。

年度主题：促进新疆稳定发展的文化建设策略

Annual Topic：The Cultural Construction Strategies in Promotion of the
Stable Development of Xinjiang Uyghur Autonomous Region

B.5
对新疆少数民族文化发展状况的
基本认识及政策建议

国家民委文宣司和中国社会科学院文化研究中心
中国少数民族文化发展战略研究课题组 *
张晓明 ** 执笔

　　摘　要：多年以来，我国经济社会和文化发展中存在的一些深层问题，在新疆尤其明显，而且表现出尖锐性。在新的历史条件下，建立在新疆与内

---

* 本文为"中国少数民族文化发展战略研究课题组"开展的"促进新疆稳定发展的文化建设战略"专题调研总报告，课题组和调研均由国家民委文化宣传司与中国社会科学院文化研究中心共同主持，调研时间为2010年9月。调研组成员：武翠英、李景源、张晓明、张学进、章建刚、李河、吴元梁、任乌晶、李民、惠鸣、意娜。

** 张晓明，中国社会科学院文化研究中心研究员、副主任，中国传媒大学文化发展研究院博士生导师。邮编：100732。

地经济一体化趋势之上的国家认同日益成为新疆各族人民的共识。但是，当前新疆发展中存在文化战略思路陈旧、文化政策缺失等问题。推进新疆文化建设，需要处理好四个方面的问题。一是要把握历史机遇，尽快制定稳疆兴疆的文化发展战略；二是要建立一种能够与传统文化设施配套、与传统文化生活融合的、真正能够满足少数民族人民群众需要的公共文化服务体系；三是要恢复常态化的社会管理，形成文化建设的宽松环境；四是要完善政策，科学、有序地推进全疆双语教学。

关键词： 新疆　少数民族文化　战略　政策建议

国家民委文宣司与中国社会科学院文化研究中心"中国少数民族文化发展战略研究课题组"经过充分准备，于 2010 年 8 月下旬至 9 月中旬赴新疆调研，共走访了伊犁、和田、喀什等地区 16 个县市及新疆生产建设兵团农三师 41 团，召开了 17 次调研会。举行过座谈的部门包括相关地、市县、乡的党委宣传部、民宗委（局）、文化厅（局）、广电厅（局）、新闻出版局、教委、兵团。参访机构包括文化馆、文化站、文化室、大中小学、代表性文化企业、文保单位、清真寺、少数民族家庭。访谈的个人包括文化部门的少数民族干部、专业人士，文化馆站负责人，大学和其他机构的知识分子，民族院校的负责人，县乡少数民族干部，部分宗教人士，以及少数民族群众。对多达百人次进行了访谈。

此次调研的任务确定为"促进新疆稳定发展的文化建设策略"。调研组成员在出行前搜集大量资料，并多次集中学习和讨论，做了充分的准备，且调研期间又进行了不间断的讨论，形成了对于新疆少数民族文化发展形势的一些基本认识，以及针对当前问题的政策建议。

一　对新疆文化发展形势的四点基本认识

（一）多年以来，我国经济社会和文化发展中存在一些深层问题，这些问题在新疆尤其明显，而且表现出尖锐性

长期以来，新疆与内地的发展明显地存在"双重落差"。第一重落差是纯粹

经济意义上的区域差别。改革开放以来,一方面新疆的发展速度超过了历史上任何时期,少数民族群众生活普遍有所改善,1979~2009 年间,新疆地区生产总值年平均增长速度高达 10.4%,人均 GDP 从 313 元增加到 19942 元;但另一方面,新疆与全国的差距反而拉大了,同期人均 GDP 占全国平均水平的比例从 82.15% 下降到 77.97%。① 此外还有一系列标示经济发展和社会进步的指标,新疆都大大低于内地。正是这种相对落差,使得新疆各族人民(无论少数民族还是汉族)产生了"相对被剥夺感"。

第二重落差是由于文化因素而扩大了的差距。课题组看到,新疆贫困地区的分布与少数民族聚居地的分布有高度相关性。南疆地区(主要是和田和喀什)比较贫困,维吾尔族聚居度最高(分别占 96.3% 和 91.3%,其中超过 80% 的人不会说汉语),由于绿洲经济空间狭窄(和田地区和喀什地区,农村人口分别占总人口 83.2% 和 77.7%,农业人口人均耕地分别只有 1.6 亩和 2.65 亩),极大地限制了农业发展,造成了南疆地区既"地广人稀",又"地少人多"的现状,人与自然的关系高度紧张。由于语言不通,大量维吾尔族青年难以外出寻找工作,进一步加剧了这种紧张状态。墨玉县是一个典型的例子——维吾尔族最为集中,经济最为落后,同时宗教极端势力活动最为猖獗,在"七五事件"后被遣送回乡人口最为集中。②

新疆这种情况很典型。改革开放以后,特别是世纪之交中国经济实行全方位开放后,外资迅速涌入,中西部地区尽管发展较慢,但是许多省份农村剩余劳动力迅速离乡汇入了开发大潮,一定程度上形成了良性循环。由于多种原因,如语言文化差异、教育水平长期落后、照顾政策运用不当等,造成少数民族群众在个人发展领域的竞争力不足,没有能力参与这个进程,没有分享到发展的成果。特别是南疆地区的农村人口压力日益沉重,城市化进程缓慢,经济发展陷入了困境,令少数民族群众普遍产生了失望情绪,反过来为宗教极端势力提供了土壤,并进一步消解了基于对经济发展、生活改善的期望的文化认同力量。简单说,新疆少数民族文化发展滞后是源于教育发展和经济发展的落后,而经济发展落后又

---

① 数据来源:根据《新疆统计年鉴(2010)》、《中国统计年鉴(2010)》中相关数据计算得出。

② 根据《新疆统计年鉴(2010)》中相关数据,墨玉县 2009 年人均 GDP 为 3254 元,仅为新疆平均数的 1/6,全国平均数的 1/8;如果与疆内相对发达的地区相比,其差距更为悬殊,分别只有乌鲁木齐市的 1/12,库尔勒市的 1/54。

进一步强化了文化上的内向和保守。

因此，新疆发展的滞后是双重的，既是经济性质的，又是文化性质的，而且存在负向的相互作用（恶性循环）。我国宏观经济发展不平衡，新疆处在不利位置，而疆内，生活贫困地区各族群众的地位尤其不利。特别对像维吾尔族这样具有上千万人口，历史悠久并具有文化自豪感的民族来说，这种双重落差就演变为心理失衡和文化冲突，而这种文化冲突又反过来进一步造成了发展的障碍，成为新疆在经济上发展和融入国家经济一体化进程的新困难，成为新疆不稳定的深刻根源。

课题组认为，多年以来我国存在发展方式不科学，经济结构不合理，分配制度改革严重滞后，以及其他经济、社会、政治、文化建设脱节的问题，这些问题在新疆由于民族和宗教因素的加入，表现得特别明显、特别尖锐和难以解决。在新的历史条件下，我们必须在科学发展观指导下，不断创新发展路径和治理方式，对这些问题进行统筹解决和整体解决。

（二）建立在新疆与内地经济一体化趋势之上的国家认同日益成为新疆各族人民的共识，在此基础上将有可能形成一种新型的文化认同，任何对新疆稳定过于悲观的看法都是没有根据的

由于我国现代化的特殊路径选择和新疆特殊的区位，现代化进程在新疆大大地落后于东部和中部，甚至在近年来与西部各省份也拉开了距离。正是经济发展和经济一体化动力不足，导致汉语作为国家通用语言在新疆的普及动力不足，并进而导致新疆少数民族群众对中华民族和国家主流意识形态认同的动力不足。

随着市场的逐步开放和经济一体化进程加速，这一背景已经开始根本性地改变。2008 年以来，国际经济危机推动中国经济发展方式转型，中央政府决定实施新一轮西部大开发战略，并专门召开了新疆工作会议。新疆出现了前所未有的发展机遇，将与内地特别是东部发达地区建立起新型的紧密联系。中央财政加上19 省市援疆，预计未来 5 年在新疆的投资规模超过 2 万亿元（"十一五"期间为1 万亿），力争使新疆到 2015 年人均 GDP 达到全国平均水平。2009 年新疆人均GDP 2800 美元，按今后我国 GDP 增速 8% 来计算，2015 年新疆人均 GDP 将达5800 美元左右，超过今天中国中部大部分地区；10 年后的 2020 年，新疆人均GDP 将达 9000～10000 美元区间，其上限接近上海和北京今天的程度。这个发展目标大大鼓舞了新疆本地群众的信心。

追随国家发展的步伐，在一代人的时间里实现生活的根本改善，成为新疆各民族人民共同期待，也是可能实现的目标。新疆各族人民群众出于切身利益考虑，看到了这个发展的机遇，希望参与到这个经济发展的进程中去，是非常明确的、毫无疑问的。如果说文化是人类为了适应群体生活环境所产生的解决方法的话，这种建立在经济一体化趋势之上的文化认同已经成为新疆各族人民的共识，也奠定了新疆各族人民实现"四个认同"的基础。

新疆少数民族群众对于子女上学择校取向已经明确体现了这一趋势。新疆少数民族学生上高中有"民考民"、"民考汉"以及上"内高班"几种情况。调研中我们了解到，"内高班"是所有人最为向往的，其次是"民考汉"，最后才是"民考民"。尽管以上选择中有教学质量差异的原因，但是想要掌握通用语言，到内地上学和就业，无疑是最重要的原因。课题组认为，发展将为新疆各族人民的国家认同奠定基础，任何对新疆稳定过于悲观的看法都是没有根据的。

（三）新疆经济建设无疑将实现"跨越式发展"，但是文化建设不可能像经济建设那样"跨越式发展"，当前新疆发展中文化战略思路的陈旧、文化政策的缺失以及一些做法的不得当，甚至有可能制造出新的问题

新疆的问题根源在发展。在把经济发展当做解决问题的根本基础之后，还有两个环节必须跟上：一是要尽快完善涉及民生改善的分配制度改革；二是要加快旨在唤起人的群体认同和提高人的精神文化素质的文化政策调整。如果认为经济问题解决了，别的问题就自然而然得到解决，或者认为，可以用解决经济问题的办法和手段顺带解决文化教育问题，都是不切实际的认识。在国家财政支持和19省市援疆的推动下，新疆的经济建设在"十二五"开始的这个新的发展阶段，无疑将实现"跨越式发展"，但是，如果同样以"跨越式发展"的要求去看待文化的发展，则可能出大问题。

公共文化服务体系建设是突出的例子。调研中我们发现，新疆公共文化服务体系建设近年来的确进步很大，但是也存在很多问题。其中有一些问题在内地事实上也存在，但是在新疆表现得特别突出和尖锐，值得高度关注。

第一，新疆在未来10年经济会获得"跨越式"发展，然而，这同时意味

着，那些在精神文化上没有做好准备的少数民族群众，会在群体性文化适应方面遇到重大挑战甚至危机。如何帮助这些少数民族群众在心理上尽快适应社会主义现代化的快速发展，如何帮助他们积极参与这个现代化进程，是一项急迫的但又十分重要的文化建设任务，公共文化服务体系承担着完成这一任务的主要责任。在新疆很多地方，伊斯兰教与乡村生活有千百年的密切联系，老百姓的宗教文化需求稳定而强烈，他们更习惯于到清真寺去参与公共文化活动。这就要求我们认真研究这种以宗教为中心的特殊的公共文化需求，认真研究以什么活动来满足这种需求，以及认真研究目前由政府提供的新型文化内容是否与当地群众的传统文化需求相适应的问题。更进一步说，我们应该正确看待宗教在现代化建设中的积极意义，整合资源，加以利用。这显然不会像修建一些文化站馆，配送一些书报音像资料那样简单和立竿见影。

第二，从目前情况看，新疆少数民族地区公共文化服务真正落实的最大困局是无法有效解决新建文化服务设施与当地传统宗教民俗文化设施的整合问题。目前新疆农村普遍出现了"清真寺"和"文化站"并立（清真寺在总量上多于文化站）、传统宗教文化活动与公共文化服务并存的情形，传统的文化设施和文化活动未能与新建的公共文化服务体系形成有机的联系，"两张皮"的情形明显。在这方面，我们一直没有找到破解思路。这个问题不解决，新疆目前的各种公共文化服务工程就不能落到实处，就不能在少数民族群众当中"入脑入心"，就不能起到促进发展、保障安定的作用。

第三，随着新疆社会主义现代化进程的加快，新疆少数民族文化发展的矛盾主要方面会发生迅速变化，目前矛盾的主要方面是如何尽快在语言和文化上帮助少数民族参与社会主义现代化进程；但与此同时，新疆少数民族的语言文化传统、传统生活方式和民俗节庆方式的存续、保护和转型等问题会很快成为我们关注的主要问题。未来10年，新疆将迅速实现全方位对外开放，迅速崛起为中亚的经济和文化高地，在这个背景下，新疆少数民族的语言、传统宗教文化遗产、传统习俗和节庆方式等都可能成为日益稀缺的文化资源。为此，在今天强调经济"跨越式发展"的同时，也应前瞻式地提出关于新疆少数民族文化存续、保护和转型发展的文化战略思路。

以上问题显然没有得到应有的重视。从课题组在新疆各地了解的情况来看，在中央新疆工作座谈会之后，自治区从上到下，谈到经济和社会发展，思路明晰振奋而有创新；但谈到文化发展尤其是少数民族文化发展，则常常显得思路陈旧。更令我们感到忧虑的是，近年来，在被忽略的同时，民族文化建设问题似乎变得越来越敏感，基于种种不明确的"维稳"理由，很多本来属于正常的乡土文化活动受到了限制，甚至被列入国家级"非遗"名录的"麦西莱甫"，也被与非法宗教活动混为一谈，其传承和发展受到严重影响。在这种不良氛围影响下，很多基层领导正在越来越失去对于新疆少数民族文化传统和习俗的尊重和亲近感，这必然会埋下民族分裂和文化冲突的新种子。

当前，新疆发展中文化战略思路的陈旧、文化政策的缺失以及一些做法的不得当，甚至有可能制造出新的问题。需要尽快组织力量研究新时期的文化治疆战略，以迅速解决目前新疆发展大潮中的文化政策事实性缺位问题。

（四）当前制约新疆各少数民族群众参与到国家经济建设大潮中来的一个重要因素是国家通用语言——汉语——的使用，但是目前新疆解决这个问题的办法——双语教育，其推行思路和模式的确令人担忧

使用国家通用语言是新疆少数民族群众参与国家经济建设的工具、文化交流的手段以及逐步实现文化认同的基础，双语教育中的汉语教学就是为此目的服务的。通过大量座谈和访谈，课题组得出的印象是，在国家经济建设飞速发展，新一轮西部大开发迅速展开的形势下，广大少数民族群众已经普遍产生学习汉语的愿望，推动双语教育是完全没有障碍的。现在的问题是，在推行双语教育过程中出现了明显的急躁冒进，完全不顾条件是否允许，在设定的短时间内硬性地要求教育系统完成从以少数民族语为主向以汉语为主的转换。这样做的结果不但达不到迅速普及国家通用语言的目的，还会导致整个少数民族地区文化教育的历史性断裂，至少耽误一代人的教育。

课题组认为，在经济发展浪潮汹涌袭来，少数民族群众学习汉语的积极性空前高涨的形势下，反而应该将文化政策的重点放在保护和发展少数民族文化上，加大保护和促进文化多样性的力度。应该认识到，现在最需要强调的是，那些历史悠久和个性独特的少数民族文化如何科学和合理地实现现代化的转型，而不是任凭其为经济建设的大潮淹没。以目前维吾尔族聚居区双语教育为例，现在似乎越来越少的人还记得双语教育的本来目标是"民汉兼通"，而不是简单地实行从以少数民族语言教学为主向汉语教学为主的转换。如果下更大的力量加强少数

民族语文建设和现代化转型，无疑将更有利于双语教育的顺利推进。

更为令人担忧的是，"七五事件"以后，双语教育这一学术性和政策性极强，而且由于影响深远而需要谨慎实施的教育变革，正在被裹挟到各种短期政策考虑中去，其本身的意义和规律正在遭到忽视。围绕双语教育的许多必要的讨论，由于环境的恶化而无法正常展开，甚至被纳入各种极端思维框架。这种状况不改变，不但完不成有关部门制定的双语教育实施目标，还会造成新的社会不稳定因素，后果堪忧。因此，在新疆文化建设中，必须高度重视双语教育，将双语教育的政策设计和推进节奏纳入新疆文化发展战略的整体框架中。

二　对新疆少数民族文化发展的政策建议

"十二五"时期，是我国发展方式转型和经济结构调整的关键时期，也是新疆发展的重大机遇期，以及新疆面向未来的体制转型和政策调整期。新疆在我国新一轮发展中地位特殊，既有重大机遇，又面临各种深层问题，目前正处在转折点上。中央政府已经为新疆制定了宏伟的发展目标，纵观新疆发展大势，如何制定科学有效的文化发展战略，弥补战略短板，突破可持续发展的瓶颈，已经成为当前的关键问题。

（一）要认清目前新疆发展所处的阶段，把握历史机遇，认清制定稳疆兴疆的文化发展战略的重要性，尽快弥补这一战略性短板

受到新一轮西部大开发形势的鼓舞，新疆各族人民已经焕发了极高的热情，希望参与到这个伟大的现代化进程中去，这是最基本的"民意"和"人心"，必须充分认识，充分珍视。那种认为新疆少数民族（特别是维吾尔族）群众国家认同存在很大问题，因而需要以全方位"维稳"措施加以严控的观点是偏颇的。

当然，我们也充分认识到，新疆的发展正在步入一个人均 GDP 3000～5000美元的特殊区间。从转型经济的发展规律来说，这是一个形成市场化初次分配制度的时期，这个时期特别容易出现的情况是，市场化机制不完善使得个人之间收入差别迅速拉大，一些人由于占据了优势地位而迅速致富，社会公平程度迅速下降。这是一个社会财富总量迅速增加，但是增加的速度明显赶不上个人财富占有差距扩大速度的特殊时期。客观地说，在目前新疆的经济发展格局中，民族间文

化差异（如语言和宗教）特别容易成为经济差异扩大的原因和条件，并由此引发新的文化冲突。在这个意义上我们认为，在过去的30年中，新疆失去了一些机会，与全国其他地区发展拉开了距离，并因此积累了许多未解决的社会矛盾和文化冲突，未来5~10年既可能是新疆经济快速发展，并使社会矛盾走向缓和的时期，也极有可能是新的矛盾产生和集中爆发期，无视这一危险，或者认为经济发展将自然而然地解决文化认同问题都是幼稚的。

基于此，课题组认为，新疆目前正处在历史发展的重大转折点上，特别需要提高对于在新疆落实科学发展观的重大意义的认识，特别需要提高对于在新疆制定文化发展战略的重要性和特殊性的认识。

首先，要充分认识文化在新疆各族人民社会生活中的地位和作用。在新疆，信仰伊斯兰教的民族将宗教认同作为他们身份的首要标志和日常生活的最重要的部分，而丰富的精神生活和道德价值则被认为是宗教生活的主要内容。正如我们在调查中所见，以伊斯兰教为核心的文化传统在南疆维吾尔族聚居的乡村社会仍然起着不可替代的重要作用。在这样的地区，如果没有宗教和文化的现代化转型，经济和社会现代化也是不可能实现的。比如，对于维吾尔族这样族群规模相对较大、历史文化传统相对厚重的群体来说，我们最为担心的是出现经济和文化的"分裂"和"脱轨"局面：生活虽然改善了，但是精神上却陷入迷失与绝望。

其次，要充分认识新疆的地缘政治地位的重要性，将新疆各族人民的宗教文化资源当作一笔重大财富。新疆地处东西两大文化圈交界处，与周边国家文化联系紧密，目前还处在政治和文化上的"东—西认同冲突"的敏感时期，以至于很多人将以伊斯兰教为主体的文化视为现代化进程中必须卸掉的包袱。但是，根据中央新疆工作座谈会确定的全方位对外开放方略，新疆以伊犁和喀什两地为龙头，将成为我国对南亚、中亚和俄罗斯全方位对外开放的桥头堡，在2020年人均GDP达到9000美元后，该地区将在历史上第一次迅速崛起为中亚地区的经济社会发展高地，从而根本扭转新疆千百年来以"外防战略"为主的被动局面。到那个时候，伊斯兰文化将成为推动与周边国家合作的最重要的文化纽带，而维吾尔族语、哈萨克语、柯尔克孜语、乌兹别克语都可能成为这个巨大的区域市场稀缺的语言资源。我们认为，在这个意义上说，保护和发展伊斯兰文化应该是国家新一轮新疆开发战略最重要的组成部分。

课题组认为，有必要由我国高层研究机构牵头，吸收各个部委政策研究部门

的研究人员，以及新疆有关部门、研究机构和研究人员，在全面调研基础上系统制定新疆维吾尔自治区中长期文化发展战略，将之纳入新疆经济社会发展的总体规划中去。

（二）要在新的发展战略指导下，调整民族文化政策的整体思路，从以"保护救助性"政策为主，走向以"发展支持性"政策为主

在新疆实施一种建立在市场经济基础上的，以文化发展为轴心的，兼顾经济增长、就业增加、社会和谐、文化繁荣的新型特色发展战略，必须调整文化政策的整体思路。我们认为，可以从总体上将这一调整概括为从以民族整体为单位，基于民族身份识别的"保护救助性"政策，调整为以民族自治区域为单位，基于个体公民权利的"发展支持性"政策。

这种政策思路的转变与我们所处的发展阶段变化有关。长期以来，在或隐或现的意义上，治疆战略的主轴都是"管制"而非"发展"，具体表现就是"羁縻"、"屯田"、"军垦"，等等。20世纪50年代以后形成的民族政策，在一定意义上承继了这一传统战略，其对象是少数民族的整体，取向是公平，目的是救助，实施办法是行政手段，民族身份识别是基础。这套做法的背景是计划经济的体制，问题是缺乏发展的向度。在改革开放30多年后的今天，市场经济体制已经基本建立了起来，集中化的资源配置机制已经开始为分散化的资源配置机制取代，即使是较为落后的新疆，少数民族群众的绝大部分生产和生活需求也可以由个人通过市场机制得到满足，并因此而普遍产生了个人权利的意识。这时，传统政策模式显然过时了。我们需要实行一种以自治区范围内全体民众为对象的，以尊重个人自主选择权利为取向，以发展为目的，以法律为手段的新型民族文化政策。在此基础上再辅以行政性的救助性政策。在这种新的政策思路中，民族身份识别需要，但不是基础性的，其重要性大大下降。

基于此，课题组认为，近年来国内基于文化体制改革的新型文化政策，应该根据新疆地域性特点逐步进行创新性的实施。

首先，逐步放开文化市场，从行政性管制转向法制管理，建立一种以各族人民群众为主体的，基于各族人民群众自主选择的，主动开放的文化交流局面。

深入实施西部大开发战略，是建立全方位对外开放的新格局，在开放竞争、合作共赢的环境中，维护祖国统一和确保边疆长治久安的国家战略，是积极的和

进取型的战略。基于中央提出的这一新战略思路，新时期的文化政策也要从打"阵地战"的保守防御性思路中解放出来，从被动转向主动，利用市场经济机制，以开放竞争的姿态，牢牢把握新疆文化发展的主动权。根据党的十七大提出的"充分发挥人民群众在文化建设中主体作用"的论断，只有坚持人民群众文化建设的主体作用，才能获得文化发展的主动权。我们认为，在新一轮全方位对外开放形势下，文化政策的战略性转型要从落实人民群众文化权利入手，不仅仅是文化消费的权益，更重要的是文化创造的权利。新疆文化发展的主体是各族人民群众，文化发展的潜力深深地蕴藏在人民群众之中，只要政策得当，就能迸发出来，形成竞争性优势。

其次，创新发展文化创意产业，建立一种既能够创造收入，也能增加就业，同时促进社会包容、文化多元性和社会和谐发展的新型"创意经济"。

课题组在调查中见到，以伊斯兰教为核心的文化传统在南疆维吾尔族聚居的乡村社会仍然起着不可替代的重要作用，这里现代化进程刚刚开始，由于历史和环境的原因，社会生活各个领域的分化没有内地充分，经济发展欲望本来就受到传统宗教文化观念的约束而比较节制，经济与文化的传统关系比较协调。当我们想在新疆实行一种以文化为轴心的，经济、社会、文化全面协调发展的新型特色战略的时候，这种基于深厚传统智慧的文化理念就成为非常有价值的文化资源了。

课题组认为，在新疆，发展文化产业具有不同于内地的重要意义。我们需要探索一种以文化为主轴，兼顾经济增长、就业增加、社会和谐进步的新型特色经济发展战略。新疆是一个文化多样性资源丰厚，民族和民间文化发展基础良好，经济发展势头正猛的地区，有条件、有能力在全国率先将文化创意产业建成战略性新兴产业，形成新的增长极。基于此，我们就必须在传统的石油和煤炭等自然资源外，格外关注人文资源；在传统农业和自然资源产业外，格外关注文化创意产业。我们就必须全面强化文化产业价值链薄弱环节，大力扶持中小型文化企业，在诸如文化资源保护、文化内容原创、文化市场开拓、文化品牌打造及文化传播方面做出扎实的努力。

第三，创新建设公共文化服务体系，建立一种能够与传统文化设施配套、与传统文化生活融合、真正能够满足少数民族人民群众需要的公共文化服务体系。

课题组认为，在新疆维吾尔自治区，保护少数民族文化传统具有特别重要的意义。经济一体化为文化认同创造了基础条件，但是文化的现代性转型显然要慢

得多。要使经济与文化的发展相协调，使文化发展"可持续"，加强和改善公共文化服务体系建设就必须"扮演主角"。

需要强调的是，特别是在新疆维吾尔族聚居的南疆地区，不能任凭清真寺和文化站并立、传统宗教文化活动与公共文化服务并存这种"两张皮"的情形发展下去，更不能任凭这种"两张皮"的态势发展为文化冲突。我们需要站在少数民族群众文化消费需求的立场上重新考虑新建文化设施与传统文化设施如何衔接，新提供的文化内容与传统文化内容如何融合的问题。我们需要在广泛调研，充分研究的基础上，对伊斯兰文化的现代发展与转型做出科学和实事求是的结论，在此基础上制定我们的文化政策。

（三）恢复常态化的社会管理，形成文化建设的宽松环境

实施新型民族文化政策必须有一个良好的制度环境的支撑。民族文化发展需要宽松环境，这往往比政府直接出手相助更重要。我们目前特别关注的是，建设一个常态化的法制环境，以及现代服务性政府的管理体制。

我国公共文化服务一直沿袭着计划经济时期形成的思路模式，而在新疆，这个模式又加上了一个"战时状态"的特点，即特别强调公共文化服务的"阵地"特性。出于这个原因，以"东风工程"为代表的少数民族地区的公共文化服务只考虑怎样在少数民族群众的传统公共生活空间之外建立一个"战斗堡垒"，却从不考虑这样一个关键问题：如何在政府的公共文化服务与当代少数民族群众的传统公共生活空间之间找到一个连接点、交集点？

现在已经到了不得不解决这个问题的时候了。"七五事件"以后，新疆治安形势一度严峻，"稳定压倒一切"成为社会管理的主调，"维稳"措施被推向了极端，老百姓的日常生活受到了很大的干扰，有些传统民族文化活动也受到了限制，少数民族群众已经积累了相当大的不满情绪，现在是到复归常态化的法律法规环境的时候了。课题组认为，不能随意定义"维稳"政策，不能将"维稳"常态化，更不能将"维稳"扩大化，应该根据形势发展需要逐步地结束"非常状态"，将"维稳"措施内化为常规的社会治安管理行为。应该将群众文化活动从各种非常措施中解放出来，恢复常态。只有这样才能为新疆各族人民的文化生产和消费活动提供一个宽松的环境，也使得以发展为目的的文化政策得以伸展。

近年来，考虑到新疆的特殊情况，在全国已经获得重大进展的文化体制改革

并未在新疆实质性启动。随着社会环境的逐步稳定，大规模经济建设的迅速展开，文化发展的需求越来越紧迫，也应该考虑逐步启动文化管理体制的改革，为新疆打造一个有利于文化发展和繁荣的新型体制环境。

（四）完善双语教育政策，科学、有序地推进全疆双语教育

加快双语教育的推进，全面提高新疆少数民族群众掌握和使用国家通用语言文字的能力，是促进新疆少数民族聚居地区教育、文化发展的战略基础，也是促进新疆各族群众全面融入全国经济发展整体进程的重要条件。在新疆少数民族群众普遍认识到双语教育的重要性，育习和使用国家通用语言文字的积极性高涨的背景下，我们更应该深入地评估和检讨双语教育推进中存在的各种问题，完善双语教育的推进政策，更加科育、有序地推进双语教育。

课题组认为，双语教育的本质是促进育生的母语能力和国家通用语言文字能力的共同发展，是"民汉兼通"。双语教育需要回归其"本质"，就要首先回归其"本身"。应该组织有关专家与双语教育直接利益相关的各方（育生、家长、老师等）全面研究多年来双语教育的经验和教训，制定在新时期有效推进双语教育的战略和策略，从而使双语教育的推进方式和推进节奏更加符合双语教育的内在规律，更加符合少数民族群众的期待和需求，更加符合国家的战略利益。

B.6

治疆新战略不能忽视文化
发展的逻辑

——新疆文化政策四题议

国家民委文宣司和中国社会科学院文化研究中心

中国少数民族文化发展战略研究课题组*

李 河** 执笔

　　摘　要：经济社会政策与文化政策脱节，文化政策难以"直指人心"，是目前治疆战略的"短板"。治疆新战略必须以"尊重"和"平等"作为政策伦理的文化内核。新疆政治、经济、文化和社会发展环境复杂，制定和实施相关政策要经过充分的科学调研和论证，切忌推行短期性的和运动性的政策方案。要避免将"跨越式发展"模式从经济领域简单挪用到文化发展领域，以"跨越式发展"方式推行双语教学。同时，应当积极借助少数民族的传统公共文化空间来打造具有新疆地区特点的公共文化服务体系。

　　关键词：新疆　文化　政策

　　2010 年 5 月国家召开新疆工作座谈会，确定了新疆"尽快实现跨越式发展和长治久安"的基本战略（统称"治疆新战略"）。9 月我们到新疆南北进行了

　*　本文为"中国少数民族文化发展战略研究课题组"开展的"促进新疆稳定发展的文化建设战略"专题调研分报告之一，课题组和调研均由国家民委文化宣传司与中国社会科学院文化研究中心共同主持，调研时间为 2010 年 9 月。课题组成员：武翠英、李景源、张晓明、张学进、章建刚、李河、吴元梁、任乌晶、李民、惠鸣、意娜。

**　李河，中国社会科学院文化研究中心副主任，研究员；中国社会科学院哲学研究所研究员，博士生导师，联合国教科文组织（UNESCO）《保护与促进文化表现形式多样性公约》基金全球评审专家。邮编：100732。

半个月的调研，深切感到治疆新战略得到新疆各界的普遍欢迎。但我们也发现，谈起治疆新战略时人们普遍存在着"重经济轻文化"的倾向。许多官员提起发展经济改善民生主题时思路清晰、激情四溢，谈到文化发展尤其是少数民族文化发展时则显得思路陈旧、毫无热情。即使说到文化建设，也普遍存在"重指标轻实效"的倾向，好像文化发展就是一堆关于增加了多少投入、铺设了多少缆线、盖了多少房子的冰冷数据。至于这些数据在新疆地区尤其是少数民族地区是否真正产生了"直指人心"的效应，则很少问津了。总体看来，如果说"硬实力很硬"是目前治疆政策的一大亮点，那么文化政策，特别是那种能够"直指人心"的文化政策，则明显是目前治疆战略的一个"短板"。

重视经济发展的逻辑，忽视文化发展的逻辑，这是传统现代化思路的基本特征。这种思路在我国内地普遍存在并引发了不少问题，而它在新疆会造成更大的负面影响。因为新疆有 13 个世居民族，少数民族文化传统与内地其他地区差异巨大。新疆少数民族和汉族不仅需要在经济发展中共同富裕，而且需要在现代性平台上传承传统文化，构建新型的群体文化联系。从根本上说，唯有文化发展才能为新疆的长治久安提供人心保障。

文化发展的逻辑告诉我们，区域文化发展的宏观作用对象是群体性社会心理。一个地区的社会心理是整体上平和开放的，还是整体上焦虑沮丧的？这种状况决定着区域发展前景。因此，观察和诊断新疆的社会心理状况应当是我们调研的首要课题。此外，文化发展的逻辑要求将"尊重和平等"当作制定和实施新疆各项政策的基本政策伦理。而且，文化发展的逻辑还决定了不能把"跨越式发展"模式从经济领域简单挪用到文化发展领域。基于这个理由，我们对新疆一些地区强行推进双语教学的做法深感忧虑。最后，还是从文化发展逻辑出发，我们对新疆一些地区现有的公共文化建设模式能否在该地民众尤其是少数民族群众那里"入脑入心"深表怀疑。

本文主要观察四个问题：治疆新战略的社会心理评价；治疆政策应体现"尊重和平等"的政策伦理；治疆文化政策应注重科学论证——以"双语教学"之争为例；从"东风工程"看民族地区公共文化服务的困局。

一 治疆新战略的社会心理评价

我们到新疆的首要任务是"观风"，即了解新疆地区群众尤其是少数民族群

众的社会心理。"社会心理"即中国传统术语中的"民心"。孟子在《离娄上》篇中说:"得天下有道,得其民,斯得天下矣;得其民有道,得其心,斯得民矣。"于此可见"民心"的重要。当今社会学把文化分为器物、制度、行为和心态四大层面,"社会心理"属于心态文化。心态文化无形但非常真实。其真实性在于,其虽然不一定直接表现于主流媒体,但会以民间舆论或民心向背的方式对某一地区的风气和群体性行为产生实际塑造作用。因此,社会心理应当是各项政策首先和最终指向的目标,也应当是评价任何政策的最重要文化维度。

对新疆社会心理的调研适逢极好的时机。新疆工作座谈会刚结束,各项新措施随之出台。从到新疆第一天起,"稳疆兴疆、富民固边"、"跨越式增长"等新说法不绝于耳。许多场合都能感受到人们的期待兴奋之情。在乌鲁木齐,自治区发改委的官员充满激情地描述了新疆未来十年"大开发、大建设、大发展"的蓝图;在和田,北京援疆团队的领导细致勾勒了北京市的援疆构想;在泽普县和新疆建设兵团三师四十一团,曾经感到备受冷落的"疆二代"子弟再次升起了对未来的憧憬。总的看来,举全国之力支援新疆、新疆实现"跨越式发展"等治疆新战略传递的这些信息确实产生了顺应民意、提振人心的社会心理效应。

民意和民心对新疆太重要了!因为新疆的问题千头万绪,但最深层的是民心问题。调研中了解到,"七五事件"以前,新疆当地群众内心普遍蓄积着强烈的"相对被剥夺感",原因在于,虽然新疆自改革开放以后经济增速不断加快,但该地区与我国东中部经济发展和收入水平的差距也在日益拉大;新疆少数民族与汉族群众的差距在日益拉大;甚至新疆本地的汉族与外来汉族的差距也在日益拉大。需要强调的是,发展相对滞后地区的少数民族是相对被剥夺感最重的群体。

这种相对被剥夺感又分布在三个方面:一是由于当地收入水平长期低位徘徊落差拉大,造成经济意义(分配意义)上的相对被剥夺感;再就是由于内地到新疆投资开发的经济成果没有明显惠及当地民生,造成自然资源意义上的相对被剥夺感。除二者之外,日益加速的现代化进程造成少数民族聚集地区的传统生活方式快速瓦解,因而或多或少产生了民族文化资源的被剥夺感。

需要说明,"相对被剥夺感"是个心理概念,它不是说人们实际上被剥夺什么,而是指人们觉得失去了应得的东西。我们赞成这样一个看法,"七五事件"的发生固然有外部势力煽动等诸多因素的影响,但从根本上看,新疆各族群众内心中广泛存在和长期被忽视的三重"相对被剥夺感"才是这个事件的深层社会心理基础。这种心理不缓解不消除，"四个认同"就是大话、空话和套话。

正因为上述负面社会心理达到了严重的地步，新疆工作座谈会所确定的治疆新战略才显示出积极的社会心理治疗效应。

（一）针对当地人们的边缘化心理，治疆新战略大大提升了新疆的战略关注度

在新疆遇到不少老支疆和"疆二代"，他们有一个共同感受：解放初期建设新疆形成热潮，处在这个遥远边疆的人们在心理上并没有强烈的边缘感。但随着市场经济兴起和中国东中部的相继腾飞，新疆本地民众的被忽视感和被边缘感日益强烈。20世纪末，国家将西部大开发确定为面向新世纪的基本国策，在规划指导、政策扶持、资金投入、项目安排和人才交流等方面不断加大对西部地区的支持力度，这就使新疆在2003年后GDP增速一直高于国内平均水平，交通等基础设施得到飞速发展。但正是在这个时期，新疆本地干部群众尤其是少数民族群众边缘化心理非但没有缓解，反而更加膨胀。有鉴于此，本次新疆工作座谈会以前所未有的力度强调新疆在西部发展乃至国家发展中的重中之重位置，强调新疆的发展和稳定"关系中国改革发展稳定大局，关系国家统一和民族团结，关系中华民族的伟大复兴"，这就给长期感到被边缘化的新疆本地民众带来了希望。

（二）针对当地民生改善迟滞状况，治疆新战略唤起人们对小康生活的憧憬

虽然"七五事件"把世人的目光大多引向政治层面和民族关系层面，但新疆工作座谈会指出，新疆的根本症结仍是发展问题。这个判断是准确的。长期以来，新疆广大地区发展滞后。在伊犁和南疆的调研中，所见的乡村让人不禁想起北京20世纪六七十年代的农村情况。因此，新疆工作座谈会高调推出的经济增速优先、民生改善优先的发展战略自然唤起了人们的强烈憧憬，该战略将为迅速扭转新疆当地群众长期形成的那种严重的被剥夺感提供雄厚的物质基础。这个经济发展优先的战略具有超经济的文化意义——它是个巨大的"民心工程"。

治痼疾，用猛药。治疆新战略用了一个令人印象深刻的表述，即"跨越式发展"。跨越式发展就是反常发展。新疆本地群众的相对被剥夺感积重已久，非下猛药不足以迅速摆脱。依据这个思路，国家动员东部中部19个省市对口支援

新疆 12 个地州（共 14 个）的 82 个县市（共 88 个）以及建设兵团的 12 个师（共 14 个）；中央财政预计未来五年在新疆的投资规模超过 2 万亿元（"十一五"期间为 1 万亿）。在一系列类似措施激励下，力争使新疆到 2015 年人均 GDP 达到全国平均水平；城乡居民收入和人均公共服务能力达到西部平均水平；到 2020 年"实现全面建设小康社会的奋斗目标"。

在以上指标中，只要拿出一组数据就足以使我们对新疆的"跨越"形成强烈的印象：2010 年，中国人均 GDP 水平为 4360 美元，若按 GDP 年增速 8% ~ 10% 计算，2015 年人均 GDP 达到 6400 ~ 7000 美元区间；2020 年达到 9400 ~ 11300 美元的区间。而新疆 2010 年人均 GDP 约为 3700 美元。按人均 GDP 指标的上限来看，10 年后新疆将达到上海市或北京市 2010 年左右的发展程度。这个只有"特区速度"可与之媲美的增速指标大大鼓舞了新疆本地群众的发展信心。

以上两点观察表明，治疆新战略确实紧扣发展这个基本主题，它远非中国历史上不断嬗变的"羁縻制度"可比。因此有学者说，这是历史上头一次尝试将"管制型治疆思路"变为"发展型治疆思路"。

概括起来，我们对治疆新战略所产生的社会心理效应有以下三点评价：

第一，治疆新战略强调新疆在我国发展的战略地位，推出系列重大举措，这一切使新疆当地民众的被边缘化感觉普遍降低，发展信心普遍增强。

第二，未来 10 年新疆将迎来快速发展的"战略机遇期"。这期间它的经济实力迅速提升，基础设施空前改善，人民生活水平空前提高。由于我国素有"集中力量办大事"的传统，相信治疆新战略确定的那些涉及经济发展、民生改善的硬实力指标一定会实现，甚至会提前实现。

第三，未来 10 年还应当是新疆经济、社会和文化等各项政策的快速调整期。因为经济的反常增速不光会带来民生的迅速改善，也可能带来一系列社会、文化和心理适应问题，为此应及时调整相关的各项政策。但从目前已出台的治疆举措来看，我们明显感到存在着经济社会政策与文化政策的脱节。自治区从上到下，谈到经济和社会发展，思路明确而富于创新；谈到文化发展尤其是少数民族文化发展，则情绪不振，套路老旧。这背后多少透露着一些主管官员的经济决定论意识，即认为经济增长可以自动解决新疆的所有问题。

这迫使我们追问：第一，单靠加大投入来提高经济硬实力，没有一个注重实效的文化战略，是否能真正实现"稳疆兴疆"的战略目标？第二，治疆新战略中的"跨越式发展"一语除了可以用于经济和社会发展领域之外，是否也可以应用于文化教育等领域呢？

二 治疆政策应体现"尊重和平等"的政策伦理

判断新疆地区的经济、社会和文化政策是否具有"直指人心"的效应，最终要看它们是否有助于提高该地区广大群众尤其是少数民族群众对这个国家的群体认同程度。

群体认同是社会心理的最稳定呈现方式。它对任何社会单位，小到社区和俱乐部，大到一个民族乃至一个国家，都非常重要。群体认同有两大特性：第一，不同的群体认同可以在特定制度条件下实现有差异的共存。譬如，北京的外地同乡会成员在保持同乡认同的同时，并不必然反对北京本地人的文化价值观；即使这些人在某种程度上不认同北京人的文化价值观，也不必然会反对使自己成为北京市民。正因为这样，能否为不同层面的群体认同提供最大的包容空间是判定一个政策或一个制度的优劣标准之一。第二，群体认同还可能呈现出虚假与真实的两面性。其检验尺度主要看这种群体认同的主流媒体表现与民间舆论表现的差异程度：二者的差异程度越小，则群体认同显示出的两面性就越小；反之则越大。

由于群体认同具有遮蔽自己真实性的特点，因此单靠行政命令来强化或削弱某一层面的群体认同的政策或做法，不仅缺乏可行性，而且会造成相反的社会心理效应。新疆调研期间随处可见"四个认同"（即对祖国、中华民族、中华文化和中国特色社会主义道路的认同）、"三个离不开"（汉族离不开少数民族，少数民族离不开汉族，少数民族之间也相互离不开）的标语。它们的内容毋庸置疑，但对新疆而言，更重要的问题在于如何让"四个认同"实现从"应当"到"能够"的转变，为此就需要大力发展经济，改善民生，推进公共文化建设，等等。但最重要的一条，也是习惯于行政命令的官员们最缺乏的一条，就是相关部门在制定和实施有关政策时，应具备以"尊重和平等"为硬核的政策伦理意识。"尊重"是指要善意面对各民族的文化和生活方式；"平等"是指在政策上和法律上平等看待各民族成员的公民权利。为什么在新疆要强调以"尊重和平等"为硬核的政策伦理呢？这与新疆民族和地缘特性有关，也源于其历史上的经验教训。

与内地相比，新疆地区在以下三方面存在着明显的特殊性。

　　第一是人口构成。新疆是我国仅有的两个少数民族人口过半的自治区（另一个少数民族人口过半的自治区是西藏），其12个世居少数民族人口占全疆总人口2050万的60%，其中维吾尔族占总人口45%。

　　第二是人类学意义上的文化差异性，也称文化距离。我们知道，虽然中国较大规模的少数民族有满、蒙、壮、回、维等，但维吾尔民族的文化习俗与内地文化的差异之大远非其他少数民族可比。9月10日开斋节，我们在喀什适逢艾提尕尔清真寺的盛大礼拜仪式，感受到当地人群在体质人类学特征、语言、习俗、建筑、饮食等方面与内地迥然有异。人类学的一条定律是，一个族群的外部文化差异程度与其内部认同强度成正比：外部差异越大，内部认同越强；反之亦然。

　　第三是政治地缘条件。新疆是我国陆地边境线最长（占总长1/4）、毗邻国家最多（8个，我国总共14个）的自治区。这种地缘条件会从两方面影响该地区的稳定：假定毗邻国家的发展优于新疆（如哈萨克斯坦），新疆相邻地区会面临来自毗邻国家的经济吸引力和文化辐射力；假定毗邻国家的发展落后于新疆（如阿富汗、巴基斯坦和印度边境地区），又假定新疆相邻地区的群众（尤其是少数民族群众）怀有强烈被剥夺感和边缘感情绪，也会在心理上转而认同那些落后国家的边缘性群体，从而受到动乱地区的波及。

　　除了以上三点，新疆最大的特殊性在于它长久以来一直处于中华文化圈与中亚—中东文化圈的交界带，在这个区域的群体在心理和文化上要长久面临"东—西认同选择"。所谓"东—西认同选择"是说，这个区域的群体心理尤其是少数民族群体心理没有真空状态——不是在国家意识、市场经济发展乃至文化转型等方面使自己积极融入从东部延伸而来的我国现代化进程，就是在政治和文化上向西认同于来自中亚—中东外部势力的影响。这种"东—西认同选择"的长期性以及它在某些时期表现出来的冲突烈度都是内地难以想象的。

　　"东—西认同选择"全面涉及经济、社会、政治与文化等层面问题。在当今背景下，它尤其表现为新疆少数民族地区的传统文化与我国快速发展的以市场经济为骨干的现代化进程之间的紧张关系。要引导该地区民众尤其是少数民族群众真心接受"四个认同"，单靠经济手段和民生改善手段是不够的。那些手段可能奏效于一时，但不一定会长久赢得人心。俗话说"人心换人心"，真正长久赢得一个地区群体认同的关键，在于真正以"尊重和平等"作为政策的制定和实施的伦理基础。新疆过去60年的历史恰恰表明，如果坚持了这个政策伦理，即使在经济落后的时期，民族关系也会呈现难得的和睦；缺失了这个政策伦理，即使经济发展增速变快了，也会面对大量意想不到的问题。

调研中一个情况给我们留下深刻印象：许多半个世纪前援疆的老人感慨地说，新中国建国头30年新疆的经济条件虽然艰苦，但是汉族与少数民族关系最融洽和谐的时期。援疆汉族干部、知识青年和知识分子主动学习少数民族语言和风俗。甚至"文化大革命"时期新疆民族关系也好于改革开放以后。总结原因，人们会不约而同地提到那个关键词——"尊重"。"尊重"对我们今天这个道德滑坡的社会来说似乎是个很虚的事，但在20世纪50和60年代，它一直是新疆民族政策的伦理基础。

80年代初，新疆也卷入社会主义市场经济大潮，经济生活水平逐步提高。尤其是20世纪末西部大开发战略出台之后，新疆经济进入了历史上最快的时期。但也正是在这个时期，尊重民众利益尤其是尊重少数民族群众利益的传统也逐渐丧失。有关部门对新疆本地群众尤其是一些少数民族群众逐渐形成的被剥夺感和边缘感麻木不仁。新疆的社会心理问题以及民族关系问题在这个时期出现了前所未有的历史倒退。

前30年经济落后但民族关系大体和谐，后30年经济发展但民族关系遇到麻烦，这就是新疆的历史。这个历史并不是说，改革开放、西部大开发、治疆新战略所遵循的以经济发展为重心的大政方针是错误的，但它告诉我们，在单纯关注GDP增长，忽视新疆地区广大群众尤其是少数民族群众生存状态和利益诉求的政策环境中，经济的快速增长反倒会加剧当地社会阶层和族群之间的差距，使更多的人产生"西向"认同。

即使在今天，"尊重和平等"的问题也远没有解决。中央新疆工作座谈会后，一些学者在总结教训时认为，新疆的最大问题就是新中国成立后"太宠着"少数民族了，在改革开放后过于强调少数民族文化认同了。为此他们建议应当在新疆"强化国家认同"，"淡化民族文化认同"——仿佛对少数民族文化的尊重是造成新疆问题的一个根源。这是个严重的误断。其失误主要在两方面：第一，它缺失了"尊重和平等"这个处理民族关系的政策伦理基石；第二，它在认同问题上采取了一种简单化的办法。不是促成多层次群体认同的和谐共存，而是强调以某一种群体认同替代其他层面的群体认同。如果这个看法落实于政策，将导致很危险的后果。

应该特别指出，"尊重"不是一个仅仅适用于新中国成立初期民族关系问题的理想主义诉求。当今国际社会越来越强调对弱势群体的尊重，对少数人权利的尊重，对生活形式和文化表现形式多样性的尊重。联合国十余年来为此出台了《关于促进和保护少数人权利的公约》和《促进和保护文化表现形式多样性的公约》，等等。"尊重"，这个由我们的父辈早就实践过的道义原则得到了国际社会的普遍承认，并上升为衡量社会文明的尺度，构成了一个社会与文化相关政策的伦理基础。对比来看，我们在新疆短期调研中有一个强烈感受：为数不少的汉族主管干部对少数民族干部确实不够尊重，某些场合让我们感到尴尬和不舒服。在我们看来，今天的新疆在大力宣传"三个离不开"和"四个认同"的同时，还应该更多地强调各民族相互尊重和平等。

需要指出的是，作为处理民族关系的基本政策伦理，尊重不应当是单向性的。好像提到"尊重"，就只能是汉族干部群众尊重少数民族。单向性的"尊重"观念可能会导致少数民族与新疆当地的汉族群众在法律或政策上的权利不平等。当然，从发展的观点看，在特定时期对发展相对落后的少数民族实施政策倾斜是必要的。但如果将政策倾斜永久化，就可能导致族群性特权的出现。这既不利于特权族群实现自身的积极发展，还可能造成其他社会群体的心理失衡。对此，新疆当地的汉族干部群众多有抱怨。从这一点看，"尊重"必须是双向的，双向的尊重必须在政策和法律上得到充分体现，这种由政策和法律体现的双向尊重就是"平等"。唯有平等才能真正使不同族群超越历史文化差异，成为法治社会的合格的公民群体。因此，"尊重和平等"，作为治疆新战略的政策伦理，缺一不可。

总结以上看法，"东—西认同选择"是新疆及其所属少数民族群众长期面临的问题。它使新疆地区处于一个特殊的战略位置。这个位置既可以表述为"边缘"，也可以表述为"前沿"——这完全取决于我们的政策取向：假定我们的经济、社会和文化政策不配套，不把对新疆当地群众尤其是少数民族群众的"尊重和平等"当作政策的道义基础，该地区就可能沦为我国现代化进程的"边缘"，从而在文化和政治上沦为来自中亚—中东的三股势力的"前沿"。反过来说，如果我们在政策取向上真正尊重新疆当地汉族群众和少数民族群众的利益诉求，在经济发展的基础上关注民生、关注少数民族在时代巨变中的文化心理和精神诉求，那么新疆就会迅速成为我国现代化进程的"前沿"，成为中亚—中东地区文化圈的"边缘"。

三　治疆文化政策应注重科学论证：
以"双语教育"之争为例

新疆政治、经济、文化和社会发展环境复杂，制定和实施政策尤其需要经过充分的科学调研和论证，尤其忌讳推行短期性的和运动性的政策方案。眼下新疆各地正在以"跨越式方式"推行的"双语教育"。我们经过专项调研和多次讨论认为，许多地区的做法缺乏科学的调研和论证基础，短期看有揠苗助长之嫌，长期看则可能带来一些深远的负面影响。

首先，应当肯定，包括"双语教育"在内的各项治疆措施都有一个良好的初衷，即要帮助发展程度相对落后的民族尽快实现现代性转型。但一个区域的发展政策光有良好初衷是远远不够的。如果没有科学的调研、论证和决策，好的初衷不会直接变成好的政策，甚至可能适得其反。在这方面新疆是有历史教训的。

20世纪80年代初，有关部门出于"拨乱反正"的良好初衷，出台了一系列旨在清除极"左"路线的影响，恢复民族民间文化的政策措施，其中包括恢复那些在"文化大革命"时期遭到破坏的清真寺。不过，由于缺乏以人类学、宗教学和国际政治理论为基础的科学论证，这个举措演变成全疆地区的宗教设施复兴热。全疆865个乡镇和9584个行政村中的清真寺，从80年代初的两千余座激增到两万余座，密度之大超过了中亚—中东任何国家。当然，我国的清真寺不同于中亚—中东地区，我们的伊斯兰教经典读物也有自己的特色。但如此大规模的清真寺建设，究竟会对新疆少数民族的现代性转型进程产生何种影响，确实值得深入研究。

另一个例子是新疆主要少数民族语言的拼写文字问题。中亚到新疆一些主要民族属于突厥语系。由于历史原因，这些突厥语民族的书面语分别选择了不同的文字拼写方式。如哈萨克斯坦或乌兹别克斯坦等国曾是苏联一部分，其文字拼写统一采用俄语拼写字母。我国维吾尔族、哈萨克族或乌孜别克族等在很长时间内则是用阿拉伯字母来拼写。到了1964年，新疆维吾尔族、哈萨克族等民族语言统一改用拉丁字母拼写法来取代阿拉伯语字母拼写法——前者被称为"新文字"，后者被称为"老文字"。今天我们无从了解这个决策过程的细节，但有一点是清楚的：20世纪初以来，许多新兴国家都将文字拉丁化当作实现现代化的一项重大举措。20世纪20年代土耳其现代化之父凯末尔就曾亲自为土耳其语设计了29

个拉丁字母——"新文字"的提法正是从那时开始出现。但到了1983年，废止被一代人习惯了的拉丁文"新文字"居然也成为"拨乱反正"的一项内容，"老文字"得到重新恢复。然而，就在老文字得到恢复的时期，个人电脑、互联网以及手机等新技术风靡全球，拉丁文字母拼写方式渗透于许多家用技术产品。为顺应这个趋势，有哈萨克族的知识分子建议哈萨克文恢复拉丁文字母拼写法，但这个建议没有得到批准。有关决策者认为，"文字拼写方式没有必要变来变去"。

显然，上述涉及文字拼写法的政策选择，无论初衷如何，都是"拍脑袋"的产物，都没有经过严格的科学调研、论证和决策。相关决策者完全没有意识到，文字拼写可以是个涉及现代性转型的大问题。我国对外开放政策最早指向的先发现代性世界基本使用拉丁文字母。采用这样的拼写字母对于推进相关民族语言和文化的现代性转型有着潜移默化的影响，不能在政策选择上掉以轻心。

说到治疆政策应当特别关注科学的调研、论证和决策，就不能不提到在一些主管干部那里流行的"重经济轻文化"的经济决定论意识。他们普遍相信，新疆问题的根本解决是经济问题，根本解决方式是以"跨越式方式"提高经济发展速度。这个看法因为缺乏文化人类学基础因而显得十分短视。早在一个多世纪以前，英国人类学的奠基者爱德华·泰勒就把"文化"界定为某个群体对环境的多层面适应机制。该机制是个包含群体性知识、信仰、艺术、道德、法律、习俗的复合体。对任何大的族群来说，这个机制的演变常常是以"三代人的记忆"为尺度缓慢进行的。然而，以现代科学技术发展和市场经济为骨干的现代化进程是崇尚速度的，即以目前的治疆新战略而言，它要求新疆在未来10年内完成巨变，使人均GDP从目前的3700美元跃升到10000美元左右。大多数人都相信，如此巨大的物质生活和环境改善一定会彻底解决新疆本地群众尤其是各族群众的群体认同问题，一定能真正实现这个地区的长治久安。但这样的信念欠缺的正是一种文化人类学的视角——对于那些族群规模相对较大、历史文化传统相对厚重的群体来说，如此迅速剧烈的变化可能会使它们在文化适应上出现严重障碍，使相关群体出现心理疾患。这个问题如果处理不好，就可能强化一些地方群众的"西向"认同倾向，给三种势力造成可乘之机，从而最终影响新疆乃至我们国家的"长治久安"。

科学论证使人们能够充分了解发展过程的复杂性。面对新疆这样的地区，各级领导部门在面对复杂问题时需要有足够的耐心。这是另外一种意义的"尊重"意识，即真正关心和耐心听取少数民族群众的群体心理需求，关心他们的生活方式、文化习俗的存续和发展，为此制定适合其发展节奏的相关文化发展战略和配套政策。反过来说，忽视地区文化发展尤其是少数民族群众的群体心理需求，一味强调经济和社会的快速变化，片面强调让所有少数民族群众——尤其是青年一代——不计一切文化代价地跟上市场经济的跨越式发展步伐，这不仅是缺失尊重的表现，也是缺乏科学发展的眼光。

正是在这里，我们对"跨越式发展"这个政策表述的过度使用存在着一种深深的担忧。虽然我们相信，在举国体制的支撑下，新疆的经济和社会发展在指标意义上一定会实现，甚至提前实现，但将这样的思路用于"文化发展"，其结果却令人担忧。一个重要事例就是目前在新疆大力推行的"双语教育"。

从历史上看，新疆义务教育阶段的"双语教育"实施很早。但随着时间推演，"双语教育"的内涵逐渐变化。有学者由此区分出三种模式："模式一"是民语教学为主，作为通用语的汉语教学为辅。这样的教育模式在 21 世纪以前曾持续了很长时间，后来越来越被证明不适应我国统一的市场经济和现代化进程，甚至与我国高考制度也不能很好衔接。"模式二"是民语和汉语各半。"模式三"则是汉语教学为主，民语教学为辅。——目前新疆推行的双语教育主要是指"模式三"。① 而那些生活在汉语师资充分和汉语生活环境具备地区（如乌鲁木齐、石河子等）的少数民族学生，尤其是那些考上"内地高中班"的少数民族学生，则已经超越双语教学，而完全接受汉语教学了。

目前，新疆各地，无论地处天山深处的北疆还是沙漠边缘的南疆，都在积极推进"模式三"双语教育。但这种模式要真正落地需要两个重要的客观条件：第一，足够的素质合格的师资；第二，学生回家后能接触到汉语环境。这两点正是许多地区所高度缺乏的。即使在离乌鲁木齐并不太遥远的伊宁县，整个地区合格的汉语教师缺乏数百之多。而在偏远的南疆地区，许多学生上课时面对的是汉语水平很低的教师，回家后则完全生活在一个民语环境之中。在这样的地区，"模式三"双语教学怎么会实现预期目的呢？必须指出，让我们感到担忧的不仅是眼前的现实，更是藏在这个现实背后的那种支配性政策观念：一个是"跨越式发展"观念，有关部门居然把它推广到与人的心灵塑造直接相关的教育文化

---

① 参阅本书"年度聚焦"部分祖力亚提·司马义博士的文章《新疆双语教育模式及其改进的对策》。——编者注

领域！另一个是尽快以国家通用语言取代传统民族语言的观念，人们认为这是使新疆各民族迅速实现现代性转型的根本。

从长远发展趋势来看，双语教育模式无疑顺应着我国市场经济的大势，符合我国现代化的大方向，贴近新疆未来的快速发展的现实。在许多地区，它也确实受到越来越多的少数民族干部群众的欢迎。但从另一方面看，以揠苗助长方式强力推行"模式三"双语教育方式却隐含着很大的问题，甚至会带来极其严重的后果，这似乎还没有引起有关部门的足够重视。

1. 许多地区汉语教育资源匮乏，不足以支撑现有双语教育模式

在那些严重缺乏民汉兼通而且汉语水平良好的师资的地区，在那些缺乏汉语环境的少数民族聚集的地区，强力推行"模式三"双语教育从短期看会造就不少"假性双语班"，从长远看则可能会造成未来一代人汉语和民语都不过关的尴尬局面，事实上我们在许多地方已经看到了这样的苗头。

2. 大量民语教育人才退出教育系统，对民族文化的转型以及地区稳定带来双重负面影响

随着"模式三"双语教学迅速推开，原来的民语教师迅速沦入边缘境地，经济和社会地位随之下降。如果相关政策不能衔接到位，由此可能会造成两个长远的不良后果：一个是这一大批民语知识分子由于心理失衡而成为未来新疆的不稳定因素；另一个是由于民族语言完全退出教学，整个少数民族语言的现代性转型过程将基本终止。少数民族语言将完全倒退回到"前现代语言状态"，即只能用来承载历史典籍或宗教典籍。

3. 民语教育的衰落会造成民族文化遗产的迅速衰亡

伴随全疆地区强力推行"模式三"双语教育，民语本身通过常规教育而得以流传的主流途径断裂，由此造成少数民族语言以及它所负载的大量文化遗产的迅速衰亡。近来报刊连续报道，我国千万人口的满族口头和书面语言濒临灭绝，满族的大量传说以及故宫中的大量满族文献面临失传危险。幸好由于历史的原因，新疆察布查尔县的锡伯族还保留着满语遗产，为故宫文献整理解了燃眉之急。但我们到察布查尔调研时却听到这样的呼吁，由于单一汉语教育的普及，锡伯族3万多人口目前也开始遭遇语言失传的危机。40岁以下的年轻人正在迅速失去其民族语言能力。我们担心，随着"模式三"双语教育的快速推进，新疆主要少数民族的语言和文化将面临严重的生存危机。

4. 民语人才消失可能会影响新疆未来全方位的对外开放

当然有人会说，在现代化进程中，传统语言、文化和生活方式的消失是不可避免的。姑且不论这种看法在道义上有何问题，即使从功利观点看也是极为短视的。由于新疆所处的政治地缘和文化地缘的特殊性，我们认为该地区快速发展的现代化进程不仅需要大量的汉语人才，也会在不久的将来需要大量民语人才，需要大量民汉兼通的人才。这与中央新疆工作座谈会确定的全方位对外开放战略密切相关。根据这个战略，新疆应当成为对南亚、中亚和俄罗斯全方位对外开放的桥头堡。假定新疆在 2020 年的人均 GDP 达到 10000 美元左右，那么该地区将在历史上第一次迅速崛起为中亚地区的经济社会发展高地。该高地所具有的资源集聚和影响辐射效应将根本改变新疆与周边国家的优势对比。这个改变一方面将彻底把当地群众内心的被剥夺感和边缘感转化为优越感和自豪感，从而根本扭转新疆千百年来以"外防战略"为主的被动局面；另一方面也会使新疆成为通往中亚——中亚地区的"口岸大巴扎"。到那个时候，哈萨克语、维吾尔族语、柯尔克孜语、乌兹别克语都可能成为这个巨大市场的稀缺资源。乌鲁木齐的乌洽会、霍尔果斯口岸和喀什经济特区的加快建设，使人感到这样的前景并不遥远。

综合以上考虑，我们认为以"跨越式发展"方式推行双语教育的做法违反教学规律，违背少数民族语言和文化的转型规律，也不符合新疆现代化未来的要求。可以想象，今天我们大力发展以汉语为中心的双语教育，10 年或 20 年后我们又可能会花费巨大成本来拯救少数民族的语言和文化。从政策伦理来看，这种以"跨越式发展"方式推行双语教育的生硬做法缺乏对少数民族学生和家长的尊重，忽视了他们的教育选择权，忽视了少数民族内部知识阶层的群体感受，这会直接给分裂势力制造口实，从而使少数民族文化精英与我们的国家离心离德，最终威胁到新疆地区安定和谐、长治久安的局面。再从决策的科学性上来看，在各个地区强行推进"模式三"双语教育显然是缺乏科学论证基础的。

四 从"东风工程"看少数民族地区公共文化服务的困局

前面提到新疆地区尤其是少数民族地区处于我国文化圈和中亚—中东文化圈

的交界地带，这里有一个实证：几乎在新疆任何一个村镇，我们都能看到两个公共场所——一个是清真寺，一个是村委会以及建在村委会中的文化站。虽然清真寺里的阿訇以及他们宣讲的经文已经具有浓烈的中国特色，但清真寺本身负载的生活和文化功能却与内地主体文化存在极大的"文化距离"。

为引导和解决新疆地区少数民族的群体认同问题，国家和新疆维吾尔自治区实施了"东风工程"。该工程计划从2007年元旦开始，5年内由中央和自治区拨款4亿元，每年将专家推荐的少数民族语言图书和音像制品免费送到全疆865个乡镇和9584个行政村（第一次赠送图书129种，音像制品29种；第二次图书251种，音像制品43种）。同时自治区"东风工程"办公室还印制《图书借阅登记簿》和宣传画下发到每个村子。"七五事件"后，国家有关部委更是加大向全疆行政村投放文化产品，尤其是少数民族语言音像制品的力度。

"东风工程"是具有强烈阵地色彩的公共文化服务形式，直接应对的是来自西部境外的三种势力的文化挑战。据了解，20世纪90年代起境外势力大量使用电台、电视、光盘和网络等媒体手段对新疆进行渗透。新疆周边地区多达31座转播台被租用向新疆播送节目。所谓"东突信息中心"和位于哈萨克斯坦的"解放电台"等100多家网站向新疆发送大量电子版新闻。每年乌鲁木齐海关查获大量非法宗教印刷品和非法出版物。这些东西对边远地区教育程度低下、汉语水平等于零的少数民族群众可能产生不良影响。

为抵御这些影响，国家除动用一切力量屏蔽境外信息传播路径外，加快推进1998年起在全国范围内实施的"广播电视村村通工程"。不仅如此，2000年又启动了专门针对西藏、新疆少数民族群众收听收看广播电视的"西新工程"。该工程总投资达到破纪录的40亿元，这是新中国成立以来规模最大的广播电视覆盖工程，新疆成为该工程中国家投资最多的地区，全区广播电视覆盖率超过92%。

"村村通"的目的是解决少数民族视听广播电视问题。随后的"东风工程"则要满足他们的日常阅读。2004年，国家正式将"东风工程"纳入新疆工作日程。2007年，包含"民族文字报纸、刊物、图书、音像制品、电子出版物免费赠阅项目"、"发行网点建设项目"和"民族文字报纸印刷设备建设项目"等工作陆续启动。为容纳这些赠送文化产品，每个乡镇乃至行政村都建起规模不等的文化站。那么，这些文化站的效果如何呢？

从主流媒体报道来看，"东风工程"受到了广大农村群众特别是少数民族群众的欢迎，是抵御三种势力的"文化利器"。不过，在我们从北疆到南疆调研中，走访过的近十处乡镇和村级文化站看到的情况却与报道大相径庭。首先，我们的考察是预先安排的，因而乡镇或村文化站的展示当然就具有很强的表演性。通常的情况是这样，在当地有关干部接待和引领下，我们来到一个文化站。里面几个小学高年级或中学生模样的孩子坐在那儿认真翻看文化站里的民语书籍。文化站干部向我们讲述开办文化站所取得的成绩……然而，稍微观察一下会发现，几乎所有文化站中的所有书籍（有一些是 2002 年出版的）都是崭新的——包括新闻报道中常提到的农民们喜闻乐见的"农村科技书籍"。许多文化站的《图书借阅登记簿》一看就知道是管理人员（许多地方还没有专职管理人员）手填的。值得一提的是，村级文化站一般都建在村委会。村委会是群众不常去的地方。不仅如此，一些干部私底下说，夏天工作忙，村委会干部常外出，院门必须上锁，这样，文化站自然被关闭了。冬天农闲了，文化站因为没有煤火暖气过于寒冷，因此不会有人光顾。言下之意，文化站几乎等于虚设。最有趣的是，我们在文化站民语文学作品书架上竟然发现维文版《扎拉斯图拉如是说》（尼采著）、《泰戈尔文选》、《达·芬奇密码》等书，问周围的民族干部，大家连书名都念不下来。真不知道是哪些专家开列的书单！

需要说明，上面提到的这些文化站都是作为"门面"用来为外来调研或高层视察进行表演的。而在广大乡村，尤其是边远地区的少数民族地区，情况可能更不理想。其实，从计划经济时代起，中国许多地区的公共文化服务就普遍存在"重硬件，轻软件"、"重表演，轻实效"、"只问耕耘，不问收获"的虚浮风气。一般而言，每当一项涉及公众文化需求的公共政策出台，人们似乎只注重它的宣传效果，并不认真检验它的实际效用。即使有检验活动，也多是走过场。这些缺陷如果发生在内地，它浪费的还只是例行支出的财政经费。但在新疆少数民族地区，问题的危害远不止于此。

其一，"东风工程"的出台是为了应对"东—西认同选择"，为了抵御来自西部境外的文化影响。在这个角逐中，境外势力不仅舍得花本钱，而且一向精心策划和实施，务求"渗透"，务求入脑攻心。与之形成鲜明对照的是，"东风工程"虽然也舍得花本钱，但处处看来缺乏务实策划，只满足于入乡入村，不管是否入脑入心。靠这样的工程，能否实现"东风压倒西风"是大为可疑的。

其二，看"东风工程"提供的阅读内容，不免令人想到一个老问题：公共文化服务的目标是满足公共文化需求，但这个"公共文化需求"是如何得到表达和确认的呢？我国许多地区的普遍操作模式是：政府提供什么，百姓就需求什么。这种不科学的模式从过去延续到今天，从内地延续到边疆。以"东风工程"而论，它在为边远地区少数民族提供《扎拉斯图拉如是说》时是否想到，这些地区的乡村如今已空巢化，稍有文化的年轻人外出工作，留在村中的人多是文盲或学龄前儿童。面对这些人群提供那些文化书籍究竟有什么意义呢？在专家们决策推荐这些文化书籍时，他们是否经过实事求是的调研了呢？

其三，最值得指出的是，在那些少数民族为主体的村子，"东风工程"的载体——文化站——与前面提到的清真寺形成了两个并存的世界。一个是"官方的世界"，因为村文化站一律都在村委会；一个是"民间的世界"，因为少数民族群众的日常活动——从每日五次礼拜到婚丧嫁娶和民俗节日——都发生在这里。这两个世界就是"两张皮"，文化站这张皮很难贴在当地百姓的身上。当人们相信"东风工程"产生了巨大的积极影响时，只要到村子看一下当地群众经常出入哪个场所就知道大概了。

我们在伊宁县调研时了解到一个情况，许多退休后生活在农村地区的党员干部普遍面临一个问题：他们不能经常参加清真寺的活动，这就使他们的生活被隔绝于那个"熟人社会"的公共空间之外。这种终生的"隔离感"让他们很苦闷，有人甚至担心说，他们死后村子里都不会有人参加葬礼。

以上三点提出了一个值得思考的问题：我国公共文化服务一直沿袭着计划经济时期形成的思路模式。而在新疆，这个模式又附加上了"战时状态"的色彩，即特别强调公共文化服务的"阵地"特性。出于这个原因，以"东风工程"为代表的少数民族地区的公共文化服务只考虑怎样在少数民族群众的传统公共生活空间之外建立一个"战斗堡垒"，却从不考虑这样一个关键问题：如何在政府的公共文化服务与当代少数民族群众的传统公共生活空间之间找到一个连接点、交集点。

本文已多次提到，新疆少数民族地区在我国快速发展的现代化进程中通常会遭遇两个命运：一个是该地区的传统生活方式受到外来力量的替代性挤压，在这个挤压下，它或是消失，或是反抗；另一个是该地区逐渐习惯和接受外部影响，使现代性逐渐成为地区的内生性发展力量。而要做到后一点，首先就需要我们在对境外敌对势力保持警惕的同时，对少数民族群众传统的公共生活保持一份应有的尊重。

正是出于上述理由，我们认为"东风工程"这样的公共文化服务不应当仅仅以"阵地姿态"、"替代者姿态"出现在少数民族地区，而应尝试以"润物细无声"的方式融入当地民众的日常生活世界，包括他们的日常宗教活动、婚丧嫁娶活动和节日庆典活动。一个很明显的例子是，我们在文化站只看到很少基本宗教知识问答小册子。我们知道，假定文化站这个世界与少数民族的日常公共生活没有交接点，它在解决"东—西认同选择"方面或者是没作用，或者还会起反作用。然而，如何借助新疆少数民族的传统公共文化空间来共同打造具有新疆地区特点的公共文化服务体系，这是一个需要我们转变观念、进行实事求是调查和研究的战略性话题，它将为我国边疆地区公共文化服务探索出一条新的路径。

五 几点建议

新疆调研时间不长，但我们对该地区的特殊性和复杂性有了深刻的印象。目前大量的调研材料还没有充分消化，许多情况还缺乏透彻的研究。目前能够提供的几条建议如下。

（1）建议在新疆地区的干部，尤其是主管汉族干部中，普遍开展以"尊重和平等"为主题的政策伦理培训工作。

（2）建议有关部门对"模式三"双语教育进行重新调研。调研主题涉及：①各地区的师资和环境资源是否足以支撑"模式三"双语教育；②"模式三"双语教育对少数民族文化传承和转型的影响；③那些退出教学第一线的民语教师的经济状况和心理状况；④"模式三"双语教育的普及对未来新疆对外开放的可能影响。

（3）建议组织高校和研究机构对新疆主要少数民族语言的现代化转型程度进行调研评估。调研重点：①少数民族人口（尤其是少数民族聚集地区）的真实文盲率；②民语中对现代科学技术、现代文学艺术、现代哲学和社会科学的翻译情况；③民语在少数民族群众生活中的日常功能；④少数民族人口的汉语通晓率。

（4）建议经过认真调研和论证，在新疆主要少数民族语言中恢复拉丁字母

拼写法，以方便广大少数民族干部群众适应现代传媒的发展。

（5）建议有关机构认真评估以"东风工程"为代表的各种少数民族公共服务的真实效果。认真探讨如何让公共服务"入脑入心"的问题。认真探讨如何利用少数民族现有的公共文化空间来共同塑造具有新疆特色的公共文化服务体系问题。

最后需要补充的是，要完成上述调研，必须杜绝那种被导演的调研方式，必须创造一种让相关者说真话的良好环境。

B.7
发展问题与民族问题：
治疆政策的两个维度

国家民委文宣司和中国社会科学院文化研究中心

中国少数民族文化发展战略研究课题组 *

章建刚** 执笔

摘　要： 在全球化背景下，今日中国的发展兼有现代化和后现代双重重任，科学发展观就是这一形势下的正确应对战略。对新疆的治理也应深入并有创造性地贯彻科学发展观。深化市场化取向的改革，利用新疆背靠经济增长强劲的祖国内陆、已形成中亚地区经济"高台"的优势，进一步培育当地市场，尤其让各少数民族充分融入现代市场经济，在这一过程中营造和谐的民族关系，促进各民族文化的现代化，这是当前治疆工作的重中之重、核心与主线。而注重揭示各民族形成过程中文化相互融合的历史，强调身份认同的多样性特征，呈现每个民族内部丰富的差异性，则是改进当前民族团结教育及民族学理论研究的重要侧面。

关键词： 治疆政策　科学发展　身份认同多样性　第二次现代化

在地图上认真研读新疆维吾尔自治区当前的行政区划就可以感受到政策治疆

---

* 本文为"中国少数民族文化发展战略研究课题组"开展的"促进新疆稳定发展的文化建设战略"专题调研分报告之二，课题组和调研均由国家民委文化宣传司与中国社会科学院文化研究中心共同主持，调研时间为 2010 年 9 月。课题组成员：武翠英、李景源、张晓明、张学进、章建刚、李河、吴元梁、任乌晶、李民、惠鸣、意娜。

** 章建刚，中国社会科学院文化研究中心副主任，研究员，中国政府参与《保护与促进文化表现形式多样性公约》工作部际协调机制专家，文化部国家公共文化服务体系建设专家委员会委员项目特约观察员。邮编：100732。

的难度。全国唯一副省级的（地）州在新疆：副省级的伊犁哈萨克自治州下辖有两个地区（塔城和阿勒泰）；而同样是地级的石油城克拉玛依被塔城四面环绕却不隶属塔城，同样地处塔城的奎屯市则由伊犁哈萨克自治州直辖。在自治区的南疆和北疆分别有两个县级市（石河子、五家渠和阿拉尔、图木舒克）归自治区直辖。① 在地图上隐含的还有生产建设兵团十几个师、几十个团场、几百个连队的分布。新疆维吾尔自治区总面积 160 万平方公里，约占国土总面积的 1/6。目前，新疆的行政区划应该说是在它复杂历史及周边（国际）关系当中形成的，核心目标是维护国家的统一。

2009 年爆发的"七五事件"突显了新疆的"民族问题"，也发人深省：国家究竟应采取怎样的政策化解这种有某些国际背景的内部矛盾，维护新疆的长治久安？

新疆调研中我们切实感受到当地民族关系中种种的敏感性，但我们的判断认为新疆问题的症结仍然是发展问题。当前新疆表现出来的民族矛盾实际上还是东西部发展不平衡、改革开放的成果未能惠及同样做出贡献的西部地区特别是新疆的少数民族群众导致的。因此我们希望对治疆政策的发展维度和民族维度做一些分析。

一　新疆政策的发展维度

发展是现代化问题；科学发展就是要全面、均衡、持续地现代化。这是中国近代史的基本问题。总的说，新疆各族人民和祖国各族人民同发展、共进步，我们一起迈入现代化进程。这次在新疆我们强烈地感受到全疆人民有迅速发展、致富的愿望。在这个意义上，新疆维吾尔自治区的国家认同不存在问题，新疆人民对国家和政府有明确的期望，希望国家的政策好，执行得不走样。在这个问题上，国家进行过多种努力，有些成功了，有些则受到挫折。改革就是在这个问题上进行新的探索的伟大实践。在一两百年的历史中，我们可以看到国家在发展问题上的不同态度与模式。

（一）治疆政策的历史性区分：前现代与现代

新疆维吾尔自治区早就进入中国的版图，但这个地区的民情及周边形势相当

---

① 参见《中国分省地图集》，星球地图出版社，2004，第 188～191 页。

复杂。前现代时期中国历代政府也曾努力维护新疆的安全，摸索过一些行之有效的治疆政策。和对其他边远民族地区的治理一样，出于对少数民族文化特殊性的考虑，当时历代中央政府的边疆政策有几个基本的办法：①朝贡。今天看，这是一种特殊的优渥政策。通常周边民族对中原政权表示臣服而进献的贡品都得到过加倍的回馈。今天一些历史学家甚至认为它实际上是一种"不等价交换"。① ②羁縻。这个词的意思大致是笼络、控制。具体是指内地来的流官（通常是汉族）和当地少数民族"土官"共同在少数民族地区施行管理。② ③屯田。由于在边疆地区需要驻扎军队，而军队需要粮草，因此让军队或内地迁徙边地的农牧民成建制地进行粮食种植和马匹养殖，以敷军需之用，减少戍边成本。③ 当然，不同时期这些政策的运用会有差异，也还有另外一些政策配合，例如"和亲"。

这样一些政策对维护祖国统一是行之有效的，在当时的技术条件下也是成本较低的。但是这里仍然有问题。在观念上，这些被"羁縻"的区域是"蛮夷之地"；历代政府只要求这些地区的"主权"，而这里的人口、土地未经统计，税赋也无一定之规，因而也缺少明确的国家认同要求。换句话说，当年的清政府以及此前历代政府的治疆政策中，并无发展的维度，而且基本不考虑与这些边缘民族进行平等的文化交流与融合。这是前现代的中国政府治疆政策的基本特征。这种状况在新疆建省（1884 年）之后④应该说是得到了一定程度的改变。新疆此后进入了现代化进程，而今天的中国政府更是对新疆地区的经济社会全面发展承担着明确的责任。新疆在前现代与现代之间的界线已经被完全跨越了。

然而，19、20 世纪的新疆非常动荡，欧洲国家现代化的影响力透过中亚民族释放到这里，让实力时弱时强的中国政府频感鞭长莫及。因此即使到中华人民共和国成立，为稳定局势，中央政府在新疆还是采取了一些与传统治疆策略类似的做法，如民族区域自治和羁縻制度之间、生产建设兵团和屯田制度之间、今天

---

① 参见李清凌、钱国权《中国西北政治史》，人民出版社，2009，第 219~220 页及前后、404~405 等页。

② 参见李清凌、钱国权《中国西北政治史》，人民出版社，2009，第 102~104、207~211、403~404、419~433 等页。

③ 参见李清凌、钱国权《中国西北政治史》，人民出版社，2009，第 212~218、393~394 等页。

④ 新疆成为一个和内地同样的行省的时间应该是在 1884 年。参见费正清《剑桥中国晚清史（下卷）》，中国社会科学院历史研究所编译室译，中国社会科学出版社，1985，第 276 页前后。

的"对口援疆"和朝贡制度之间分别有较多相似性和历史连续性。当然，这是不同性质的制度条件下的某种相似性，其区别是我们后面还要讨论的。

（二）治疆政策的第二次跨越：单向度发展与科学发展

当我们把今天新疆人民的企盼说成是新的期待时，意味着这种期待是发展，是富裕、民主和文明。这正是今天中央政府治疆政策的根本目标，这是比简单的控制更积极、更远大的目标。但是现代化的道路是不平坦的：有两个将近30年的现代化经验值得总结。首先我们经过了近30年的计划经济时期。虽然这期间我们建起了一个低水平的工业体系，但在生产关系上却无法调动生产者的积极性、创造性，"政治动乱"甚至把国民经济搞到"崩溃的边缘"。继而是30年"市场取向的经济改革"。这场改革的成果巨大，我们的人均GDP从不足200美元攀升到4360美元（2010年），国家财政收入增长大大超过GDP增长的速度；高科技发展令世人瞠目；人民富裕的同时开始了明显的城市化进程；中国基本融入了全球市场及金融体系。但这个阶段的发展是严重不平衡的，造成了经济增长和环境资源枯竭的巨大反差、东西部之间发展水平的巨大落差、社会成员间财富分配上的巨大不等；在中央将资源更多地配置到东部的同时，西部地方政府财政甚至长期不能自给，任何积极性都无法发挥。这种种差异已经引起越来越多的社会矛盾和危机，因而无法持续。这是一种单向度的、片面的发展。这一波新疆民族问题发生的背景就在这里。

科学发展观的提出实际意味着一个新的历史分期：粗放的、工业化为目标的"第一次现代化"现在要转变为精致的、以人为本的服务经济（包括金融、信息和新型文化产业在内的）占主导的"第二次现代化"。一般说第二次现代化是具有文化内涵的现代化。对于中国而言，科学发展还特别意味着相对滞后的政治、社会、文化体制改革要逐渐赶超上来，实现与经济的平衡发展；经济体制继续深化改革，市场进一步开放，经济结构、经济质量不断提升。这时尤其要注意缩小前一阶段发展拉开了的东西部差距；要使西部尤其农业地区人口迅速脱贫、增收，加入城镇化进程。一句话，要显著提升现代化的效率，显著改善第一次现代化忽略的社会公正问题。所有这些都是对发达国家进入"后现代"、进入"知识经济"的一种积极回应。

科学发展有一定的难度。先行建成小康社会的东部地区在现行行政体制下并无主动调整经济结构、协调与西部落差的自觉动机。同时也应明确看到，东部发展的模式无法在西部简单复制。东部的发展不仅依靠中央的优惠政策，也依靠沿海及廉价劳动力优势，与发达国家经济尤其制造业转移直接对接，既拉高了地方收入水平，又拉高了中央财政，极大地支持了整个国家发展基础工业、教育及高科技的进程。在这个过程中，西部主要是贡献了廉价资源。东部的发展在一定程度上带动了中西部的发展，主要是产业链延伸与配套，并吸纳了中西部大量的农村劳力。但迄今，西部省份迅速腾飞的内生机遇并未出现。尤其是新疆这样的少数民族地区，由于鲜明民族文化差异的存在，当地民众尤其是传统农牧业地区的农业人口无法向东部转移。反之，这一地区的（汉族居多的）优质人力资源不断向内地尤其东部流动，这使得西部尤其新疆地区的发展缺少动力。一般来说，伴随东部地区发展而来的分配差异在中西部地区可能表现得变本加厉，如陕西和新疆都出现过雇用、扣押、奴役智障员工的恶性事件。这使得紧迫的社会形势所要求的新疆发展只能是跨越式的，必须有科学发展的新模式。

按照这样的思路，中央已经提出把新疆建设成为西向开放桥头堡的战略构想，并安排内地 19 省市"对口援疆"。未来新疆需要重新成为欧亚大陆商贸、人员、文化往来的中心与"高地"，其经济、政治、社会、文化影响力要透过中亚广袤的腹地辐射欧洲、中东、北非和南亚。为大幅提升新疆人员、物资、信息流量和流速，的确需要迅速改善进出新疆的陆空交通基础设施和包括景观营造在内的旅游基础设施，以及高效调控利用有限水资源的大型工程设施等。但与之配套的各类社会"软件"不跟上，所有"硬件"的效率是无法发挥的。新疆如不能出现当年人才、资本纷纷涌入的"深圳现象"，它的跨越式发展就还只能是停留在口头上。显然，新疆的发展依赖大力度的改革和制度创新！

（三）不同层面治疆政策的相互关系

上述政策分层框架会让我们更清楚地看到治疆政策的复杂结构及时代特征，看到政策发展创新的走向。随着时代的发展某些传统做法已经受到了挑战。例如，新疆生产建设兵团（军垦）就面临空前的发展困境。当前劳动力密集型农业已经很难有大幅增收的空间。现代化农业只能是规模农业、机械化产业化的大农业。而在可耕地有限的情况下，劳动人口锐减是不可避免的，只有减员才能增效。因此要保留这个编制，可以考虑的政策选择就是让建设兵团实现经济结构调

整，在原有土地继续进行精细农业种植的同时，随着城镇化过程大规模进入城近郊区，参与城市商业、交通、建筑、物流等各类服务行业的市场竞争。

我们更希望某些新的政策举措不因体制改革未完善而堕入"路径依赖"。如对口援疆驱动着的内地海量资源对于启动新疆的腾飞不可缺少，但如果只是简单地投入新疆，搞一些实用甚至不实用的基础设施硬件建设，而不是通过这些公共资金投入去启动和培育市场，助推能力建设，强化新疆与内地的稳固而可持续的商贸及文化联系，培育并留下大批高素质建设人才，那么这种"朝贡式的"援疆恐怕不会产生太多积极成果；这种计划经济时期的"平调"方式既缺少效率也不可持续，算不得什么"集中力量办大事"。可喜的是我们这次调研中了解到一些援疆省市的领导部门对此有清醒认识，他们知道人与人之间的联系比物与物之间的联系要重要。

我们也希望强调，不同历史时期的治疆政策有着紧密的连续性，但对政策的历时性分析并不因此得出结论，要求迅速结束某些"过时的"制度安排，反之我们强调"混搭"或某种程度重叠的合理性。其合理之处在于我们政策所针对的是新疆在国际国内发展中遇到的复杂局面，也在于我们国家发展所必须完成的是"三步并作两步走"。这样做的优点是"震荡少"、"见效快"。"前现代"政策也好、"早期现代"政策也好，只要还有效果都不妨继续执行，但新的政策必须"亮出相"、"迈开步"。这一点我们应该援引改革开放的基本经验："存量不动、增量改革。"传统的政策是底线、存量，现代化尤其"第二次现代化"的政策才是高限和增量。

二 新疆政策的民族维度

当我们思考新疆跨越式发展问题时，民族文化发展具有了特别突出的意义。此前近30年的发展，正是由于新疆少数民族在文化上的巨大差异使他们不能被裹挟到现代化的大潮中，在游泳中学会游泳，这时差异性的民族文化是一道障碍。发展停滞在一定程度上也会导致反向发展或拒斥发展，这时停滞会变成断裂。而在"西向开放桥头堡"的战略构想中，民族文化必然要变成一种优势，因为新疆的少数民族及其文化与中亚各国的民族及其文化有着天然的亲缘关系。因此，在科学发展的战略实施中，解决民族矛盾，让各族人民在发展当中密切交往、自然融合、形成民族文化创新成了一个必要条件。前现代那种回避交往和融合的政策倾向显然是过于消极的。

新疆的民族问题非常实际，首先就是语言问题。人与人之间沟通不畅，政府工作需要较高的行政成本用于翻译。而且民族问题还远不仅是语言问题。所幸这一点连新疆的少数民族群众都认识得很清楚。我们强烈感受到绝大多数少数民族群众都希望自己的子女能掌握汉语，进而接受更高程度的学历教育，并因此改变命运。[①] 从这一点看，新疆地区的国家认同也不成问题。只是这种希望现在还较难变为现实。

（一）民族差异的说明性框架

"民族"已经有不少概念框架，例如，我国传统民族学教科书总是引用斯大林的界定。让我们遵从经验，从四个方面刻画民族差异。少数民族的外部特征首先是体质人类学的，即从相貌、体征上就可以分辨的。这种差异使人直接产生"我们"和"他们"的分别。其次"我们"和"他们"的语言不通，语言差异让人无法相互了解，甚至难以继而产生交换行为，更尤其不利于误会的解除或小冲突的调解。再次是习俗，在吃饭穿衣直至婚丧嫁娶等方面，我们会觉得"不习惯"。最后是宗教。宗教的影响力在于它不仅一般地诉诸信仰和虔诚，还提供了事实上十分相似（等值）的人类社会伦理和个人美德的一种差异化、多样性的表述和象征系统。宗教可能包含经济制度的因素（如各种宗教场所都可能"收费"；伊斯兰教要求人们把每年流动资产的2.5%作为"天课"捐出来，用于相互救助），也可能包含教育的因素（举办各种教会学校或经文学校）。同时宗教礼拜仪式具有对教众定期集合、动员的功能。因此宗教、教会与各种国家形态或世俗权力都会产生竞争关系。这四个方面混合在一起则形成了外显和表达上的强烈差异。不同宗教传播本来就有复杂的竞争关系，而现代化挑战也要求各种宗教作出种种响应。

在我国其他少数民族地区，人们对民族差异的感受也许并不都这样强烈，因为这些差异或许并不全数存在。例如我们和北方各个民族体质上都属蒙古人

---

① "内高班"，全称为内地高中班，其目的是使新疆少数民族学生在内地接受更好的高中教育，将来为祖国服务。其受到热烈欢迎，基层少数民族群众甚至还拿不到足够的名额。

种；又如汉族和内地一些少数民族可能共同信奉宗教约束不那么强的汉地佛教或民间道教；历史发展当中，一些少数民族已经能够较好地使用汉语，并在当地形成了代际汉语传承的制度。而所有这些情况在新疆都不存在。反之，新疆各少数民族多使用在中亚地区通行的阿勒泰语系突厥语族诸语种，多信奉伊斯兰教，食用清真食品，等等。① 这四方面的差异是一道无形的"隔离墙"。上文提到在这种情况下，东南沿海经济发展无法让新疆各少数民族群众被大批带动。而新疆基层地区汉语教育长期不能取得突破性进展，也严重滞后了少数民族年轻一代掌握高新科技和现代文化、从事白领职业的进程。反之，以汉语传播的广播、电视、书报刊在这里几乎无法发挥影响。有效文化交流的缺乏强化了民族认同差异（这似乎是个相互的过程、恶性循环）。因此通过平等和频繁的日常交往，促进多民族文化的相互了解、认同和融合是必然要求。历史上存在于云南和西藏（甚至包括我国四川、青海乃至印度）之间的"茶马古道"提供了积极的例证。这里的交往与通西域的丝绸之路有一些差异。这是一些少数民族之间的天然经济往来，很少有中央政府的强力干预。地质和生物多样性造成了不同民族之间对不同产地商品的深度依赖，因此在多数时期他们会主动地学习其他民族的语言，尊重不同的生活与宗教习俗，实现民族文化的多种联姻方式，并深信这样的交往模式对所有人更有利。笔者认为在新疆，多数少数民族群众也有这样的信念。

（二）身份认同理论与民族团结局面的开创

上述民族概念分析不仅认定了民族工作的难点难度，更揭示了它的复杂性。而复杂性反过来说，就是认定（民）族性或民族身份认同不是"铁板一块"，而是高度可分析的。对亨廷顿"文明冲突论"的多种批评当中，身份认同"单一化"的指摘是值得注意的。

印度籍的国际知名学者阿马蒂亚·森强调身份认同（identification）的多样性、多元性或多重性。他认为，把人的身份认同"单一化"不仅是一种"（命运的）幻象"，还尤其是危险的。他看到，"人为地把人类贬低为单一性身份可能

---

① 在一定意义上说，西藏的民族问题也不如新疆突出，因为西藏的主要少数民族只有藏族，而新疆有若干个主要少数民族，如除维吾尔族外，还有哈萨克、柯尔克孜、回、蒙古等民族。

会带来对立性的后果，使世界变得更加易于被煽动"。① 阿马蒂亚·森认为："将身份认同视为一种普遍的恶将毫无意义。相反，我们必须用相互竞争的身份认同来挑战单一的好战的身份认同观。"② 他指出："在我们的日常生活中，我们将自己看作是许多不同群体的成员——我们同时归属于它们。一个人的公民身份、居住地、籍贯、性别、阶级、政治立场、职业、工作状况、饮食习惯、所爱好的运动、音乐鉴赏水平、对社会事业的投入，等等，使我们归属于各个不同群体。每个人同时属于这许多个群体，而其中任何一种归属都赋予他一种具体的身份。没有一种能够被视为该人唯一的身份，或者一种单一的成员划分。"③ 这一身份理论不仅十分符合个人的社会生活现实，而且把对身份认同的政治利用的危险性揭示出来。同时它也就告诉人们应该如何应对那些阴险的身份动员。

我们上述民族概念框架起码包括了四个维度，而不仅这四个维度本身就是一个复数，而且我们要强调对于每个具体的民族而言，这四种要素的相互组合关系是多种多样的，并没有一成不变的同一性。我们可以看到，世界上的穆斯林分属不同的人种：黄种人、黑人和白人，生活习俗上当然更是五花八门。语言上新疆维吾尔族的语言属阿勒泰语系突厥语族中的一支，尽管它与乌兹别克斯坦语较为相近，但人们还是希望让它们变得更为不同；在网络技术与国际交往不断发展的今天，新、老维文的发展趋势也是在选择当中的。我们看到，维吾尔族信教群众使用的《古兰经》只是用使用阿拉伯字母拼写的老维文印制的，而不直接是阿拉伯文本。

换一个角度我们还可以看到，和汉族一样，维吾尔族在历史上也经历了充分的民族融合，这只要仔细辨认一下他们不同个体的相貌和体质特征（如北疆、南疆和东疆的维吾尔族人）、服饰（如小花帽的样式）就可以确信无疑。维吾尔语中也有不同的方言（除了和田方言和罗布方言外，中心方言中也有伊犁方言、喀什方言和吐鲁番方言之分）。而这个民族信仰伊斯兰教只是 11 世纪后的事。在

---

① 阿马蒂亚·森：《身份与暴力——命运的幻想》，李风华等译，中国人民大学出版社，2009，第 154 页。

② 阿马蒂亚·森：《身份与暴力——命运的幻想》，李风华等译，中国人民大学出版社，2009，第 3 页。

③ 阿马蒂亚·森：《身份与暴力——命运的幻想》，李风华等译，中国人民大学出版社，2009，第 4 页。

伊斯兰教内部有不同的教派，更何况民族宗教信仰还可能发生变化。蒙古族信奉过伊斯兰教，但今天内蒙古的蒙古族人大多还是信仰藏传佛教的。事实上，所有地方的民族关系都是具体的人与人之间的关系，而在这样的接触中，人们都会感到不同民族的人在人性上（包括它的优点和弱点）是没有多少区分的。

从这样的角度看待当前的民族学研究以及其中的某些争论，或许会有一些新的路径被开辟出来。比如近两年的民族学研究中，一些学者主张要弱化对民族身份（"族性"）的强调，而代之以公民身份认同教育。在笔者看来，民族身份和公民身份（国家认同）都是可以强调的，二者并不互相排斥。同时，我们对各个少数民族的研究不仅要强调他们大致相同的民族性或民族文化特征，还尤其应深入研究并揭示其内部的种种差异性。差异性的研究必然会导向"民族间"和"跨（民族）文化"的多种可能性的研究，导向民族间相互接纳而不是排斥的结论。

（三）改善民族关系工作的两个侧面

民族关系的改善或者民族融合包括两个方面。首先是有一种健康的现代化发展和融洽的日常生活。我们已经提到过"茶马古道"的事例；而新疆工作会议则勾勒出新疆实现跨越式发展的基本路线图。其次是破除各种阻碍交往的实际障碍，例如语言的相互学习、宗教间的宽容与交往。后一方面的工作尤其需要精心设计，科学实施。民族文化间的相互了解，在今天更多是依靠教育机构实现、从语言开始的。语言是民族文化的基础维度；教育是生活中的一个动力装置。这里，经济和文化的发展是同一个问题。

这个道理说来简单，做起来却不见得有效。我们这次新疆调研中听到不少地方反映目前"双语教育"推行得过于粗暴，其结果将是灾难性的，必须引起有关部门的警觉和改变。其实我们不必让语言教育承担起过于宏大的使命。现代教育通常强调平民教育和职业教育的功能。基础教育中的语言教育只需为未来的公民和生产者提供必要的共同生活技能。但正是因此，这样的教育就越是需要经过教育专家的科学设计：在新疆或全国各大城市的经济社会生活中，人们最低应该掌握多少汉语或维吾尔语词汇和语法技能？这样的语言能力在什么年龄段最易培育？在一个民族地区开展这样的语言教育需要具备怎样的师资及教材条件？这个教育目标推进的质量如何都可以不断得到检测？等等。这样的设计完全可以做到量化的分解，然后稳步实施。当然这样的语言教育也需要有相应的其他政策配套。至于与古典人文教育更接近的各种深入的文化研究则可以放到高等研究机构中开展。

对宗教问题的处理更是需要慎重。如果不能将宗教的一般文化功能与少数极端宗教主张相区分，以为宗教很快就会消亡，因而拒绝进行实质性对话和建设性讨论，其危害也将是极其巨大的。目前新疆不少农村村委会、文化室与清真寺"分庭抗礼"的状况，干部执行某些宗教政策时内心尴尬的问题如何改变值得深入研究。在我们看来，真理还是在生活和对话中被发现的，压制是不能解决问题的。

三　两个政策维度的关系：科学发展观的充分贯彻

发展是硬道理。今天新疆的发展机遇显然在于中国发展的良好势头以及中央援疆的决心。新疆周边国家总体经济发展水平、社会政治形势均劣于中国，因此新疆没有理由不抓住这一重要机遇。但新疆的发展还必须在利用好这一形势的同时解决好民族问题。新疆各族人民的进一步团结融合是发展必不可少的人文指标。

发展与民族问题在一个历史进程中统一解决，这是因为中央政府为新疆谋划的战略是"第二次现代化"样式的。我们希望用经济之力助推新疆发展，而这时的经济就向着文化的方向转变，发展、富裕与民主、文明是同期实现的。在新疆，"第二次现代化"意味着民族关系的融洽、各少数民族文化的发展创新及相互欣赏和相互融合。我们必须能将具体的政策方针清晰地勾勒出来，并将其实施过程精确地设计出来。

汉语当中，科学这个词有广义和狭义两种用法。广义的科学一词与正确一词的含义接近；而狭义的科学主要指的是自然科学和技术，或者是科学的方法。科学发展观中说的科学首先是广义的。因此它需要解说，需要用"以人为本"、"改善民生"等去界定。而所谓"民生"是指公民方便地就业，方便地生产，方便地销售与传播，方便地消费与享用；"民生"主要不是各种各样的救济或者保障、福利或者补贴。同时科学发展观所说的科学也具有狭义的意思，即要求人们首先是各级领导以科学的方式去实施。

本着这样的认识，我们希望能使新疆科学发展的政策首先具有比内地更广泛的开放并规范市场的内容，包括文化市场的开放和依法管理；要促进新疆外贸数

量的快速增长，并提高周边地区（国内外）对新疆货物、服务、物流的依存度。促进新疆成为重要的旅游目的地，不断增加各类旅游景点和文化景观。其次要有具体的政策推进新疆教育机构的实质性发展。这样才能一方面使各少数民族的语言本身极大丰富发展，另一方面使更多内地汉族学者也愿意去学习、掌握少数民族语言，其结果是多民族文化的大发展大繁荣。与此同时，新疆应成为高科技产品（包括有丰富文化含量的复制产品）或专利研发的基地，能吸引高素质人才去创业。再次是有切实的政策鼓励新疆各族文艺工作者的艺术创作。新疆不仅能拿出种种物质及非物质的文化遗产，还能有源源不断的具有民族特色的新作品进入市场。又次，在新疆各地市场繁荣的同时，地方税收不断增加，地方政府更有活力和创造性，可以针对不同民族的特殊公共需求，提供及时的公共服务。最后，有切实的政策推动新疆公共领域的发展，媒体和公民社会很容易找到公共平台就公共政策与文化创造进行热烈讨论。

最后我们感到，也许有人因此担心，在发展和民族融合的同时，各民族或某个民族的传统文化也会消失。其实这样的担忧是不必要的。不同民族文化在相互交往过程中一方面会使自身因得到更充分的解释并因吸取了外部的养分而再次繁荣发展；另一方面，它们将以新的面貌和身份共同参与构建起人类文化间性（intersubjectivity）的高台。

B . 8
因地制宜发展新疆的公共文化服务

国家民委文宣司和中国社会科学院文化研究中心

中国少数民族文化发展战略研究课题组 *

意　娜** 执笔

摘　要：近年来，国家加大了对新疆公共文化服务体系硬软件建设的力度，但具体实施过程中仍存在硬件建设与软件设置之间脱节、新建文化设施与原有传统文化设施脱节以及传统社会文化资源没有被正确评价，与主流社会生活脱节等三个主要的问题。这些问题是在处理少数民族地区文化时采取一刀切的方式出现的合法宗教与宗教极端主义、宗教信仰与传统文化习俗、宗教信仰与政治信仰的"三个混淆"造成的。建议专门根据新疆的文化特点、伊斯兰教的积极成分、当地文化教育水平等因素综合评估，因地制宜为新疆制定公共文化服务体系。

关键词：公共文化服务体系　传统文化　宗教　软硬件建设

2005 年以来，国家加大了新疆公共文化服务体系建设的力度，各部委与自治区先后为新疆建设了县、乡、村的文化站（室），并且以文化站（室）为硬件依托，配套建立了农家书屋、东风工程、送书下乡工程、信息资源共享工程、流动舞台车工程和农村电影放映工程。

---

* 本文为"中国少数民族文化发展战略研究课题组"开展的"促进新疆稳定发展的文化建设战略"专题调研分报告之三，课题组和调研均由国家民委文化宣传司与中国社会科学院文化研究中心共同主持，调研时间为 2010 年 9 月。调研组成员：武翠英、李景源、张晓明、张学进、章建刚、李河、吴元梁、任乌晶、李民、惠鸣、意娜。

** 意娜，中国社会科学院文化研究中心博士后，中国社会科学院民族文学研究所助理研究员。邮编：1000732。

文化站（室）建设属于硬件建设，调研组到达的每一个乡村，都参观了当地的文化站（室）。根据调研组的了解，截至2008年底，全疆共建立乡镇综合文化站1034个、村文化活动室6886个。预计到2015年，新疆10407个村（社区）基本实现村村（社区）有文化活动室；兵团建成大剧院、群艺馆等设施。

从软件建设情况看，有农家书屋、东风工程和送书下乡工程等向乡镇村免费赠阅书报的重大项目，由不同政府部门牵头实施。在疆期间，调研组在走访的基层乡镇村中，的确都看到了这三个工程提供的各种类型、多种民族语言的图书和报刊。调研组还通过与各地政府的座谈，了解了流动舞台车工程和农村电影放映工程的相关投入数据、分配和使用情况。

应该说，近年来，新疆公共文化服务体系建设取得重大进展。但是调查中我们也了解到，在具体实施过程中仍然出现了一些不容回避的问题，需要找出原因，加以解决。

一　新疆公共文化服务体系建设存在"三个脱节"

新疆公共文化服务体系存在的问题主要表现在硬件建设与软件设置之间脱节、新建文化设施与原有传统文化设施脱节，以及传统社会文化资源没有被正确评价，与主流社会生活脱节等三个方面。

（一）硬件建设与软件设置之间的脱节

在调查中我们发现，在目前的公共文化服务硬件设施基础上，文化产品和服务的提供与各族群众实际生活需要存在一定差距。

首先，民族语言文字和音像材料总量不足。这个问题在调研座谈会中被反复提到。在实际调研中，课题组发现，比较新落成的、宽敞明亮的硬件设施，民族语言的图书音像资料相对而言数量还是较少，大部分阅览室图书摆放都非常稀疏。内容虽然包罗万象，有小说、散文、农业科技读物、国家政策宣传、语言学习教材、儿童读物等，但种类和数量都相对较少，基本上每一类只有一至两套丛书。

其次，书报刊使用率不高，有些内容与农牧民实际文化需求不符。在调研中，课题组注意到，在乡、村两级文化站，图书和报刊地翻阅率很低，大部分图书都保持在未被翻阅过的崭新状态，可见文化站访问率不会太高。此外，一些图书内容太艰深百姓读不懂也是重要原因。在村级文化站，调研组发现了就连内地城市里受过高等教育的读者也会觉得阅读困难的《查拉图斯特拉如是说》和《达·芬奇密码》等民语图书，显然不符合乡村一般读者的阅读需求。

再次，是有明显的缺项。调查组最关注的问题是，在所有由有关部门配送的书报刊中，民语宗教常识类型的图书几乎是空白。我们认为，这是一个不可回避的百姓的实际需求。对于一个信仰率极高的民族地区，虽然我们需要大力进行现代科学与人文知识的普及，但仍不可忽视对少数民族群众正常宗教需求的满足。实际上，这才是与非法宗教组织"争夺阵地"的领域，如果这方面民语资料不能满足群众的需要，无疑给境外或者非法出版物的流通提供了可乘之机。

最后，乡村文化站由于缺少维护和运营资金而经常关门。按照国家的规定，每个村级文化站室的建设可以获得20万元人民币的资金资助（不包含建成以后维护和运营的费用）。新疆很多偏远贫困乡村，由于路途艰难和取材困难，建设成本就已经被大幅提高，更无力维护。全疆冬季寒冷，漫长冬季的农闲时段是文化消费的主要实现时间，文化站室却因无人看管、没有电费，缺少供暖费而不得不闭门谢客。

调研组看到，实际上真正满足了各族群众文化消费需要的是家中的电视广播，相比较而言，文化站几乎就是摆摆样子。但是，同样的问题依然是：民语的广播电视节目内容明显不足，重复率太高，不能满足需要。调研组曾听说，有某品牌的保健品在当地电视台播放广告，结果在当地广为流行，医院里到处都是该品牌保健品的影子。由此可见，电视节目收视率很高，节目内容在居民中的影响力相当巨大。

（二）新建文化设施与原有传统文化设施的脱节

调研组发现，近年来，大量兴建新型公共文化服务设施，并配送相应的文化产品和服务，正在改变着新疆城乡的面貌，但是也出现了与这一地区原有文化设施并立，与城乡传统文化活动并存的情况，这种"两张皮"的局面不利于新疆公共文化服务体系的建设大局，而且事实上也是巨大的资源浪费。

从数字上看，截至2008年底，全疆共建立乡镇综合文化站1034个、村文化活动室6886个。根据国务院新闻办公室2009年发布的《新疆的发展与进步白皮

书》显示的数字，同样截至 2008 年，全疆有清真寺约 2.48 万座。也就是说，在全疆范围内，平均每个乡村有大约 2.5 个清真寺，但是只有不到一个文化站、室。这就提出了一个严肃的问题：以清真寺为代表的传统文化设施和新建的公共文化服务设施是什么关系？各自在乡村生活中扮演了什么角色？能否在功能上进行整合？

新疆的少数民族以维吾尔族为代表，均为全民信教。千百年来，清真寺是主要的社会公共活动场所，承担了宗教场所、学校及图书馆、地区议事机构、纠纷裁判机构与商业集市等五大功能。这些宗教设施实际上就是传统乡土社会的公共服务设施。从发达国家的经验看，在现代化的进程中，这些功能中有一些必然会被逐渐分离并为现代公共服务机构所取代（比如公立学校取代教育功能，司法机构取代纠纷裁判）。新疆是一个经济、社会发展较为落后，现代化尚未真正起步的地区，特别是在南疆的乡村，单一民族聚居程度高，信教人口比例高，对于传统习俗的重视程度远远高于多民族杂居的大城市，宗教设施在承载传统和习俗，甚至承担乡村公共事务方面的重要作用依然突出。从我们调查的情况看，在这些地区，清真寺不仅绝对数量多，而且使用率也高，文化站均无法和清真寺相比。

因此，结论显然是，按照全国或者全区统一的步骤，以新建的公共文化服务设施取代这些传统的文化设施是不可能，也是没有必要的，只有找到相互之间的结合点，将他们在功能上进行整合，才是合理的做法。但是就我们目前了解到的情况看，此问题极为敏感，基层干部仅限于私下谈论，还没有进行过真正的尝试。

实际上，在 20 世纪 50 年代初，国家在新疆采取了每周五礼拜前在清真寺集体读《人民日报》一小时的规定。虽然在宗教场所硬性规定集体阅读党报未必合适，却给我们提供了利用本地原有的文化场所资源开展文化活动的有益启示。

（三）传统社会文化资源没有被正确评价，与主流社会生活脱节

在调研中，我们发现，特别是在南疆维吾尔族聚居的地区，合法宗教活动常常被当做宗教极端势力防范，对宗教活动的限制常常将乡村社区民俗活动裹挟在内一并限制，甚至政府公共服务机构的工作人员和基层国家公务员在离退休后都被禁止参加一切在宗教场所内的活动，否则要被处以停发退休金一类严厉的处

罚。这种种做法导致的结果就是出现了一个在政府所允许或者提倡的"主流社会生活"之外的另一个世界，乡村社会被分裂为两个部分。

在少数民族地区，尤其是传统文化氛围浓厚的地区，如何看待城乡居民日常生活与宗教的千丝万缕的联系，这仍然是一个没有解决的问题。这也表现在一些自相矛盾的政策中。例如，据白皮书介绍，每年国家已经投入大笔的资金来维护修缮宗教场所，培养宗教神职人员，理应最大限度发挥其对社会的积极作用。然而，在拥有最多清真寺绝对数量的新疆，地下讲经社团却屡禁不绝，说明现有宗教文化资源的作用并没有被充分发挥，依然有大量宗教需求未得到满足。

在日常生活中，在婚丧嫁娶的仪式里，宗教的确与这些仪式骨肉相连，很多仪式直接来自宗教经文；但不容忽视的是，这些仪式本身已经不是纯粹的宗教了，而更多的是文化的一部分。所以，将宗教文化也当做宗教一样去管理是对原有社会文化资源的限制。伊斯兰教强大的凝聚力与影响力如果能被正确引导和充分利用，难道不是维护社会和谐稳定的重要力量吗？

至于对公务人员退休后回归乡村社会生活（当然也包括宗教生活）的限制，其严厉程度令我们吃惊，也不禁令我们产生深深的疑问。这些熟知党和政府政策法规的离退休公务员，是基层的文化领袖与文化传承人，在民众中有比较高的威信，允许他们回到熟悉的生活环境中，可以起到更好的宣传带动作用。反之，禁止他们回归乡村生活、找到宗教归宿，不仅使他们的民族感情受到伤害，也无法得到当地民众的理解和信服，将使我们失去这个有益的合作群体。退一万步说，退休金是这些公务员自己的劳动所得，无论如何不能成为实施处罚的手段。

上述新疆公共文化服务体系中"三个脱节"的问题，说到底是新疆少数民族文化在转型中出现的问题。问题之所以会出现，核心就在于我们处理文化转型的方式上出现了偏差：不是从文化发展本身的规律出发处理文化转型，而是套用经济建设中类似"大跃进"的方式；不是谨慎科学地研究文化转型，而是一刀切地处理文化问题，对少数民族文化缺乏起码的尊重。我们认为，上述问题不解决，公共文化服务体系建设在新疆就是一句空话。

二 "三个脱节"的成因分析

上述问题的出现，表现为三个脱节，但是从深层次来讲，这些问题是我们在

处理少数民族地区文化时，采取"一刀切"方式出现的"三个混淆"造成的。

第一个是合法宗教与宗教极端势力的混淆。一般说来，宗教极端势力是打着宗教旗号出现的一种极端势力，实际上是属于政治范畴，其目的是要恢复神权统治国家和人民，它的出现会给正常的社会秩序带来巨大的安全威胁，所以我们在任何时候都要旗帜鲜明地预防和反对宗教极端势力出现。但是，当我们对合法宗教与宗教极端势力的判断上发生混淆，就很容易产生两个极端的反应，或者对合法宗教产生过分警惕的态度，将合法宗教也与政治联系起来，矫枉过正，限制了它的正常发展，甚至会影响正常宗教文化的传承，造成破坏；或者在另一方面将宗教极端势力思想看做合法宗教的一部分，无形中对其蔓延起到推波助澜的作用。调研中看到的将对清真寺不加区别地视作潜藏宗教极端势力的场所而严加管理，以及对普通公职人员参与宗教活动方面的限制，就是源于对合法宗教与宗教极端势力不同程度的混淆。

宗教极端势力常常以非法宗教活动的形式进行宣传和活动，所以，要区分合法宗教与宗教极端势力，主要是要区分合法宗教活动与非法宗教活动。国务院颁布的《宗教事务条例》中明确规定：合法宗教活动一般应在经登记的宗教活动场所内进行，有宗教活动场所或者宗教团体组织，由宗教教职人员或者符合本宗教规定的其他人员主持，按照教义教规进行（第十二条）。这四个方面通过对场所、组织、人员和内容的规定，准确地区分了合法宗教活动和非法宗教活动。实际上，如果实事求是地按照规定去甄别，除去因非主观原因造成的教职人员、场地无法到位的特殊情况外，对于合法与非法宗教活动的正确判断在基层是很容易做到的。

第二个是宗教信仰与传统文化习俗的混淆。少数民族地区，尤其是宗教传播时间长、范围广、信教群众多的地区，其传统文化习俗都与宗教有非常紧密的联系。在新疆，很多地方的宗教已经融入了当地人的生活方式，融入婚丧嫁娶、生活起居的方方面面，二者如果混淆，最直接的影响就是将当地的传统文化活动作为宗教活动进行管理和限制，而这样做的直接后果，就是破坏了当地的传统文化，影响了群众参与文化活动的积极性，更限制了公职人员正常参与当地的文化活动；更进一层说，将宗教从民众的生活中剥离，就是在消灭他们的生活方式。这个混淆不解决，就不能解决基层公务员退休后无法回到乡村生活、公务员（尤其是党员干部）无法参与传统文化活动等问题。

要厘清宗教信仰与传统文化习俗，最根本的就是要区分宗教信仰与宗教文化。宗教在适应人类社会长期发展过程中，形成了特有宗教信仰、宗教感情和与此种信仰相适应的宗教理论、教义教规，有严格的宗教仪式，有相对固定的宗教活动场所，有严密的宗教组织和宗教制度。而宗教文化则是宗教在其形成和发展过程中不断吸收人类的各种思想文化，与政治、哲学、法律、文化（包括文学、诗歌、建筑、艺术、绘画、雕塑、音乐、道德）等意识形态相互渗透、相互包容，逐步形成的。它与宗教信仰最主要的不同在于，宗教文化虽然脱胎于宗教信仰，但它从本质上不是对教义的敬畏和崇拜，而是对它所维系的家族和民族的文化传承和心理传承。

第三个是宗教信仰和政治信仰的混淆。如上所说，在新疆这样的少数民族地区，一个在其他地方不敏感和不突出的问题高度尖锐化了，这就是国家公务人员是否可以在保持自己的政治信仰的同时不放弃宗教信仰，是否可以在担任公职期满后回归乡土社会，既找到宗教归宿又不与自己毕生为之奋斗和做出努力的事业相违背。调研组发现，这个问题已经成为许多离退休公务员最为苦恼的事情，他们退休了，回到了乡村，但是被禁止参加任何带有宗教色彩的活动，这几乎是将他们与当地文化生活隔绝。于是他们不被乡村社会所接纳，而在农村，这就意味着他们在走向人生终点的时候得不到所在社区的关怀。对于我们所关注的公共文化服务体系建设问题而言，这也意味着他们无法在建设乡村新型公共文化服务体系中发挥积极作用。

课题组认为，对于这个问题要做认真研究，争取做出明确的政策区分，解脱这批人的精神负担和现实约束，令他们在推动新疆少数民族文化发展中发挥更积极的作用。对于任职于政府部门的国家公务员，无论是在岗还是退休以后，都有责任为了实现一个更为美好的社会部门，在自己所在的社区中发挥积极的作用。

三 对新疆公共文化服务体系建设的政策建议

通过对新疆公共文化服务体系的建设进行实地调研，以及调研前后课题组进行的案头整理和比较工作，我们认为，新疆与内地的其他兄弟省份相比，在很多方面都存在文化差异，就与公共文化服务体系相关的方面而言：第一，新疆的文化环境是大多数人都信教，宗教不仅是一种信仰，更在衣食住行、婚丧嫁娶和思

想观念方面与当地紧密融合在一起；第二，伊斯兰教及伊斯兰教文化虽然与汉族传统文化有很多相通的部分，但仍有很多不同，不可一刀切对待；第三，新疆同时有五六种语言在使用，与内地语言文字差异极大。因此，内地的农村公共文化服务体系建设与新疆绝不仅仅是语言的差异，其模式不能照搬到新疆。而新疆的公共文化服务体系建设，需要专门根据其文化特点、伊斯兰教的积极成分、当地文化教育水平等因素综合评估，因地制宜地为新疆制定体系。这样的探索，也能为其他民族宗教地区公共文化服务体系建设提供样板。

（一）文化站（室）与正常宗教场所的功能互补的定位要明确，在此基础之上，对现有新建的硬件设施加强运营与维护，并对软件设置进行有针对性的改变

可以酌情增加硬件设施的运营维护费用，设专人管理文化站（室），支付电费，以保证文化站（室）不会整日关门闭户；但文化站（室）的工作时间应不同于普通机关单位，除了平时上班时间，要在人们最可能来的下班以后和周末节假日开门，才能真正被使用。要考虑到冬季是农闲时节，除了学生放假回乡，也是农牧民最有可能使用文化站（室）的时间。但是新疆冬季寒冷，文化站（室）为普通平房，建议为文化站（室）提供供暖设施和费用，使其在冬季具有可用性。

针对目前硬件设施的功能以图书阅览、开会和棋牌游戏功能为主的现实，我们建议增加活动形式，尤其是要照顾普通农牧民的实际文化水平。具体来说，可以在文化站室多播放电影电视，穿插寓教于乐的宣传片，使文化站（室）成为不识字的老百姓也能到访的地方；可以举办故事会等活动，以讲座、讲故事的方式进行文化和科普宣传；可以专门组织妇女参加的活动，调动妇女积极性，引导她们在空余时间的健康生活，如手工艺活动、卫生生活讲座、讲故事活动等；可以专门组织少年儿童参加的活动，包括科技手工兴趣小组、读书小组等。

在硬件设施功能布局上，将文化站室与村镇权力中心分开，不把文化站设在村委会里，而是靠近清真寺。此外，由于青少年和妇女不能进清真寺，适时请德高望重的阿訇与老师到文化站（室）给青少年和妇女讲解基本宗教常识，发放宗教常识手册，防止他们被地下讲经组织吸引和利用。

在软件设施方面，要考虑农牧民的实际文化水平，加强公共文化服务的入户工作，以电视和广播节目，替代书籍作为主要的传播手段。对于农牧民来说，的确有阅读的需求，但是文化水平和生活习惯决定了大多数人还是愿意待在家看电视。实际上，电视和广播是农牧民和居民接触较多的传播方式，也占据了他们最多的休闲时间，所以公共文化服务入户显得尤为重要。具体而言：建议慎重选择播出节目的内容，除了避免不正确思想的侵入，也要防止节目内容说教意味过浓，保持节目的可看性；能够看到、听到与自己生活密切相关的内容是吸引人观看和收听的重要方式，因此，建议增加与农牧民具体生活密切相关的本地电视新闻节目的录制；现有民语影视作品和广播节目很多是翻译作品，能够吸引一些年轻人，却很难让农牧民感同身受。所以，建议增加以少数民族生活为题材的民语影视作品和广播节目的创作和制作；建议增加其他语言影视作品的翻译工作，丰富电视节目的播出内容。

（二）针对问题出现的原因，课题组建议重新评估伊斯兰教的积极意义，制定利用相关文化资源开展公共文化服务体系建设的政策

正如前文所述，伊斯兰教经文一方面具有劝人远离毒品、树立家庭观念、投身辛苦工作、和谐和平互助等积极意义；另一方面又具有理解上的多义性，从不同的角度可以做出完全相反的理解。所以，首先要认真区分合法宗教与宗教极端势力，在充分利用宗教在道德规范、社会和谐等方面的积极意义引导群众的同时，争取并牢牢掌握释经权，防止老百姓，尤其是青少年受到境外势力、非法宗教和地下讲经团对经文歪曲理解的误导。在这方面，建议编写相关讲经文和图书，配合宗教基本常识介绍免费发放给信教群众；同时，在讲经等宗教活动中，继续发挥宗教人士的积极作用，进行宣讲教育；虽然我们不鼓励心智尚不成熟、人生观世界观尚未成型的青少年盲目信仰宗教，但是应该让他们对宗教有所了解，并帮助他们形成正确认识，才能防止他们被其他非法宗教引诱。因此，我们建议不要一味对青少年隔绝宗教，正视其生活的环境必然跟宗教会产生联系，编写适合青少年阅读的宗教介绍材料，正面引导青少年认识宗教。

其次，要正确处理宗教活动与传统文化活动的关系。大部分少数民族地区，尤其是在宗教氛围比较浓厚的村镇，一个重要特点就是居民生活的方方面面，如婚丧嫁娶等都与宗教密切相关，宗教与传统文化看似水乳交融，密不可分，但成为百姓生活一部分的传统文化活动已经不能看作纯粹的宗教活动了。区分了这一点，才能进一步认识到，党员干部不允许信仰宗教，但不等于党员干部不能参加

当地传统文化活动。只有正确认识了传统文化活动，才能处理好宗教活动与它的关系，要将宗教和宗教文化区别对待，不能把所有与宗教有关的文化仪式都等同于宗教，用处理宗教的方式来管理。

少数民族公务员对于民族文化心理和党、国家及地方的政策都有深入了解，他们在百姓中有威信，是我们可以信赖的基层工作者。当我们明确了宗教与传统文化活动之间的区别，应允许他们退休以后回归乡村生活，在生活中继续发挥他们的优势，以传统文化活动为平台，用他们的觉悟和知识感化百姓，成为政策的解说者和文化活动的引导者。

B.9
新疆哈萨克族跨国文化
特征及其影响*

周亚成**

摘　要： 新疆哈萨克族与中亚哈萨克族族源上有同源关系，文化上也形成多重联系。同时自哈萨克斯坦国家独立以来，国家宣传强势、社会稳定、经济态势良好，对新疆哈萨克族民族心理也产生了一定影响，如关心、关注哈萨克斯坦的意愿增强，移居哈萨克斯坦的愿望较高。究其原因，一方面是跨国文化的影响，另一方面是哈萨克斯坦良好的生存环境的吸引。因此要提高新疆哈萨克族的国家认同意识，应关注哈萨克族的民生，提高牧民的生活水平，改善生存条件，加强国家认同教育。

关键词： 新疆　哈萨克族　跨国文化

新疆哈萨克族与中亚国家的哈萨克族有同源关系。15 世纪中叶，月即别部落联盟白帐发生分裂，一部分成为月即别——哈萨克人的部落脱离出来迁徙到楚河流域和塔拉斯河流域，尔后建立了自己独立的政治实体——哈萨克汗国，到 16 世纪初哈萨克民族基本形成。16 世纪 60 年代，哈萨克汗国分为三个玉兹，曾一度臣服于准噶尔部。18 世纪中叶，清政府派遣大军平定准噶尔，使哈萨克三个玉兹先后归顺清朝管辖。19 世纪中叶，沙俄侵占了哈萨克草原大片领土后开始向中国西北边境进犯，并迫使清政府于 1864 年签订《中俄勘分西北界约记》、1881 年签订《中俄伊犁条约》、1882 年签订《中俄伊犁界约》、1883 年签订《中

---

* 本文系 2008 年度教育部哲学社会科学研究重大课题攻关项目《边疆民族心理、文化特征与社会稳定研究》研究成果之一，项目批准号：08JZD0023 - 1。

** 周亚成，新疆大学人文学院教授。邮编：830046。

俄塔城界约》等一系列不平等条约，将原属中国的几十万平方公里的土地强行划入沙俄版图。此后，不愿意归顺沙俄的哈萨克人纷纷迁入中国境内，他们落居于中国新疆的伊犁、塔城、阿山等地。十月革命后，约有 20 万哈萨克人相继逃入新疆境内的伊犁、喀什等地。由此，哈萨克族成为跨国民族。

新疆哈萨克族与境外同胞有生命的遗传因子，这是生理性的联系，同时也有着文化遗传因子，文化上有多重联系，体现在语言、文学艺术和宗教信仰等方面。

一　新疆哈萨克族跨国文化特征

（一）语言上的互通

语言是民族的重要特征，又是民族文化的表现形式，是社会实践和文化交流的最基本信息载体。新疆哈萨克族与境外同胞在长期的发展过程中，形成了本民族的语言。由于语言有巨大的稳定性，新疆哈萨克族与境外同胞对本民族语言恪守程度一直较高，本民族语言一般为第一使用语言。从我国看，政府为依法保障各民族使用和发展自己的语言文字，采取了许多行之有效的措施，使少数民族语言文字受到社会尊重，并得到广泛使用。《中华人民共和国宪法》规定："各民族都有使用和发展自己语言文字的自由"。"民族自治地方的自治机关在执行公务的时候，依照本民族自治地方自治条例的规定，使用当地通用的一种或者几种语言文字。"为了帮助少数民族使用和发展本民族语言文字，党和国家还创办了民族出版社，用蒙古文、藏文、维吾尔文、哈萨克文、朝鲜文等民族文字出版社会科学和自然科学各门类书刊。各民族自治地方也有本民族的出版社，用本民族语文出版报刊。"2006 年，我国用少数民族文字出版的图书达 5931 种，6581 万册，分别是 1952 年的 9.6 倍和 10 倍；用少数民族文字出版的杂志有 192 种，651 万份，分别是 1952 年的 12.8 倍和 3.9 倍；用少数民族文字出版的报纸有 82 种，1.18 亿份，分别是 1952 年的 4.1 倍和 4 倍。"① 中央人民广播电台通过藏语、蒙古语、维吾尔语、哈萨克语、朝鲜语对少数民族地区广播，一些地区的少

---

① 金星华、张晓明、兰智奇、惠鸣、徐平：《以科学发展观为指导，推动少数民族文化加快发展》，《中国民族报》2009 年 6 月 19 日第 6 版。

数民族语言广播、电视形成了对外覆盖能力，"2006 年，民族自治地方广播综合人口覆盖率达 88.28%，电视综合人口覆盖率达 92.35%。"① 新疆长期以来实行民族平等、语言平等的民族语言政策。《新疆日报》是新疆维吾尔自治区党委机关报，是全国唯一的一家用维吾尔、汉、哈萨克、蒙古 4 种文字出版的省级党报。目前，新疆人民广播电台开办的少数民族语言广播有维吾尔语、哈萨克语、蒙古语、柯尔克孜语 4 种。2009 年底全疆广播综合覆盖率达到 94.4%，电视综合覆盖率达到 94.78%。在新疆各类教育中均有多种少数民族语言的教学。其中，基础教育阶段采用了维吾尔、汉、哈萨克、柯尔克孜、蒙古、锡伯、俄罗斯等 7 种语言进行教学。对民族语言的保护，使哈萨克族既有使用本民族语言的权力，保护了语言的多样性，也使哈萨克族与境外同胞在语言使用上有一致性。

从中亚语言使用情况看，早期本民族语言与俄语并用情况较为突出。沙皇俄国征服中亚之后，进而对居住在边疆地区的非俄罗斯民族推行大俄罗斯沙文主义。"沙俄为了加强对边疆的统治，制定了'义务国语制'，强制推行俄语，歧视和排挤少数民族语言，对非俄罗斯民族实行俄罗斯化"。② 苏维埃时期为了发展中亚和哈萨克草原地区的工业化，成千上万的俄罗斯、白俄罗斯和乌克兰等族工人、农民和工程技术人员迁居中亚，开垦土地及创建工厂企业。随着社会的变迁、经济的发展，中亚地区的居民流动增强，这不仅改变了中亚的人口结构，加速了这里的民族多样化，同时也出现了语言的复杂化。由于多民族间的政治、经济文化和日常生活联系的日趋频繁，俄语作为当时苏联国内通用语言，在其社会中担负着重要的语言功能，成为多民族交往的媒介。各民族深受俄罗斯语的影响，并分别在不同的场合使用本民族语和俄语进行交际。

中亚各国独立之后，新的国家着力于复兴主体民族文化、语言，主体民族的语言相继成为国语，并开始大力推广和普及国语的活动。如"哈萨克斯坦还把是否掌握哈萨克语作为晋职晋级的条件和标准，在全国推行；在大中小学开设哈语课程，规定学生必须掌握哈语，用哈萨克语取代俄语命名的居民点、街道和企业名称。"③

中亚哈萨克语尽管受到俄语的强大辐射，但是哈萨克语并没有削弱，主要原因

---

① 金星华、张晓明、兰智奇、惠鸣、徐平：《以科学发展观为指导，推动少数民族文化加快发展》，《中国民族报》2009 年 6 月 19 日第 6 版。

② 李琪：《中亚维吾尔人》，新疆人民出版社，2003，第 114 页。

③ 吴福环、陈世明主编《中国与中亚研究文集》，新疆大学出版社，1998，第 39 页。

是：第一，语言的自身生命力。如"同声相应"的原理，一定的语言社团成员对于自己从小学到的母语总有一种强烈的偏爱心理，这种偏爱心理在社团内泛化就成为语言感情。因此中亚哈萨克族虽然学习掌握俄语，使俄语或其他民族语言成为交流的第二语言，但是只要有可能，他们总是力求用自己的民族语言来交谈，他们通过语言认同，彼此有一种归属感，语言在他们之间形成一种向心力和凝聚力。第二，中亚哈萨克族人口多居住在农村，这一特点使其民族语言特质得到巩固。他们生活的大环境是语言多元化，但是居住的小环境却多为操突厥语的居民，语言相对比较单纯，因此中亚哈萨克语仍然保留了自己的语法构造和基本词汇。

新疆哈萨克族和境外同胞现在分属于不同的国家，经历着不同的语言使用和语言变化历程，但是语言本身的原因和语言存在的自然环境和社会因素的共同作用，使新疆哈萨克族和境外同胞在语言上保持着互通。

（二）宗教信仰相同，民俗文化相近

自古以来，中亚不仅是多民族迁徙的十字路口，而且是多种宗教的交汇处和多种文化的荟萃地。佛教、基督教、伊斯兰教等宗教文化都在这里留下了足迹，成为各民族文化交流、文化互为影响的重要内容，在各民族社会生活中也占有十分重要的位置。公元 8 世纪伴随着伊斯兰教步入中亚，由于操突厥语民族相继皈依，中亚形成伊斯兰教的主要分布区域。

新疆哈萨克族信仰伊斯兰教，与境外同胞保持着相同的宗教信仰。

伊斯兰教于 10 世纪初传入新疆后，至 16 世纪时已发展成为新疆的主要宗教。新中国成立后，在党的宗教政策和宪法、法律的保护下，伊斯兰教团体和穆斯林的权益极其正常的宗教活动，都得到了充分保障。

公元 8 世纪初，不断向外扩张的阿拉伯人开始致力于伊斯兰教在中亚地区的传播。在以后几个世纪里，伊斯兰教逐渐被中亚民族所接受。沙皇时期，沙俄殖民当局曾采取残酷的手段强迫"非俄罗斯"的宗教信奉者皈依东正教，对不服从的地区和居民则下令焚毁清真寺，强行没收宗教财产。叶卡捷琳娜女皇统治时期，为妥善解决在扩张过程中遇到的宗教问题，于 1788 年在奥伦堡成立了"穆斯林宗教管理局"（后迁至乌法）。当整个中亚地区在 1865～1884 年期间沦为沙俄帝国属地时，沙俄殖民当局已形成了比较系统的穆斯林管理方法。

苏联时期，1917 年 11 月 20 日颁布了列宁签署的《告东方全体穆斯林劳动人

民书》，明确宣布苏维埃政府对穆斯林的态度和立场。1918 年 1 月 23 日又颁布了
《关于教会同国家分离和学校同教会分离的法令》，正式规定了苏维埃国家与宗教
团体之间的关系。1925 年后，中亚地区开始了全面的社会主义改造运动，同时也
开始了对伊斯兰教的强制世俗化过程。1928 年底，中亚各国全面废除了宗教学校，
从此结束了中亚地区多年来宗教对教育的垄断。1941 年后，由于反法西斯战争的
需要，苏联政府暂停反宗教政策，号召穆斯林群众积极投入卫国战争。中亚各国宗
教团体配合政府鼓励青年参军上前线，清真寺为战争胜利捐钱、捐物、帮助军人家
属，并集资组建坦克部队。苏联政府及时肯定了宗教界的爱国行动，放宽了对伊斯
兰教活动的限制，允许中亚各国重新开放清真寺。1953 年斯大林逝世后，赫鲁晓
夫又开始推行过激的宗教政策。1954 年苏共中央通过《关于科学无神论宣传中重
大缺点及其改进措施》的决议，掀起了战后无神论宣传的高潮。大量的教职人员
返俗，许多清真寺被关闭。1985 年戈尔巴乔夫上台后，以改革和新思维为旗号，
放松了延续几十年的宗教控制政策，引发了中亚地区的伊斯兰回潮运动。

　　苏联解体前后，出现在中亚各国的宗教复兴运动与同期的民族主义浪潮彼此
呼应，使中亚国家伊斯兰回潮运动进入了激进的阶段。

　　新疆哈萨克族与境外同胞在不同的国家，生产与生活经过世代的变迁和发展，
形成了各自的生产和生活特点，但基本的生产和生活方式是相似的。新疆的哈萨克
族以游牧畜牧业生产为主，与哈萨克斯坦和中亚国家哈萨克族相似。也拥有相同或
相近的民族服饰、节日、文化名人、民族乐器、民族歌舞和体育项目等。

（三）国家文化认同的差异性

　　虽然新疆哈萨克族与境外的哈萨克族有着多重联系，但由于分属不同的国
家，在国家文化认同方面也就具有了差异，各自向着各自国家的主流文化靠拢。
新疆哈萨克族在保持自己传统文化的同时，还借鉴吸收了其他民族、主要是汉文
化的有益因素，从而形成了哈萨克—伊斯兰—汉文化共同体。而居住在中亚和哈
萨克斯坦的哈萨克族，社会文化受到俄罗斯文化的巨大影响，以哈萨克—伊斯
兰—俄罗斯文化为主流。

　　新疆哈萨克族与中亚哈萨克族的社会文化出现了一定的差异，但是他们曾经
或一直具有的共同的历史、共同的族源，基本上具有共同的传统文化特征和心理
素质，仍然具有共同的族属认同和民族感情，这些因素都决定了跨国民族之间有

着千丝万缕的联系。跨国民族除了在地缘上跨国而居外，最大的特殊性就在于他们有复杂的文化、政治内涵，跨国民族的关系问题往往关乎国家的安全、边疆的稳定。"一个跨国民族被不同国家分割的部分，出现内部异质性发展趋势，各所在国边境地区便会出现'和平跨居'的有利于各自国家认同的良性发展。如果一个跨国民族被不同国家分割的部分出现内部同质性发展趋势，各自彼此靠近，与各自所在国的主流文化背道而驰，那么，各自所在国边境地区便会出现针对各自国家和其他民族的冲突，便会出现极端主义势力。"① 新疆哈萨克族受到国家主流文化的巨大影响，中国国家对哈萨克族有着强大的向心力和凝聚力。但是随着中亚哈萨克斯坦国家的独立以及哈萨克斯坦号召全世界哈萨克族"回乡"政策的出台，特别是哈萨克斯坦生产、生存条件的优越性，都会影响到我国哈萨克族的民族心理和行为。如果我们不充分重视这种变化和发展，势必会增加人口流动的不稳定性，影响到我国哈萨克族社会的稳定，影响到国家的安全。

二 跨国文化对新疆哈萨克族的影响

新疆哈萨克族与哈萨克斯坦哈萨克族有同源关系，有血缘上的联系，在语言、文化、宗教信仰上有相同或相似性。目前，中哈两国建立了睦邻友好合作关系，虽然两国在政治制度、经济发展水平、意识形态、社会条件等方面有差异，但在政治、经济、文化等方面友好交流，减少分歧，扩大合作，为两国在维护安定的前提下，境内外哈萨克族互相有益的"和平跨居"创造了良好的外部条件。由于我国政府对各少数民族政治上信任、政策上给予各种优惠、照顾，对与在哈萨克斯坦有亲属关系的边境哈萨克居民，政府允许其自由申请出入境，这样有亲缘关系的人们在闲暇时会互相走访，参加节日庆典、婚丧嫁娶活动，或参加民间组织的文艺汇演、学术交流等，现在新疆哈萨克族与哈萨克斯坦境内哈萨克族之间经济、文化交流日渐频繁。

哈萨克斯坦独立以来，对新疆哈萨克族民族心理也产生了一定影响，特别是哈萨克斯坦独立以后，为维护社会稳定付出了很大努力。集体安全条约组织秘书长尼古拉·博尔久扎说："哈萨克斯坦目前是中亚最为稳定的国家之一，它正在

---

① 周建新：《中越中老跨国民族及其族群关系研究》，民族出版社，2006，第272~302页。

民主地发展，没有破坏局势稳定的明显征兆或潜在因素。"① 哈萨克斯坦的经济、教育、就业及社会保障事业发展也较快。哈萨克斯坦经济增长率每年都保持在10%左右，2007 年"哈萨克斯坦全年完成 GDP 约 847 亿美元，比上年增长8.7%；人均 GDP 5500 美元。中国新疆实现生产总值 3494.42 亿元（约合 460亿美元），比上年增长 12.2%；人均 GDP 16860 元（约合 2217 美元），比上年增长 9.9%。"② 在教育方面，哈萨克斯坦实行 11 年义务教育，并有初等职业教育、中等职业教育、高等职业教育和大学教育。教育的良好发展，使人口素质提高，就业率提升。"现在，该国 60% 以上的人口居住在城市中，全国没有文盲，城市居民的文化素质较高。"③ "2007 年登记失业人数继续减少，只有 5.5 万人，登记失业率为 0.7%"④。哈萨克斯坦的稳定与发展吸引着各地的哈萨克族迁居哈萨克斯坦。新疆哈萨克族如何看待哈萨克斯坦，对哈萨克斯坦有怎样的了解，是否愿意移居哈萨克斯坦？针对这些问题，我们做了专门的调查。

从表 1 中可以看到被调查者中有 60% 的人在哈萨克斯坦有亲属，所占比例还是比较大的。新疆哈萨克族在哈萨克斯坦有亲属的比例预计还会增加，因为近几年还不断有哈萨克族迁居哈萨克斯坦。另外，过去哈萨克族不太敢说自己在哈萨克斯坦有亲属，近些年哈萨克族以在哈萨克斯坦有亲属为荣，过去长久没有联系的亲属也开始有交往。

表 1　您在哈萨克斯坦有亲属吗

选 项	A 有	B 没有	C 缺失	合 计
人数(人)	244	118	41	403
百分比(%)	60.5	29.3	10.2	100.0
有效百分比(%)	60.5	29.3	10.2	100.0

有亲属就要有来往，特别是我国与哈萨克斯坦是友好合作的邻国，双方居民可以自由往来和交往，这也是符合人性的。新疆哈萨克族与哈萨克斯坦的哈萨克族联系是比较紧密的，常见的联系方式有去哈萨克斯坦探亲、写信、电话、网络联系

① 《哈萨克斯坦是中亚最为稳定的国家之一》，杨建梅译，《中亚信息》2005 年第 11 期。
② 蒲开夫：《哈萨克斯坦和中国新疆 2007 年经济社会发展比较》，《大陆桥》2008 年第 7 期。
③ 屠丽美：《哈萨克斯坦成中亚首富》，《共产党员》2007 年 1 月（上）。
④ 蒲开夫等：《独立后哈萨克斯坦的人口和社会发展》，《新疆大学学报》2010 年第 1 期。

等，从表2的信息看，被调查者中，有60%多的人是通过电话联系的。访谈中了解这一情况时，多数人说，打电话比较方便，去哈萨克斯坦花钱比较多，有钱才行。

表2　您主要通过什么方式与哈萨克斯坦的亲属保持联系

选　项	A 走访	B 书信	C 打电话	D 网络	E 缺失	合　计
人数(人)	17	9	251	0	126	403
百分比(%)	4.2	2.2	62.3	0	31.3	100.0
有效百分比(%)	4.2	2.2	62.3	0	31.3	100.0

由于新疆哈萨克族在哈萨克斯坦有亲属，因此他们是比较关注哈萨克斯坦情况的，调查中被访谈的50人中有45人都说关心哈萨克斯坦的发展。去哈萨克斯坦要受经济条件等的限制，新疆哈萨克族了解哈萨克斯坦的途径主要就是通过亲属和朋友（见表3），通过媒体了解的只占19.1%。哈萨克族常说"相信自己的眼睛，不要相信自己的耳朵"。

表3　您通过什么途径了解哈萨克斯坦的情况

选　项	A 亲戚	B 朋友	C 媒体	D 其他	E 缺失	合　计
人数(人)	190	82	77		54	403
百分比(%)	47.1	20.3	19.1		13.4	100.0
有效百分比(%)	60.5	20.3	19.1		13.4	100.0

表4　您的亲戚中最近几年有移居哈萨克斯坦的吗

选　项	A 有	B 没有	C 缺失	合　计
人数(人)	19	189	195	403
百分比(%)	4.7	46.9	48.4	100.0
有效百分比(%)	4.7	46.9	48.4	100.0

表5　移居哈萨克斯坦的原因是什么

选　项	A 亲戚邀请	B 孩子上学	C 做生意	D 其他	E 缺失	合　计
人数(人)	215	134	54	0	0	403
百分比(%)	53.3	33.3	13.4	0	0	100.0
有效百分比(%)	53.3	33.3	13.4	0	0	100.0

从调查表中也可以看到，新疆哈萨克族移居哈萨克斯坦的意愿是比较高的，如表6所示，愿意移居原因除了有亲属外，主要因素是哈萨克斯坦的生活水平高。尽管新疆哈萨克族认为我国与哈萨克斯坦的国家政策不同（见表8），我国国家的稳定、各民族的平等关系，有很强的国家向心力。但是改善基本生活条件和环境，对哈萨克族也有着巨大的吸引力，毕竟生存需要是人们的第一需要。因此，把改善牧民生活条件作为第一要务，是牧区稳定、国家和谐发展的根本。

表6　如果有条件您会移居哈萨克斯坦吗

选　项	A 会	B 不会	合　计
人数（人）	289	114	403
百分比（%）	71.7	28.3	100.0
有效百分比（%）	71.7	28.3	100.0

表7　您认为新疆哈萨克族与哈萨克斯坦的哈萨克族有什么不同

选　项	A 生活水平	B 节庆礼仪	C 语言使用	D 其他	E 缺失	合　计
人数（人）	394	4	1	0	0	403
百分比（%）	97.8	1.0	0.2	0	0	100.0
有效百分比（%）	97.8	1.0	0.2	0	0	100.0

表8　您认为中国和哈萨克斯坦有哪些不同

选　项	A 国家政策	B 民族关系	C 教育方式	D 其他	E 缺失	合　计
人数（人）	343	37	16	7	0	403
百分比（%）	85.1	9.2	4.0	1.7	0	100.0
有效百分比（%）	85.1	9.2	4.0	1.7	0	100.0

三　对策和建议

（一）关注新疆哈萨克族的民生，提高牧民的生活水平

首先，加强牧区的基础设施建设，特别是交通建设，使牧区与其他地方、社

区联络不受物质条件的限制，有利于哈萨克族对外界的了解。其次，加快牧区的定居点城镇化建设。哈萨克族牧民居住分散，尽管牧民定居能使哈萨克族居住相对集中，但是多以村和单一民族为主。而定居点城镇化，能够使定居牧民直接享受城镇发展建设的成果。多人口、多民族居住的城镇，利于哈萨克族牧民对其他民族的接触和了解，也利于他们接受更多的现代信息。再次，完善哈萨克族的社会保障制度，使哈萨克族及其牧民基本生活需求得到有效保证。哈萨克族对现代社会充满希望，期待他们生活质量的提高，但是由于多种原因，牧区哈萨克族中一些人出现生活和生产中的问题，困难较大，生活质量下降，造成他们的自危、惧变心理。社会保障体系，是社会的"安全"网，是满足社会成员基本生活需要和发展的保障。社会保障体系的完善，是缓解哈萨克族的紧张、消极心理，增强对社会发展稳定预期的最重要措施。

（二）加强双语教育

哈萨克族比较愿意与其他民族交往，特别是愿意和汉民族交往，但是与其他民族交往中也存在比较大的障碍，如：语言问题、地域分布问题以及民族关系等问题。特别是语言问题，直接影响着哈萨克族与其他民族的交往频率和深度，对民族的发展产生着影响。因此应加强双语教育，特别是牧区的双语教育。现在国家和政府部门极为重视双语教育，其成果、成效非常显著。但是在 些哈萨克族牧区，还存有"死角"，一些偏远的牧区，能听会说双语的人很少。

（三）加强国内哈萨克族的国家认同意识

通过国家认同教育、政策促进、宣传推动等，让人们从心理上、文化上具有国家认同意识，把自己作为中华民族不可分割的一部分，增强国家的凝聚力和向心力，以不破坏彼此的和平跨居为己任，自觉维护边疆的稳定和社会的稳定。

（四）积极保护哈萨克民族文化

哈萨克族创造出了丰富多彩的游牧文化，以其独特的文化风貌成为中华文化系统的重要组成部分，目前我国各民族文化正在以前所未有的规模和速度与外来文化进行着相互交流和渗透。尽管哈萨克族保留了许多本民族优秀的文化传统，与此同时也在逐步形成多元复合型结构的交融文化，文化消失的现象也在发生，尤其是非物质文化的保护已经越来越重要。因此，对哈萨克民族文化进行全面、规范、有序的整理和保护是非常必要的，这一方面能保持文化的多样性，另一方面也使哈萨克族能够深切体会到国家对他们的重视。

B.10
新疆和布克赛尔蒙古族
文化发展与展望

杨富强*

摘　要： 和布克赛尔蒙古自治县是我国唯一的蒙古族自治县，它在传承蒙古文化方面极具代表性。居住在和布克赛尔蒙古自治县的蒙古族历史悠久，民族文化资源丰富多样，历史上的土尔扈特人就是由于民族文化独特的吸引力才历经千辛万苦重返祖国的。今天，和布克赛尔蒙古族文化的传承与保护工作正在积极进行中，相关部门也给予了充分的重视和政策、资金支持，其中较有代表性的传统文化，如江格尔说唱艺术、蒙古佛教、蒙古长调、那达慕大会等都获得了较好的传承与发展，取得了令人瞩目的成就。尽管如此，在现代化大潮之下，传统文化的传承和保护仍有很多工作要做。

关键词： 蒙古族传统文化　传承　保护　发展

新疆自古以来就是一个多民族聚居的地区，蒙古族作为 13 个世居民族之一，主要分布在巴音郭楞蒙古自治州、博尔塔拉蒙古自治州及和布克赛尔蒙古自治县；另外，在伊犁、塔城、阿勒泰等地区也有分布。其中和布克赛尔蒙古自治县，作为唯一的蒙古族自治县，在传承蒙古文化方面极具代表性。

和布克赛尔蒙古自治县位于新疆维吾尔自治区西北部以及准噶尔盆地西北部；东邻阿勒泰地区，西与额敏县、托里县以白杨河为界，南部与玛纳斯县、沙湾县接壤，西南部以乌尔河为界与克拉玛依市相连，北部与哈萨克斯坦共和国毗邻；县城和布克赛尔镇距乌鲁木齐市公路里程 495 千米。该自治县成立于 1954

---

* 杨富强，新疆社会科学院社会学研究所研究员。邮编：830011。

年，1955 年改为和丰县和布克赛尔蒙古自治县，1968 年后隶属塔城地区，1977
年成立和布克赛尔镇，并在这里建立县人民政府。全县总面积 3.06 万平方公里，
下辖 2 个镇、5 个乡、4 个牧场，人口以汉族、蒙古族、哈萨克族为主体，还包
括维吾尔族、塔塔尔族等，共由 19 个民族组成。根据 2009 年《新疆统计年鉴》
统计：全县总人口 95668 人，其中蒙古族 16789 人，占总人口的 17.5%，是仅次
于汉族人口的第二大民族。在进入县城的路上，随处可见的敖包和白色的佛塔，
透出浓郁的蒙古族文化气息。

一　和布克赛尔蒙古自治县与土尔扈特部
东归的爱国文化遗产

　　和布克赛尔蒙古自治县历史悠久，在元末该县属斡亦刺四部之一的土尔扈特
部的游牧地，称霍博克萨里。16 世纪中期，居住在蒙古高原的蒙古族分为三部
分，即漠北蒙古、漠西蒙古、漠南蒙古。土尔扈特部就是漠西蒙古厄鲁特四部之
一，他们原游牧于我国新疆塔尔巴哈台（今塔城、和布克赛尔蒙古自治县一带）
地区。1639 年，巴图尔珲台吉在和布克赛尔县城东南 5 公里处修建了一座城堡，
奠定了准格尔汗国的第一政治中心，和布克赛尔从此载入史册。1640 年，巴图
尔珲台吉邀集喀尔喀蒙古札萨克图汗为首的东西蒙古 27 位首领，在塔尔巴哈台
会盟，通过了著名的《卫拉特法典》，这是一部挽救民族于危亡的法典，正是这
部法典使准格尔汗国走上了富强的道路。1671 年巴图尔第六子噶尔称汗，将政
治中心迁移到伊犁河谷后，古城逐渐衰落。

　　在准噶尔部兴起之前，土尔扈特与部分杜尔伯特、和硕特蒙古人一起，带着
明朝中央政府所授汉篆封爵玉印，迁徙到伏尔加河下游两岸地区游牧。土尔扈特
部寄居的伏尔加河畔，虽然水草丰盛，地域广袤，但那里毕竟是远离故土的异
地，特别是文化上的差异，成为土尔扈特部东归的重要因素。从历史资料中我们
可以看出民族文化的作用，例如，阿玉奇在 1714 年对中国钦使明确地说："虽然
我在离你们很远的地方生活，但是，你们从我的衣帽服装可以看出我几乎和你们
没有什么区别；如果把我们看作俄国人，那么可以看看我们和他们之间在衣帽服
装、语言和生活方式等各个方面都有着极大的差别。"而且，土尔扈特人"其宗
教关系西藏，其政治关系中国"，尤其在康乾盛世时期，中国统一强大，各民族

间和睦相处是主流，所以他们依然与厄鲁特各部及清朝中央政府保持着密切的联系，不断派人回国，探望亲人，"奉表人贡"，并到青海、西藏"熬茶礼佛"。乾隆三十六年（1771），土尔扈特部在其首领握巴锡的率领下发动了武装起义，离开了他们留居将近一个半世纪的异乡，冲破了沙皇俄国的重重阻挠，经过长途跋涉，历经千辛万苦，蒙受巨大牺牲，终于返回了祖国的怀抱。迁回的土尔扈特基本上居住在现今我国新疆、甘肃一带，称为卫拉特蒙古人，其中有三个旗分布在和布克赛尔蒙古自治县。

土尔扈特部东归的爱国文化遗产，为和布克赛尔蒙古族文化添上了浓墨重彩的一笔。

二 和布克赛尔蒙古族文化的发展现状

随着时代的变迁，和布克赛尔蒙古族文化也表现出多方面的变化，我们选择其中一些特色文化予以阐述。

（一）江格尔说唱艺术

在和布克赛尔蒙古自治县最有影响的是江格尔说唱艺术。《江格尔》是明蒙古族卫拉特部英雄史诗，被誉为中国少数民族三大史诗之一，和布克赛尔蒙古自治县被认为是这部史诗的发源地，素有"《江格尔》故乡"的美誉。《江格尔》长期在民间口头流传，经过历代人民群众，尤其是演唱《江格尔》的民间艺人江格尔齐[①]的不断加工、丰富，篇幅逐渐增多，内容逐渐丰富，最后成为一部大型史诗。迄今国内外已经收集到的共有60余部之多，长达10万行左右。

改革开放初期，由于忽视文化保护，江格尔说唱艺术表现出人亡歌息的趋势。近几年随着大环境的改变，民族文化保护和传承得到重视，当地政府在保护、发掘这部史诗方面做了大量的努力，积极推动江格尔艺术的保护，一系列的与《江格尔》文化相关的措施很快展开。

1. 有计划地培训江格尔说唱艺人

2006 年，在该县铁布肯乌散乡孟根布拉克学校成立"江格尔齐"培训基地，

---

① "江格尔齐"，蒙古语意为专门演唱史诗《江格尔》的民间艺人。他们以超群的记忆、丰富的知识，受到牧民们的尊重。

每年由县财政支出 3 万 ~ 5 万元，专项用于江格尔齐培训基地的建设。经过培养，现在这所学校能说唱《江格尔》一个章回以上的江格尔齐已有 24 人；和布克赛尔蒙古自治县的加·朱乃可以连续几天几夜说唱《江格尔》，经各方面的努力，他成为第一批国家级非物质文化遗产项目中的 226 名代表性传承人之一；加·朱乃的家乡那仁和布克牧场被命名为"江格尔文化村"。现在，这个村的"江格尔齐"从 50 多个发展到 200 多个，分为老年组、青年组和少年组，而且他们每年都要进行江格尔说唱以及蒙古长调和托布秀尔比赛。为了进一步扩大《江格尔》学习范围，在筹备江格尔文化旅游节暨那达慕大会中，当地政府向城关小学、第一中学、铁乡孟根布拉克学校、科克莫敦学校的教师、学生发放《江格尔》培训教材、光碟；开设江格尔文化课程，开展非物质文化遗产——《江格尔》走进课堂活动和群众性江格尔主题文化活动，将《江格尔》史诗中的三个章回《江格尔》开头章、《肯杜嘎尔太萨布尔》三章、《江格尔颂》作为县一中 200 名学生和孟根布拉克学校 30 名学生的业余课堂的内容，在青少年中掀起《江格尔》学习热潮。

2. 加大对"江格尔"说唱艺人的表彰奖励力度

2009 年 5 月，和布克赛尔蒙古自治县拿出 3 万元在那仁和布克牧场江格尔文化村、孟根布拉"克江格尔齐"培训基地、县一中等基层示范区举办了"达林陶布奇杯"江格尔说唱比赛，对表现优秀的"江格尔齐"进行表彰和鼓励。目前，该县筹集资金建成老中青相结合的《江格尔》说唱艺人团队，拥有"江格尔齐" 24 名，成为世界上说唱《江格尔》章回最多（70 余章）、水平最高的《江格尔》说唱人才基地，为《江格尔》这一世界文化瑰宝的传承做出了重要贡献。同时，《江格尔》是靠民间的"江格尔齐"用口授心传的方式代代传承的，因此保护好高龄江格尔文化传承人具有重要意义。82 岁的加·朱乃培养出了多名弟子，他因此也被国际史诗学会主席、德国波恩大学教授卡尔·约瑟夫称为"当代传唱《江格尔》史诗的杰出代表，是大师级的民间艺人"。基于加·朱乃老人在传承和培养方面的贡献，该县定期为老人做体检，每年为其发放国家级非物质文化遗产项目传承人津贴 8000 元，以补贴其日常开支。

3. 举办《江格尔》国际研讨会及文化交流活动，提高《江格尔》文化知名度

近几年来，自治县连续举办了三届中国新疆《江格尔》史诗国际学术研讨

会，分别邀请了德国、日本、澳大利亚等国《江格尔》研究专家参会；与新疆文联、中国社会科学院少数民族文学研究所联合，共同成功举办了"中国新疆史诗《江格尔》国际学术研讨会"；依托新疆师范大学委托科研项目，组织力量编写并陆续出版《江格尔》故乡和布克赛尔文库"系列成果；搜集江格尔文化珍贵资料，由于俄罗斯是江格尔资料与卫拉特蒙古历史文化资料收藏最丰富的国家，自治县组团赴俄罗斯进行文化考察、学术交流、搜集资料并达成相关协议等；在第三届《江格尔》史诗国际学术研讨会召开期间授予巴特那生等 3 人以"中年江格尔齐"称号、太宾·甫日布加布等 12 人为"少年江格尔齐"。2009年，该县江格尔少年马头琴乐队 10 名队员受邀前往维也纳参加第三届维也纳国际音乐节，在"金色大厅"演出并取得巨大成功，分别获得了优秀表演奖和"奥中青少年国际文化交流"特别贡献奖和优秀组织奖。

4. 建设一批传承和发扬江格尔说唱艺术的软硬平台

以江格尔文化村、孟根布拉克江格尔齐培训基地、县一中等基层示范区为依托，组织开展"江格尔杯说唱比赛"、"江格尔杯文学创作比赛"和"江格尔文化进课堂"等群众性江格尔主题文化活动；在该县的第二大镇和什托洛盖修建了具有浓厚江格尔文化氛围的"江格尔敖包"；把那仁和布克牧场打造成我国首个江格尔文化村；建设江格尔民俗风情园、江格尔文化广场等一批文化旅游形象标志建筑设施；2008 年，投资 1000 余万元的"江格尔文化艺术宫"落成，其目的是将其建成具备科研教学、资料收藏、文化交流、旅游接待、文艺演出、文化产业开发等多种功能的世界江格尔文化研究发展中心和大本营。

5. 尽全力开展"江格尔"文化世界非物质文化名录申报工作

近几年来，和布克赛尔蒙古自治县经过不懈努力，使《江格尔》纳入了第一批国家非物质文化遗产保护名录。目前，自治县正在为《江格尔》申报世界非物质文化名录。这些努力将为和布克赛尔蒙古自治县在更高层次、更广领域对民族文化事业进行传承与发展、提升自治县的知名度、突出地方特色、打造文化名县，奠定良好的基础。

（二）和布克赛尔蒙古自治县佛教文化

蒙古族受喇嘛教影响最深，16 世纪下半叶，喇嘛教传入蒙古民族并在其间传播。1640 年《卫拉特法典》将藏传佛教格鲁派定为卫拉特蒙古唯一的宗教。

1771 年土尔扈特部回归祖国时，就带回 7 座"库热"及"库热"内的经书佛像等物。①

由于蒙古族信仰喇嘛教，庙堂、喇嘛在和布克赛尔蒙古自治县这片古老而神奇的土地上随处可见，藏传佛教寺庙比较多，佛教文化比较兴盛。

敖包特庙（普恩寺）是和布克赛尔蒙古自治县最大的喇嘛庙，被称为"阿勒布屯都布楞"，其意为"很坚固，昌盛"，又称"王库仑"。十二世、十三世和现在的第十四世夏立宛活佛均在此寺坐床。该喇嘛庙于清乾隆十七年（1752 年）重建之后，又多次扩建。第三次建于 1801 年，清廷理藩院赐匾"普恩寺"。第四次建于 1864 年。1888 年，此庙被再次修建。起初建在托格日克哈尔嘎，后于 1893 年搬迁至和布克赛尔。"文化大革命"中，主要经堂、佛像被毁，贵重物品全部被烧毁。1983 年，112 平方米的新庙落成，恢复了宗教活动。2000 年当地又重建了 260 平方米的新庙。目前，敖包特库热庙共有喇嘛 50 多人。

铁布肯庙（普庆寺）佛教名称为"阿拉西郭令"，其驻地属 1771 年归来的策伯克多尔济之三弟头等台吉阿克萨哈勒。该喇嘛庙位于今蒙根布鲁根村，是夏立宛活佛十三世转世灵童降生之地，又称"金摇床"。1870 年第二次建庙。1879 年再一次扩建，清廷理藩院赐匾"普庆寺"。1913 年民国政府将之命名为"永清寺"。1983 年，在原来寺庙的基础上修建了 1 座新庙，面积为 80 平方米，恢复宗教活动，现有喇嘛 16 人。

伊克库拉庙佛教名称是"嘎登阿拉西彭克那木吉令"，其驻地属策伯克多尔济之子北右旗札萨克头等台吉恭格车凌之封地（今查干库勒乡伊克库热村，"伊克库热"，蒙古语意为"大庙"）。该喇嘛庙于 1873 年再建，寺庙总面积 1215 平方米；庙中有 5 个"桑"（财库），3 个法会场地，最盛时有 500 多名喇嘛。1983 年 8 月开放，恢复宗教活动，现有喇嘛 13 人。

拉吾仑庙佛教名称叫"夏日甫却恩库令"，建于 1894 年，已有百年历史。建庙初期，此庙只有 12 名佛教弟子。鄂罗勒木扎布亲王时期，一度发展到 117 名喇嘛。1986 年恢复宗教活动，现有喇嘛 9 人。

---

① 喇嘛教寺庙，早先以蒙古包居多，蒙古语谓之"库热"。中间一大蒙古包，内置佛像、法器、经书等，四周围绕小蒙古包，供喇嘛们居住。

藏传佛教影响着蒙古族生活的各个方面，寺庙的各种宗教活动和蒙古民族的各种民俗活动相互渗透，共同丰富了新疆的多元文化。

（三）蒙古长调的传承和发展

200 多年来，长调歌曲以婚礼、祭火神仪式等民俗活动为主要载体，伴随着和布克赛尔蒙古人的生活，以口传心授式的传承方式在民间广为流传。人生礼仪、祭祀敖包、祖鲁节、那达慕大会、白节、麦德尔节、祭火神等民俗活动或传统节日中都演唱长调。民国初期和布克赛尔王爷府中还有为诺颜（贵族）们演唱长调的专职歌手。20 世纪 60 年代长调歌曲被禁止传唱，直到 80 年代初，随着长调民歌征集工作的展开，有很多民间艺人参加了新疆人民广播电台及县政府组织的长调收集录音工作。蒙古长调又重新回荡在当地居民的婚礼等仪式活动中。"奥尔古勒胡"（抢婚习俗）是存在于卫拉特各部的一种婚俗，历史上曾经普遍存在，但随着时代变迁，在新疆博尔塔拉、伊犁及巴音郭楞蒙古自治州等地已不多见，唯独在和布克赛尔成为一种习以为常的民俗事项。① 在这些仪式行为中，长调既是仪式的组成部分，又是仪式的表达手段。长调音乐在实现仪式功能的同时，也为自己的继承和发展提供了可能，由于民间长调是深深扎根并依附于婚礼仪式、祭拜火神这样的民俗文化土壤之中，使得和布克赛尔民间长调音乐在当今多元文化的冲击下顽强保留着稳定的生存环境和空间依托，并得以世代相传。和布克赛尔蒙古自治县查干库勒乡的那木加甫在 20 世纪 90 年代代表我国参加在蒙古国举办的国际民间长调比赛并荣获金奖。2008 年和布克赛尔蒙古自治县被评为"长调之乡"，2009 年和布克赛尔蒙古自治县在查干库勒乡举办了第二届长调比赛，全县各乡镇场选送的代表 33 名民间歌手参加了比赛。2010 年又举办了第三届蒙古长调民歌比赛。

（四）蒙古族那达慕大会

那达慕大会在蒙古民族中历史悠久，是蒙古族人一代代承袭下来的文化传统，早在 13 世纪初成吉思汗被推举为蒙古族各部落的大汗后，就举行过盛大的

---

① 梁米娅：《从和布克赛尔"奥尔古勒胡"婚礼仪式看卫拉特蒙古人婚礼仪式的文化变迁》，《喀什师范学院学报》2009 年第 2 期。

那达慕大会。射箭、骑马、摔跤是那达慕大会的主要内容，同时还要祭敖包，喇嘛们要点灯诵经，为民族祈求吉祥。从 1999 年开始，和布克赛尔蒙古自治县每年都举办那达慕大会，除了传统的内容以外，商贸旅游等活动一并开展。2007年开始，该县将江格尔文化旅游节和那达慕大会合并举行。2009 年第三届江格尔文化旅游节暨第十一届那达慕大会期间，不仅举行了蒙古长调、马头琴、托布秀尔专场文艺晚会，而且举行了速度马、走马、骆驼赛、摔跤比赛以及咏颂祝赞词，还在该县少年宫举行国际象棋、中国象棋、乒乓球等群众喜闻乐见的文娱活动。2010 年 7 月该县第四届江格尔文化旅游节暨第十二届那达慕大会开幕，同时江格尔文化广场江格尔雕塑揭幕，期间举办了赛骆驼、摔跤、托布秀尔等多项民族文化体育活动。

（五）日常生活习俗的变迁

传统上和布克赛尔蒙古自治县的蒙古族群众以肉与奶食为主，由牧转农以后，奶肉少了，逐渐以杂粮蔬菜为主要食品。蒙古族喜欢喝酒，起先喝奶酒，后来才改喝白酒和黄酒，土默特蒙古族喜欢自酿黄酒。蒙古族为游牧方便而住蒙古包，定居后改住平房，该县在牧民定居上花了许多工夫。据该县宣传部部长冬梅介绍，对于进县城居住的牧民，政府补助大部分，自己出小部分就可以在县城有一套房子。和布克赛尔蒙古族所过的节日，有大年、正月十五、天全、二月二、清明、端午、中秋、腊八、祭灶等，此外还有庙会和家祭等节庆。可以说，和布克赛尔蒙古族传统的生活习俗随着时代的变迁也在发生着深刻的变化。

三　和布克赛尔蒙古族文化的未来展望

随着现代化的冲击，传统的民族文化也在发生着巨大的变化，或是在保护的前提下，极力抗拒着改变，或者在顺应现代化的过程中逐渐消失。由于历史积淀深厚，就目前而言，和布克赛尔蒙古族文化表现比较突出，是新疆多民族文化中绚丽多彩的篇章。

近年来，和布克赛尔蒙古自治县认真贯彻"保护为主、抢救第一、合理利用、传承发展"的非物质文化遗产保护工作方针，切实加强对非物质文化遗产的传承、保护、发展工作，民族文化活动开展得十分活跃。但是，民族文化的保

护和发扬是一个综合课题，前面要走的路还很长，我们需要在如下几个方面付出长期不懈的努力。

首先，在保护现有特色文化的基础上要不断拓宽领域。近几年，该县在江格尔说唱艺术、藏传佛教等特色文化保护和传承方面做了很多努力，成就是有目共睹的。但多彩的蒙古文化有待从政治、经济、宗教、历史、民俗、语言等各个方面进行全方位的系统思考，和布克赛尔蒙古民族文化的内容发掘还大有余地。

其次，要把和布克赛尔蒙古族文化放在一个大的环境下考量。在整个蒙古族文明、中华文明的大背景下，联系中国历史上北方中原文化以至中亚等周边地区和国家的文化，从大视角来考量和布克赛尔蒙古族文化。在民族文化的开发上，聘请历史学、文学、社会学、民族学、人类学相关专家，综合运用多学科探究民族文化的过去、现在并规划未来，结合相关产业发展，使开发出来的文化产业更科学、更具生命力。

最后，开发民族文化时，要和当地蒙古族居民的生产生活结合起来。民族文化不能脱离该民族的日常生活，民族文化产业要让当地承载该文化的族民在这一过程中获益，才能保证产业效益长期持久。

年度聚焦：双语教育与新疆少数民族语言发展

Annual Focus：Bilingual Education and the Development of Ethnic
Minority Languages in Xinjiang Uyghur Autonomous Region

B.11

新疆双语教育推进过程中存在的突出问题及政策建议[*]

惠 鸣[**]

摘　要：当前，新疆维吾尔自治区双语教育的主要问题是：主导模式选择简单化、推进速度过快、双语师资"一缺两低"情况严重、教材及教辅材料开发滞后、人员安置和经费配套政策不完善。这些问题引发了一系列负面效应，包括少数民族语言活力削弱、教学质量堪忧、学生学习困难加大、

* 本文为"中国少数民族文化发展战略研究课题组"开展的"促进新疆稳定发展的文化建设战略"专题调研分报告之四，课题组和调研均由国家民委文化宣传司与中国社会科学院文化研究中心共同主持，调研时间为 2010 年 9 月。调研组成员：武翠英、李景源、张晓明、张学进、章建刚、李河、吴元梁、任乌晶、李民、惠鸣、意娜。
** 惠鸣，中国社会科学院文化研究中心特聘研究员、主任助理，主要研究领域为文化产业与文化政策、少数民族文化发展、文化哲学等。邮编：100732。

部分少数民族群众心理担忧增加。新的历史条件下，应当从国家文化战略的高度，完善新疆维吾尔自治区双语教育目标和相关政策，使之更加符合新疆实际，让双语教育真正回归双语的本质。

关键词： 新疆　双语教育　政策建议

市场经济的不断深入发展使新疆与我国内地经济联系和文化交流日益紧密，新疆与内地广大地区之间的人口流动空前活跃。新疆维吾尔自治区各族人民之间的经济与社会文化交流也不断深化。掌握国家通用语言文字，对于新疆维吾尔自治区的少数民族群众适应市场竞争、提高个人和家庭经济收入、开拓个人在全国范围内的就业与发展空间，都具有十分重要的意义。双语教育的重要性和必要性已经得到新疆各族人民和社会各阶层的全面认可，少数民族群众学习掌握汉语的需求和动力十分强烈。以全面普及双语教育为契机，新疆维吾尔自治区正在迎来一个教育水平全面提升，经济、社会、文化快速协调发展的全新时期。但是，新疆维吾尔自治区的双语教育在推进过程中还存在着一些较为突出的问题。如能采取恰当的措施，及时解决这些问题，对于顺利推进双语教育、保证新疆维吾尔自治区教育文化事业的繁荣发展和各族群众和谐共处都将具有极为重要的意义。

一　改革开放以来新疆维吾尔自治区双语教育推进过程回顾

改革开放以来，新疆维吾尔自治区的双语教育经历了初步实验、全面推广和加快推进三个阶段。第一阶段是 2002 年之前的初步实验阶段。改革开放后，新疆维吾尔自治区教育领域延续了此前的"少数民族语言教育"和"汉语教育"两个教育体系双轨并行的政策。除少量"民考汉"学生在汉语学校接受教育外，大多数少数民族学生接受少数民族语言教育，教学中采取以民族语文教学，加授汉语的模式。这种模式中，汉语只作为语文课来讲授，通常从小学高年级或初中开始开设。由于缺乏汉语环境的支撑，绝大多数少数民族学生汉语能力提高缓慢，教育部门所期待的少数民族学生高中毕业时"民汉兼通"的目标根本无法实现。这一时期，全疆还没有形成明确的双语教育推进战略。1992 年，新疆维吾尔自治区在乌鲁木齐、塔城和吐鲁番地区一些少数民族语言学校进行双语授课实验，双语教育成为明确的教育发展目标，在全疆进入有计划的推进阶段。

第二阶段是2003～2004年间的全面推广阶段。2003年，自治区人民政府明确提出，在继续巩固少数民族母语教学的同时，要切实加强汉语教学在初、中等教育中的突出地位，在中、高等教育阶段的主导地位。根据自治区的决定，各地条件较好的中学开办初中双语实验班。2004年，自治区党委、人民政府在《关于大力推进"双语"教学工作的决定》（新党发〔2004〕2号）中指出，要以提高汉语教学质量为重点，根据因地制宜、分类指导、分区规划、分步实施的原则，逐步推进双语教育工作。

第三阶段是2005年以来的加快推进阶段。2005年，自治区下发了《关于加强少数民族学前双语教育的意见》（新党办发〔2005〕28号），明确了双语教育要从幼儿抓起，从学前抓起，实现学前和小学双语教育的衔接，双语教育进入快速推进阶段。2010年，在《新疆维吾尔自治区少数民族学前和中小学双语教育发展规划（2010～2020年）》（征求意见稿）中提出，到2012年，基本普及国家通用语言文字为主、本民族语言文字为辅的少数民族学前两年双语教育，2015年中小学少数民族学生基本普及多种模式的双语教育，到2020年实现中小学少数民族学生双语教育全面普及。2011年1月，新疆维吾尔自治区党委、自治区人民政府发布了《新疆维吾尔自治区中长期教育改革和发展规划纲要（2010～2020年）》，双语教育的发展目标最终调整为：到2012年，基本普及少数民族学前两年双语教育，接受学前两年双语教育的少数民族幼儿占同年龄段少数民族幼儿总数的85％以上；到2015年，少数民族中小学基本普及双语教育，接受双语教育的少数民族中小学生占少数民族中小学生总数的75％左右；到2020年，接受双语教育的少数民族中小学生占少数民族中小学生总数的90％以上。

二　新疆维吾尔自治区双语教育
推进中存在的突出问题

双语教育普及进程的不断加速使新疆少数民族聚居地区的汉语教育获得了前所未有的突破，将全疆教育水平提升到了一个新的台阶，也为在少数民族聚居地区全面建成科学、合理的双语教育体系积累了宝贵经验。随着双语教育的深入推

进，一些曾经发挥了重要作用的政策措施逐渐暴露出其不足之处。这些不足之处突出表现在以下方面。

（一）双语教育主导模式的选择存在简单化倾向，引发突出问题

语言和文化多样性是新疆各族人民宝贵的文化财富，多语环境构成了新疆文化生态的基本特征。从国家文化利益的角度看，新疆少数民族语言的发展对于提升中华文化的包容性和吸引力，弘扬国家文化多样性，增加国家文化影响力的战略资源储备都具有重要作用。

但是，目前新疆大力推行的双语教育的主导模式却会导致少数民族语言活力的弱化。根据《新疆维吾尔自治区少数民族学前和中小学双语教育发展规划(2010～2020年)》(新政发〔2011〕30号)，新一轮双语教育推进过程中将采用两种双语教育模式。模式一是指小学语文、数学、科学、信息技术，初中汉语、外语、数学、物理、化学、生物、信息技术，高中汉语、外语、数学、物理、化学、生物、信息技术和通用技术课程使用国家通用语言文字授课，其他课程使用本民族语言文字授课。模式二是指全部课程使用国家通用语言文字授课，开设民族语文课程；不具备师资条件的学校，体育、音乐、美术课程可以使用本民族语言文字授课。尽管这一文件中对全区各地小学采用模式一或模式二做出了较为灵活的规定，但模式二依然是主导性和导向性的目标模式。这意味着少数民族语言文字在双语教育体系设置中最终定位依然是"加授课程"。从教学语言到"加授课程"的改变，不仅会减少少数民族语言在课堂中的使用，而且会全面减少少数民族语言在区域经济、政治、文化等社会生活中的应用，使少数民族语言从区域性社会交际语言向社区交际语言、族群交际语言和家庭交流语言转化。这种功能上的转型会导致少数民族语言文字出版物的大量减少，从而严重影响到少数民族语言的现代化转型。这种客观效果既不符合少数民族群众的文化需求和心理期待，也不符合中华民族长远的文化利益和政治利益。在新疆一些较早推行"以汉语授课，加授少数民族语言"教学模式的地方，某些少数民族语言已经出现了明显的衰退，这种现象值得深思。

少数民族语言地位的弱化也不利于新疆社会的和谐发展。长期以来，在国内、国际各种因素的催化下，新疆一些少数民族形成了强烈的民族认同意识，对本民族语言在新疆社会生活中的地位极为看重。这是在全疆推进双语教育时无法

回避、也无法绕行的现实。"汉语授课，加授少数民族语言"的双语教育模式却透露出了少数民族语言的地位受到弱化的消极信息。这使不少民族群众对本民族语言文字的发展前景产生担忧。但由于种种原因，他们不愿意甚至是不能够公开表明内心的担忧。这就为"双语教育是对少数民族推行文化同化"等言论的传播提供了社会心理空间。我们必须认识到，以目前的方式推动双语教育的快速普及，表面上并没遇到多少阻力，但实际上却可能使某些不满情绪不断积聚，严重影响新疆的长治久安和繁荣发展。

（二）双语师资"一缺两低"情况严重，教学质量堪忧

长期以来，新疆少数民族聚居地区兼通少数民族语言、汉语双语的各级各类教师十分短缺。随着双语教育加速推进，双语教师"一缺两低"（数量缺少，汉语水平低，双语教育能力低）的问题日益突出。在我们调研的伊犁州、伊宁县、尼勒克县、和田市、墨玉县、喀什市、泽普县、乌恰县等地，当地教育部门都反映双语教师严重短缺。在维吾尔族占本地总人口比例高达97%的和田地区，据教育部门估计，目前全地区双语教师缺口高达1万人。目前已经完成培训担任双语教育的教师主要是少数民族语言教师转型而来，这些老师大多是通过为期一年或两年的汉语学习培训成为双语教师的。由于学习和使用汉语的时间有限，多数双语老师的汉语水平或使用汉语教学的能力比较低，汉语讲授课程的教学质量很难保证。

为满足双语教育推进的总体部署，全疆各地还采取了多种方式增加双语教师数量，如招收县聘教师、发动师范学院学生支教、动员部分政府机关人员到学校进行阶段性任教等。但这些办法只是在一定程度上缓解了燃眉之急。全疆范围内，双语教师"一缺两低"的现象正在随着双语教育的新一轮加速推进而日益突出，成为制约双语教育发展的重大因素。

根据《新疆维吾尔自治区人民政府办公厅关于进一步加强少数民族"双语"教师培养工作的若干意见》（新政办发〔2009〕40号）提供的数字，到2012年，全区学前"双语"教师缺额约1.15万人，到2014年，全区小学"双语"教师缺额约5.6万人，初中缺额约1.3万人。如果考虑到高中阶段双语教师的缺口，2012~2014年全疆需要新增加的各类合格的双语教师的数量可能高达8万人以上，平均每年需要新增加2.6万人以上。从近年来新疆双语教师培

养的实际进展来看，每年新增加2.6万以上合格的双语教师基本上是无法实现的。

数量充足、质量合格的双语老师是新疆全面推进双语教育建设的根本前提。不顾师资力量的现实状况，一味加快推进双语教育普及的进程，不仅会使双语教育的质量难以保障，而且会削弱少数民族群众对双语教育的接受和认同。一些少数民族知识分子担忧，在双语师资条件还很不充分的条件下，大规模快速推进双语教育，将会使整整一代少数民族学生成为少数民族语言学不好、汉语学不好、知识和文化学不好的"准文盲"。这种担忧值得高度重视。

（三）大量不具汉语听课能力的学生进入以汉语教学为主的教育体系，加剧了双语教育质量问题

双语教育的推行是一项系统工程，学生的语言能力同样是双语教育质量的重要保证。目前，全疆小学到高中阶段在少数民族语言学校就读的少数民族学生中，大多数人由于缺乏学习、使用汉语的社会环境，实际上不完全具备用汉语听课、学习的能力。这类原本接受少数民族语言教学的学生，突然转入以汉语授课为主的双语教育体系后，很多人学习成绩在低水平徘徊，提高缓慢。从双语教育的规律来看，对于缺乏汉语应用环境的少数民族学生完全使用汉语进行授课、只保留少量母语课程的做法，一方面会使学生的母语思维能力和心智能力的培养受到抑制，另一方面也会使学生的汉语思维和理解能力长期处于紧张和不足状态，挫伤他们学习的积极性。伊宁县一位从事双语教育的老师反映，没有经过学前双语教育的少数民族学生，入学后很难适应汉语授课，有的班级40%的学生跟不上课程，老师的压力很大。部分少数民族学生家长和知识分子对这种不顾教师实际状况、脱离学生实际情况的双语教育意见很大。

（四）教材及辅助学习材料开发滞后，增加了教、学双方的困难，造成双语教育无法进入良性循环

作为一种新的教育理念与教育方式，双语教育不仅需要教师能够熟练应用两种语言进行授课，学生具备相应的使用汉语听课学习的语言能力，还需要科学的、适应母语文化背景的、易懂的专用教材，并有丰富的配套辅助教材和形式多样的学习资料。由于缺少根据少数民族学生的语言能力和文化背景编写的汉语教

材，新疆各地双语教育中采用全国通用的汉语教材。少数民族学生在学习过程中，由于缺乏必要的文化与知识背景，对教材中的一些内容（如古文和古代诗歌）在理解上普遍存在较大困难。帮助少数民族学生掌握汉语教材内容的动漫、语音等辅助性学习资料也非常缺乏。这些问题加剧了双语教育中已经存在的其他矛盾，使双语教育难以进入良性循环的轨道。

（五）配套环节缺失，导致多重负面效应

双语教育的全面推行是一项影响新疆社会长期发展的重大基础性文化工程。随着双语教育的全面推行，新疆的教育体系，以及相关的师资结构，少数民族群众的文化认知等，都在发生重大变化。在这种背景下，推进双语教育尤其需要谨慎细致，做好各项配套工作，以缓解少数民族群众的心理压力。目前，新疆双语教育在配套支持方面还存在着较为突出的问题，这些问题对双语教育的整体推进造成了负面影响。

首先是少数民族语言教师的转岗和安置工作中存在不到位的现象。当前，双语教育的推行需要大批少数民族语言教师通过学习和培训转型为双语教师。但是，一些少数民族老师由于年龄和其他原因，无法完成向双语教师的转型。对这类少数民族语言教师，教育部门通常安排提前退休、转到教辅岗位或安排其他工作。但无论是提前退休或转岗，都会带来收入降低，社会地位下降等问题，使教师个人利益受到损害。这引起一些少数民族语言老师的不满。教师是少数民族中的文化精英，在少数民族群众心目中通常具有较高的威信和影响力，他们个人利益受损、社会地位下降以及对双语教育的不满情绪都会影响到少数民族群众，造成新的不满情绪，从而不利于双语教育的推进。

其次是双语教育的经费保障依然不够充分。全面普及学前双语教育是推动双语教育整体顺利发展的重要举措。为此，自治区专门出台了《新疆学前"双语"教育发展保障经费管理暂行办法》（新财教〔2010〕118 号），对"七地州及九县市"学前双语教育的经费保障进行了全面部署，但学前双语教育在保障经费方面仍然不够充分。以伊宁县为例，至 2010 年 9 月，全县已经建成 68 所学前双语幼儿园，占当地幼儿园总数的 70% ~ 80%，但由于经费和编制缺乏，大多数双语幼儿园一个班级只配 1 个双语老师，没有经费聘请厨师、保育员和勤杂工，教师实施包班教学，还兼任保育、勤杂等工作，负担很重，不能全身心投入教

学。按照自治区提出的标准，进入双语幼儿园的少数民族儿童每人每年生活补助1000元，每人每年共用经费300元。但民汉混合编班后，汉族儿童没有这笔经费，既造成各族学生生活待遇上的不平等，事实上也拉低了幼儿的生活补助水平，汉族群众和少数民族群众都不满意。

双语教育推进中存在的这些问题在当下制约着双语教育的质量提升和顺利推进，远期则影响着新疆双语教育体系建设的最终成功，影响着新疆文化多样性和文化的繁荣发展，必须高度重视。

三　完善新疆双语教育相关环节的政策建议

双语教育的发展是深刻改变新疆语言生态与文化格局的重大文化事件，事关新疆各少数民族群众长远利益和国家根本利益。我们认为，针对新疆双语教育推进过程中存在的问题，当前应该采取以下措施。

（一）从国家文化战略的高度，完善新疆双语教育目标和相关政策，使之更加符合新疆实际，让双语教育真正回归双语的本质

要确定新疆双语教育的合理目标，首要问题是从认识上解决少数民族语言与国家通用语言的关系问题。从国家文化战略层面，特别是从少数民族文化发展战略来看，新疆双语教育中国家通用语言与少数民族语言的关系来自两个战略性维度的交集：国家通用语言推广普及的合法性、正义性和紧迫性；少数民族语言与文化传承发展的合理性、正当性和必要性。相对于新疆短期内经济社会环境和政治气候的波动，这一战略性交集的内容具有稳定性、长期性和根本性的特点。只有从这一战略交集出发，新疆双语教育中少数民族语言与汉语两种语言的比例关系问题、少数民族语言教育体系向双语教育体系转型的速度和节奏问题、双语教育的模式构建问题、少数民族语言与文化的发展前景问题才有可能得到经得起时间考验的合理解答。

当前新疆正在加快推行的"汉语授课，加授少数民族语言"的双语教育政策目标是在特定的背景下出台的，有其历史合理性，对新疆少数民族教育的发展产生了重要的推进作用。但正是因为这一点，这一政策在出台过程中不可避免地受到新疆阶段性社会政治环境的影响，带有一定的应急色彩。随着双语教育在新

疆各地的深入推进，隐藏在这一政策设计中的深层问题也日益暴露。如果不加反思地继续推行这一政策，将会对少数民族语言与文化发展带来较为严重的不良影响，最终损害国家根本利益。

建议由中央政府授权，组成包括国家民族事务委员会、文化部、教育部、新疆教育部门等部门参加的双语教育政策评估和研究组，在深入调研和广泛听取相关专家、双语教师和少数民族学生家长意见的基础上，完善新疆的双语教育政策和推进计划，使之更加符合新疆实际、更加符合广大少数民族群众的意愿，真正回归双语的本质。

在提出更为完善的双语教育目标模式和推进规划以前，应当允许新疆各地区根据双语教师培训和少数民族学生汉语听课能力的状况，因地制宜，灵活执行现行的双语教育政策，以减轻对少数民族语言文化和少数民族学生的不利影响。

（二）充分准备双语教育的各项条件，有序推进双语教育普及的进程

首先，要进行充分的师资准备，把培养数量充分、质量合格的双语教师作为推进双语教育的第一要务和第一条件。为此，应该加大投入，加大双语教师培训的资金投入规模，扩大现有的双语教师培训工程，大量培养从学前教育体系到终身教育体系的双语教师，为双语教育的开展提供充分的合格师资。在条件不具备的情况下，双语教育的推进宁可从缓，也要避免拔苗助长、盲目冒进的"跨越式发展"。

其次，要从培养学生汉语听课、学习的能力着手，稳步推进双语教育。双语教育的推进，应该与学生的汉语能力相适应。要在学生掌握了必要的汉语听课和学习能力后，再使他们进入汉语与少数民族课程比例科学合理的双语教育环境中。要避免为追求"双语教育普及指数"而将大量不具备汉语听讲能力的少数民族学生"投入"以汉语授课为主的双语教育体系中。

再次，要组织力量，迅速开发新疆双语教育所急需的教材和教辅体系。适应少数民族学生知识和文化背景的双语教材和教辅资料，对提高双语教育的质量具有重要意义。要针对新疆双语教育的需要，大量开发具有新疆地方文化特色、丰富生动、适合少数民族学生知识和文化背景的双语教材以及相关的音像和图册等

教学辅导资料，为双语教育的顺利推进提供教材保障。

又次，要从新疆各地实际出发，实施差别化双语教育模式。以增进少数民族学生汉语和母语两种语言能力为目标的双语教育模式，是总体性的目标模式。由于新疆各地民族分布、地域性历史文化和教育水平的差异，各地在实施这一总体模式的过程中，还必须立足当地实际，坚持"因地制宜"、"分类指导"、"分区规划"等原则，实施差别化的教学模式。只有真正落实好这些原则，一个寓多样于统一的双语教育政策才能落地生根，得到新疆广大少数民族群众的衷心拥护。

最后，要做好从少数民族语言教育体系向双语教育体系转型的整体性设计。双语教育的全面推行，使原有的少数民族语言教育体系被打破，新的双语教育体系逐渐建立。在这一过程中，要努力做好三个方面的工作。一是要尽可能使转型过程柔性化、弹性化、人性化，为少数民族师生和学生家长提供认知转型、心理转型的空间，并在最大程度上减轻新旧两种体系转换对少数民族教师和学生的冲击。二是要用科学、合理的双语教育理念指导学前教育、义务教育、高中阶段教育、大学教育、职业教育、继续教育等各个阶段的教学体系转型，形成覆盖各个教育阶段、各种教育类型的相互连通的双语教育体系。三是要努力打通新的双语教育体系与汉语教育体系的连接，使双语教育体系与汉语教育体系之间形成日益紧密的双向交流，充分共享先进的教学理念与丰富的教学资源，推动全疆教育事业更快更好地发展。

（三）全面强化双语教育配套措施，为双语教育的成功推进提供强力支撑

双语教育是一项牵涉面极广的系统工程，其顺利推进需要强力支持。为此，需要强化教育体系改革、就业、公共文化服务、社会等领域的配套措施。

在教育体系改革领域，要重点做好三个方面的保障工作。一是妥善安排教育体系转型后的少数民族语言教师的工作岗位，使他们收入不降低，地位有保障，心理无负担，赢得他们对双语教育政策的拥护。二是要落实好双语教育的经费保障，使少数民族群众充分感受双语教育的好处。在实行民、汉学生混合编班的各级各类学校中，一定要全面贯彻各族学生一律平等的原则，实行各类经费和补贴对所有学生一视同仁，避免以民族身份确定资助对象或受惠对象的做法。三是做好双语教育的激励性政策设计。建议改革高考中按民族身份进行加分的设计，调整为按双语或多

语能力加分，并在高考和其他人才选拔考试中，赋予少数民族语言与汉语、英语等语言科目以同等权重，激励全疆各族学生积极学习其他民族的语言。

在就业领域，要逐渐建立针对双语能力的激励机制。要把双语老师视为具有两种专业技能的双技能专业人员，从工资待遇上进行激励，从而吸引更多的人热爱双语教育、投身双语教育。同时，在公务员考试和其他就业选拔中，将双语能力作为优先录取的条件，营造双语学习的社会环境。

在公共文化服务领域，要办好各类少数民族语言报刊、电台、电视频道、出版社、网站，加强少数民族语言文字公共文化产品和少数民族特色公共文化服务的供给，加大少数民族文化遗产保护的力度，促进少数民族文化对外交流，提振少数民族群众对本民族文化发展前景的信心。

在社会领域，要适当增加少数民族语言翻译人员的数量，加强少数民族语言的翻译工作，形成尊重少数民族语言的社会氛围。

B.12
新疆双语教育模式及其
改进的对策[*]

祖力亚提·司马义^{**}

摘　要：自1950年至"十一五"末期，在新疆维吾尔自治区实施的双语教育模式主要有三种，其中以母语为主，加授汉语语文课的模式是"双语教育传统模式"，也是目前新疆双语教育的主导模式。理科课程使用汉语授课，其他课程使用母语授课以及全部课程使用汉语授课等为"双语教育新模式"。传统的双语教育模式存在很大问题，尚未实现双语文化和双语能力的目的。但推行双语教育的新模式仍存在重重阻力和困难。针对目前新疆双语教育中存在的问题，我们需要对教育模式进行科学评估，加强少数民族地区学生的素质教育，促进双语教育新模式的推广。

关键词：双语教育　传统模式　新模式　新疆

双语教育政策是多族群社会对少数族群实施的教育政策，它是一个包括母语和第二语言教学的整体过程，含有两个相互联系又相互独立的教学系统，即本民族语和第二语言教学的体系。因此双语教育是"使用两种语言进行教学的一种教育方式"。它既包括用两种语言开设的语文课程，也包括用两种语言作为教学媒介学习其他非语言类学科知识。本文主要探讨新疆的双语教育模式及其改进对策。

---

* 本文系2008年度教育部哲学社会科学研究重大课题攻关项目——《边疆民族心理、文化特征与社会稳定研究》研究成果，项目批准号：08JZD0023-1。

** 祖力亚提·司马义，新疆大学政治与公共管理学院，博士，副教授。邮编：830046。

一 新疆少数民族双语教育模式（1950年至"十一五"末期）

自1950年至"十一五"末期，在新疆维吾尔自治区实施的双语教育，按照教学语言的不同可以划分成为三种模式：模式一：以母语授课为主，加授汉语语文课；模式二：理科课程使用汉语授课，其他课程用母语授课；模式三：全部课程使用汉语授课。第一种模式被称为"双语教育传统模式"，后两种被称为"双语教育新模式"。①

模式一：以母语授课为主，加授汉语语文课（每周4~5学时）（1950年至"十一五"末期）。

传统的双语教育模式是新疆主导教学模式，一直延续至今。② 新疆的中小学采用汉、维、哈、柯、蒙、锡伯、俄7种语言进行教学，其中回族、满族和达斡尔族由于普遍使用汉语，其教学语言是汉语；乌孜别克、塔塔尔、塔吉克3个民族普遍使用维吾尔文字，其教学语言是维吾尔语；其他民族由于人口较少，无法形成教学规模。

在中小学阶段以母语授课为主，加授汉语语文课，是新疆中小学教学语言的基本框架。到2009年，新疆中小学在校学生数为490162人，其中接受传统双语教育模式的少数民族学生数为296695人，占在校生总数的60.53%。③

自传统双语模式实施以来，一直存在且未得到解决的问题。其一，学生学习汉语受到教学时数的限制，加之在少数民族聚居区，校园及社区缺乏语言环境，学生运用汉语的能力难以得到提高，而就业市场对单语人才的就业限制影响了少数民族学生的就业。其二，由于少数民族学生学习数理化等理科课程的民文教辅材料极少，少数民族学生理科教学质量难以获得有效的提高，尤其是在高考方面，与汉族学生相比，少数民族学生在理科成绩方面存在较大的差距，而在少数

---

① 在《新疆维吾尔自治区少数民族学前和中小学双语教育发展规划（2010~2020年）》（新政发〔2011〕30号）中，提出了"模式1"和"模式2"两种双语教育模式，其中"模式1"大体相当于本文中的"模式二"，"模式2"大体相当于本文中的"模式三"。

② 尽管传统双语教育模式是新疆民族教育领域中一种最主要的教学方式，但是在1964~1967年曾经在一些地区的重点中学开设过用汉语授课的双语实验班，如新疆大学附中，乌鲁木齐市六中，伊宁市六中，喀什2中等，但"文革"开始之后就夭折了。

③ 新疆维吾尔自治区教育厅：《新疆维吾尔自治区教育统计资料》（内部资料），2010年10月。

民族考生中，理科成绩较高者也往往更多参阅的是汉语教辅材料。以中考情况为例（参阅表1），我们可以看出汉语系考生和民语系考生理科课程的考试成绩存在较大的差距。

表1　乌鲁木齐地区中考情况统计（2003～2005年）

	数　学		物　理		化　学	
	平均分	及格率(%)	平均分	及格率(%)	平均分	及格率(%)
汉语系	98.7	68.5	58.4	64.4	44.7	—
维语系	74.7	35.8	49.3	42.5	39.5	65.7
哈语系	53.1	13.3	36.0	12.8	32.9	44.3
汉语系	89.7	56.1	61.7	71.9	44.0	77.9
民语系	40.3	4.6	39.1	20.1	33.3	45.6
双语班	66.7	26.9	53.2	52.1	39.6	67.9
汉语系	85.1	—	60.3	—	41.4	—
民语系	42.6	—	43.3	—	30.8	—

注：乌鲁木齐属自治区基础教育发达地区，自2003年开始，民汉学生中考理科考题相同内容比例逐年提高，到2005年，民语系中考理科彻底取消单独命题并完全统一试卷。

资料来源：马戎，《新疆民族教育的发展与双语教育的实践》，《北京大学教育评论》2008年第2期。

由于传统双语教育模式在实践中存在的问题，这一办学模式的生源出现逐年减少的趋势。不少少数民族家长倾向于让孩子上双语班或直接选择上完全汉语授课的学校，这一情况在县级以上的城市比较明显，如在南疆一些县汉语授课学校并不多，但却有相当数量的少数民族学生前去就学。喀什地区的疏附、莎车等县，在汉语授课学校就读的少数民族学生已开始超过汉族学生数。

模式二（双语试验班）：理科课程使用汉语授课，其他课程使用母语授课(1992年至"十一五"末期)。

这种模式多见于新疆维吾尔自治区完全民族语环境的民族中小学。为了提高民语系学生理科教学质量，自1992年始，自治区在维吾尔语、哈萨克语、蒙古语授课的部分民族中学，开展了部分课程使用汉语授课的双语教育实验，即在自治区少数民族中学教学计划框架下，数学、物理、化学三门课（后来加了英语，共四门）用汉语授课，其余的课程用母语授课。2001年，自治区文件《关于加强基础教育改革与发展的决定》中提出："要进一步扩大双语授课实验范围，县（市）及以上少数民族中学要逐步过渡到双语授课实验班教学模式。"自此，这种模式较快地推进到了各地、州、市的部分民族中小学，成为初期易于进入的双语教育模式。

模式三：全部课程使用汉语授课，加授民族语文课程，课程体系设置与汉语系学校相同。民族语文课程从小学一年级或三年级起开设（2004 年至"十一五"末期）。

自 2004 年始，乌鲁木齐市在中小学成功普及双语实验班的基础上，开始全面实施第三种双语教育模式，即由之前在部分民语系中小学实施部分学科（主要是数、理、化）由汉语授课，逐步过渡到民语系小学除母语外，其他学科均使用汉语授课的教学。这种模式是自治区推进双语教育的最终模式。2004 年，自治区下发了《自治区党委、自治区人民政府关于大力推进"双语"教学工作的决定》（2004 年 2 号），进一步明确了双语教育的总体目标，确定了民语系中小学双语教育模式，由现阶段的以理科为主的部分课程用汉语授课，或除母语文之外的其他课程用汉语授课的模式，最终过渡到全部用汉语授课，同时加授母语文的模式。

民语系中小学双语教育新模式的深入开展，需按照因地制宜、分类指导、分区规划、分步实施的原则。乌鲁木齐市、克拉玛依市、石河子市、奎屯市、昌吉市、库尔勒市、哈密市等教育发展水平较高的大中城市，所有的少数民族小学，要在 2004 年以前，实现从一年级起开设汉语课，2010 年实现除母语文外其他学科均用汉语授课。北疆和东疆的市县以及南疆地、州所在地的城市中，所有的少数民族小学，要在 2007 年以前实现从一年级起开设汉语课，2013 年实现除母语文外其他学科均用汉语授课。其他地方的少数民族小学，要在 2010 年以前实现从一年级起开设汉语课，2016 年实现除母语文外其他学科均用汉语授课。在高等教育、中等职业学校，提高预科质量，除少数民族语言等特殊专业部分课程外，有条件的学校公共基础课、专业基础课、专业课 2004 年起全部用汉语授课，其他地区选择部分授课，逐年扩大。[①] 对以双语录取的中学毕业生，根据生源逐步取消预科教育。此外，自治区规定，所有民考汉学生也要教授母语文，也可以归纳到这一模式中。这一双语教育模式的主要目标是通过采用与汉语系学校一致的教学体系及全部课程使用汉语授课，最大限度

---

① 自 2002 年始，新疆大学的少数民族学生，除民族语言文化类专业外，其他专业课程全部用汉语授课。

地强化少数民族学生的汉语学习，缩小新疆民汉教育差距。

虽然到"十一五"末期为止，民族语言授课加汉语语文课的传统双语模式仍然是民语系学校的主导教学模式，但自 2004 年以来，双语教育新模式的推进力度非常大。2006 年自治区接受双语教育新模式的在读学生总数为 114869 人，仅占全区民语系中小学学生总数的 4.95%。[①] 到 2009 年，该类学生总数达 466940 人，占全区民语系中小学学生总数的 13.66%。[②]

二 双语教育实践过程中存在问题的对策建议

在新疆维吾尔自治区实施双语教育新模式具有其现实意义。传统双语教育其教育目的是实现双语文化和双语能力，但是就其实施的效果而言并没有完全达到预期的目标，有限的汉语教学时数和语言环境，使得相当部分的少数民族学生并没有成为双语兼通的双语人。此外，少数民族学生要想获得学业成功，只具备简单的汉语对话能力，并不足以应付有相当认知要求的学术和就业环境，而有限的民语教辅材料也影响了少数民族学生获得较高的学业成就。因此，双语教育新模式的社会目标是使少数民族学生更好地掌握主流语言，提高其教育质量，从而获得更多的就业机会和社会财富，并且更好地传达主流群体的文化价值观以及国家意识，最终将其培养为"合格的公民"。这些都是应当肯定的。

但是需要指出的是，这种教育模式也存在潜在的威胁，相对于双语教育新模式推广的速度，双语师资数量和质量的缺乏可能会影响少数民族学生的双语教育质量；[③]非母语授课可能会使少数民族学生在学习过程中由于文化的"屏障"而影响其

[①] 新疆维吾尔自治区教育厅：《新疆维吾尔自治区教育统计资料（内部资料）》，2007 年 10 月。

[②] 新疆维吾尔自治区教育厅：《新疆维吾尔自治区教育统计资料（内部资料）》，2010 年 10 月。

[③] 自 2004 年以来，双语教育新模式推行的力度非常大，这就需要大量合格的双语教师。自治区决定在南疆增加现有教师编制总数的 10%，即 8706 名作为"双语"教师特设岗位专项编制，在 2007～2012 年核定到位（参见马戎《新疆民族教育的发展与双语教育的实践》，《北京大学教育评论》2008 年第 2 期）。为了培养双语教师政府投入了大量的经费，如自 2000 年以来，自治区每年派近千名少数民族教师到内地高等院校参加不少于一年的双语培训，同时利用区内高等院校，做了大量的汉语和双语师资培训工作，但是仍不能有效地解决汉语和双语师资短缺的问题，其中一个突出的表现就是中小学师资队伍中少数民族教师的整体素质并不高，仅经过一年的汉语强化学习就使用汉语授课，很难保证汉语授课的质量，即便是按照自治区计划在五年内可以解决师资的数量问题，但是质量问题，即是否能胜任汉语授课仍将是一个长期存在的问题。

学业成就；汉语工具性功能和教育功能的强化可能会使少数民族学生对本民族文化价值的认同和族群认同产生负面的影响，后者是大多数少数民族民众所关注和忧虑的。针对这些问题，本文提出以下建议。

第一，从"十一五"末期新疆双语教育的实施状况来看，新疆双语教育的三种模式共存，而第三种模式是自治区政府所确定的最终的双语教育模式。但是，大多数少数民族民众对政府双语教育的计划、目标及意义并不是很清楚。因此，要提高政府双语教育方针和具体实施方案的透明度，加大对双语教育新模式的宣传，才能清除少数民族民众当中不必要的猜忌，纠正错误的认识。

第二，推广双语教育新模式，要本着将每一个孩子教育成才的教育理念，在科学严谨的评估和论证每一个地区的语言环境、教学设施和师资条件的基础上，实事求是、因地制宜地制定科学合理的双语教育实施方案，并对该方案给予说明。

第三，为了解决双语教育新模式中的师资瓶颈问题，政府投入了大量的人力、物力培养双语师资，但效果并不理想，主要原因是缺乏对双语师资培训的科学的考核标准。进一步规范双语师资培训，制定科学严谨的考核标准是当务之急。

第四，双语教育新模式的推进，除了提高少数民族学生的汉语能力，更重要的是提高少数民族教育质量，促进对少数民族学生综合素质和能力的培养。因此，要尽快建立科学的双语教育质量评估体系，这是双语教育新模式成功的核心和关键因素。

第五，双语教育不应只是针对少数民族的教育，而应是培养各民族双语通用人才的教育。因此，除了促进少数民族学生的汉语学习，也应该在汉语系学校设置少数民族语言课程，并建立一定的考核标准。这样，不仅培养了更多的各民族双语人才，有利于促进新疆地区经济社会的发展，而且可以增强各民族之间的了解和交往，有利于增进民族团结。

第六，随着汉语交流功能和教育功能的加强，新疆一些少数民族民众，尤其是知识分子表现出对本民族语言、文字和传统文化是否能继续保存和发展的忧虑，这应该引起相关部门的重视。因此，强调汉语学习重要性的同时，也应该宣传新疆保持语言多样性、文化多元化的重要性，以及保护和发展民族语言文化的决心和努力，让少数民族在肯定本民族语言文化价值的同时，积极主动地学习汉语。

B.13
察布查尔县锡伯族语言文字的
现状及保护建议

察布查尔锡伯自治县民族宗教事务局

摘　要： 锡伯族的历史、语言、文化源远流长，发展出了独具特色的口头文学、民间文艺等。目前，锡伯族的语言文字与文化传统面临消亡危机，亟待启动保护工作。对锡伯族的语言文字进行有效保护，可促进语言与文化多样性，丰富当地居民文化生活，保护与其同源的满语满文。本文提出了设立专项领导小组和工作机构，对锡伯文、满文进行抢救性调查和记录，建立锡伯语、汉语双语建设示范保护区，举办锡伯语文培训班，加强信息化建设等政策建议。

关键词： 锡伯族　语言文字　现状　保护

在全球经济一体化和社会强势语言文化的冲击下，中国满—通古斯语族满语支中的锡伯语文严重衰退，由该种语言文字为载体的锡伯族传统文化资源严重流失，生存环境明显恶化。因此，对锡伯族这一人口较少民族的语言文字，应加强抢救性保护，并尽快付诸实施，为保持世界和中国满—通古斯语族语言的多样性做出贡献。

一　锡伯族语言文字的历史

（一）锡伯族的居住与人口分布

锡伯族是中国56个民族大家庭的成员，也是新疆维吾尔自治区13个世居民族之一。全国锡伯族人口有近20万人，主要分布在辽宁、吉林、黑龙江、内蒙古、北京和新疆等省区市。截至 2005 年底，新疆的锡伯族总人口为 4.5 万余人，占全区总人口的 0.21%，占全国锡伯族总人口的 1/4。新疆的锡伯族居住特点是"小聚居大分散"，主要居住在中国唯一的锡伯族自治县——察布查尔锡伯自治县（2 万多人），其他居住地包括伊宁市（3000 余人）、巩留县（1400 余人）、霍城县伊车嘎善锡伯族乡（2000 余人）、塔城地区（1000 余人）和乌鲁木齐市（近 5000 人）等地。新疆的锡伯族比较完整地保留着本民族的语言文字、传统文化和风俗习惯。

（二）锡伯族的族源

锡伯族的历史、语言、文化源远流长，其祖先拓跋鲜卑早在东汉以前便活动在大兴安岭北段以"嘎善洞"为中心的地带。北魏登国元年（386 年），拓跋鲜卑的大部分进入中原，建立北魏政权；而另一部分则以"室韦"为称号驻留，他们就是锡伯族先民。清崇德元年至顺治五年（1636～1648 年），锡伯族被清政府编入旗兵之内。

乾隆二十九年（1764 年），清政府为了加强新疆伊犁地区的防务，从盛京将军所属的盛京等 10 余座城镇抽调 4000 余名锡伯族官兵和眷属，迁移到新疆伊犁地区戍边屯垦。两个多世纪以来，锡伯族人民与新疆的其他兄弟民族团结和睦，共同发展。新疆的很多锡伯人都极富语言天赋，会使用两种或三四种语言，包括汉语、维吾尔语、哈萨克语、蒙古语和俄语等。锡伯族不断吸纳周边民族的优秀文化，用来发展本民族的文化教育事业，提升自己的整体素质。

（三）满—通古斯语族的语言

满—通古斯语族又称通古斯语族或通古斯—满语族，是阿尔泰语系所属蒙古语族、突厥语族和满—通古斯语族 3 个语族之一，其下又分满语支和通古斯语支，满语和锡伯语归属满语支。"通古斯"一词出现于近代，其含义有"蓄猪之民"和"东方的人"，国内外将这一词语作为对具有亲缘关系的一些民族的统称。满—通古斯语族是发源于贝加尔湖附近的古老的民族共同体，现在属于这个语族的包括满族、锡伯族、赫哲族、鄂伦春族、鄂温克族及生活在俄罗斯境内的奥罗奇人、那乃人、乌底盖人、乌尔奇人、雅库特人等。该语族主要分布在亚洲东北部，南起北纬 40 度，北至北冰洋，西起叶尼塞河，东至太平洋，1000 多万平方公里的土地上，总人口在 1000 万人左右。

在满—通古斯语族的语言中，满语支（南支）主要包括锡伯语、满语（满语在新疆的锡伯族当中是独立发展的一部分）、赫哲语、戈尔迪语、奥罗奇语、女真语（已灭绝，是满语前身的主要组成部分）等；通古斯语支（北支）主要包括埃文基语（即我国的鄂温克语）、鄂伦春语、索伦语等。满—通古斯民族有着灿烂的文化，神话传说、民间文学丰富，尤其是其中的萨满教，已作为原始宗教的代名词，流行于从北美到芬兰等地区。

（四）锡伯语和锡伯文

锡伯语属阿尔泰语系满—通古斯语族满语支，80%以上词语都借用于满语。民国三十六年（1947 年），锡伯族对原先使用的满文进行改进，创制了锡伯文。

锡伯语和锡伯文（之前使用满语、满文）在民间留存着大量的叙事长诗以及形式多样、内容丰富的文献，成为锡伯族创立和发展的历史记录。族内睿智博学的老人、才华横溢的口头艺术表演者还通过生动活泼的锡伯语将族群的口述历史代代传承。锡伯语文也是民族谱系，锡伯人能够借由锡伯语这个线索追溯到久远的祖先、世系。锡伯语言文字不但成为体现锡伯族的民族特征、传承和发展本民族文化传统的动力，并且成为中华民族文化宝库中不可或缺的组成部分。

锡伯语、锡伯文是锡伯族的现行语言文字。中华人民共和国成立后，锡伯语文同全国各民族语言文字一样，进入一个平等使用和共同繁荣发展的阶段，20世纪50 年代是锡伯语文学习应用最活跃的一个时期。中国唯一的一份锡伯文报纸——《察布查尔报》实现活字铅印；出版锡伯文综合类图书199 种，发行 8 万余册，编写出版各类锡伯文教材 21 种，发行 1.4 万余册；锡伯族学校在校学生达 2300 余名，在小学和初中阶段都普及锡伯语文教学；举办乡村夜校，80% 以上的农民实现锡伯文扫盲；民间文艺创作活动十分活跃，多部古典文学作品被翻译成锡伯文，创作演出多部歌舞、音乐、话（歌）剧节目等。

锡伯语文作为由中国新疆维吾尔自治区人民政府职能部门管理的 6 种语言文字之一，其规范化、标准化和信息化建设被列入政府的议事日程，数十年来取得令人瞩目的成果，先后制定了正字法、正音法等规范标准，规范公布了大量名词术语，研制开发出办公系统、出版系统等计算机应用软件。在察布查尔锡伯自治县，锡伯语文广泛应用于新闻、出版、广播和学校双语教育及社会用语用字等重要领域，锡伯族人民利用本民族的语言文字，丰富和发展了自己的文化教育事业。

（五）朱伦呼兰比：锡伯语文独特的文学欣赏形式

锡伯族善于吸纳一切外来文化的优秀成果，文学翻译活动一直非常活跃，翻译文学硕果累累。在将大量汉族古典文学作品翻译成满文或锡伯文的同时，为了在更广阔的范围内欣赏这些作品，锡伯族人民创造了别具一格的文学欣赏形式——"朱伦呼兰比"。

锡伯族所翻译的汉族章回演义小说主要有：《三国演义》《西游记》《水浒》《红楼梦》《隋唐演义》《封神演义》《三侠五义》《聊斋志异》《西厢记》《孟姜女》等一百多部。此外还有译自俄文的俄罗斯著名作家和诗人的作品，如《高加索的俘虏》《巴赫奇萨拉伊喷泉》等名著，都被翻译成锡伯文进行"朱伦念说"。

在"朱伦念说"盛行时期，上述译著（即"朱伦"）在有文化的锡伯人家都存有一部或数部。由于抄本少，想读的人多，人们就自发组织起来集体听读，由此促进了"朱伦念说"的形成和广泛普及。"朱伦"往往由村里有文化的民间艺人进行念说，在"朱伦"的念说和欣赏过程中，每个牛录里都产生了一代又一代的朱伦念说家。每到冬季农闲或节假日的夜晚，有"朱伦"的人家便邀请朱伦念说艺人和众乡亲前来家里念说。念说艺人念说的调式风格各异，给人们以极大的精神享受。听到动人处或念说完一个章节后，大家纷纷发表议论，进行古今对比，对现实社会现象做一番评判，增强了人们对真、善、美的追求和热爱。

"朱伦呼兰比"深受汉文化的影响，比如《三国之歌》《小乔哭周瑜》《张良之歌》等民间文学就是在汉族文学的影响下产生的，同时还注入本民族民间文学的养分，使两者相互交融。"朱伦呼兰比"体现出锡伯族的历史精神和人文传承，为锡伯族民间文学的发展提供了不竭的源泉和动力。

二 锡伯族语言文字对满语文的传承

（一）锡伯语文与满语文同源

锡伯语文与满语文同属阿尔泰语系满—通古斯语族的满语支，懂锡伯文的人就可以懂满文。在语音方面，现代锡伯语和满语的语音系统及其表达功能基本上

相同。在文字方面，锡伯族一直到 20 世纪 40 年代都使用满文。1947 年，锡伯族知识分子对满文进行改进，创制了锡伯文，改进后的锡伯文仍然包含着满文的诸多功能和特点，在其整个文字结构、书写形体和特点等方面都保留了满文的完整性，可以相互通用。现代锡伯文学语言（书面语言）和满语也有着一脉相承的关系，其书面语中的 80% 以上古近代词语与满语同源，清代编纂的满文工具书仍在为锡伯语言工作者所使用。

然而，满语在一个世纪以前就停止使用，而现代锡伯语随着社会发展、大量新事物的出现，在实践中增加了大量新鲜词汇。这部分现代词汇系统，只有现代锡伯语所具备，也是世界和中国满语支的语言在现当代的新发展。

（二）满语在锡伯语当中的留存

锡伯族在清代全面、系统地学习了满语满文，自乾隆年间西迁新疆伊犁地区戍边屯垦至新中国成立前夕一直使用满语满文，加之长期生活在相对封闭的地理环境和八旗制度下，所以迄今为止，锡伯族居住区里依然具有满语文的生存环境，年岁较大的锡伯人都精通满语和满文。在锡伯族民间，留存有大量用满文书写和翻译的文学著作，用以集体念说，成为传播民间文学和开展民间文化活动的重要形式。锡伯族民间的汗都春曲艺，包含越调与平调各 40 多个曲牌、唱腔和曲调，很大一部分是用满语进行演唱。在锡伯族内容极为丰富的萨满神歌和种类繁多的民俗文化中，留存着与满语同源的大量古近代语言词汇和文化信息。

满语满文在锡伯族当中的留存，为世界和中国满—通古斯语族民俗的保存和研究提供了大量的活态语言文化资料，国外许多国家和地区的满学研究人员每年都来到新疆锡伯族地区进行采风。

（三）满文文献的翻译

目前，只有锡伯族能够完整地使用满语满文。基于这一优势，锡伯族学者在国内外的满—通古斯族语言研究、文献研究、文化研究及其整理、翻译等方面都做出了独特贡献。曾经居住于台湾的锡伯族学者广禄先生是《满文老档》的主要翻译者，目前在中国第一历史档案馆从事满文档案翻译工作的基本上都是察布查尔籍的锡伯族。

三 锡伯族语言文字面临的危机

在当今世界经济一体化和现代化、信息化的大背景下，在社会强势语言文化的包围下，锡伯族的语言文字与文化传统面临着前所未有的冲击和挑战，遇到了应用与传承方面的诸多困难和问题。

（一）锡伯语文明显衰退

锡伯语和锡伯文先后经历了20世纪50年代的发展期、60～70年代的教学中断期、80～90年代的恢复期、90年代以来的衰退期4个阶段。

目前一息尚存的锡伯族8所小学的锡、汉双语教育，其锡伯语文教学只教至小学三年级，见不到实际效果，已经处于可有可无、可教可不教的半瘫痪状态。锡伯语文在图书出版等重要领域逐渐萎缩，对本民族传统文化的影响力减弱，已出现衰败迹象。

以口头语言为主要表演方式的锡伯族民间艺术（如念说和汗都春曲艺），其特有的活动场合处于持续性减少，濒临消失，艺术活动无法展开，难以为继。而且，锡伯族民间艺术的自然传承机会正在丢失，口头语言文化遗产走向濒危。

（二）锡伯语文的生存环境恶化

虽然锡伯语文依然珍藏并创造着本民族的口头文学、民间文艺、文化内蕴、民族特性、历史记忆和生产生活经验，但随着锡伯族的经济社会生活受到外界冲击，锡伯语文的生存环境开始逐步恶化，生存空间的边界逐步被蚕食，在城市、城镇、乡村不同层次的使用状况出现裂变。不仅锡伯语文的高位变体能力明显下降，工作语言层次上也出现许多变数，而且交际语言层次即低位变体能力（公众领域的应用能力）也在受着汉语的深刻影响。

（三）保护工作严重滞后

与国外比较，我国对即将消亡或面临危机的语言的保护工作远远滞后。现已开展的民族民间文化保护工程和非物质文化遗产保护工作，尚未对语言这一文化

载体实施专门保护，目前还没有专门课题和专项资金对濒危语言的保护工作给予扶持。虽对个别小语种进行了一些保护，但进展不大，成效甚微。

四　保护锡伯族语言文字的必要性

（一）遵循永久保护语言多样性基本原则的需要

目前，联合国教科文组织正在着手实施濒危语言保护工程。2003 年，联合国教科文组织国际专家会议在巴黎举行，其中关于濒危语言问题特别专家组报告《活力语言与濒危语言》中指出："语言多样性是人类最重要的遗产，每一种语言都蕴藏着一个民族独特的文化智慧，任何一种语言的消亡都将是整个人类的损失。"为此，《联合国教科文组织法》将永久保护语言多样性作为一项基本原则。

基于这一基本原则，教科文组织制定了《处在危险中的语言红皮书》，其中规定："系统地搜集相关濒危语言的信息；加强有关濒危语言的搜集和研究；积极开展工作，建立世界性项目规划委员会；鼓励出版有关濒危语言的材料和研究成果。"

因此，保护锡伯族语言文字，对保持世界和中国语言与文化的多样性，进而研究世界和中国满—通古斯语族历史、语言和文化等，都具有重大的现实意义。

（二）丰富居民文化生活的需要

有效保护锡伯族语言文字，改善锡伯语文的生存环境，减缓其消亡速度，可使我国人口较少民族的语言及其传统文化得到有效的保护和传承，弘扬锡伯族的人文关怀精神。开发和利用锡伯语文中的信息资源和传统文化资源，可恢复衰败中的锡伯语言文字、传统文化与本民族生活的有机联系，使之保存活力，成为留给后人宝贵的精神财富。保护锡伯族语言文字，可充分发挥其民族性、大众性和时代性特质，拓展传播空间，丰富表现形式，使之融入现代日常生活，丰富和活跃群众文化生活。

（三）保护满语满文的需要

由于满文已不再通行，满文文献只有依靠精通锡伯文的人来翻译和整理，锡伯族中使用至今的满语，被学术界称之为"国宝"。目前我国启动清史编写工作，亟须翻译浩如烟海的满文档案。清朝建立之后，在涉及国家重要机密文件和重要条约时就只用满文来记录，有学者指出，如果满语消失，我国东北地区的早期历史以及整个清代史研究将面临永久性的断流，很多史实再也没有解密的机会。据资料记载，北京故宫里有 2000 多万册很有价值的满文资料，我国现存满文档案史料约 200 万件，黑龙江省档案馆里收藏清代史料 60 吨。此外，世界许多国家的博物馆里藏有很多满文资料。但是，只有中国第一历史档案馆和辽宁省档案馆（多数为锡伯族人）在从事满语翻译和研究工作。仅靠这一小部分人来翻译这么多资料，大概需要 200 年的时间。

正因如此，每年都有世界各地的满语学者和研究人员纷纷来到察布查尔锡伯自治县了解锡伯语（满语）的情况，还有国内外许多硕士生、大学生自费前来学习锡伯语。

综上所述，对锡伯族的语言文字及其传统文化艺术的生存环境进行有效保护，不仅是保持世界和中国语言与文化多样性当中的一项不可或缺的内容，而且是丰富当地居民文化生活的重要举措，更是保护世界满—通古斯语族历史、语言和文化的一项非常紧迫的任务。因此，保护锡伯族语言文字，保护其民族人文环境，已刻不容缓。

五　政策建议

我们根据国家相关法律和政策，对保护锡伯族语言文字，提出以下几点政策性建议。

（一）设立专项保护领导小组和工作机构，统一协调，并制定规划及实施方案

保护锡伯语言文字是一项综合性的大课题，需要协调民族、档案、文化、旅游、财政等相关部门，形成合力，联合进行"大拯救"。因此，首先应成立察布查尔锡伯自治县语言文字保护领导小组，以切实加强对此项工作的领导，保证此项工作的顺利开展。

其次，对锡伯语言文字的保护工作，专业性很强。因此，建议本着"政府主导、专家指导、多方协作、企业运作、市场推动"的机制，组建高效、精干、敬业的工作机构，使保护工作富有成效。

最后，建议制定锡伯语言文字的保护建设规划及其5年实施方案，这是实施保护工作以及保护系统使建成后良性运行的重要支撑。同时，建议将锡伯语言文字的保护列入我国有关保护少数民族语言文化规划的大框架之中，充分借鉴其他民族语言文化保护和培训方面的成功经验，更有效地予以实施。

（二）对锡伯文、满文进行抢救性调查和记录，建立相关数据库

对新疆境内锡伯族聚居地区的锡伯文、满文使用程度及其文化生态、民间文化遗产留存状况进行一次全面的田野普查，包括入户调查、问卷调查等，以摸清家底。根据不同界别、职别、性别、年龄对象，通过普查逐一识别出其掌握锡伯语和汉语（兼及其他民族语言）的层次、程度、水平，建立锡伯语档案，为锡伯语言环境建设奠定基础。有重点地对70岁以上会满文的锡伯族老人和民间艺人进行调查，逐一进行录音、录像、图片、文字资料和实物收集工作，建立个人档案。搜集在锡伯语文发展进程中做出杰出贡献的语言学家、作家、艺术家的资料，尤其是现有文字传承人和民间文化传承人的资料，建立人才档案。

本着"保存濒危的，保存现有的，发展有生命力的"原则，对锡伯族传统民俗中的语言活动、口头文学、民间神话、传说、故事、民间知识、民间信仰、美术、图书、书法、文物及歌舞音乐、传统节日活动、艺人说唱、读物编译、社团活动等，进行锡伯语录音和锡伯文记录，建立音像、文字档案。

以采用多媒体技术对锡伯文、满文进行的抢救性调查与记录为依据，建立文字信息资料档案库和数据库。收集由锡伯文、满文创作或记录的相关文字资料、文学艺术作品、经典著作，将其录入文字档案库和数据库中，并视不同情况在相关媒体（如互联网等）上发布。对所收集到的文字档案和资料进行分析研究，撰写发表研究文章，制作文字、图像并茂的VCD光盘。

在此基础上，应制定察布查尔县开展抢救工作规划方案，制定《锡伯文抢救与保护名录标准》。同时，应加强濒危文字抢救与保护方面的宣传工作，利用各种新闻媒体，呼吁全县各行各业全力支持保护工作。

（三）致力于锡伯语言（含满语文）环境建设，建立锡伯语、汉语双语建设示范保护区，建立行之有效的双语模式

保护锡伯族语言文字，必须保证锡伯语文有一个良好的生存环境。因此，应致力于锡伯语言（含满语文）环境建设，即积极营造全县范围内的双语环境，保持良好的双语和多语使用氛围。要保障锡伯语文在自治县的公务活动、教育、新闻、出版、广播、影视等重点领域的使用。其中，应设立锡伯语、汉语影视译制中心，制定相关标准、时间和方式，重点办好锡伯语文广播电视节目。

此外，致力于锡伯语言（含满语文）环境建设，应积极推进锡伯语文在创作文学、口头文学、民间文艺、传统仪式、民间习俗等领域的使用，保证其在锡伯族传统文化的保护和传承中发挥不可替代的载体作用。

在保障锡伯语文在行政事务、广播、电视、新闻出版、传统仪式、民间习俗等重点领域得到应用的基础上，在察布查尔锡伯自治县建立锡伯语、汉语双语建设示范保护区，5 年之内有计划地加以推进。具体而言：从党政机关中选择一至两个部门作为双语典型；从小学中选择一所学校作为双语试验学校；从街道中选择一条街道作为双语示范街；从乡镇中选择两个乡或镇建立双语示范乡（镇），从而建立行之有效的双语模式。

通过示范区的试点和实践，探索出本民族语言文字保护工作经验取得实效，并充分发挥试点的典型示范和引导作用，为日后营造较大范围的语言文化保护区奠定基础，进而为今后全面开展保护工作做好准备。

（四）开展行之有效的锡汉双语教育，举办锡伯语文培训班

第一，针对学校双语教育而言，应加强学前阶段和小学阶段的锡、汉双语教育，搞好校园双语环境建设；每年举办一至二期双语师资培训班，重点培养小学锡伯族教师的锡伯语表达能力和锡伯文书写能力，提升教学水平；开展学习锡伯语文课外活动的不同试点。

第二，针对成人培训而言，每年举办一至三期培训班，重点对县、乡、镇、村级锡伯族在职干部进行专业培训。具体建议如下。

（1）办好锡伯语文培训班。培训班要面向世界招生，其他民族的学员、相关单位与接近专业的人员、有关国家和地区愿意学习锡伯语文的人员及留学生、

研究生等均可接受培训。每期培训50~60人次，学员年龄一般在20~40岁。培训班设立初级班、中级班和高级班。初级班主要学习锡伯文字母系统和常用单词，达到会读会写的初级水平；中级班要达到比较流利的书写锡伯文水平，掌握一定数量的锡伯语词汇，能够写作一般文章；高级班要达到熟练地写作、翻译和研究水平。

（2）充分利用锡伯族当中仍有许多老年知识分子精通锡伯语文的优势，按照"量力而行、分步实施、逐年开展、由初级至中级、高级发展"的思路，安排社会各部门承担锡伯语文的培训任务，逐步形成教学、科研、生产为一体多功能培训模式。

第三，针对专业人才培训而言，要坚持科学规划、统筹安排、合理布局，注重环境建设的"世界性"、"通用性"和"实效性"，依托本县独具的语言优势、人才优势和独特人文环境，坚持高起点、高水平、高效益，有计划、有重点地培养一批水平较高，有较强专业能力的锡伯语文专业人才。

（1）采取政府支持，基地办班与有关学校联办方式，培养一支结构合理、技术水平较高的锡伯语文专业人才队伍。

（2）做好招生工作，不拘一格降人才，只要本人愿意，又有学习使用锡伯语文的愿望，不限年龄均可报名参加培训。

（3）以抢救、保护和传承锡伯语文为主要目标实现培养一批专业人才的任务，此外，条件许可，可承担有关部门和单位委托的满—通古斯语族满语支语言文化研究专业人才培训任务。

（4）视实际需求，在有关师范院校开办不定期的锡伯语文学习班，设置锡伯语文教学课程，培养锡伯语文专业人才。锡伯语文专业人才培训要具有一定的办学规模，健全的教学（实训）质量保证体系，以及长远的专业和基地建设规划，建立培养学科带头人和培养师资梯队的机制，并取得当地教育部门的资质认证。

第四，针对培训基地建设而言，应做好基地软硬件设施的配套等工作。

（1）锡伯语言环境建设培训基地要拥有能够满足专业教学和学习所需要的图书资料、教学软件和电子图书，配有先进的多媒体电化教学设施。要组织专家学者，编写出版初、中、高级教材。与有关高科技公司合作，研制开发培训所需的多媒体和电子文本教材。要充分利用信息化手段，建立用于锡伯语文培训的网站，通过互联网实施远程教学和培训。

（2）锡伯语言环境建设培训基地要拥有与培训专业相适应的职业技能鉴定机构，具备中、高级职业资格鉴定资质，为锡伯语文培训提供职业技能鉴定服务。

（五）加强锡伯语名词术语规范工作，制定锡伯语文规范标准，加强信息化建设，开展学术研究取得新成果

（1）坚持每年都要规范公布一批新词术语。编写锡伯语水平测试大纲，对锡伯族的公务员、编辑、播音员、节目主持人、教师等分期进行锡伯语文的正字正音水平培训和测试。做好锡伯语文社会用语用字规范工作，按照《中华人民共和国通用语言文字法》和《新疆维吾尔自治区语言文字工作条例》的要求，规范社会用语用字，督促本民族自治地方的各类牌匾、印章、商标、广告等使用锡、汉两种文字，保证其双向应用。

（2）加强锡伯语文的规范标准与信息化建设，研究制定信息处理交换应用领域锡伯语文的各项国家标准和国际标准。如字符集编码标准，字库标准，点阵字形标准，音节处理标准，文本编辑规则，锡伯文与满文、拉丁文转写标准，术语规范原则与方法，锡伯语人名，地名汉字音译转写标准，锡伯族中小学教材术语规范，锡伯族人名，地名拉丁文转写规范标准，正字、正音水平测试大纲等。

（3）与国内高科技公司合作，研制开发锡伯文应用软件。包括锡伯语文WNIDOWS 操作系统、LUNIX 操作系统、锡伯语文知识库、锡伯语文语料库和数据库、锡伯语文翻译培训教学课件、英—汉—锡多向通用电子词典、锡伯文广播电视稿件处理与电视字幕显示系统等。

（4）组织专家学者对锡伯族语言文字进行专题研究。每 5 年召开一次全国性学术研讨会、一次世界性学术研讨会，撰写出版论文集和相关研究著作。

（六）对锡伯族语言文字的保护给予资助

保护锡伯族语言文字，是长期和艰巨的任务，需要连贯性的资金支持。建议国家相关部委对保护锡伯语文给予专项资助，确保各项工作顺利推进，设立专项资金账户，引进项目督导和监督、审计机制。另外，可以利用锡伯语文的"无形价值"，吸引境内外投融资，形成多元结构，保证锡伯语文保护工作的顺利实施。

专 家 论 坛

Experts' Forum

B.14

游牧体制的价值观在内蒙古草原
生态环境保护中的作用

陈烨 王毅*

摘　要：内蒙古草原生态环境日益恶化，有自然因素，也有人的因素。在保护和恢复草原生态环境问题上，蒙古族传统游牧体制及其价值观有着不可替代的功能和效用。恢复游牧体制是有效遏制草原生态环境恶化势头的选择，对于蒙古族及其文化的发展具有重要意义。

关键词：蒙古族　价值观　草原　生态环境

引　言

内蒙古草原东起大兴安岭，西至居延海畔，绵延2400多公里，狭长的内蒙

---

* 陈烨，民族文化宫图书馆副馆长。王毅，民族文化宫博物馆研究人员。邮编：100031。

古草原在历史上就是保护我国北方生态安全的天然绿色屏障。全国有 11 片重点草原，内蒙古据其五，即呼伦贝尔草原、锡林郭勒草原、科尔沁草原、乌兰察布草原、鄂尔多斯草原。全区草地总面积为 7880 万公顷，占全区国土总面积的 66.6%，占全国草地面积的 22%，位居全国首位，其中，可利用面积有 6359.09 万公顷，占全区草地总面积的 80.70%。①

而今，内蒙古草原环境恶化情况日甚一日。据 20 世纪末的一项研究表明：全区草原生态环境受到严重破坏的面积是 972 万公顷，占草原总面积的 23.5%，其中有 308 万公顷草原沙化，217 万公顷的固定沙地化为半固定沙地，148 万公顷流动沙地或裸沙地，164 万公顷草原盐渍化。另外，还有草原环境自然形成的干谷冲沟、裸岩、盐碱斑等恶劣区域 603 万公顷，二者合计为 1575 万公顷，占草原总面积的 38%。如将其视为严重退化的草原，与 20 世纪 80 年代中期相比，增长了约 18 个百分点。②

最近 10 年，内蒙古草原生态环境恶化情况势头不减，虽然推行了退耕还草、围栏封育，甚至有的地方采取禁牧措施，推广舍饲圈养等方式以遏制草原生态进一步恶化，但效果并不明显。如今内蒙古的五大草原，相形之下仅有锡林郭勒和呼伦贝尔两大草原还依稀留有草原的影子。鄂尔多斯草原内有著名的库布其、毛乌素两大沙漠，科尔沁草原如今已更名为科尔沁沙地，乌兰察布草原已经消失多年。

如何遏制内蒙古草原生态的恶化势头？我们认为蒙古族传统游牧体制及其价值观有着无可替代的功能与效用。

一 内蒙古草原生态环境的恶化及主要原因

内蒙古草原生态环境恶化的原因有多方面因素，但主要归结为自然因素和人的因素。气候干旱、降水时空分配不均是草原生态环境恶化的自然因素之一。同时，草原生态环境的恶化使灾害性天气增多，而灾害性天气增多又不可避免地加

---

① 内蒙古自治区农牧业厅：《内蒙古草地资源概况》，《内蒙古农牧业信息网》2004 年 2 月 18 日。
② 张自学：《内蒙古环境保护的战略地位》，《二十世纪末内蒙古生态环境遥感调查研究》，内蒙古人民出版社，2001，第 87 页。

速草原生态环境的恶化，形成恶性循环。比较严重的灾害性天气就是沙尘暴。沙尘暴是地表缺少植被覆盖，裸露的沙土在强风的作用下形成的一种灾害性天气。冬、春季节，内蒙古处于蒙古高压中心的东南缘，由于气压梯度大，经常形成偏西、偏北大风。草原地表植物稀疏，沙土裸露，在强风作用下，沙尘暴就不可避免地发生了。沙尘暴能使固定沙丘成为半固定沙丘，使半固定沙丘成为流动沙丘，而流动沙丘的危害之一就是覆盖草场，使之成为不毛之地。

人的因素是蒙古草原生态恶化的另一个重要因素。首先，人口密度的增加远远超过草原的最大容量。地广人稀是由草原自然生态环境特点决定的。内蒙古草原生态条件基础脆弱，不能承受太大的人口压力。有学者测算，内蒙古草原人口密度以0.9人/平方公里为宜。[①] 但这里草原的人口密度已经大大超过这一标准，仅以人口增加速度较慢的锡林郭勒草原为例，这里新中国建国初期有20.5万人，到2000年人口规模达到92万人，净增加348％。[②] 这样的人口增长速度属于典型的移民性增长，给草原环境造成了沉重的人口压力。

其次，垦殖造成草原沙化。移民进入内蒙古后，除一小部分移入城市，绝大部分是以农民身份进入草原地区的。由于受到传统生计的推动，移民必须首先解决吃饭问题，大片优质的草场以"开荒"的名义被开垦为耕地。牧民只能退居相对贫瘠的草场，经营游牧业，因为贫瘠的草地不适宜农耕。随着人口规模的进一步扩张，人们对粮食的需求进一步增长，农民对耕地的渴望进一步增强，耕地面积遂进一步扩大，一些曾经被认为不适宜耕种的草原也被开垦为农田。于是，内蒙古许多地方的社会经济活动经历了游牧→牧农并存→半农半牧→农业的变迁过程。[③] 如果说，那些适合开垦为耕地的草原从牧区变为农村对草原的生态环境尚不构成严重威胁的话，那么，那些不适合进行农耕的草场，以各种名目被开垦以后，草原生态环境便每况愈下了。垦殖几乎把从降雨量400毫米的呼伦贝尔草原到降雨量30毫米的阿拉善戈壁，把固定沙漠的绿洲、草原湿地、河谷滩地、湖盆洼地、沙丘间低地开垦殆尽。[④]

最后，制度因素为草原生态环境恶化推波助澜。第一，定居制度的推行加快

① 暴庆五主编《草原生态经济协调性持续发展》，内蒙古人民出版社，1997，第212页。
② 蒋高明：《浑善达克沙地的退化 生态系统恢复的对策》，《中国科技论坛》2002年第3期。
③ 包玉山：《内蒙古草原畜牧业的历史与未来》，内蒙古教育出版社，2003，第87页。
④ 达林太、思和：《内蒙古土地荒漠化成因研究》，2006年自然之友第二届会议论文。

了草原生态环境的恶化。牧民从游牧到定居，多年来，一直被认为是落后生活方式向先进生活方式的转变，但是定居的最大弊端就是忽视了对草原生态环境的有效利用和保护，或是对定居产生的环境后果估计不足。定居以后，牲畜每年的行走距离大大增加，据测算，约是游牧时行走距离的 1.6 倍,① 而且这种行走是围绕定居点周围较小单位面积内完成的，加上定居后车辆增加以及密集人群走动频繁，造成定居点周围道路交错纵横，牧草稀疏。如果把定居点作为中心，就会发现牧场环境的梯度变化：越是靠近中心，牧场环境越差；越是远离中心，牧场环境相对要好。但是，人口的增加使得定居点的密度不断增大，于是，草原上就形成了以一个个定居点为中心的片状荒漠化地带，这种片状荒漠化地带彼此相接，形成大面积的草原荒漠化地带。第二，改革开放以来，受到内地农村土地承包制度的影响，内蒙古也把让无数农民受益的土地承包制度搬到草原上来，实行草畜双承包制度。然而，与这种草畜双承包制并行的是以家户为单位的草场网围栏建设，曾经毫无阻隔的大片牧场被铁丝网分割成一条一块的小片牧场，承包到户的牲畜只能在自家所分的草场内固定牧养。这种情形致使每一家草场的草原单位面积负载力都显著增大，草场失去了自然恢复的机会和能力，草原环境恶化不可避免。第三，牧业生产完全被市场左右，造成畜种单一化、草场过牧化，加剧了草原生态环境恶化程度。绵羊、山羊、马、牛、骆驼，是蒙古族牧民所称的"五畜"。在蒙古族传统游牧生活中，"五畜"的种类和组合多据自然生态特点有其大概的定制，但在市场经济条件下，由于市场对羊肉、羊绒的刚性需求，绵羊和山羊的数量不断攀升。相形之下，马、骆驼的数量却大幅度减少，阿拉善双峰驼的命运已堪比大熊猫，成为濒危物种。畜种单一化打破了"五畜"组合，有效利用草场的链条，同时占有绝对增加数量的羊只必然形成过度放牧，特别是"蹄似镐、嘴似铲"的山羊对草场为害甚烈，从而进一步加深对草原环境的破坏。第四，内蒙古是我国矿产资源富集区，尤其是煤炭资源储量名列前茅。全区101 个旗县区中，有 67 个旗县区储存煤炭资源。探明储量在 1 亿吨以上的煤田有 19 个，100 亿吨以上的煤田有 6 个。煤炭开采是内蒙古的支柱产业，但这一产业的背后则是环境的破坏，尤其是草原环境，可能会因此遭受灭顶之灾。今天的呼伦贝尔、锡林郭勒草原都在承受露天煤矿开采的威胁，大大小小的露天煤矿

---

① 达林太、思和：《内蒙古土地荒漠化成因研究》，2006 年自然之友第二届会议论文。

在这两处久负盛名的草原上遍地开花。露天煤矿的开采对草原生态环境的破坏比垦殖、过牧更加严重,内蒙古草原命运堪忧。

二 草原生态环境的保护和恢复呼唤游牧体制的回归

内蒙古草原生态环境迫切需要保护和恢复。经过几番治理,包括植树种草、退耕还草、禁牧舍饲、围栏封育、移民搬迁等措施,效果并不明显。最近 10 年来,国家投入生态建设资金 325 亿元,但仍然无力改变草原环境"局部改善,整体恶化"的局面。[①] 这种状况表明,既不是国家不重视草原生态环境的保护和恢复,投资不够,也不是所采取的措施没有得到很好的执行,而是路径的选择出了问题。因为这些草原环境保护和恢复的措施,无一不是干预草原自然规律的行为。

草原在蒙古人眼里,是天然的生产和生活资源,它的产出并不需要太多的人为干预,仅需要假以利用,即借助牲畜的采食形成能量循环,使之转化为人们的食物以及经济来源。更重要的是,蒙古族通过游牧体制,意图使草原成为永不枯竭的生产和生活资料的提供者。因此,爱护和保护草原的思想渗透于蒙古族传统文化中的方方面面,如衣食住行、生产工具等物质文化,宗教信仰、审美意识、伦理道德、文化心理等精神文化,行为模式、生活方式、风尚习俗等行为文化,政经体制、法律典章等制度文化都有这方面的内容。[②] 这一崇尚自然、顺应自然、利用自然的文化机制很明显是一种古朴的可持续发展理念的实践。当草原被开垦为耕地、游牧让位于定居,草原生态环境退化的自然因素就逐渐让渡于人为因素成为主流。如今,当所有针对保护和恢复草原生态环境的措施都无力遏制草原生态恶化势头的时候,回归游牧体制或可成为值得一试的选项。

有人认为,游牧民逐水草而居,靠天养畜,是一种粗放、落后的生活方式,实现定居是民族发展进步的体现,回归游牧是社会发展的倒退;另有人认为,游牧是一种适应自然环境的生活方式,与农业民族的定居没有先进、落后之分,而

[①] 王欲鸣、田玥:《国家 10 年投资 325 亿 内蒙古非项目区草原仍退化》,《新华每日电讯》,2010 年 8 月 19 日。

[②] 陈烨:《蒙古族文化的生态学思考》,《内蒙古社会科学》(汉文版) 2001 年第 5 期。

且有利于环境保护，有利于可持续发展。假如我们无法决断这种争论孰是孰非，那么就要听一听草原的主人——当地牧民的声音：建了围栏，一些牲畜由于吃到的牧草品种单一，内分泌失调，现在连铁丝、砖瓦、塑料都吃，牲畜的产绒量、肉质都在下降；围栏里的草不是被吃完了，就是被践踏完了；围栏不仅破坏了草原环境，还败坏了当地的社会风气，闯进人家草场的牲畜要么被关，要么被杀，引起纠纷……①。表面上，这是牧民对网围栏的不满，实质上是对草场承包制的不满，对回归游牧的渴望。在草原上，"没有一个单独的牧场是有价值的，除非使用它的人可以随时转移到另外的牧场上，因为没有一个牧场经得起长时期的放牧。移动权比居住权更加重要，而'所有权'实际上就是循环移动的权利"②。毕竟"游牧生产并不固着于土地，只是暂时利用一片土地，因此，对他们来说，关键在于是否能在特定的时间'使用'土地，而非永久占有、垄断"③。仿照农村分田到户实行分草场到户，实际上是一种不分农业和草原畜牧业性质的体制上的"一刀切"，表面上是对牧民所有权的重视，本质上却把牧民的移动权限制死了，使有价值的牧场变成了一片片单独的价值低微的草地。

另外，越是草场环境不好的地方，越需要游牧，只有游牧才有可能让草场有恢复的能力和机会。那种把所有精力都集中在草场环境保护和恢复的"围栏封育"、"禁牧舍饲"是把牧民摒除在外的舍本逐末，而且草原环境的保护和恢复不能没有牲畜的采食，缺少了这个环节，牧草质量同样会下降，以至于越来越不适应这里的自然环境。即便"围栏封育"、"禁牧舍饲"暂时恢复了草原环境的常态，如果定居、草畜双承包等体制因素不随之改变，仍然无法保证草原环境不会有恶化的反复，除非不去利用。因此，恶化了的草原生态系统尤其需要游牧体制的回归。

面对草原生态环境恶化问题，有蒙古族学者指出，"只要文化存在，草原就能够得到保存"④。这里的"文化"就是指以游牧为核心的蒙古族传统生态文化。如果没有了当地蒙古族传统生态文化的支撑，或者说这一文化一旦被摒弃，那

---

① 章轲：《草原牧民渴望回归游牧》，《西部时报》2007 年 7 月 3 日。
② 拉铁摩尔：《中国的亚洲内陆边疆》，唐晓峰译，江苏人民出版社，2005，第 44 页。
③ 王明珂：《面对汉帝国的北亚游牧部族——游牧者的抉择》前言，广西师范大学出版社，2008，第 31 页。
④ 徐杰舜、齐木德道尔吉：《只要文化存在草原就能得到保存》，《广西民族大学学报》（哲学社会科学版）2010 年第 7 期。

么，保护和恢复草原生态环境，注定没有出路。只有尊重本土智慧与地方性知识，才会在实践中寻找出改善牧民生计，守护生态平衡的切实之路。① 回归游牧，未尝不是一种选择。

三 蒙古族传统生态文化的核心——游牧体制及其价值

蒙古族传统生态文化包含着异常丰富、复杂的内容，无论物质文化、精神文化、制度文化都有这方面的体现，而最能体现这种生态文化本质的就是沿袭已久的游牧体制。游牧体制是蒙古族传统生态文化的核心，没有了游牧体制，蒙古族传统生态文化必将趋于没落，直至不复存在。

游牧，产生于人类社会早期发展阶段，而且是草原民族在草原生态环境下经过长期摸索形成的人与环境相协调的生计方式。"逐水草而居"，是对游牧生活简洁、生动而又贴切的概括，对于蒙古族牧民，恰是游牧使他们在草原上得以生存、繁衍，并且创造了与农业文明具有同等价值的草原文明。

作为一种社会体制，游牧并不像许多人想象的那样，牧民赶着牲畜在草原上无规则、漫无边际地随意游动。正确理解和认识蒙古族游牧体制，最重要的前提是正确认识内蒙古草原生态环境。内蒙古草原是农业资源相对匮乏的边缘地带，生态基础脆弱，要在这样的自然生态环境下繁衍生息，唯一可选择的生活方式是顺应这里的生态环境，而不是去改造它，如将其开垦为耕地。因此，生活在这片草原上的蒙古族及其先民经过长期实践，摸索出一条人与自然和谐相处之道——草原游牧业，较好地解决了一个民族如何有效利用相对脆弱的自然生态条件支撑群体延续发展的问题。

游牧的最主要特点就是"游"，它的价值也体现于此。首先，游牧是草原社会的生存法则。游动和迁移是牧民规避自然风险，保证人畜安全成本最低、效果最佳的手段。在正常的年景，牧民会根据当年的气候条件、牧草的性质、畜群的规模以及草场的肥沃程度决定停留的时间和迁移的距离，绝对避免牲畜在一片草场上采食时间过长或过短。采食时间过长，会破坏草原环境，不利于草场恢复和循环利用；采食时间过短，则不利于牲畜抓膘、生长，达不到对牧草充分、有效

---

① 郝冰：《草原上的围栏》，《中国国家地理》2007 年第 9 期。

且合理的运用，形成草场资源浪费。游牧就是在这种对草原环境的利用和保护中，维系草—畜—人之间能量的流动和系统的平衡。① 如遇年景不利，出现"白灾"、"黑灾"、"虫灾"、"旱灾"等情形，游牧就会以其所长极力避免这些自然灾害危害人畜安全，即利用牲畜的卓越移动力来逃避风险。如在"白灾"发生时，牧民就会先把马群放出，然后放出牛群，最后放出羊群，因为群马会用蹄子刨开积雪，露出牧草，而马只食用牧草的上端，牛食用牧草的中部，羊啃食牧草接近根部的下段。根据牲畜的这个习性，在日常的放牧过程中，牧民在利用一片草场时，也大致遵循这个放养顺序，达到既顺应每一个畜种采食习性，又对单位面积草场内牧草充分、合理地利用。如果积雪太深牧草不能全部被马群刨开露出时，饥饿的羊还会以马粪为食，而不至于冻饿而死。据称，马还能在"白灾"中为迷路的牧人找到人家，并能自行找到积雪较薄或者没有积雪的草场，使牧民以及牛羊及时摆脱"白灾"的威胁。事实上，草原环境中引发各种自然灾害的因素很多，游牧就成为草原生活中趋利避害的绝佳选择。

其次，游牧是迄今为止发现的人类在最大程度利用天然草原资源的前提下，草原环境保护最好的生计方式。人类第一次通过牲畜的采食把草原转化为重要的生产资源，从此，草原和游牧业就一直支撑着草原民族的延续发展。由于游牧遵循的是对自然的顺遂而非改造，所以，游牧体制通过牲畜的奔走能力和牧草的自然恢复能力，经过牧民的一系列生产安排，在最大程度利用草原资源的前提下，又维持了草原环境的可持续性，达到草原资源利用和草原环境保护之间的平衡。至于讲究精耕细作的农业和以开掘地表为特征的现代工矿业，都因直接破坏草原生态而无法与草原环境相契合，从而很难在利用草原资源和保护草原环境之间找到平衡的支点。

另外，由于草原环境比农业生产环境存在的风险和各种不确定因素多，因时因势的弹性安排便是游牧生产的准则。它不像我国北方的汉族农民根据二十四节气规规矩矩安排农事那样有一套比较程式化的规则。按照不同季节游牧只是一个大的规则，在具体的游牧过程中关系着生产、生活安全的重要事项，牧民均按照灵活、弹性的原则适时进行安排调整，以有效应对或者规避各种突如其来的风险。

<hr>

① 陈烨：《关于草原畜牧业问题的文化人类学透视——以内蒙古为例》，《黑龙江民族丛刊》1997
年第 4 期。

总之，游牧体制是一种科学、精致的文化创造，同时也是一种集天文、地理和畜牧管理知识于一体的复杂的、综合性技术，是循环往复巧妙利用草原资源，保持人与环境和谐相处的文化机制。其简陋的表象之下，隐含的是复杂的地方性知识和民族本土智慧。

四　结语：关于民族文化发展的一种认识

以游牧为核心的蒙古族传统生态文化，是继承和发展中国北方草原民族千百年来摸索出的人与自然和谐相处的集大成者，是草原民族解决生存与发展问题的智慧结晶，有效维持了人——畜——草3者的能量流通和生态平衡。但在发展的语境和追求中，游牧却被定格为与定居相对的原始、落后的生活方式，游牧业也被认为是靠天养畜的粗放经营模式，于是定居便被赋予先进的民族文化、社会发展的标志，在草原上推行开来。值得省思的是，随着定居的深入推广，草原的退化也在大规模地发生。

作为一种文化特质，游牧产生于蒙古族及其先民针对草原环境的实践过程，是适应草原环境的产物。几千年来，游牧与草原相安无事，原因在于"游牧生产是人类顺应自然的选择，同时又是古朴的可持续发展思想的具体实践"①。草原生态环境是脆弱的，恢复了游牧体制并不能保证不会发生环境问题，而是要把人为的环境压力尽量减小，给草原生态的恢复一个比较充裕的时间；另外，草原环境的恢复也不能仅仅依靠自然的力量，现代科技的介入对保护恢复草原生态环境有必要而且也很重要。在这个问题上，必须放弃一切不切实际的发展幻想，尤其不要认为科学技术能解决一切问题，因为科技还没发展到这种程度，依靠传统生态知识，再有现代科技襄助，发展才是可持续的。民族文化也只有在这样的发展中，才能得到健康的滋养。一旦其所处的生态环境被破坏，民族文化就会走上发展的歧途或者末路。文化生态学的最重要的观点就在于环境与文化不可分离：脱离了特定的环境，某种文化就会走向绝路；此外，某一文化也对环境有着某种反馈机制，正是环境与文化的这种互动，使生活在这一环境之下的族群得以生息、繁衍。假如让蒙古牧民的定居制再运行几十年，游牧文化将彻底消失，而游

---

① 陈寿朋：《草原文化的生态魂》，人民出版社，2007，第42页。

牧文化的灭绝可能会使草原生态环境更加恶化。因此，发展民族文化，不能把这一民族所处的自然生态环境仅仅作为外在的条件或背景，生态环境也是内在地参与一个民族生产、生活的关键要素。

内蒙古草原生态环境在目前的定居体制下难以为继，倡议回归游牧体制，已无必要争论是社会的发展还是倒退，国家的生态安全和这片草原上生活的牧民的生存安全才是更为紧要的问题。对于定居，许多蒙古牧民也认为有诸多好处，也为人们所向往，而游牧也不似牧歌般浪漫，其中的甘苦只有勤劳的牧民才能体会，但是，对于定居和游牧有着深刻认识的牧民，还是愿意选择后者。有一个蒙古族传统小故事这样解释这个问题：孩子问妈妈，我们蒙古人为什么总是不停地搬家？妈妈回答，我们要是固定一地，大地母亲就会疼痛，我们不停地移动，就像血液在流动，大地就感到舒服，就像你给妈妈上下不停地捶背，妈妈会感到舒服，如果你不停地敲打一处会怎样？因此，以定居代替游牧就是代表民族文化发展的认识和主张是令人费解的，即便用最简单的进化眼光来认识，也无法得出这就是民族文化发展的结论。因为定居破坏了草原的自然生态环境，也就是说这种发展不具可持续性，与可持续发展理念相悖。在草原的历史上，也经常出现统治者为追求尊贵奢侈的生活而破坏游牧的生存法则的现象，像内地贵族那样定居生活，只是财富的积累妨害了游牧的移动性，因此，这种追求无一例外都以失败告终，必须退回对自己有利的地理环境中去。① 环境对文化的反馈作用必须纳入我们的发展视野，并需要认真面对。民族文化无论如何发展，总要与这个民族所处的环境相适应，而"适应是一种动态过程，因为无论生物还是其环境均非一成不变，新的问题不断产生，为提供解决方案的新的关系也不断建立，然而，适应变迁发生的范围通常有限，始终维持着明显的生物/环境关系"②。即任何民族及其文化的发展都不能突破其所处的自然生态环境的制约。

民族传统文化是活态文化，它的发展就是需要不断注入新的活力。如果把它固定在时间的坐标轴上，就是对其价值的抽离，无异于割断一个正在健康成长又在不断发育的生命的脐带。对于促进发展的选择，最为关键的是要在民族传统文化和现代化之间找到恰切的对接点。

---

① 拉铁摩尔：《中国的亚洲内陆边疆》，唐晓峰译，江苏人民出版社，2005，第47、50页。
② 唐纳德·L. 哈迪斯蒂：《文化生态学》，郭凡、邹和译，文物出版社，2002，第38页。

B.15

长调和呼麦：作为世界非物质文化
遗产的意义和保护价值

赛 罕*

摘 要：新世纪以来，我国的保护民族民间传统文化遗产的工作已经与世界非物质文化遗产的保护工作接轨。蒙古族的长调民歌和蒙古族的呼麦歌唱艺术，都是内蒙古自治区非物质文化遗产的杰出代表，是草原文化的重要组成部分。成为世界文化遗产，并没改变长调民歌和呼麦歌唱艺术急剧衰落的现状，保护工作的责任和意义更为重大。

关键词：长调 呼麦 蒙古族 世界遗产 非物质文化遗产

2009 年 9 月 30 日，蒙古族呼麦歌唱艺术申报世界遗产并入选联合国教科文组织"人类非物质文化遗产代表作名录"。[①] 至此，同是草原文化组成部分的非物质文化遗产——长调和呼麦，成为全人类共同的文化遗产。[②]

一 我国民族民间文化遗产抢救和保护工作与世界接轨

"非物质文化遗产"是舶来词，它在我国也只有十多年的短暂历程。在这个概念确定之前，我国曾使用过"非物质遗产"、"人类口头和非物质遗产"等名词。"非物质文化遗产"这个概念逐渐引起人们的关注，是随着我国 2001 年积

---

* 赛罕：内蒙古自治区艺术研究所研究人员。邮编：010011。
① 《呼麦成功入选〈人类非物质文化遗产代表作名录〉》，《北方新报》2009 年 10 月 9 日。
② 2005 年 11 月 25 日，我国与蒙古国联合申报蒙古族长调民歌为世界遗产，并入选联合国教科文组织第三批"人类口头和非物质遗产代表作"。

极申报联合国教科文组织第一批"人类口头和非物质遗产代表作"而逐渐展开的。国家和媒体对"非物质文化遗产"进行的大力宣传，全国上下申报世界和国家级非物质遗产名录的风潮，使"非物质文化遗产"这个新出现的新鲜名词不断地聚焦亮相，逐渐为人们所熟知。

（一）20 世纪 80 年代对民族民间传统文化的抢救和保护

我国的非物质文化遗产保护工作一直是以"民族民间传统文化"或"民间文化"来指称。在民族民间传统文化的抢救保护上尤以"十大文艺集成志书"的规模宏大和反响强烈。1979 年，文化部、国家民委和中国文联联合发起了对我国民族民间文化遗产进行一次全面系统的收集整理、编写集成志书的文化工程。当时，相关方面颁发了关于编纂《收集整理我国民族音乐遗产规划》[（79）文艺字第 537 号、音民字第 002 号] 等文件和通知。相关文件要求，集成志书各卷"要有充分的代表性、文献性、科学性、艺术性"和"质量高、范围广、品种全"的编辑方针。编纂《中国民间歌曲集成》《中国民族民间舞蹈集成》《中国戏曲志》《中国戏曲音乐集成》《中国曲艺音乐集成》《中国曲艺志》《中国民族民间器乐曲集成》《中国民间故事集成》《中国歌谣集成》《中国谚语集成》十大文艺集成志书，被列为国家"六五"、"七五"、"八五"、"九五"艺术科研重点项目。这是专门对民族民间文化遗产进行系统地普查抢救的全国性的宏伟工程，其重点是民间文学艺术。经过 30 多年的努力，这项浩大工程完成了全面普查、搜集、记录（包括文本、记谱、唱词、录音、录像）、整理、研究、编纂、出版等所有环节，准确地记录、抢救和保存了大批珍贵的民族民间文化遗产，最终出版"十大文艺集成志书"共计 298卷，450 册，约五亿字，被海内外学界称为"宏伟的文化长城"。

内蒙古自治区的长调民歌和潮尔歌曲作为蒙古族重要的民间传统演唱形式收入了《中国民间歌曲集成·内蒙古卷》之中。《中国民间歌曲集成·内蒙古卷》收录了流传于内蒙古自治区七个盟的典型长调歌曲 142 首；潮尔歌曲 11 首，全部流传于锡林郭勒盟。其编纂体例由民歌概述、歌种释文、歌词方言土语注释、曲谱、蒙汉文歌词对照、照片和凡例、图表，以及曲谱同步录音等组成。① 可以

---

① 参见吕骥主编《中国民间歌曲集成·内蒙古卷》编辑体例，人民音乐出版社，1992。

说，我国以往的民族民间传统文化遗产的抢救和保护工作是世界非物质文化遗产保护工作的先驱。我国对民族民间音乐文化遗产进行抢救性的保护工作，是一种物质性、资料性的保护，建立起了全面、完整的物质档案。这为我国非物质文化遗产保护工作打下了极为重要的基础。

（二）我国民族民间文化遗产保护工作与世界接轨

我国传统的民族民间文化遗产的抢救和保护工作，在保护的内容与形式上与现在所称的非物质文化遗产是有很大区别的。当今非物质文化遗产保护的内涵和外延显然要比我国民族民间文化遗产保护的内容更加丰富。虽然我国非物质文化遗产保护工作的历史短暂，但开展民族民间文化遗产保护工作的时间并不短。我国的昆曲艺术、古琴艺术、新疆维吾尔木卡姆艺术和蒙古族长调民歌等先后入选联合国教科文组织第一批、第二批、第三批"人类口头与非物质遗产代表作"名录，但此前它们都已经收录进了我国"十大文艺集成志书"之中。

非物质文化遗产保护已经成为国际性的课题，是全人类共同的责任。我国政府部门在非物质文化遗产保护工作中担当着主导和决策角色，并通过动员社会的力量，使非物质文化遗产保护工作进入不断向纵深发展。2004 年十届全国人大常委会第十一次会议通过批准我国加入联合国教科文组织《保护非物质文化遗产公约》。自此，我国在政府的法规文件中将一直使用的"民族民间传统文化"一词统一更改为"非物质文化遗产"的称谓。

2005 年 3 月，国务院办公厅颁发了《关于加强我国非物质文化遗产保护工作的意见》（以下简称《意见》）。该《意见》指出，保护工作的指导方针是："保护为主、抢救第一、合理利用、传承发展。"保护工作的原则是："政府主导、社会参与、明确职责、形成合力；长远规划、分步实施、点面结合、讲求实效。"《意见》还明确提出："建立名录体系，逐步形成有中国特色的非物质文化遗产保护制度。"这是国家最高行政机关首次就我国非物质文化遗产保护工作发布的权威指导意见，进一步指出了保护工作的重要性和紧迫性。2006～2011 年，我国陆续公布了三批国家级非物质文化遗产名录（含扩展名录），并公布了两批国家级非物质文化遗产项目代表性传承人名单。

在法制建设上，近年来，全国各省市相继出台了地方性非物质文化遗产保护和传承人保护的法规文件。2011 年 2 月，全国人大常委会通过了《中华人民共和国非物质文化遗产法》。在各方共同努力下，我国已经建立起国家级、省自治区级、市级、县级非物质文化遗产四级保护体系和非物质文化遗产申报代表作名录的工作机制。可以看出，我国的保护民族民间传统文化遗产的工作已经与世界非物质文化遗产的保护工作接轨，为推进世界范围内的非物质文化遗产的保护发挥了重要的作用。

二 长调民歌和呼麦歌唱艺术：作为世界文化遗产的意义和保护价值

蒙古族的长调民歌和蒙古族的呼麦歌唱艺术，都是内蒙古自治区非物质文化遗产的杰出代表，是草原文化的重要组成部分。在联合国教科文组织的《保护非物质文化遗产公约》和国务院办公厅颁发的《关于加强我国非物质文化遗产保护工作的意见》的"附件"《国家级非物质文化遗产代表作申报评定暂行办法》中均定义为传统表演艺术类。在社会经济和生活环境的发展变化及强势文化的冲击下，长调和呼麦面临着前所未有的压力和危机。保护长调民歌和呼麦歌唱艺术，传承保存传统文化的珍贵记忆，守护我们的精神家园，显得更加迫切和重要。

（一）长调和呼麦的歌唱方法所表现出的独特性

长调和呼麦的神奇歌声和独特的演唱方法是世界上绝无仅有的。

首先，蒙古族的长调民歌因其舒展辽阔的旋律以及独特的演唱技巧而闻名遐迩，著称于世。长调是蒙古语"乌日汀哆"（Urtiin duu）的意译，也有音译为"乌日图音道"。蒙古语"乌日汀"为长、久、永恒之意，"哆"为歌之意。也可译为长歌、长调歌、草原牧歌或长调民歌。在音乐学上，"（长调）主要是运用乐汇的贯穿发展或乐句的派生引申等手法来衍展旋律，乐句的长短不拘一格，差异很大，又常常插入或长或短的衬词拖腔，因而其结构往往表现为非方正性。其实，乌日图音道并非散漫无羁、毫无章法，而是有自己的规律和内在的分寸感的，它追求的是气势连贯和前后呼应，讲究更深层次的结构平衡"①。在演唱方

---

① 吕骥主编《中国民间歌曲集成·内蒙古卷》上册，人民音乐出版社，1992，第16页。

法上，长调民歌旋律悠长舒缓，意境开阔，除了旋律本身所具有的华彩装饰（如前倚音、后倚音、滑音、回音等）外，还有一种特殊的发声技巧形成的旋律装饰，蒙古语称为"诺古拉"（可译为"波折音"）。"诺古拉"指发声时，配合口与咽腔的复杂动作等，发出类似颤音的抖动效果，一般抖动两三次。"诺古拉"独特的演唱方法和技巧，是长调的典型特色之一。长调是不同于其他任何民族的一种音乐表达形式和方法，它完全是遵循着自己独特的音乐发展轨迹产生发展而来的，是蒙古民族一种独特的智慧创造。

其次，呼麦也是蒙古民族所独有的歌唱艺术，它的演唱方法更是歌唱艺术史上的一个创造奇迹，令人惊叹和遐想。呼麦①，蒙古语称为"浩林潮尔"。蒙古语"浩林"意为"喉"或"嗓"；"潮尔"蒙古语意为"和声"，并且还有多重含义。它分为单人演唱和多人演唱两种演唱形式。"浩林潮尔"为单人演唱形式，由于其演唱方法的独特，一个人能发出双音的演唱效果，在音乐学中称之为和声。"浩林潮尔"是指"一个人用胸腔控制气息，挤压咽喉发出浑厚的低音，同时在上腭根处发出泛音旋律，形成特殊的和音效果"②。其绝妙之处在于特殊的发声方法，即"发出浑厚浓重的持续低音'噢'（音高在大字组 C 与 E 之间），最为独特高超的演唱技法是在发出持续低音的同时，有时发出与低音相距十二度以上的哨声，即浩林潮尔的演唱方法。在这一背景之上，高音区的旋律舒展开阔、壮丽奔放，它们共同创造出一种深邃浩瀚的艺术境界"③。

最后，蒙古族的长调民歌和蒙古族呼麦歌唱艺术的文化内涵和外延都展示出独特的蒙古民族文化的底蕴和哲理，以及独特高超的歌唱表达方式。长调按主题内容可划分为：牧歌、思乡曲、赞歌、婚礼歌和宴歌。它在歌唱草原、赞美骏马、思念故乡、缅怀祖先、赞颂英雄、赞美山川、赞美江河、喜庆欢宴等内容中，都展现出蒙古族那粗犷豪放、坚忍不拔和善良淳朴的性格以及乐观豁达的胸怀，真切地抒发出蒙古民族心中对和谐美好生活的追求以及崇尚自然的核心价值理念。它所表达的内涵包括了蒙古族的历史、语言、民俗、生活、环境、理念、审美观、价值观等。这些理念和价值观始终伴随着蒙古族人民的社会生活和文化

---

① 呼麦一词据说是鄂温克语，意思是"喉"或"嗓"。
② 吕骥主编《中国民间歌曲集成·内蒙古卷》上册，人民音乐出版社，1992，第30页。
③ 吕骥主编《中国民间歌曲集成·内蒙古卷》上册，人民音乐出版社，1992，第16页。

生活。而它的外延是由独特的音乐表现形式——潇洒自由、悠长婉转的牧歌风格和高超的演唱技巧来表现的。呼麦则完全是竭尽人的声音可塑性的极限，以超常发挥人驾驭运用声音能力的独特的歌唱技巧来表现的。它传达着蒙古民族对自然宇宙和世界万物的深层次的哲学思考和体悟，表达着蒙古民族追求和谐的生存发展理念、审美情趣以及最基本的价值判断标准。更多地保留了原始形态特征，是民族历史文化的"活化石"。①

2001 年联合国教科文组织第 31 届大会通过的《文化多样性宣言》中指出："文化多样性对人类来讲，就像生物多样性对维持生物平衡那样必不可少，从这个意义上说，文化多样性是人类的共同遗产，应当从当代人和子孙后代的利益考虑予以承认和肯定。"蒙古族长调民歌和蒙古族呼麦歌唱艺术是草原游牧民族的文化瑰宝，也是蒙古族的智慧与骄傲，它们进入联合国教科文组织非物质文化遗产名录，成为世界遗产，是对蒙古族文化独特贡献的高度肯定。

（二）长调和呼麦的突出价值及其保护的重要性和紧迫性

长调和呼麦同是草原游牧民族的杰出创造，并且与草原民族的历史一样久远。其一，据中国历史典籍和相关资料来看，2000 多年以前，长调和呼麦的早期形态，就已经在匈奴人中存在了。有些古老的歌唱形式现在还在使用，如呔格（toig）是用来吆喝牲畜的歌；乌克亥（uukhai）是喜庆的人群的呼喊声等。② 长调的演唱表现在蒙古民族生活中的各个方面。如在节日、宴会、聚会等场合演唱时，在场的人都能够融入其中共同演唱图日勒格，气氛和谐热烈。因此它还具有音乐学、语言学、文化学、历史学、人类学、社会学、民俗学等重要价值。"在人类学方面，它展示了草原游牧文明的本质特征和蒙古族的本质力量以及音乐才华的所及程度及其创造性。在艺术上，它既是蒙古族音乐史同时也是世界音乐文化史不可或缺的组成部分。在社会学方面，它较全面地反映了蒙古族社会的方方

---

① 乔玉光：《"呼麦"与"浩林·潮尔"：同一艺术形式的不同称谓与表达》，《内蒙古艺术》2005 年第 2 期。

② 《中国·蒙古国申报联合国教科文组织"人类口头和非物质遗产代表作项目"》（中文版），2005，第 12 页。

面面，展示了蒙古族的政治、哲学、世界观、宗教观、伦理道德、婚姻恋爱、现实交往、自然环境及其生态观等思想观念和价值判断体系。在语言或文学上，体现了蒙古诸部落族地区的方言、思维特征以及文学风格。在美学上，它是一部以感性的音乐旋律和歌唱方式展示在人们面前的蒙古族美学或美学史的组成部分。长调民歌不仅是一种拖腔体的最典型、最精美的音乐形态，而且是一种'人与自然自由完美统一'的音乐形态。人们不仅从中感受到自由和情感的激情及其完整深刻的人性，并且可以感受到人与自然和谐之美极具魅力。特别是在当今工业与都市文明把人的情感完全封闭在高楼大厦之狭隘空间、把人与自然割离的时代，长调民歌的审美价值就更加突出了。它既能表现并给予人对大自然的感觉和感觉中的大自然，亦能给予人自由的思想情感，因而是人类音乐文化中最珍贵的文化形态之一。"①

其二，呼麦的历史同蒙古族的历史一样悠久，据称在 13 世纪它就已经形成。据传说，早先"潮尔道"没有歌词，而是模仿山野的回声、风声、动物的鸣叫，以及世界万物发出的各种混响声，后来逐步发展成为"潮尔道"和"浩林潮尔"两种演唱形式。因此，呼麦歌唱的主题内容是赞颂祖先英雄与歌唱大自然的美妙和谐。它最早只在庄严隆重的聚会场合中演唱。当代，在蒙古族的各种大型竞技比赛、民俗聚会等隆重场合中才演唱呼麦，并且在演唱曲目的次序上都有严格的规定。可以看出，长调和呼麦独特的演唱方法显然与畜牧业生活紧密相连，是草原游牧生活方式和生态地理环境造就了长调和呼麦独特的艺术魅力和歌唱形式，形成了这一原游牧社会和游牧文化在历史发展进程中最独特和最经典的非物质文化表现形态。

2007 年 6 月 9 日，温家宝总理在观看中国非物质文化遗产专题展指出："我对非物质文化遗产有三句话的理解，第一，它是民族文化的精华；第二，它是民族智慧的象征；第三，它是民族精神的结晶。"非物质文化遗产的民族性、独特性决定了它还具有民族的、文化的认同感。《中国·蒙古国申报联合国教科文组织"人类口头和非物质遗产代表作项目"申报文本》中写道："任何一个蒙古人，不论身在何方，甚至熟悉蒙古族的其他民族的人，只要一听到长调，就意识

---

① 《中国·蒙古国申报联合国教科文组织"人类口头和非物质遗产代表作项目"》（中文版），2005，第 29 ~ 30 页。

到它是蒙古族的传统文化，并联想到辽阔的大草原。因此，长调民歌在蒙古族社区和文化精神领域起着蒙古族身份的认同作用，因而起着族群凝聚的作用；同时，它还起着复制蒙古族个性和精神面貌以及审美愉悦的作用。更重要的是，它已成为现代蒙古族音乐文化产生发展的历史和现实基础。"① 现代化和全球化给世界文化带来同一性的发展，给处在弱势地位的文化和传统文化尤其是非物质文化遗产造成了很大的影响，使得民众尤其是年轻人在强势文化面前对自己的文化传统和文化身份失去兴趣或拒绝接受。保护民族传统文化和非物质文化遗产，对于弘扬民族精神和民族文化传统，增强民族文化身份认同作用，增强民族凝聚力是极其重要的。

呼麦已经跨入濒危的非物质文化遗产的行列。它不仅面临着社会时代发展所带来的冲击，而且也面临着自身传承的危机。如在 20 世纪 80 年代搜集到的"潮尔音道"具有代表性的歌曲仅有 11 首。"浩林潮尔"歌曲空缺。这 11 首所记录的"潮尔音道"的低音部分，都是由一人演唱单声持续音，与长调旋律构成和声。② 这意味着，呼麦与长调结合的多声部演唱方法已经失传。因此，保护其珍贵价值的迫切性不言而喻。

作为世界级非物质文化遗产，长调和呼麦不仅是蒙古族的宝贵财富，同时也是全人类的宝贵财富。积极有效地保护传承长调和呼麦承载的草原游牧文明的价值，是可持续地传承发展草原文化的重要保证。

---

① 《中国·蒙古国申报联合国教科文组织"人类口头和非物质遗产代表作项目"》（中文版），2005，第 26 页。
② 吕骥主编《中国民间歌曲集成·内蒙古卷》上册，人民音乐出版社，1992，第 31 ~ 61 页。

B.16
民族地区高校非物质文化遗产的教育传承

汪春燕　郭学娟*

摘　要： 在非物质文化遗产的教育传承领域，民族地区高校具有地域优势、学科和理论优势，以及人才培养和交流的优势。近年来，民族地区高校在非物质文化遗产保护领域取得了大批成果，包括课程与教材建设、人才培养、机构建设和社会服务等方面，但也存在着资金缺乏、师资匮乏等问题。面对挑战，民族地区高校应遵循非物质文化遗产教育传承的规律，创造良好的教育环境，积极开发相关课程和教材，并主动融入到非物质文化遗产保护的广阔实践中。

关键词： 民族地区高校　非物质文化遗产　保护　教育传承

20世纪以来，由于科学技术和全球化的迅猛发展，非物质文化遗产濒临生存危机，我国民族地区①承袭多年的非物质文化遗产同样面临着严重的威胁，甚至由于社会主流文化的影响，非物质文化遗产消失得更快。保护和传承非物质文化遗产，在全球化不断推进的今天显得更为重要，民族地区高校应当义不容辞地承担起相应的教育传承职责。

一　民族地区高校非物质文化遗产教育传承的优势

为了使我国的非物质文化遗产得到更好的保护与传承，2002年10月，在教

---

*　汪春燕，青海师范大学法商学院教授，硕士生导师，研究方向为民族理论与社会发展、文化人类学；邮编：810008。郭学娟，青海师范大学2009级硕士生，山东大学威海分校图书馆讲师。

①　本文中所称的"我国民族地区"包括：内蒙古自治区、宁夏回族自治区、新疆维吾尔自治区、西藏自治区、广西壮族自治区、青海省、甘肃省、四川省、贵州省、云南省。

育部、文化部、联合国教科文组织支持下，中央美术学院成功地举办了"中国高等院校首届非物质文化遗产教育教学研讨会"，会议通过了《非物质文化遗产教育宣言》，揭开了中国非物质文化遗产教育传承的序幕。

（一）独具特点的地域优势

民族地区拥有丰富的非物质文化遗产，无论是口头传说和表述（包括作为媒介的语言）、音乐、舞蹈、说唱等表演艺术、礼仪风俗、节日庆典、民间传统知识和社会实践，还是传统的手工艺技能，在广阔的民族地区，可谓浩如烟海。仅从中国已列入世界非物质文化遗产名录的 26 项看，就有 10 项是少数民族特有或民族地区所特有的，还不包括剪纸、雕版印刷、端午节等多民族共享的非物质文化遗产。这一独特的地域优势，既为民族地区高校在信息实践和社会参与方面提供了先决条件，也给民族地区高校提出了保护和传承的巨大挑战。

（二）学科优势和学术理论研究的优势

民族地区高校将其地域优势体现于一些学科建设中，特别是音乐、舞蹈、说唱等表演艺术，以及传统的手工艺技能等，走在了学科发展的前列，一方面推进了学科发展，另一方面也为相应的学术理论研究搭建了平台，逐渐打破了文本化、学院化、单一化的封闭学术研究模式，把理论研究与生动的民间活态文化联系起来，初步实现了学术理论研究的社会化和非物质文化遗产的学术化相结合。

（三）人才培养和交流的优势

鉴于"地方高校生源 70% 面对各省覆盖的大部分城镇、乡村（国家重点高校除外），二、三类院校达 80%～90%"[1] 的实际情况，民族地区高校在招收和培养非物质文化遗产传承人方面具有非常明显的人才优势，通过高校的系统教育，可以就地培养一批本民族本地方的专门人才，使其立足于民族文化的发展，投身于保护和传承非物质文化遗产的事业中。

---

[1] 李曼丽、韩添任：《地方高校在民族文化遗产传承中的作用》，《考试周刊》2009 年第 29 期（上卷），第 178 页。

民族地区高校通过上述优势的综合利用和拓展，打造特色学科，积极参与国内乃至世界性的"非遗"文化交流和行列中，在民族地区非物质文化遗产的传承和民族文化的可持续发展中，发挥桥梁作用。

二 民族地区高校非物质文化遗产教育传承的主要成果总结

"非物质文化遗产"教育作为高校教育的一个崭新课题，虽然起步较晚，但发展速度较快。一些民族地区高校更是以非物质文化遗产项目的保护传承与开发为己任，催生出一大批成果。

（一）课程与教材建设方面

学校进行非物质文化遗产教育传承的核心问题是课程与教材。为此，民族地区的许多高校大力开发和构建非物质文化遗产教育课程，编写非物质文化遗产相关教材，取得了很好的成绩。根据国家精品课程资源网①统计，目前，民族地区高校已有14门"非遗"相关课程被评为国家精品课程，如云南师范大学的《民族传统体育》、新疆大学的《新疆民俗文化概论》、内蒙古大学的《蒙古舞》、西北师范大学的《敦煌学》等。被评为省级精品课程的有云南艺术学院的《绝版套色木刻》《云南少数民族代表性民间舞蹈》、四川师范大学的《中国民族民间音乐》、西南民族大学的《彝族传统文化》、贵州师范大学的《中国民族民间音乐》、西北民族大学的《藏族民间文学》等41门课程。

很多民族地区院校结合具体的传承项目，编撰了很多独具特色的教材，如兰州大学敦煌学研究所编著的《敦煌文献与敦煌石窟艺术概论》；新疆艺术学院为更好地传承木卡姆艺术而编写的《弹拨尔练习曲及曲目集》《热瓦甫练习曲及曲目集》《胡西塔尔练习曲及曲目集》；云南玉溪师范学院编著的《云南少数民族传统体育》《哈尼族原生态文化歌舞》《云南绝版套色木刻》《云南重彩画》《云南民间传统手工刺绣鉴赏与制作》等专业课程教材，填补了过去缺乏专业书面教材的空白，为非物质文化遗产项目的教育传承提供了有形的学习教材。

---

① http：//www.jingpinke.com/course/benke.

（二）人才培养方面

1. 专业人才培养方面

为非物质文化遗产项目培养专业传承人才，是非物质文化遗产引入学校教育的一个重要目的。在专业传承人才培养方面，民族地区高校通过设立"非遗"项目专业或举办培训班的形式，加大培养力度，目前已取得一定的成就，如新疆艺术学院音乐系为继承优秀的传统文化，培养新一代木卡姆艺术专业人才，创办了木卡姆专业，对木卡姆艺术的保护和传承起到了典范作用。西藏大学艺术学院舞蹈系，为保护传承非物质文化遗产，把藏戏引进校园，建立了藏戏大专班，为藏戏的传承与发展培养了一批专业传承人才。再如，青海民族大学艺术系，为传承"唐卡"艺术，不仅成立了唐卡研究中心，还成立了唐卡艺术研发公司与热贡艺术综合实验室，为"唐卡"艺术的传承与研究培养了一批批专业人才。内蒙古自治区的一些学校通过举办"长调"班、"马头琴"班的方式，培养专业传承人才。

2. 研究型人才培养方面

在 2011 年全国高校研究生专业目录检索中，有 37 所民族地区高校开设了非物质文化遗产相关学科的硕士研究生招生点，占有硕士招生资格的高校总数的43.5%。12 所高校有博士招生点，其中兰州大学的民族学和历史学（敦煌学）、云南大学的历史学还设有博士后科研流动站。与 2002 年只有 1 所高校进行非物质文化遗产人才培养相比，短短几年间，相关高校数量增长了 30 多倍。非物质文化遗产研究主要涉及考古学及博物馆学、地理学、民族学、民俗学等 23 个专业，研究方向主要集中在文化遗产保护研究、民族文化研究、民俗文化学、民族音乐学、格萨尔研究、民间艺术文化传承与发展等。可见，研究型人才的大力培养，为我国民族地区非物质文化遗产研究提供了重要保障。

（三）科学研究方面

1. 成立了非物质文化遗产研究相关机构

民族地区许多高校结合当地的非物质文化遗产资源情况，针对地方非物质文化遗产保护，组织专业的研究队伍，成立了地域性的研究机构。据统计，在我国 10个民族地区中，每个地区都有不同的高校成立了非物质文化遗产研究中心或相关研

究机构，有些机构还是教育部人文社会科学重点研究基地、中央与地方共建的重点学术研究机构，为"非物"项目的保护继承与开发研究提供了组织保障。

2. 建立了教学研究基地

由于非物质文化遗产都是在特定的生态环境中产生的，如果离开了它所赖以生存的生态环境，便失去了其赖以存在的土壤和条件，也就谈不上保护、传承和发展，因此，许多民族地区高校，为更好的教育传承非物质文化遗产项目，多次前往非物质文化遗产地参观、考察、走访与座谈，了解非物质文化遗产项目的由来、发展经过和艺术价值以及研究状况等，与地方政府合作建立了非物质文化遗产教学研究基地，以充分利用高校学科专业的智力资源优势，共同传承和开发非物质文化遗产项目。教学研究基地是让学生走出课堂、走进民间和社会的宝地，为非物质文化方面的教学研究提供了实地教学研究的平台。

3. 建立了非物质文化遗产数据库、实验室和博物馆

为了更好地保护、传承非物质文化遗产项目，很多高校运用新技术（摄像、录音等）组织专业人员到民间进一步调查、收集相关的文献、图片、声像资料及实物资料，建立专题资源库，如新疆塔里木大学建立了与库车县共享的"龟兹文化非物质文化遗产数据库"。另外，青海民族大学民族学与人类学学院，为了进一步搞好学科建设，成立了人类学教研室，建立了影视民族学实验室，并投资130多万元购置了实验室相关设备，拓展了研究领域。2006年，教育部投入90万元成立了青藏高原民族文化基础数据库实验室。2007年，经教育部、财政部批准，成立了民族学特色优势学科实验室，并投入200万元，扩建和充实民族学博物馆，为民族学及相关学科的教学与研究打下了良好的基础。

4. 服务社会并产生了大量研究成果

高校知识分子和文化学者大都具有先进的文化理念和很强的思辨能力，在进行非物质文化遗产原生态保护和理论研究上显示出很强的实力。许多高校通过专门成立的相关研究机构，组织学术团队，确立非物质文化遗产项目研究专题，申报研究课题，产生了大量研究成果，对非物质文化遗产的教学与实践、传承与发展起到重要的推动作用。此外，在服务社会方面，民族地区高校充分发挥了不可比拟的专业优势，抢救口头说唱等非物质文化遗产，积极参与非物质文化遗产的申报工作，取得了一定的成果。

三 民族地区高校非物质文化遗产
教育传承存在的问题及其剖析

(一) 资金缺乏

非物质文化遗产的保护与传承是一项庞大、系统的工程，需要大量人力、物力和财力的投入，而且非物质文化遗产大多不以盈利为目的，基本没有造血功能，如果没有可靠的资金保障是难以自我积累、自我发展的。对于处在经济相对落后的民族地区的高校来讲，仅靠上级拨款进行非物质文化遗产的教育传承显得捉襟见肘，资金问题已成为阻碍非物质文化遗产教育传承顺利进行的主要因素。这是民族地区许多高校中普遍存在的一个问题。

(二) 本科专业设置缺失相关学科

在《中国普通高等学校本科专业设置大全》（2007 年版）中，民俗学、民间文学等隶属于非物质文化遗产方面的课程，既不是目录内专业，也不是目录外专业，根本没有纳入现行的本科专业教育体系内。这就使得作为基础文化学科的民俗学和民间文学，在本科教育体制中严重缺席。[1] 而且，在本科阶段，有关非物质文化遗产项目的专业设置也存在同样的问题。据不完全统计，唯有新疆艺术学院音乐系设置了非物质文化遗产项目——木卡姆艺术专业，其他院校要么把非物质文化遗产项目列入某个专业下的一个方向，要么在某个专业的课程设置中体现一下，这与专业传承人才的培养还相差甚远。因此，非物质文化遗产相关专业在本科专业设置中的缺失，大大影响了非物质文化遗产相关学科的建设和发展。

(三) 课程与教材缺失

虽然民族地区许多高校与非物质文化遗产有关的课程获得了国家精品课程、省级精品课程的褒奖，但这样的成绩与非物质文化遗产教育传承工作的要求还有很大的距离，主要表现在以下几个方面。

---

[1] 黄江丽、王瑾、洪剑明：《世界遗产教育在大学的实践模式探讨》，《首都师范大学学报（自然科学版）》2010 年第 4 期，第 69 页。

第一，目前，民族地区高校，在普及非物质文化遗产知识的教育中，体现和包含少数民族非物质文化遗产的内容，还没有正式编入国家统一编写的教材和课程中。体现国家民族理论与民族政策和普及各少数民族文化基础知识的"民族理论与民族政策"课程，也仅在民族高等院校和少数民族地区的部分高校中开设。在专业人才培养方面，虽然有一些高校在本科相关专业中设立或开设了与非物质文化遗产相关的课程，但与"非遗"密切相关的课程大多只设一两门，难以保证"非遗"项目的高质量专业传承。

第二，民族地区绝大多数高校受资金和师资力量等因素的制约，至今仍缺乏适合的校本教材。有些高校，学生的学习只能通过聘请传承人现场演示，造成"非遗"项目不能大范围学习和推广。有些高校虽然有教材，但大多是一些"非遗"项目研究成果，不符合教材的要求，这就造成教材与教学脱节，使传承优秀传统文化的要求很难得到贯彻落实。

第三，许多高校的本科教学体系中，由于受经费的限制和课时的制约，与本专业有关的实践课程很少见。这就导致理论与实践严重脱节，使学生所学到的非物质文化遗产知识根本无法在实践中得到检验和传承。

（四）师资匮乏

高校开展非物质文化遗产教育传承工作，教师是生力军，他们的素质在一定程度上决定着教育传承工作的水平。由于意识欠缺、条件不足等原因，许多高校没有重视对大学生非物质文化遗产方面的教育，没有学科专业作为有力支撑，专门从事教学科研的教师为数不多。许多教师或者从其他学科转行，或者没有接受过正规专业训练，只凭自己对资料的理解来开展教学，难免会误导学生。如果老师只能讲"非遗"理论知识，则很难达到理想的教学效果，这都极大地影响了对大学生进行非物质文化遗产教育的质量和水平。

四　民族地区高校非物质文化遗产
教育传承的路径分析

（一）教育传承应遵循的原则

要维持和增强一种非物质文化遗产的生命力，必须注重回归传统，积极探寻其民族文化之源，深入发掘内在意蕴，从而在源头和根本上保持本真；① 非物质文化遗产的保护应注意生态环境和文化整体的保护，非物质文化遗产的教育传承同样需要有良好的文化生态环境。② 非物质文化遗产本身也是流动的，作为我们民族文化的基因库要原汁原味地保存下来，但保护不等于保存，还要遵循发展的原则，求新求变，所以教育传承应遵循本真原则、生态原则和发展原则。

（二）创设校园文化的良好传承环境

"非遗进校园"活动是将非遗融入校园文化氛围的过程，创建良好的校园非物质文化遗产传承环境是保护、教育、传承工作的必要条件，也是高校直接参与非物质文化遗产保护工作的重要形式。在实施中主要应从五方面着手：一是利用学校图书馆的宣传和教育功能；二是利用学校的各类宣传媒体进行宣传教育；三是举办形式多样的校园活动；四是成立非物质文化遗产保护社团；五是建立非物质文化遗产教育、宣传网站。

（三）渗透于课程和教材改革中

非物质文化遗产进课堂、进教材、进校园是非物质文化遗产教育传承的根本举措，其核心问题是课程与教材问题。

1. 开发和构建非物质文化遗产教育课程

首先，在普及非物质文化遗产知识的教育方面，其课程的改革可采用两种方式：一是开设独立课程；二是建设渗透性课程。其次，在非物质文化遗产项目的专业人才教育方面，应当开设四类"非遗"课程：第一类是"非遗"专业基础课程；第二类是"非遗"项目专业课程；第三类是"非遗"项目选修课；第四类是"非遗"项目专业实践课程。

2. 编写非物质文化遗产相关教材

首先，在普及非物质文化遗产知识的教育方面，要大力开发非物质文化遗

---

① 闫秦勤、曹诗图、阚如良：《试论非物质文化遗产的变迁及保护传承对策》，《湖北民族学院学报》2007年第4期，第76页。

② 闫秦勤、曹诗图、阚如良：《试论非物质文化遗产的变迁及保护传承对策》，《湖北民族学院学报》2007年第4期，第76页。

产课程资源，编写具有中华民族特色的非物质文化遗产教材。其次，在具体非物质文化遗产项目的专业教育方面，要为高校不同的"非遗"项目量身打造特色鲜明的教材，目标是逐步形成一套特色鲜明的"非物质文化遗产教育系列丛书"。

（四）注重社会实践和田野调查

在民族地区高校非物质文化遗产的教育传承中，学生必须参与实践体验，在实践中加深对非物质文化遗产的认识，增强非物质文化遗产保护意识及从事保护工作的能力，主要应从三方面考虑：一是开设学生实践项目，学习具体的非物质文化遗产类型；二是利用高校非物质文化遗产项目的教学研究基地进行实践和体验；三是组织学生对当地的非物质文化遗产进行田野调查。

总之，民族地区高校非物质文化遗产的教育传承只有敞开校门，走出"象牙塔"，主动融入根植于广阔田野中的民族民间非物质文化遗产中，其非物质文化遗产保护传承的社会责任功能才能得到最佳发挥，非物质文化遗产保护工作才能得到真正加强，从而使民族地区高校非物质文化遗产保护的理论研究和学科建设得到进一步发展，更好地实现教育传承的目的。

B.17
开发布依族文化旅游纪念品的
对策研究

王克松 *

摘　要： 随着布依族聚居区旅游不断升温，布依族特色旅游纪念品的开发对发展布依族地区的旅游，增加布依族群众的经济收入都将产生积极的作用。加强政策扶持、挖掘文化内涵、打造文化精品、开拓销售渠道、加强产品研发是促进布依族文化旅游纪念品开发的重要措施。

关键词： 开发　布依族　旅游纪念品　对策

布依族文化博大精深，包括布依族的语言文字，民间文学、诗歌、戏剧曲艺、音乐、舞蹈、绘画、雕塑等，节日和庆典活动、布依族体育和布依族民间游艺活动，生产、生活习俗；服饰、器皿、用具，建筑、设施、标识和特定的自然场所，具有学术、史料、艺术价值的手稿、经卷、典籍、文献、族谱、碑文、楹联以及口传文化，民族民间传统工艺传承人及其所掌握的知识和技艺，民间传统工艺制作艺术和工艺美术珍品等。布依族聚居区独特旖旎的自然景观，加上布依族悠久的独具魅力的人文景观，构造了迥异于其他任何地区的旅游风景区，对国内外旅游者有强烈的吸引力。

布依族文化旅游是开展旅游的重要组成部分，要开发和提高布依族文化旅游品位，适应现代旅游多元化发展的格局，必须开发、利用布依族文化资源，开发和满足游客对布依族文化旅游纪念品的需要，才能增强旅游产品吸引力。

---

* 王克松，贵州省黔南布依族苗族自治州民族博物馆副研究馆员。邮编：558000。

目前，布依族旅游纪念品的开发相对滞后，跟不上布依族文化旅游业自身发展的要求。为此，要大力开发、提升、打造布依族旅游纪念品，加快布依族地区旅游发展，促进布依族手工业发展，增加布依族群众的经济收入，推动布依族聚居地区经济社会又好又快地发展。

一 开发布依族文化旅游纪念品的价值

布依族文化旅游纪念品是游客在旅游地购买的有布依族文化特色并具有纪念价值的产品，能使人回忆起在布依族地区旅游或经历的有纪念意义的实物商品。它把布依族文化内涵融入布依族文化旅游和普通旅游纪念品中，具有较高的布依族文化含量，工艺性强，有纪念性、收藏性、实用性等特性。它既是旅游纪念品的一个组成部分，又是布依族文化宣传、传承、弘扬的载体之一。

（一）开发布依族旅游纪念品是宣传布依族文化，促进各民族文化交流的途径之一

由于历史和地理等因素的影响，对布依族优秀的文化人们知之甚少。通过布依族文化旅游纪念品的开发，使游客观赏、购买到融合布依族优秀文化的纪念品，还可通过游客将布依族文化旅游纪念品带回各自的来源地，让游客成为布依族文化的宣传员，从而将布依族文化信息、内涵传递到四面八方，起到促进游客与当地的文化艺术交流、传播的作用。同时，游客到布依族文化旅游地，会将外来文化信息传递给当地，实现布依族文化与外来文化的交融。在继承和发展布依族传统文化的基础上，各民族优秀文化相互吸收和借鉴，将使布依族文化得以丰富和发展。

（二）开发布依族文化旅游纪念品市场，是增加布依族群众经济收入、促进地方经济发展的手段之一

布依族文化旅游纪念品的开发，是富民增收的重要途径。黔南布依族苗族自治州荔波县的一些布依族群众每年将自己纺织制作的布依族篾笆纹、井字纹、方格纹等床单拿到县城出售给游客，每床能卖 100 元左右。荔波县永康水族乡

尧古村布依族妇女以该村成为旅游景点为契机，紧紧抓住商机，进行纺织、扎染、古法造纸等技艺演绎，出售纺织床单和扎染床单获得一定经济收入。镇宁自治县依托龙宫至黄果树景区，确立了"以乡村旅游促进对外开放和脱贫致富"的发展思路，并明确全县乡村旅游发展的具体措施和基本构想，将旅游必经之路的大山乡大寨村、上洞村打造成旅游示范村。在镇宁至白马湖一带建设一个具有布依族、苗族特色的大型购物、休闲、娱乐、食宿综合开发区，把白马湖建成休闲娱乐度假和会议中心，加大蜡染、织锦、刺绣等民族民间旅游产品和波波糖、牛肉干等旅游特色食品开发力度，打造六马狗肉等布依族饮食文化。惠水县雅水镇文化站的杨昌飞将传承的布依族枫香染，提升为装饰画，并不断运用自己所掌握的布依族农民画技创新出反映布依族生活、世界观、审美情趣的作品，使源于生活的布依族传统技艺枫香染和农民画超越生活，成为满载布依族文化韵味的能登大雅之堂的艺术品——小幅作品约 18 厘米 ×25 厘米的价格为 60～100 元，大的上千元不等。他不仅自己有了收入，也使其聘请的部分布依族艺人增加了经济收入。

（三）开发布依族旅游文化纪念品是传承优秀布依族传统文化的渠道之一

要更好地保护优秀布依族文化，守护布依族同胞的文化家园，重要的手段之一就是开发布依族旅游纪念品，使广大布依族人民感悟到本民族文化的博大精深，从而自觉地加强对本民族优秀传统手工技艺的学习，使之得以世代相传。通过布依族旅游纪念品，越来越多的人正在认识布依族传统技艺，积极参与到对布依族优秀传统文化保护中来。

二　开发布依族旅游纪念品的对策

旅游纪念品是传播旅游文化和历史文化的重要载体，是旅游经济增长途径之一，同时也是促进布依族地区富民增收的渠道之一。然而布依族文化旅游纪念品的开发一直较为滞后，与布依族地区旅游业自身发展的要求相距甚远。如何加强布依族民族特色文化旅游产品的保护和开发，为广大游客提供具有地方特色的工艺旅游纪念产品呢？

（一）政府引导，政策扶持，加强市场管理，为广大旅游者提供良好的购物环境

政府和各级旅游管理部门应该投入专项、贴息贷款，帮助争取有关部门的开发基金等扶持，帮助企业及个人解决在研发旅游纪念品过程中所缺的部分资金，从开发力量上加强布依族旅游纪念品生产更新换代能力，引导和扶持布依族旅游纪念品迅速发展起来。税务部门应该对开发、生产布依族旅游纪念品新品的企业给予政策上的扶持、支持与优惠，例如实行减免税。在新品进入市场的投入期阶段，企业和产品的各项费用减半或免收，以有利于调动生产者和企业的积极性，扩大布依族特色纪念品的生产。2006～2010 年，贵州省委、省政府举办五届"多彩贵州"旅游商品两赛一会，全省 9 个市（州、地）、88 个县（市、区）累计有 20847 件（套）旅游商品设计作品、11212 名各民族能工巧匠参赛，许多民间工艺品脱颖而出，对推动全省旅游商品产业发展发挥了重要作用。布依族工艺美术工匠与其他各族工匠同台竞技，促进了交流。2007～2010 年黔南布依族苗族自治州人事部门为全州的民间艺人评定了职称，评选出布依族的牙舟陶的高、中级工艺师，枫香染的高、中级工艺师等，对布依族工艺美术传承人的高超技艺给予了肯定，并将相关人才纳入人事部门的管理，既鼓励了传承人传授技艺，也鼓舞了学习者学习技艺，为促进布依族旅游纪念品的发展培养和储备了人才。

（二）注重内在文化的挖掘，提高工艺质量

旅游是一项文化活动，就布依族地区旅游而言，布依族文化是旅游的支柱和精髓，要提高旅游纪念品的文化价值和档次，必须承载当地的布依族文化内涵。具有特色的布依族文化旅游纪念品才有竞争优势。对于游客来说，他们对旅游纪念品的需求是多方面、多层次的，只有开发出不同档次、不同价格的旅游纪念品，才能适应和满足不同层次旅游者的需求。旅游纪念品的经营企业应尽可能地调整好旅游纪念品档次与旅游者支付能力的平衡关系。布依族主要分布在贵州省，有着其他地方没有的得天独厚的资源，应当大力开发特色产品，尤其是蜡染、扎染、枫香染、农民画、牙舟陶、凉席、米花、腊肉、牛肉干、绿色食品等，进行整合搭配，精心设计，使之成为具有代表意义的旅游纪念品。必须充分发挥布依族文化资源优势，挖掘、整理、研发出一批具有布依族

文化内涵的旅游纪念品，以扩大布依族优势产品的影响，提升旅游纪念品的质量和使用价值。

（三）利用和打造非物质文化遗产品牌、精品，带动布依族旅游纪念品的全面发展

在漫长的历史中，布依族人民创造和形成了许多富于本民族文化显著特征的非物质文化遗产，如列入国家非物质文化遗产名录的布依族民歌（好花红调）、布依族八音坐唱、布依族盘歌、独山布依族花灯戏、铜鼓十二调、贵州省册亨县布依戏、布依族勒尤以及牙舟陶器烧制技艺、枫香印染技艺等。这些非物质文化遗产具有鲜明的布依族文化性、民俗性、传承性和民族代表性，并且知名度及收藏价值较高。因此，要增强民族文化产业意识，用好用活布依族品牌，充分利用这些非物质文化遗产品牌，将民族文化资源优势转化为经济优势，打造布依族文化旅游纪念品精品，利用这一珍贵的宝藏，为民族经济建设服务。为形成布依族文化旅游纪念品建立一个广阔的多层次、多方位的立体综合空间。抓规模，上档次，搞好民族特色产品的开发、生产，并积极开辟销售渠道，拓宽销售市场，使特色产品向商品生产转化，成为经济产业之一。

（四）加强对外宣传力度，开拓销售渠道

有关部门应积极组织和开展各种与布依族文化旅游纪念品相关的活动，利用多种方式对布依族和布依族文化旅游纪念品进行宣传和营销。布依族文化旅游纪念品要取得长足发展，就要加大宣传力度，要让外地游客知道布依族的特色文化旅游纪念品商品。应当借助电视、报刊、网络等媒体，旅游商品推荐会、展览会，光盘、图文书籍等宣传布依族文化旅游纪念品，还可以采取举办旅游购物节，建立布依族纪念品超市等措施。加强对布依族文化旅游纪念品的宣传，既向外地人促销产品，又通过交流反馈信息，取长补短，提高布依族文化旅游纪念品的知名度，使全国各地的人们未游先知。

（五）加快布依族文化旅游纪念品的研制开发，不断丰富布依族文化旅游纪念品的种类

面对旅游纪念品市场的激烈竞争，要摒弃故步自封，勇于创新。布依族文化

节旅游纪念品市场上的产品，设计水平较低，初级产品较多，加工工艺粗糙，这是造成目前旅游纪念品市场不景气的主要原因。旅游纪念品的设计开发必须不断地创新，加工工艺也要不断地改进。在继承本地区、本民族文化的基础上，应该积极学习外地好的旅游纪念品的设计思想，适当地借鉴他们的成功经验，从而使布依族文化节旅游纪念品的设计制作水平更上一个台阶。同时，要开展布依族文化旅游产品的创新工作，把新思维注入旅游纪念品的开发中去，在原来布依族传统技艺产品和审美观念上大胆创新，提高产品档次。

同时，有必要建立一个由旅游部门牵头，相关部门、布依学会及专家学者参加的布依族文化旅游纪念品研制开发小组，全面负责协调领导全省旅游纪念品研制开发工作。由各级旅游管理部门、布依族文化学者和旅游纪念品开发企业共同进行旅游者需求的市场调查和布依族文化旅游资源的分析，筛选出可以满足旅游者需求的布依族文化主题，并进行其开发成为旅游纪念品的可行性分析，然后由专门人员设计开发。要对旅游纪念品的市场调查、定位、预测和旅游纪念品的研制开发进行指导，推出一批有布依族特色、有影响、市场前景好、科技含量高、经济附加值高、深受游客青睐的旅游纪念品。要办好一批旅游定点购物商场，新增一批旅游纪念品生产基地，以满足旅游者购物需要。

区 域 报 告

Regional Report

B.18

甘孜藏族自治州广播影视
发展调研报告

广播影视总局发展研究中心课题组*

摘　要： 甘孜藏族自治州是全国第二大藏区——康巴藏区的核心，对整个藏区稳定乃至全国稳定都有重要影响。甘孜藏族自治州文化教育滞后、自然条件恶劣、经济发展落后，这些因素赋予了广播影视特殊使命。尽管在2006年广播影视总局定点帮扶甘孜藏族自治州，并将广播影视部门作为帮扶重点以来，甘孜藏族自治州广播影视事业取得了巨大进步，但仍然存在不少问题。建议进一步创新甘孜州广播影视发展思路，在重点工程项目中，对甘孜藏族自治州广播影视进行重点扶持；从服务性、贴近性入手，办好本地广播电视节目；探索开发广播影视产业资源，培育广播影视造血功能。

关键词： 甘孜藏族自治州　藏区　广播影视　发展

---

* "四川省甘孜藏族自治州广播影视发展调研报告"课题组组长：庞井君；副组长：杨明品；成员：刘汉文、薛巧珍。庞井君，国家广电总局发展研究中心主任，党委书记，研究员；杨明品，国家广电总局发展研究中心副主任，高级记者、研究员。邮编：100054。

作为区域社会文化事业的重要部分，四川省甘孜藏族自治州（以下简称甘孜州）广播影视事业的发展对于维护中国西部地区的政治稳定、民族团结和社会进步意义重大。2006 年，国家广播影视总局定点帮扶甘孜州以来，该地区广播影视事业发展迅速、成效显著。本调研报告力求客观反映近年来甘孜州广播影视事业发展的进程与现状、成果与问题，并提出对策建议。

一 甘孜州特殊的自然与经济社会
环境赋予广播影视特殊使命

甘孜州是全国第二大藏区——康巴藏区的核心，历代被视为控制青、甘、滇、藏四省区的锁钥，因此，它的稳定和发展对整个藏区稳定乃至全国稳定都有重要影响。明清以来，就有"治藏必先安康"的共识。甘孜州自然、社会的特殊性、复杂性以及经济文化发展的滞后性，既决定了广播影视可以发挥独特的作用，也赋予了广播影视特殊而重大的使命。

（一）从文化特点看，甘孜州藏区文化教育滞后，广播影视是推进思想文化工作的便利和有效手段，承担着占领和建设藏区思想文化阵地的重大责任

在甘孜州，占总人口近90%的农牧民、僧尼尤其是其中的青少年是思想文化工作的重点人群。藏传佛教影响大，对农牧民和青少年的渗透力和支配力极强。

第一，甘孜州教育资源匮乏，教育水平相对落后。由于历史原因，藏区文化教育滞后，虽然已进入现代社会，但是一些传统落后的思想观念和思维方式至今仍支配着广大藏民。这些因素在很大程度上抑制了广大藏民对科学文化的需求，这不仅使得广播影视占领思想文化阵地的任务十分艰巨、十分紧迫，也迫切要求广播影视在同一语境下加强对藏民特别是青少年的思想文化工作，增强针对性和贴近性，走进他们的精神世界，提高影响力和感召力。

第二，僧尼是目前影响藏民思想和行为的重要力量。甘孜州现有藏传佛教寺庙 515 座，僧尼 5.31 万人，占总人口的 5.52%。在色达县，僧尼甚至占到25%。目前僧尼的增长速度已远高于全州人口的增长速度。基于"政教合一"

的历史影响，僧尼在藏区群众中具有较高的地位和社会威望，对藏民的思想与行为的感召力和控制力极大，以致形成了"寺庙稳则甘孜稳、寺庙和谐则甘孜和谐"的现象。

作为能够便捷地覆盖和传播到任何地方的现代媒体，广播影视可以有针对性地加大对寺庙僧尼的文化教育，在增强僧尼和信众对国家与政府的认同感、促进民族团结和社会稳定方面作用独特，潜力很大。

甘孜州藏区群众的信息与文化消费偏好也说明了这点。据本课题组调查统计，藏区群众接触的媒体按喜爱程度排序是：电视占49%；电影占21%；广播占17%；报纸和网络各占6%。这说明，广播电影电视是甘孜州藏民乐于接受的重要传播媒介，能够成为宣传思想工作最有效的工具。基于此，广播影视尤其要针对僧尼、农牧民和青少年这3个特殊群体，以其便于接受的话语方式，开展务实有效的文化教育活动。

（二）从地理特点看，甘孜州地处偏远、地域广阔、地貌复杂，广播影视是信息和文化传播最便捷、最广泛的工具，在藏区信息化建设和抢险救灾中的作用不可替代

首先，甘孜州地处偏远，幅员辽阔。其次，甘孜州地处高原，地貌复杂。甘孜州地处青藏高原东南端，境内山峰高耸，河谷幽深，地貌主要有高原、山原、高山峡谷三大类型，平均海拔4114.8米，全州3000米以下的河谷坪坝和台地，仅占总面积的0.17%，65%的人口生活在高山峡谷和交通闭塞区域。年平均气温7.8摄氏度，最低气温零下45摄氏度，属于高原缺氧地区，生存条件极其恶劣。特殊的自然条件使得交通、通信网络建设和报纸杂志的投递极为困难。广播电视以其空中传播优势，成为甘孜州信息交流和文化传播的主渠道；电影放映则以独特的集体娱乐魅力成为农牧民重要的文化活动。基于此，广播影视发展水平在很大程度上决定了甘孜州文化建设和信息化发展水平。此外，甘孜州自然灾害频繁。甘孜州境内地震、滑坡、雪灾、霜冻、低温冻害、泥石流等自然灾害多，易发重大突发事件。目前，全州1/3以上的人口还居住在生存环境十分恶劣的地区和山体滑坡、泥石流、地震等严重自然灾害频发地区。在重大灾害事件中，广播影视成为甘孜州指挥抢险救灾、安抚民众、促进社会稳定的主要媒体。

文化蓝皮书

　　（三）从经济特点看，甘孜州是一个整体贫困地区，广播影视具有信息扶贫、智力扶贫和宣传扶贫的独特优势，承担着促进藏区经济发展、引导广大农牧民脱贫致富的重要任务。

　　甘孜州是全国特殊的整体贫困地区，贫困面大、贫困程度深、贫困发生率和复发率高。全州辖 18 个县和海螺沟景区管理局、325 个乡镇、2668 个行政村；人口 98 万，其中藏族人口占 78.9%。全州 80.15 万农村人口中，绝对贫困人口和低收入贫困人口占 45.2%。行政村中还有 42% 不通电、76% 不通公路、58% 不通电话。有些农牧民至今仍过着原始农耕或游牧生活。2009 年，全州地方财政一般预算收入 13.02 亿元，一般预算支出 102.84 亿元，主要依靠国家财政转移支付。有人总结说，与东部发达地区相比，甘孜州是一个省的面积、一个县的人口、一个镇的财政。要改变甘孜州的贫困状况，首要的是帮助藏民解放思想，输入现代观念，培育市场意识，构建藏区内外便捷的市场信息流，加大资源和产品对外宣传推广。甘孜州旅游、文化、矿产、水电、动植物等资源十分丰富，举世闻名，开发前景广阔。假以时日，一个美丽、繁荣、和谐的甘孜必将展现在世人面前。广播影视在推动甘孜州科学发展与和谐发展的过程中，在开展信息扶贫、智力扶贫和宣传扶贫等方面，在传播信息、扩大宣传、重塑形象、营造文化环境、提供文化服务等方面具有不可替代的作用。

二　甘孜州广播影视发展的基本情况

　　党和国家历来高度重视甘孜州等藏区广播影视的发展，尤其是 2006 年广播影视总局定点帮扶甘孜州，并将广播影视部门作为帮扶重点以来，甘孜州广播影视事业取得了巨大进步。

（一）甘孜州广播影视事业建设明显加快

　　为使甘孜州等康巴藏区群众看懂、看好电视，在广播影视总局和四川省政府的努力下，四川康巴藏语卫视频道于 2009 年 10 月 28 日开始播出，结束了康巴语无上星节目的历史。该频道利用卫星、有线、无线等多种途径，广泛覆盖四川、西藏、青海、云南、甘肃 5 省区的康巴语地区。

甘孜州现有1个州级广播电视台，18个县级广播电视台。州台自办电视节目2套（综合频道和文艺频道），覆盖全州18个县的城区。综合频道开办有汉语和藏语新闻节目及专题栏目，文艺频道播出音乐电视及自制文艺节目。州台还开办广播频率1套，覆盖康定城区。2009年，州台在《甘孜人文地理》《格桑花》《甘孜新跨越》《康巴警视》《科普大篷车》等栏目基础上，新增《甘孜福彩》《甘孜人口》《行业风采》《爱我中华》等电视栏目和《八大民心活动暖人心》《城乡综合整治大家谈》《解读科学发展观》《追寻历史足迹》等广播栏目，受到广大群众欢迎。

近年来，甘孜州将"广播电视村村通"工程与"文化惠民"行动、牧民定居行动计划相结合，共同推进。州广播影视局积极向省广播影视局争取落实维护工作经费，并建立常年维修点，有效保证了村村通工程的"长期通、天天通"。截至2009年底，该州完成4711个点56532套直播卫星接收设备的安装任务。第二批104624套直播卫星接收设备于2010年安装调试完毕。2009年底，甘孜州广播、电视人口综合覆盖率分别达85.11%和85.03%，到2010年底，该州20户以上已通电自然村基本实现村村通广播电视。

2008年，甘孜州在全国率先理顺电影管理体制，并成立甘孜州农村数字电影中心，进一步健全了农村电影放映机构。在实施农村电影放映工程过程中，广播影视总局为甘孜州配备数字电影放映设备219套、流动放映车20辆，为甘孜州安排电影场次补贴714万元（2007~2009年），还配备了一批电影节目。装备一新的放映队广泛深入农牧区开展服务，群众高兴地说："坝坝电影回来了！"2010年，该州基本实现"一村一月放映一场电影"。

（二）广播影视总局对口帮扶成效显著

2006年，广播影视总局定点帮扶甘孜以来，在着力推进饮水、卫生等基础设施建设的同时，从打牢甘孜州长治久安的思想文化基础着眼，着重帮扶甘孜州广播影视事业发展，取得显著成效。

一是广播影视总局对甘孜州的宣传扶贫效应日益呈现。近年来，甘孜州在全国广播影视媒体上出现的频率大大增加，对外知名度大大提高。2007年，中央电视台为甘孜州拍摄了4集旅游文化宣传片《探秘甘孜》并播出；2008年，中央电视台加大了对甘孜州旅游文化重点项目《格萨尔王传》千幅唐卡品牌的宣

传推广，提升了甘孜州的社会影响力；2009年，中央人民广播电台、中国国际广播电台、中央电视台（以下简称中央三台）从社会、经济、教育、旅游等多方面对甘孜州进行了充分报道。

2010年是甘孜州建州60周年，中央三台充分发挥中央媒体强大的宣传优势，极大地提高了甘孜州的社会知名度和美誉度。其中，中央电视台派出多组记者到甘孜州采访报道，制作了五期《甘孜建州60周年系列报道》、一分钟旅游形象宣传片、45分钟长度的《吉祥甘孜》专题片和一期《焦点访谈》，陆续在该台相关频道播出。9月27日，中央电视台"心连心"艺术团到康定慰问演出，并作为国庆文艺晚会节目在该台一套黄金时段播出。

2010年，国家广播影视总局电影局支持中国电影集团公司和甘孜州共同拍摄了故事片《康定情歌》，在全国院线发行，向观众展示了甘孜州丰富的旅游资源和独特的民族风情。

二是广播影视基础设施明显改善。截至2009年底，广播影视总局在村村通工程和西新工程建设中，为甘孜州安排了22576.75万元作为建设补助资金和运行维护经费。截至2010年10月，广播影视总局还向该州农牧民捐赠了50000部收音机、6500台电视机，向州、县台捐赠了一批非编工作站、摄像机和影视剧节目，资助完成了雅江播出机房搬迁项目，及时消除了安全播出隐患。州广播电视文艺演播大厅主体工程通过验收，成都—康定—马尔康有线电视环线工程甘孜段全面完工。此外，广播影视总局电影局还协调国家电影专项资金办公室和四川省广播影视局出资，共同支持甘孜州康定太平洋电影院改建，改建后的电影院已于2010年9月24日试营业。据统计，广播影视总局除实施重点工程向甘孜州倾斜外，另帮扶甘孜州资金（设备）超过3000万元，成为国家各部委对口帮扶的先进典型，更赢得了甘孜州广大干部群众的高度赞扬。

三是进一步创新扶贫工作机制，加大扶贫工作力度。根据实际，2009年，广播影视总局实行了中央三台、中影集团（电影频道）、无线局、监测中心等7个单位对口甘孜州5个国贫县的扶贫新举措。这项措施已经全面展开，各方积极性很高，初见成效。再过一段时间，这5个县的广播影视发展水平将大大改观，甘孜州广播影视事业将形成梯次发展格局。

三 甘孜州广播影视发展存在的突出问题

尽管近年来甘孜州广播影视发展加快，但受经济社会发展基础和自然条件的制约，该州广播影视发展整体水平仍然偏低，难以满足藏区群众基本的精神文化和信息需求以及宣传文化阵地建设的需要，难以承担甘孜州经济社会发展和国家政治稳定、民族团结所赋予的特殊使命。

（一）基础设施严重滞后

传输覆盖网络建设面临极大困难。一是受高山峡谷阻隔和冰雪霜冻影响，无线覆盖范围窄，建设成本高，损坏程度高，维护难度大。全州无线发射台站总量少、功率不足。二是没有专业的干线传输网络。甘孜州至县、县至乡至今没有广播影视干线传输网，传输节目依靠租用电信的光纤网络，传输容量难以扩展，安全播出存在隐患。

州县广播影视基础设施设备条件很差。一是办公设施陈旧，业务用房严重不足。全州18个县的广播影视局办公业务用房平均不足500平方米，大多数县连基本的新闻演播室都没有。15个县局的办公业务用房已属危房，存在严重安全隐患。二是州县台制播设备匮乏、落后。州台现有采编制作设备不及内地地市级台的一半；州台电视采编数字化程度不足60%，县台只有33%；广播设备数字化率几乎为零。电影放映场所匮乏。甘孜州属于高寒地区，冬季长气温低，不宜室外放映电影，但室内放映场所少，农牧民冬天看电影尤其难。在影院建设方面，全州原有的18座县城影院有11座被拆除，4座影院因年久失修停止使用，尚在使用的3座县城影院也因缺乏必要的维修经费陷入半瘫痪状态。

（二）部分藏民无法接收广播电视，大部分收不到本州县台的节目

一是广播电视还存在覆盖"盲点"。目前，全州有13.7%的藏民以游牧为主，他们没有固定的居所，不易接收广播电视；全州尚有相当数量的行政村、自然村不通电，农牧民无法接收广播电视节目；受宗教教规等因素的影响，不少寺庙不通广播电视；部分贫困群众买不起收音机和电视机。

二是大多数农牧民收听收看不到州县节目。无线覆盖和有线覆盖受高山峡谷

的阻隔和冰雪霜冻的影响，不仅覆盖窄，成本高，易损坏、难维护，而且群众能收听收看到的节目套数很少。卫星覆盖能够有效解决高山峡谷和偏远地区的覆盖问题，是成本低、最有效的覆盖方式，但无法解决本地节目覆盖问题。

本课题组调查显示，2008 年，甘孜州能通过有线电视收看到州、县自办节目的人口不到 1/5。由于大多数藏民无法收听收看到州县节目，当地党委政府的声音难以通过现代媒体传下去，在发生重大突发事件和群体性事件时，州县广播电视很难发挥应有作用。

（三）州县节目制作能力特别是康巴藏语译制能力弱，节目贴近性、针对性不强

受资金、设备和人员等因素的制约，州、县台仅能采制少量新闻节目，没有能力采制具有民族和地域特点，针对广大农牧民、青少年以及僧侣等不同受众群体的各类节目。州台每天自制广播电视节目分别只有 60 分钟和 50 分钟左右，18个县级广播电视台每天只开办 10 分钟左右的电视节目，在不固定频道中插播，还有 7 个县台不能每天制作播出本地新闻节目。州县节目不仅无法满足藏区群众对本地信息的需求，更难以成为当地党委政府有力的舆论工具。

藏语节目制播能力十分薄弱。一是甘孜州台康巴语译制经费少、译制力量薄弱、译制能力低，每天仅有 20 分钟的藏语电视节目覆盖到各县城区，30 分钟的藏语广播节目覆盖康定城区；二是康巴语译制人才十分匮乏，目前州台康巴语译制中心只有 8 个人，各县能从事藏语译制和制播的人员总共不过 20 人，其中专门的藏语译制和制播人员仅 3 人。而甘孜州藏民中还有 31.8 万人（主要为农牧民）听不懂汉语，他们渴望听到看到本地的藏语广播电视节目。

（四）县乡广播影视力量十分薄弱

像甘孜州这样地域广阔、农村人口比重大、居住分散、发展滞后的地区，县乡广播影视是为农牧区服务和巩固基层政权的前沿阵地。甘孜州每个县平均人口不到 5 万人，分布在几千甚至几万平方公里的区域内，这要求县级广播影视有较强的覆盖力。然而，县台发射台站功率小，仅能覆盖县城周围一小片地方。此外，由于资金、人才匮乏，技术、设备落后，县台普遍缺乏采制节目的能力。乡镇广播影视的情况更不容乐观，尽管各乡（镇）综合服务站均设广播影视职能，

但大多数没有广播影视专业服务人员；加之多数乡镇没有广播影视设施设备和业务经费，乡（镇）综合服务站的广播影视服务人员常常被抽调做其他工作。总体来看，县乡广播影视无法满足当地群众对本地信息传播的需求，难以成为当地党委政府服务群众、维护社会稳定的得心应手的宣传舆论工具。

甘孜州广播影视发展存在诸多突出问题，原因是多方面的。除了特殊的地理条件和经济社会发展滞后带来的困难外，还有两个主要原因。

州县两级广播影视经费严重匮乏。由于财政困难，州财政安排给州广播影视的事业经费一年仅 50 万元，各县财政安排给县广播影视的事业经费平均在 3 万元左右，连基本公务运转都难以保障。有线电视和广告是全国广播影视系统最主要的收入来源，但甘孜州县这两项收入十分微薄。全州有线电视收视费收入极少，无力进行网络更新改造和扩展；州台广告年收入仅 30 万元，18 个县年广告收入平均仅 0.15 万元左右。因此，甘孜州广播影视几乎没有自我发展能力，只能依靠中央和省两级财政"输血"。

广播影视人才严重匮乏。甘孜州现有广播影视从业人员 504 名，真正广播影视科班出身的仅 3 人，绝大多数是半路出家，各类专业人才极为缺乏。现有人员中学历偏低，48% 是高中及以下学历。18 个县台中从事新闻宣传业务的平均不到 7 人，有 3 个县台仅有 3 人。由于经费不足，人员培训机会极少，大部分广播影视从业人员知识结构老化，观念落后，难以适应数字化、网络化和反渗透、反分化、反分裂背景下的广播影视工作。

四　加快甘孜州藏区广播影视建设的对策和建议

在资讯发达、传媒业高速发展的当代，甘孜州广播影视整体实力还显得比较"单薄"。应从整个藏区乃至全国稳定的高度，从藏区长治久安的高度，创新理念，以特殊政策和强有力措施加快甘孜州广播影视建设，构建藏区发展战略的文化制高点，应当加快实现广播影视广覆盖，使之逐步成为包括农牧民和僧尼在内的藏区群众精神文化生活的主要选择，在提高农牧民思想文化素质方面切实发挥独特作用，既为甘孜州经济和文化发展、社会进步、政治稳定夯实基础，也为全国藏区和其他民族地区广播影视建设探索路子，积累经验。

（一）进一步创新甘孜州广播影视发展思路

为切实发挥广播影视在促进甘孜州经济社会发展和社会稳定中的重大作用，首要的是从实际出发，进一步创新甘孜州广播影视发展思路。

一是突出甘孜州广播影视的政治性和公益性，广播影视机构主要实行事业体制，加强政府主导，加大资金投入和特殊的政策支持。当前应把甘孜州藏区广播影视事业由一般的公共文化服务层面，上升到维护民族团结和国家安全的战略层面来考虑，纳入国家反渗透、反分化、反分裂的政策体系中统筹谋划。基于甘孜州特殊的政治、地理和社会环境，国家和四川省应进一步重视和支持甘孜州广播影视发展，利用政策导向，充分调动地方政府发展广播影视的积极性。有线电视因承担州县节目覆盖的重任，在藏区民族团结、社会稳定和文化建设中作用独特，应突出其政治效益和社会效益，在政策上不宜像内地一样简单地作为产业发展来对待，也应予以财政支持。

二是要把对甘孜州广播影视的扶持与努力提升、发掘它在全国广播影视发展大格局中的价值结合起来，充分利用甘孜州独特的自然和人文资源优势，为全国广播影视发展做贡献。逐步将广播影视总局及直属单位的帮扶变"输血"为"造血"，变短期措施为长效机制，变单向帮扶为双向合作，变纯粹的政府行动为政府引导与市场运营相结合的方式。

三是突出发展的规划性，在梯次发展、重点发展的基础上，逐步实现协调发展、全面发展和科学发展。

（二）在重点工程项目中，对甘孜州广播影视进行重点扶持

投入严重不足和基础设施欠发达是甘孜州广播影视发展的最大障碍。在推进村村通工程、西新工程、农村电影放映工程中，应对甘孜州进行重点倾斜，以广播影视发展带动甘孜州经济社会发展。

1. 在村村通工程建设中实施四大项目

一是以卫星接收为主，加快广播电视入户，逐步实现"户户通"。基于甘孜州特殊的地理条件，针对已通电、但有线电视难以到达的行政村，建议加快推进卫星广播、卫星电视入户，同时加强中波和调频广播覆盖。建议采取财政购买、免费入户的方式，逐步实现已通电行政村、自然村的广播电视入户率接近

100%。针对大量未通电的行政村，给包括游牧家庭在内的每一户家庭配送一台太阳能收音机，为农牧民提供信息、文化娱乐和思想教育服务。

二是加快甘孜州县两级广播电视台建设。制订州县两级广播电视台建设规划，加快广播电视业务楼的建设，消除危房，五年内使两级广播电视台制播场所够用、安全。同时，对州县台设备进行更新换代，基本实现采、编、播、存、用数字化。

三是加快无线发射台站改造新建。无线发射主要解决本地节目的覆盖问题，应坚持大功率、骨干台发射与中小功率、多布点相结合的原则，争取在亚丁、海螺沟、格聂、措普沟、丹巴藏寨等著名景区，新都桥、巴美、玛尼干戈、姑咱等重点乡镇，以及一些自然灾害频发区，新建一批发射台站，解决甘孜藏区的无线覆盖盲区多和应急处理突发事件传媒工具不足问题。针对资金投入不足、设备陈旧老化、日常运行维护经费缺乏，导致发射台、转播台开机时间短、功率不足的问题，建议中央财政加大投入、四川省财政配套，及时更新发射转播设备，保证发射台站满功率、满调幅运行。建议四川省广播影视局设在甘孜的无线发射台传送甘孜州县两级广播电视节目，扩大本地节目的覆盖范围。

四是扶持县到乡镇的光缆双向传输网络建设。按"宜网则网、宜点则点"的原则，充分利用社会资源，采用租挂电信杆路和自建杆路相结合的方式，在全州 30 个距县城 30 公里以内，300~500 户居住相对集中的乡镇，重点景区，317、318 国道沿线建设广播电视光纤传输网。

2. 在西新工程建设中实施两大项目

一是加快康巴藏语卫星广播频率和电视频道建设，加强康巴藏语节目建设。在进一步建设康巴藏语电视上星频道的同时，建议开办康巴藏语广播频率，在甘孜州台设立康巴藏语节目采编部。康巴藏语频率频道要组织记者深入藏区一线采访，着重提高本地节目的采编能力。健全康巴藏语广播影视译制中心功能，培养和配备康巴藏语采、编、译、制人才队伍，进行编制译制经费预算，并按预算确保经费到位。译制中心一年应完成至少 8 部影片的译制，确保每个季度有两部康巴藏语影片投入城乡放映。在县台设立康巴藏语采编组。保证甘孜州台每天播出自制藏语节目不少于 1 小时，县台不少于 20 分钟。在康巴语上星频率频道中划出一个时段，专门播出甘孜州台制作的藏语节目。建议四川省台、甘孜州台联合建立广播影视藏语节目数据库。

二是基于甘孜州维稳任务重、自然灾害频繁的现实，应推进应急广播建设。

改变"重电视、轻广播"的观念，建议国家财政拿出专款建立甘孜州应急广播系统和预警系统，发挥广播在突发事件和救灾中的特殊作用。有线广播和无线广播相结合，基本实现重点区域的每个行政村都安装有中波或调频广播喇叭，条件允许时争取每户都有一台具有强制开机功能的收音机。在州、县、乡三级都应培训相关人员，使其掌握在应急状态下通过广播引导舆论、传播信息的技能。

3. 在农村电影放映工程中扶持城镇影院建设

根据电影数字放映的特点和群众观影需求，在"十二五"期间，争取为五个国贫县每县筹措一个电影院的建设资金，争取在康定规划建设两座多厅数字影院，同时改造或重建其他 13 个县城（含海螺沟管理局）影院。针对高寒地区特点，在每个乡镇规划一个多功能数字电影放映室，推动农牧区流动放映向固定放映、室外放映向室内放映、胶片放映向数字放映过渡。

（三）从服务性、贴近性入手，办好本地广播电视节目

要解决甘孜州、县台自办节目较少的问题，除了争取外力支持，还须深挖本地节目资源，丰富节目内容和形式。州县广播影视媒体可以考虑在保持原有的报道本地新闻、推广科学文化知识、反映民族风情基础上，把广播影视服务性、贴近性作为主要着力点，突出广播电视在"西部大开发"、"加快经济发展方式转变"背景下为民族地区经济社会文化建设服务的功能，充分发挥广播电视媒体信息灵敏、传播便捷的优势，结合甘孜州政府的经济发展战略与措施，紧密追踪各行各业发展状况，切实关注各族群众生产与生活实际。这样既为甘孜州经济社会文化建设提供良好的舆论环境与信息平台，又能以此拓宽广播电视节目发展空间。

（四）加强与电信部门合作，推动甘孜州视听新媒体发展

抓住数字化、融合化机遇，推动甘孜州视听新媒体的跨越式发展。近年来甘孜州移动通信快速发展，全州 1/3 以上的人口拥有手机。建议甘孜州广播影视部门加强与电信部门在网络、技术、用户等方面的合作，推动视听新媒体业务发展，实现优势互补、竞合双赢。在甘孜州推动 CMMB 网络覆盖、终端投放与服务营销，争取能使之覆盖主要城区和重点景区。

（五）创新甘孜州广播影视体制机制

一是推动甘孜州实行州县广播影视垂直管理体制。根据调研，甘孜州 18 个

县和海螺沟景区管理局均缺乏自办频率频道的能力，自办节目较少，难以支撑一个频率频道的播出，建议在甘孜州实行州县广播影视垂直管理体制。州广播影视在确保各县宣传需求的基础上，统筹对全州城乡的广播影视传输覆盖和内容建设。体制改革后，全州广播影视的运行费用，除由州财政增加预算外，建议由中央和省财政每年进行补助。

二是调整甘孜州台频率频道格局。目前，甘孜州台办有1套广播节目、两套电视节目，县台在不固定频道中插播节目，这不利于提高州县台的节目制播能力。应以提高节目制作与传播能力为目标，调整甘孜州频率频道格局：将州台文艺频道改为以康巴藏语为主体的公共频道，同时将广播频率改成公共频率，各县将本地节目固定在公共频率频道插播。

（六）探索开发广播影视产业资源，培育甘孜州广播影视造血功能

树立经营意识，增加自我"造血"功能是甘孜州广播影视长远发展和实现社会效益、经济效益"双赢"的一个必然选择。在当前该州广播影视市场化程度低的情况下，可以借鉴一些地区广播影视业走市场化经营的经验，逐步寻找突破口。

一是建设海螺沟影视拍摄基地。甘孜州自然风光举世瞩目，康巴文化博大精深，影视拍摄资源十分丰富，具有较大的产业开发价值。有效开发这一资源，不但能为甘孜广播影视发展提供持续后劲，也能很好地促进全国广播影视的内容产业发展。国家级风景名胜区海螺沟海拔适宜（1680米），距成都、康定较近，交通便利，基础设施较好，又集中了贡嘎山、大渡河、冰川、温泉、高原植物群、川西民居、红军磨西会议旧址等优质旅游资源，是建设辐射全州的国家级影视基地的绝佳场所。建议有关部门对此项目展开调研论证。

二是互利合作，开发内容产业资源。甘孜州自然风光和人文资源吸引着全国旅游爱好者。目前，不少广播影视媒体都开办有旅游节目，但对藏区的介绍大都依靠资料，缺少真实感和现场感。建议这些广播影视机构可与甘孜广播影视部门合作，开发甘孜州自然人文节目资源。在注重社会效益的前提下，充分运用市场机制，互利互惠，由项目合作开始，在条件成熟后共同组建市场主体，开发甘孜州广播影视内容产业资源。

B.19
甘孜藏族自治州文化产业发展刍议*

郑长德**

摘　要：文化产业作为一种新的经济形态，其迅速崛起之势给甘孜藏族自治州带来了千载难逢的发展机遇。甘孜藏族自治州文化资源丰富，文化产业布局比较合理，发展潜力巨大，但在基础设施、资金、人才等方面仍然存在较多问题，整个文化产业的发展水平处于落后状态，与发达地区相比还存在较大差距。为此，甘孜藏族自治州文化产业发展要突出本土文化特征，加大人力资源培养，拓展融资渠道，发展文化产业市场产业链群。

关键词：文化产业　民族　甘孜藏族自治州　发展研究

甘孜藏族自治州位于四川省西部，青藏高原东南缘，东连阿坝藏族羌族自治州和雅安地区，南接凉山彝族自治州，北接青海玉树、果洛州。全州辖区面积15.3万平方公里，辖18个县、1个县级行政管理区（海螺沟景区管理局），325个乡（镇），2458个行政村，总人口93万人（其中藏族占总人口的78.4%），人口密度为5.84人/平方公里，是全省面积最大、人口密度最低的市（州）。

目前，甘孜藏族自治州文化产业发展面临重大的历史机遇。一方面，自21世纪以来，文化产业巨大的经济潜力已经为众多国家所认同，作为一种新的经济形态，其迅速崛起之势锐不可当。党的十七大报告明确提出了要推动社会主义文化大发展、大繁荣，增强文化软实力。2009年，我国第一部文化产业专项规划——《文化产业振兴规划》由国务院常务会议审议通过。中共十七届五中全

---

　*　基金项目：2009年度国家社科基金重大招标项目"新形势下推动民族地区经济社会全面发展的若干重大问题研究"（项目编号09&ZD011）的阶段性成果。首席专家：郑长德教授。

**　郑长德，西南民族大学经济学院教授、博士生导师。主要研究方向：区域经济、中国少数民族经济、金融理论。邮编：610041。

会则提出要推动文化产业成为国民经济支柱性产业。由此可见，文化产业在今后相当长的一段时间里将处于国家战略性行业地位。另一方面，在2010年的中央第五次西藏工作会议和四川省藏区工作会议上，提出了加快藏区发展的一系列政策措施和重大项目，为藏区发展创造了千载难逢的历史机遇。甘孜藏族自治州在全国藏区中具有重要的战略地位。随着国家各项政策措施的落实，必将为甘孜藏族自治州跨越式发展注入强劲动力。"十二五"是甘孜藏族自治州全面建设小康社会承前启后、极为关键的时期，也是经济社会发展转型的关键时期，更是深入推进经济社会跨越式发展、又好又快发展的重要战略机遇时期。甘孜藏族自治州必须抓住机遇，充分认识发展文化产业的重要意义，繁荣发展文化产业。

本文在对甘孜藏族自治州文化产业发展现状概括的基础上，分析其优、劣势，旨在深化对州情的认识、对文化产业发展的重新定位。这对消除瓶颈制约、盘活文化资源、构架产业布局、加快结构调整、推进甘孜藏族自治州文化产业发展具有重要的现实意义。

一 甘孜藏族自治州文化产业发展的资源基础

甘孜藏族自治州作为我国藏区的重要组成部分，悠久的历史孕育了丰富的文化资源，并在漫长的人类历史发展进程中通过不断演变、传承，形成了独有的民族性、历史性和唯一性特征。

（一）人文自然资源的极大丰富性

甘孜藏族自治州自古以来就是民族迁徙的走廊，吐蕃人、西夏人、蒙古人、回族人、羌人、满人、汉人乃至西方人及其文化不断进入这一地区，这些文化在相互冲突和交融中得以进化和升华。同时，由于地处汉藏结合部的特殊地理位置而形成的地缘文化以及不同的治理方式，使得这一地区既封闭又开放，人类演进不同阶段的母系文化、父系文化和部落文化等众多人类活化石能够保存至今，又促使这一地区的经济文化出现了复合性和相对卫藏地区的先进性。此外，由于横断山独特而多样化的地质地貌、自然气候、生物物种、自然风光、人文景观和丰富的水能矿藏，使甘孜藏族自治州成为当之无愧的人类学文化宝库和天然的自然博物馆。

（二）民族文化形态的开放性与多元性

历史上，康巴地区有众多古代族群和少数民族，随着他们相互间的经贸往来和文化交融互动，逐渐形成了有本地特色的藏文化、汉文化、纳西文化，之后又融入了其他外来文化。如：西亚文化、印度文化、东南亚文化。同时，甘孜藏族自治州地域文化也呈现特色鲜明的文化多样性，主要有情歌文化、嘉绒文化、木雅文化、帕措文化、扎巴走婚文化、雅砻文化、游牧文化等。

（三）作为康巴文化重要特征的强悍进取的英雄主义和达观豪放的浪漫主义精神

由此发端的格萨尔文化，就是这种勇敢、豪爽、乐观、坚韧精神的集中代表。甘孜藏族自治州是格萨尔的故乡，是格萨尔文化走廊的核心地区，区内有大量的格萨尔历史遗迹，丰富的格萨尔文化资源，特别是民间说唱史诗《格萨尔》遍布全州，备受藏民族喜爱，有待于进一步深入发掘。

（四）民族文艺特色浓郁

在甘孜藏族自治州以藏民族为主体的民歌、舞蹈种类繁多，风格各异，多姿多彩。主要有情歌、牧歌、酒歌、嫁歌、颂歌、悲歌、送别歌，有锅庄、弦子、踢踏、热巴、祭祀舞、寺庙神舞等；还有历史悠久、影响广泛的藏戏，内容丰富的民间文学（包括民间故事、谚语、说唱艺术）；以及源远流长、艺术风格独特的藏画、新唐卡画和雕塑（包括泥塑、金属雕铸、石刻、木刻、油塑、面具制作等）。藏文刻石经文、汉文石刻和碑刻也极为丰富，其中泸定桥"康熙御碑"等极负盛名。此外，文物及文献典籍收藏丰富，仅州藏博馆就藏有1290余件各类出土文物、宗教文物、民俗文物，其中国家一、二级文物32件；德格印经院是我国藏区目前保存藏文文献典籍最多的地方，藏量约达整个藏族文献典籍的70%。

（五）建筑工艺精湛，产品形态丰富

民居、古碉、古桥建筑艺术历史悠久、风格各异，其中，民居建筑有"康巴名片"之称。全州有11个县保存有高碉遗迹，是我国高碉分布最广、类型最齐全、数量最多的地区，仅丹巴就有"千碉之国"的美誉，现正在申报世界文

化遗产；泸定县铁索桥和新龙县藏式伸臂桥盛名远播，德格印经院等一大批古建筑被列为国家级和省级文物保护单位；民族手工艺精湛，主要有制陶、纺织、木作、造纸、雕版印刷、建筑装饰、金银饰品加工锻造、皮革手工艺等。其中，白玉县手工艺驰名中外。

（六）源远流长的宗教文化传统

在甘孜藏族自治州境内，有藏传佛教、天主教、基督教、伊斯兰教、道教等多种宗教文化，从民族社会的发展历史来看，宗教文化影响广泛而深刻。特别是藏传佛教，它在藏民族与民族性格的形成、丰富独特文化的创造、积淀与传承，以及人与特殊地理环境的适应等方面起到了一定的作用。其中寺庙建筑、法事活动、宗教节日、文物典籍中的神秘性和吉祥性文化内涵具有很强的吸引力。

（七）在文化资源的空间分布上，甘孜藏族自治州形成了几个特色鲜明的文化圈①

一是以德格为中心的康文化圈。大体包括德格、白玉、石渠等地。德格话成为康方言的标准话，德格印经院是藏区三大印经院之一，也是藏族文化的宝库。二是大、小金川流域的嘉绒文化圈。地域包括丹巴和康定的部分地区。嘉绒话与其他藏语方言有较大差异。嘉绒人多建高碉，从服饰、风俗等方面能看到某些古民族文化的遗存。三是以木雅贡嘎山为中心的木雅文化圈。其地域包括贡嘎山周围的康定、道孚、九龙、雅江等部分地区。四是以康定为代表的商贸文化圈。其地位于甘孜藏族自治州东部，历来为汉藏贸易的重要口岸，四方商贾与外来移民较多，呈现一种多元整合的文化特征。五是以高原草场地为中心的游牧文化圈。其地域包括北部石渠、色达以及甘孜、炉霍、道孚等县的部分地区。崇信本教与宁玛派，崇尚自然洒脱为其文化特征。六是以大渡河雅砻江河谷为中心的"西番"文化圈。其地域包括泸定、康定、九龙等大渡河沿岸及其附近河谷地带。七是位于大渡河中下游地带的彝文化圈，在泸定、九龙等地的彝族聚居区内。它

---

① 西南民族大学民族研究院编写组：《甘孜藏族自治州民族文化产业发展规划修编（内部资料）》，2010，第8页。

保持了与凉山彝区基本一致的彝文化传统。"家支"制度、崇信毕摩，为其文化特点。

在文化资源统计上，甘孜藏族自治州现有全国文物保护单位 6 项，省级重点文物保护单位达到 55 项，州级重点文物保护单位 131 项，县级文物保护单位 139 项，以上四级文物保护单位共计 332 项。据第三次全国文物普查，全州共有不可移动文物点 5878 处（新发现 5463 处，复查 415 处），国家级"非遗"保护项目 21 个，省级"非遗"保护项目 56 个，州级"非遗"保护项目 86 个；国家级"非遗"代表性传承人 7 名，省级"非遗"代表性传承人 51 名，州级"非遗"代表性传承人 124 名。这些资源为甘孜藏族自治州文化产业的发展提供了强有力的保障。

二 甘孜藏族自治州文化产业发展的现状特点

(一) 甘孜藏族自治州文化产业发展概况

近年来，甘孜藏族自治州委、州政府十分重视文化产业的发展，把民族文化产业作为"六大支柱"产业之一，奋力推进甘孜藏族自治州民族文化产业跨越式发展。在文化产业的发展上，坚持以构建社会主义民族和谐文化为根本；紧紧围绕公益性文化事业和经营性文化产业两条主线；切实抓好文化遗产保护、文化艺术生产、文化资源开发利用三项工作任务；加大基层文化建设的投入、加快农牧区文化基础设施建设的步伐、加强基层文化艺术人才的培养和基层文化活动的开展；着力推进文化资源向文化资本转变，促进文化强州跨越；着力推进文化事业向文化产业转变，促进文化体制改革跨越；着力推进文化艺术产品向文化产业品牌转变，促进民族文化产业跨越；着力推进文化建设由县城向广大农村牧区转变，促进基层文化建设跨越；着力推动"文化大州"向"文化强州"转变，促进文化强州富民的跨越；实施"文化乐民"和"文化惠民"工程、农牧区乡（镇）村文化建设工程、"文化艺术优秀人才"建设工程、"文化艺术精品生产"工程、"文化遗产保护"五大工程。

据统计，2009 年甘孜藏族自治州文化及相关文化产业实现增加值 22294 万元，占全州 GDP 比重的 2.16%，同比增长 13.9%，对全州经济增长的贡献率为 3.7%。

（二）发展思路明确，文化产业布局合理

观念落后、思路不清曾一度成为甘孜藏族自治州文化产业发展的瓶颈，影响了州文化产业的发展进程。近年来，甘孜藏族自治州政府十分重视文化产业的发展。2004年，甘孜藏族自治州就文化产业发展做过专题规划，最近，又做了《甘孜藏族自治州民族文化产业发展规划修编》，这有利于领导和管理人员对文化产业的发展思路进一步清晰明朗，对文化产业的认识进一步深化。目前，对甘孜藏族自治州文化产业的发展思路基本形成了以下共识：依托一个中心——康定，重点推进和发展康定情歌文化园区，将康定建设成支撑甘孜藏族自治州文化产业发展的中心，重点发展康东多元文化产业区，将其建设成为甘孜藏族自治州文化产业的示范区。依托甘孜藏族自治州丰富的文化资源，大力发展文化旅游业、演艺娱乐会展业、文博及工艺品制造业三大主导产业，推进音响和影视制作业、新闻出版业、动漫以及网络文化产业、创意和文化服务业四个产业群的发展。①

从空间开发思路上，甘孜藏族自治州强化一个中心，突出三大园区。强化一个中心，即以康定为中心，紧紧围绕"东部一圈"加快和提高康定、泸定、海螺沟、丹巴、道孚、九龙等县和区内文化产业发展的速度和质量，加快基础设施建设步伐，加大特色文化产业可开发力度，加强文化产业人才培养，使之成为州文化产业发展的核心并发挥示范龙头作用。突出三大园区，就是根据甘孜藏族自治州藏文化资源的分布与组合特征，将文化产业分为康东多元文化产业园区、康北格萨尔文化产业园区和康南香巴拉（香格里拉）文化产业园区。①康东多元文化产业园区：充分发挥康东片区内多元文化汇聚，藏风情特异，自然景观与历史文化叠合，文化形态丰富的特点，将康东多元文化产业园区培育成为康巴文化产业的龙头。②康北格萨尔文化产业园区：康北是康巴文化集中体现的地区，具有浓郁的康巴宗教文化特色、藏族民居建筑文化特色、雅砻江走婚文化和白玉山岩戈巴"帕错"文化特色，以及草原文化特色，主要依据格萨尔王诞生地，推出格萨尔文化产业；依托世界闻名的藏族文化宝库——德格印经院，推出康巴文

---

① 西南民族大学民族研究院编写组：《甘孜藏族自治州民族文化产业发展规划修编（内部资料）》，2010，第55页。

化产业。③康南香巴拉文化产业园区：布局上以稻城亚丁为中心，依托"香巴拉"文化品牌，加强歌舞及藏风情的挖掘，通过这一品牌将乡城、得荣、巴塘、理塘、雅江等县串联为香巴拉文化产业园区。

（三）甘孜藏族自治州文化产业发展面临的困难与问题

甘孜藏族自治州民族文化产业发展虽然取得了一些成绩，但其发展还是浅层次、低水平、低效益的，与严格意义上的文化产业还存在较大的差距。除了对文化产业认识上的不成熟，文化产业总量和规模偏小，新兴产业门类发展不快，门类结构不均衡，产业和产品结构不尽合理，科技含量低等全国、全省的共性问题外，还有制约甘孜藏族自治州民族文化产业发展的特殊性问题。比如观念落后、基础薄弱、发展要素缺乏以及外来文化产业对本地文化产业产生的"挤压"等。

1. 文化产业基础设施落后

甘孜藏族自治州在文化产业基础设施方面比较落后，甚至说严重制约了文化产业的发展。一是甘孜藏族自治州交通不畅。甘孜藏族自治州地处青藏高原东南端与四川盆地、云贵高原的过渡地带，地势由东南向西北逐步抬升，平均海拔3500米左右，属于"蜀道难，难于上青天"的典型地区。虽然近年来，四川省和甘孜藏族自治州政府在改善基础设施建设方面做了很多工作，如通县油路的建设极大地改善了甘孜藏族自治州主干线的交通状况，但仍然存在景区内的交通及直达景点的必要而安全的游道不畅的状况，直接导致了一些重要的文化资源难以充分而有效地开发利用。二是信息不畅。目前，甘孜藏族自治州一些文化企事业单位，除较早开发的个别地区（如海螺沟）基本解决通信条件外，其余地方都不同程度的存在无电、无通信手段的问题，这种状况在很大程度上限制了文化企事业单位各项服务能力的形成与提高，对文化企业的发展产生较大的制约。三是群众性文化设施缺乏。目前甘孜藏族自治州面向群众开放的博物馆、公共图书馆等很少。四是基层文化设施建设严重滞后。全州原有乡镇综合文化站和村级文化活动室50余个，自20世纪90年代以来，由于缺少投入和有效的支持，农牧区文化阵地逐渐萎缩，名存实亡。全州乡（镇）村基层文化工作已普遍处于"三无"（即无活动场所、无活动设施设备、无活动经费）境地。

2. 资金匮乏导致文化产品开发不力

甘孜藏族自治州地处西部，与东部沿海省市相比，经济较为落后，且体制不完善、人口众多、资源分布不均，这导致州内文化产业发展资金相当短缺，如很多国有文化企业土地属国家划拨，因而，不能以土地等资产向金融机构贷款，无法筹集流动资金。甘孜藏族自治州经济发展水平在全省属最落后的地区，属吃饭财政，靠自身财力难以对文化资源进行成片开发。由于缺乏资金无力进行资源普查和科学规划，资源开发的前期工作不能满足投资商的要求，要大规模、高起点、高质量地引进外来资金开发甘孜藏族自治州文化产业还需要一个比较长的时间。

3. 文化产业起步晚，丧失了发展先机

文化资源丰富与文化产业脆弱之间的矛盾，是甘孜藏族自治州发展文化产业所面临的主要困境之一。甘孜藏族自治州虽然文化资源丰富，但文化产业起步晚，目前还处于发展的初级阶段，所生产的文化产品审美质量不高、人文含量偏低、大众化产品较多，在全国和世界上具有较高知名度的品牌比较少，因此资源丰富的优势并没有得到有效的开发和利用。

4. 人才缺少，素质偏低成为文化产业发展的瓶颈

祁述裕认为人是最重要的文化资源，创造力是文化产业的精髓和关键因素。[①] 作为一种"创意产业"，文化产业发展的灵魂是"人"。这需要一大批既熟悉市场又懂文化的经营者，既要了解不同种类文化的特点，更要懂得市场营销，这样才能准确地找到文化产业的生长点。[②] 目前，甘孜藏族自治州文化队伍结构不合理。全州文化队伍门类不齐，中高级专业人才严重不足。主要表现在：各县级文化单位普遍缺乏专业文艺编创人员；乡镇从事文化工作的专职人员专业素质低、流动快；全州文博系统没有一名从专业院校毕业的专业人才；文化队伍建设缺少投入，人才培养机制不健全；由于工作条件差、待遇低，专业人才引进难度大，现有的本地专业人员的工作积极性和创作热情也不高。这些因素在很大程度上制约了文化事业的发展。

5. 文化遗产保护亟待加强

随着对外开放的不断深入，经济社会的快速发展，珍贵的人类文化遗产也在

---

① 祁述裕：《中国文化产业发展战略研究》，社会科学出版社，2008，第3~4页。
② 张杰：《四川文化产业发展的三重困境与突围》，《四川省情》2006年第8期，第18页。

不断流失和消亡。由于缺少专项经费，众多文物点难以得到及时的抢救维修，散落在民间的文物不能实施征集和保护，民族民间艺术、传统工艺制作和民风习俗等濒临灭绝和失传。

6. 文化创新意识需要进一步加强

由于存在认识上的差异和受传统的文化发展观的制约，工作侧重文化的公益属性，而忽视文化的经济属性；侧重文化意识形态属性，抓文化产业发展的力度不够，文化品牌的打造还缺乏强有力的经济投入和文化产品支撑。

三 进一步加快甘孜藏族自治州文化产业发展的政策建议

根据中央和四川省关于加快推进四川藏区经济社会发展政策措施的要求，结合中共中央办公厅、国务院办公厅《关于加强公共文化服务体系建设的若干意见》（中办发〔2007〕21号）和四川省"富民安康工程"的实施，以及甘孜藏族自治州文化产业发展的实际，现就进一步加快甘孜藏族自治州文化产业发展提几点建议。

（一）突出本土文化，开发特色文化产品

这些年，甘孜藏族自治州推出了一些文化项目，但效果不太好，更多的是为发展旅游业做广告，本身没有实质性收益。从文化产业发达地区的成功经验来看，推出文化产品，一要找到适合自己的正确定位；二要为目标消费群体量身定做；三要突出自己的特色，没有特色，很难造就优势产品。甘孜藏族自治州是康巴腹地，古代为吐蕃猛将之乡，而后是文人巨匠之域，格萨尔圆了康巴人的英雄梦。跟周边藏区相比，甘孜藏族自治州有多教派共存共荣的藏传佛教文化，独具特殊魅力的传统绘画、书法艺术，婀娜多姿的弦子锅庄舞蹈，享誉全藏的民间手工艺产品。甘孜藏族自治州要加强文化产品的本土特色并不困难，关键是不但要有这种意识，并且要懂得在设计中加入这种理念，并将这种理念融入文化旅游业之中去。眼下，有不少人在讨论发展文化产业的时候，大谈一知半解的藏密气功、藏医胎胎学、藏文历算奇术、喇嘛虹化奇迹等，可是谁能把这些变成产品销售给广大的文化消费者呢？可以把这些奥秘当作神秘文化现象来吸引部分消费者，但是它不能形成固定的产业，实实在在的产业还得从经营产品做起。

（二）加大人力资源培养，提高从业人员素质

得天独厚的文化资源是甘孜藏族自治州新经济发展的基础，但人才的缺乏严重制约了甘孜藏族自治州文化产业的发展。目前，甘孜藏族自治州各级机关里有很多德才兼备的行政领导和工作人员，但是搞产业开发，需要一批具备专门知识和经验的专才。甘孜藏族自治州要让文化实现产业化，就必须吸引高端和实用型人才。应该大胆选用专门人才，突破一些条条框框，让优秀人才脱颖而出。一是善于组织和开发人力资源，调动高层次人才参与文化产业的热情和智力。二是形成实施人才整合战略，文化产业涉及各方面的人才，要把甘孜藏族自治州的人才资源整合起来，把政府单位、企事业单位、民间能人等调动起来合力发展文化产业。三是大力引进民营和外资企业人才，促进当地文化产业的智力投入与资本运作，逐步扩大文化产业规模。从甘孜藏族自治州实际情况来看，可以聘请外面的专家来做指导，也可以短暂聘用业界精英，但本土人才依然是各项事业赖以发展的基础，尤其是对本土文化颇有研究的人才，又部分具备产业开发能力的儒才，是文化产业发展的关键。

（三）拓展融资渠道，保证最基本的资金投入

市场经济最明显的规律是有投入才会有产出，不出一分一毫想搞文化产业开发是困难的，就是"蛇吞大象式"的经典资本运作项目，也要保证最基本的资金投放。资金投入既可以是政府注资和银行贷款，也可以是招商引资和民间资本的介入。目前，甘孜藏族自治州文化产业融资结构不合理。国家政府的投资比重过大，缺乏社会资本和外资的投入。要改变这种状况，就必须采取措施鼓励社会资金多渠道、多用途地投入。当然，对于一些特殊类型的文化企业，应当并且只能够由国家、政府独资或者只允许国内法人承办。而对于一般类型的文化企业，则既可以由国家独资经营，也可以采取民营、私营、中外合资、中外合作等形式；既可以成立有限责任公司，也可以组建股份有限公司。应该鼓励民营等混合型文化企业的发展，力争早日建立起以公有制为主体、多种所有制并存的布局合理、门类齐全的文化产业经营体系。

（四）发展文化市场产业链群

发展文化产业不但表现在生产具有较高市场价值的文化产品，更体现在主动

创建文化市场发展的产业链群。就传统文化资源而言，甘孜藏族自治州不可谓不丰富，但这仅仅为文化产业的发展提供了潜在的可能，却不是直接的现实，必须以市场为导向，生产出优秀的文化产品，并形成市场化的产业链群才能将文化资源有效转化为文化资本。传统历史文化资源的表现形式不仅有实物遗存，还可以通过复制、仿制等技术手段转化为文化产品，以满足现代社会市场的需求，这是文化资源作为文化产业发展基础的一个重要方面。甘孜藏族自治州发展文化产业必须要合理配置和有效整合文化资源，促进文化产业集群的形成。从目前甘孜藏族自治州文化的空间布局来看，就是围绕"一园三区"培育文化产业的区域集聚，即康定情歌文化园区、康东多元文化产业区、康北格萨尔文化产业区、康南香格里拉文化产业区。以适度的手段融合影视、动漫及网络等文化资源，使之形成完善的产业链群，以适应当今社会的现实与发展。

B.20
"十一五"时期西藏民族文化发展的政策与实践

熊坤新　裴圣愚 *

摘　要： 在"十一五"时期，中央出台了多个纲领性文件，就少数民族和民族地区的文化发展进行了宏观层面上的理论指导。西藏自治区根据各项规划的要求，在公共文化服务、民族优秀传统文化保护、文艺创作、文化产业等方面均取得了很大的成绩。在已经到来的"十二五"时期，西藏应大力发展民族文化事业和文化产业，深化民族文化体制机制改革。

关键词： 西藏　民族文化　"十一五"　"十二五"

一 "十一五"时期西藏民族文化发展的政策环境

"十一五"时期，西藏自治区根据中央关于民族文化发展的相关文件精神，紧密结合西藏民族文化发展的现状和实际，进行了认真的规划和部署，并采取了若干针对性措施，进一步加快了西藏民族文化事业的发展。

（一）中央关于少数民族文化发展的政策

"十一五"时期，党和国家相继出台了多个文件，就少数民族和民族地区的文化发展进行了规划和部署。

---

* 熊坤新，中央民族大学中国民族理论与民族政策研究院教授，国家"211 工程"、"985 工程"当代中国民族问题战略研究基地民族理论与民族政策研究中心研究员，博士生导师；裴圣愚，中央民族大学中国民族理论与民族政策研究院 2009 级博士研究生。邮编：100081。

2006年3月，《国民经济和社会发展第十一个五年规划纲要》（以下简称《纲要》）获得了第十届全国人大四次会议批准。《纲要》提出要加强民族民间文化保护，完善文化产业政策，促进民族文化产业发展，形成以民族文化为主体、吸收外来有益文化的文化市场格局。①

2006年9月，《国家"十一五"时期文化发展规划纲要》发布，提出要通过编纂出版文化典籍；发挥重要节庆和习俗的积极作用；重视中华优秀传统文化教育和传统经典、技艺的传承；规范和保护国家、民族语言文字；加强重要文化遗产保护；抢救濒危文化遗产等方面的工作，实现民族文化的保护。②

2007年2月，国务院办公厅印发了《少数民族事业"十一五"规划》，要求根据国家区域发展总体战略，继续在文化基础设施建设、政策投入、产业发展和人才培养等方面，加大对民族自治地方文化建设的扶持力度。《少数民族事业"十一五"规划》将少数民族文化发展工程作为重点工程之一，要求推出在国内外具有较大影响的少数民族文学、戏曲、音乐、舞蹈、美术、工艺、建筑、风情、服饰、饮食等文化艺术品牌；制作优秀的少数民族题材广播影视作品；扶持对少数民族文化发展具有重大影响的民族出版项目；实施民族自治地方送书工程；保护、发展和培育少数民族特色表演艺术；建设少数民族文化基地、少数民族文化社区；抢救、搜集、整理、翻译少数民族古籍；加大少数民族文物征集和收藏力度，建立少数民族实物资料数据库；建立中国少数民族濒危语言文字数据库；建设国家级民族语文翻译培训基地；建立少数民族"双语"环境建设示范区；实施少数民族语言广播电影电视节目译制工程等。③

2009年7月，国务院《关于进一步繁荣发展少数民族文化事业的若干意见》指出，要充分发挥政府和市场的作用，促进少数民族文化事业和文化产业协调发展；要坚持基本公共服务均等化，优先发展少数民族和民族地区文化事业，保障少数民族和民族地区各族群众的基本文化权益；坚持因地制宜、分类指导，不断完善扶持少数民族文化事业发展的政策措施。

2009年9月，国务院公布了《文化产业振兴规划》，提出要支持和加快发展

---

① 新华网：http：//news. xinhuanet. com/misc/2006 - 03/16/content_ 4309517. htm。

② 新华网：http：//news. xinhuanet. com/politics/2006 - 09/13/content_ 5087533. htm。

③ 中央人民政府网：http：//www. gov. cn/zwgk/2007 - 03/08/content_ 545955. htm。

具有地域和民族特色的文化产业群，重点扶持具有民族特色的文化艺术、展览、电影、电视剧、动画片、网络游戏、出版物、民族音乐舞蹈和杂技等产品和服务的出口。①

毫无疑问，党和国家出台的这些文件，对少数民族和民族地区的文化发展既起到了方向性的指导作用，又从实践上起到了重要的推动作用。

（二）西藏自治区关于民族文化发展的政策措施

在中央关于民族文化发展若干文件精神的指导下，西藏自治区结合其自身民族文化发展的实际，在注重区情的基础上确定了五年间民族文化发展的理论和方针。

2006年3月，西藏自治区八届人大第五次会议审议通过了《西藏自治区"十一五"时期国民经济和社会发展规划纲要》，提出了要坚持"二为"方向和"双百"方针，继承、保护和弘扬民族优秀传统文化；抢救、保护和开发利用好民族文化遗产；推进藏语言文字的规范化、标准化和信息化；深入开展藏学研究；加强民间艺术的挖掘、保护与继承工作；加强文化交流与合作，坚持正确的舆论导向，大力发展文学艺术、新闻出版、广播影视等文化事业，鼓励和支持具有民族特点和时代气息的文化精品的创作；加快文化基础设施建设，进一步完善文化产业发展政策，积极引导非公有制经济进入文化产业，加强文化市场建设和管理，推动特色文化产业发展。②

2006年4月，西藏自治区出台了《西藏自治区文化发展"十一五"规划》，提出西藏民族文化建设和发展要积极推进实施"五大战略"：民族文化创新战略、公共文化服务提升战略、民族文化产业快速发展战略、西藏民族文化走出去战略、人才兴文战略。该《规划》坚持以人为本的原则，全面贯彻落实科学发展观，把农牧区文化建设作为"十一五"各项文化建设的重中之重，将民族文化建设由部门行为上升为政府行为和社会行为。③

2006年6月，西藏自治区党委办公厅、政府办公厅出台了《关于贯彻〈中

---

① 新华网：http：//news. xinhuanet. com/politics/2009 – 09/26/content_ 12114302. htm。
② 西藏自治区政府网：http：//www. xizang. gov. cn/getCommonContent. do？ contentId = 353718。
③ 中国西藏新闻网：http：//www. chinatibetnews. com/zhuanti/2006 – 04/13/content_ 49847. htm。

共中央办公厅、国务院办公厅关于进一步加强农村文化建设的意见〉的实施意见》，明确了"十一五"期间西藏农牧区文化建设的指导思想和目标任务，提出了要建设"十项工程"，不断满足农牧民群众精神文化需求的目标。

2008 年 7 月，《西藏自治区文化遗产保护事业信息化发展"十一五"规划》公布，要求坚持"以资源为中心，以管理为基础，以应用为导向"的基本原则，针对西藏自治区文物工作现状和文化遗产信息化工作特点，深入开发应用系统，以应用系统的推广带动信息化工作的全面发展。

西藏自治区出台的这些规划，无疑既为"十一五"时期西藏民族文化的发展提供了理论指导，又为西藏民族文化发展取得巨大成就奠定了坚实的基础。

二 "十一五"时期西藏民族文化发展的成就与经验

"十一五"时期，在西藏自治区党委和政府的正确领导下，西藏民族文化的发展既取得了很大的成就，也积累了不少有益的经验。

(一)"十一五"时期西藏文化发展所取得的成就

"十一五"时期，在自治区党委和政府的正确领导下，经过西藏各族人民的共同努力，在全区的民族文化发展方面，无疑已经取得了很大的成就，主要表现在以下几个方面：

1. 公共文化服务取得了长足的发展

"十一五"期间，西藏自治区以基层农牧区为重点，大力发展公共文化事业。国家和西藏自治区安排资金 12356 万元，进行基层文化设施建设。目前，西藏自治区已建起了 7300 多座广播收转站、电视单收站、小型村级有线电视站等，实现了西藏所有建制村通广播电视。藏语和藏语方言康巴语电视广播已开通，中央电视台的新闻联播实现了当天译播。5 年间，西藏自治区共建起了 64 个县级综合文化活动中心、81 个乡镇综合文化站、300 多个建制村文化室；建起了自治区文化信息资源共享工程中心和 44 个县支分中心。此外，西藏自治区还先后举办了民间艺术团培训班、县文化馆、乡镇文化站管理人员培训班等各类基层文化工作队伍培训班 100 多期，受训人员近万人次。目前，西藏自治区共有近 1000 多名群众文化工作者，19 支县级民间艺术团，500 余个基层业余文艺演出队和藏戏演出队,各级各类文艺演出队成为了西藏农牧区文化工作的重要骨干力量。①

2. 民族优秀传统文化得到了有效的保护与发展

自 2006 年西藏自治区全面启动非物质文化遗产保护工程以来,共产生了 60 项国家级非物质文化遗产代表作、53 位国家级非物质文化遗产代表性传承人;藏戏、《格萨尔王传》被列入联合国人类非物质文化遗产代表作名录;22 部古籍文献被列为国家珍贵古籍,"贝叶经"保护研究工作在国内外产生了重大影响;藏医藏药、天文历算等传统文化瑰宝得到了进一步的传承和开发利用;拉萨雪顿节等地方传统节庆得到了恢复和创新,西藏传统民俗文化在新时代焕发出了新的生机与活力。国家投资 5.7 亿元实施西藏"十一五"重点文物保护工程,对江孜宗山抗英遗址等 22 个重点文物点进行了大规模的维修与保护,投入之多、规模之大、范围之广,在西藏历史上都是前所未有的。② 目前,已经有部分工程顺利完工。"十二五"期间,国家和西藏自治区还将投入资金 2.5 亿元,对 21 个重点文物项目进行保护。③

3. 文艺创作的发展

近 5 年来,西藏自治区 10 个专业艺术表演团体共演出 3000 多场次,观众达 500 多万人次。④ 纪实文学《西藏最后的驼队》《进藏英雄先遣连》,新编藏戏《朵雄的春天》,歌舞晚会《珠穆朗玛》《天上西藏》《和谐颂》,话剧《宗山魂》等一批优秀作品为宣传西藏、介绍西藏、推动西藏文化事业的发展发挥了积极的作用,也让更多的人通过文学和歌舞等艺术形式了解到西藏的新发展、新变化。⑤ 京剧、藏戏合演剧《文成公主》、电视剧《茶马古道》、电视专题片《江孜 1904》、歌曲《藏族人家》荣获第十届全国精神文明建设"五个一工程"优秀奖。话剧《扎西岗》,以其独特的艺术创作演出手法,一举夺得了中国舞台艺术最高奖——第十三届文华奖特别奖,成为西藏"十一五"期间文艺创作的里程碑。

---

① 次仁罗布:《全面促进文化事业繁荣发展》,《西藏日报》2010 年 8 月 14 日,第 1 版。
② 次仁罗布:《全面促进文化事业繁荣发展》,《西藏日报》2010 年 8 月 14 日,第 1 版。
③ 《"十二五"期间 2.5 亿保护西藏 21 个重点文物项目》,《西藏商报》2010 年 9 月 16 日,第 5 版。
④ 张晓峰:《西藏民主改革 50 年文化发展回眸与展望》,《思想政治工作研究》2009 年第 10 期。
⑤ 王莉:《打造特色品牌 丰富文化产品》,《西藏日报》2010 年 8 月 30 日,第 1 版。

4. 文化产业的发展

随着市场经济的不断完善和文化产业政策的逐渐落实，西藏文化产业已进入全面起步的新阶段。"十一五"期间，西藏从事文化产业呈现多元化投资、多种所有制齐头并进的发展态势，文化经营的品种、项目、上缴税额逐年递增。目前西藏共有文化经营单位近3000家，门类20余种，自治区级文化产业示范基地8家，其中一家被命名为国家级文化产业示范基地。日喀则农民以传统的"拉孜堆谐"登上央视春晚并成功走向市场。在第六届深圳文博会上，11个项目达成投融资意向协议，总协议金额达6.6亿多元，文化产品销售达47万元。西藏首批文化产业项目申报工作也在西藏范围内开展，经初步筛选，已确定其中124个项目具有较大开发潜力。①

（二）"十一五"时期西藏民族文化发展的实践经验

"十一五"时期，西藏自治区在西藏民族文化发展方面不仅取得了很大的成就，同时也积累了一些堪称宝贵的经验。

一是必须牢牢把握社会主义先进文化的前进方向，以改革创新为动力，坚持走有中国特色、西藏特点的民族文化发展的路子，切实提升民族文化在西藏跨越式发展和长治久安中的推动作用，切实保障各族人民群众的基本文化权益。

二是必须始终坚持以发展和繁荣为中心，努力满足各族人民群众日益增长的精神文化需求。要生产更多反映各民族生产生活、群众喜闻乐见的优秀精神文化产品，倡导一切有利于祖国统一、民族团结、社会和谐的思想和文化，推动各民族文化相互交流、相互学习、相互促进、和谐发展。

三是必须坚持从少数民族和民族地区实际出发，因地制宜、分类指导，采取特殊的优惠政策和措施，优先发展少数民族和民族地区的文化事业，让各族群众共享文化改革发展的成果；必须坚持把社会效益放在首位，引导社会力量参与少数民族文化事业的发展，促进文化事业和文化产业之间的相互协调与可持续发展；深入推进文化体制改革，注重少数民族文化遗产的保护与开发利用。

关于民族文化发展的这些经验，既适合于西藏，也适合于我国广大民族地

---

① 次仁罗布：《全面促进文化事业繁荣发展》，《西藏日报》2010年8月14日，第1版。

区。同时，对于西藏而言，关键是要密切结合实际，走出适合于民族文化发展的新路子。

三 "十二五"时期西藏民族文化的新发展

"十二五"时期既是我国也是西藏全面建设小康社会的关键时期，是深化改革开放、加快转变经济发展方式的攻坚时期，西藏民族文化发展再次迎来重大的发展机遇。

（一）"十二五"时期西藏民族文化新发展的政策指导

"十一五"的最后一年，三个重要会议为西藏文化新发展提供了重要的政策指导。

2010年1月，第五次西藏工作座谈会召开。会议对西藏地区文化发展的定位和重要内容做出了明确指示：要健全公共文化服务网络，完善公共文化机构运行保障机制，推进基本文化设施建设，提高精神文化产品供给能力，丰富各族群众的精神文化生活，使西藏成为重要的中华民族特色文化保护地；要深入开展社会主义核心价值体系的宣传教育，弘扬社会主义先进文化，普及科学知识，使各族干部群众不断增强中华民族意识、国家意识、法制意识、公民意识。会议特别提出，当前和今后的一项重要工作是扶持优秀的藏语文图书、音像制品出版，加强西藏物质和非物质文化遗产的保护和传承。①

2010年7月，中共中央政治局就深化我国文化体制改革问题进行第二十二次集体学习。中共中央总书记胡锦涛指出，当前和今后一个时期，要重点抓好以下几项工作：一是要加快文化体制机制改革创新；二是要加快构建公共文化服务体系；三是要加快发展文化产业，精心打造中华民族文化品牌；四是要加强对文化产品创作生产的引导。②

2010年10月，中国共产党第十七届五中全会召开。全会提出，要推进文化创新，深化文化体制改革，增强文化发展活力，繁荣发展文化事业和文化产业，

---

① 新华网：http://news.xinhuanet.com/politics/2010 - 01/22/content_ 12858927. htm。
② 新华网：http://news.xinhuanet.com/politics/2010 - 07/23/c_ 12367399. htm。

满足人民群众不断增长的精神文化需求，基本建成公共文化服务体系，推动文化产业成为国民经济支柱性产业，充分发挥文化引导社会、教育人民、推动发展的功能，建设中华民族共有精神家园，增强民族凝聚力和创造力。①

（二）"十二五"时期西藏民族文化新发展的实践方向

推动文化大发展、大繁荣，提升西藏文化软实力是"十二五"时期的重要目标和任务。西藏民族文化的新发展应坚持以下两个实践方向。

一是要大力繁荣和发展西藏民族文化事业与文化产业。应坚持一手抓公益性文化事业、一手抓经营性文化产业，始终把社会效益放在首位，实现经济效益和社会效益的有机统一，满足人民群众日益增长的精神文化需求。特别要注意区分文化事业与文化产业的不同，采取对应的发展战略。以农牧区为重点，按照公益性、均等性、基本性、便民性的要求，构建覆盖全社会的公共文化服务体系，广泛开展群众性、普及性、大众性的文化活动，使文化惠民工程从"盆景"走向"百花园"，使各族群众精神文化生活更加充实。要加强基层文化队伍建设，加大文物和非物质文化遗产保护工作的力度。同时，要加强重要新闻媒体建设，尤其是互联网等新兴媒体建设，有效提高西藏文化的传播能力。

二是要不断深化西藏民族文化的体制改革，创新文化生产和传播方式，解放和发展文化生产力，增强文化发展活力。按照"创新体制、转换机制、面向市场、增强活力"的要求，紧密结合西藏实际，积极推动文化资源优势向文化产业优势的加速转变，推动文化资源大区向文化强区的战略转型，推动文化与旅游和生态的有机结合，发展壮大文化产业的整体实力。要着力提高优秀藏语文文化产品的生产供给能力，广泛传播现代文明理念。要精心组织重点文艺作品的规划和创作生产，加强重大题材创作，不断推出弘扬主旋律、体现时代精神和民族特色的文艺精品，精心打造具有西藏特色的文化系列品牌。同时要大力弘扬以爱国主义为核心的中华民族精神、以改革创新为核心的时代精神和以艰苦奋斗为核心的"老西藏精神"，引导各族群众进一步增强对伟大祖国的认同、对中华民族的认同、对中华文化的认同、对中国特色社会主义的认同，不断夯实反对分裂、维护稳定的文化认同基础。

---

① 人民网：http://politics.people.com.cn/GB/1024/12990423.html。

总之，在"十一五"时期，中央已经出台了多个纲领性文件，就民族地区的文化发展进行了宏观层面上的理论指导。五年间，西藏在各项政策的指导下，在公共文化事业、民族优秀传统文化保护、文艺创作、文化产业等方面均取得了很大的成绩。笔者认为，"十二五"时期，西藏应按照中央的统一部署和指示，深刻总结经验教训，深入把握民族文化发展的客观规律，繁荣发展西藏的文化事业和文化产业，深化西藏的文化体制机制改革，推动西藏民族文化实现新发展。

B.21
云南藏区公共文化服务的特殊性研究

赵　玲*

　　摘　要：云南藏区的民族文化传统及其发展规律有着鲜明的宗教文化色彩。但云南藏区公共文化服务除了存在文化产品、文化服务供给不足，公共文化资源总量偏少、质量不高等问题之外，还存在着为藏区群众提供的公共文化服务针对性不强，部分公共文化产品不能切合藏区广大群众的文化心理需求，与云南藏区的民族文化特点不能较好地融合在一起等现象。因此，在云南藏区推进公共文化服务，必须围绕藏族文化、伦理道德、价值观念与宗教文化紧密相连等特殊性，制定适合于藏区文化环境的切实可行的措施，建立健全云南藏区公共文化服务体系。

　　关键词：云南藏区　公共文化服务　特殊性

一　云南藏区公共文化服务现状

　　云南省以强有力的措施加强农村公共文化服务体系建设。截至 2008 年年底，中央和省级财政 3 年累计投入 280 个乡镇综合文化站建设资金 11135 万元、"文化信息资源共享工程" 5102 万元、"兴边富民工程" 8960 万元、"电影 2131 工程" 2695 万元、"边疆解'五难'文化惠民工程" 1836 万元，为全省 670 个乡镇综合文化站完善了硬件设施和配套设备，为 91 个县配备了文化信息资源共享工程、流动舞台车等设备，初步解决了边疆群众收听收看广播电视难、看书难、看戏难、看电影难的问题。云南在全国还首创了"文化信息资源共享工程农民

＊　赵玲，中共云南省委党校教授，云南省宗教学会、云南省妇联妇研会常务理事，主要从事少数民族文化和文化产业的教学与科研工作。邮编：650021。

素质教育网络培训学校"等文化惠农的重大举措，整体提升了农村公共文化服务能力。

"公共服务均等化"是贯彻落实科学发展观、构建社会主义和谐社会的重要内容。近年来，随着国家对民生的关注，我国广大农村基础设施、医疗卫生和社会保障体系日益完善，与之相比，公共文化建设仍然较为落后。面向群众、服务群众的文化产品、文化服务供给不足，公共文化资源总量偏少、质量不高。除了政府在全省范围内实施的一些大的公共文化服务项目以外，为藏区群众提供的公共文化服务存在"简单"、"一刀切"的现象，一些公共文化产品不能切合藏区广大群众的需求，与云南藏区的文化需求有一定的差距，如"集中办学"、"农民网校"实际上所起的作用大大低于预期效果。2010 年 9 月，笔者在藏区调研时观察到：多家乡镇的"农民网校"处于闲置状态，政府在设施投入方面的回报率较低。目前，实施的"电影 2131 工程"也不太适合藏区的实际情况，在香格里拉县小中甸乡，就常常出现放电影时观众非常少的现象，甚至出现放到最后只剩下放映者一个人的尴尬场面。在居住分散的农村和牧区，为某个文化项目、工程而举行的例行文化活动，由于内容和形式与当地实际、地域特点、气候条件、文化传统不相适应，这些活动并不受藏族群众欢迎，形成有文化投入、无具体收益的状况，好钢没能用在刀刃上，造成原本相当有限的文化资金的浪费。

因此，对于当前藏区公共文化建设较为落后的状况必须进行深入的思考，重新出台一些适合于云南藏区文化发展特点的公共文化产品。

二 面对云南藏区文化特殊性的公共文化服务政策

（一）云南藏区传统文化与宗教文化紧密相连

云南藏区境内除了藏传佛教外，还有基督教、伊斯兰教、道教、天主教、东巴教和本土教等，这些宗教大都有着自己的庙宇作为传播教义的领地，如藏传佛教的归化寺、东竹林寺和寿国寺；天主教的茨中教堂和小维西教堂等。由于千百年来宗教文化对云南藏区各民族的思想和文化方面影响很深，已渗透到了藏区群众生活和思想的方方面面。除了笃信宗教外，藏族先民相信世界万物都有它的生

命和灵性，因此，才形成了带有浓郁雪域宗教色彩的香格里拉人神共处、天人合一的民族文化环境。

在宗教文化与民族传统文化紧密交织的云南藏区，公共文化服务建设增添了新的视角。一些寺院传统的宗教节日活动里，民族传统文化保留最完整、最集中，藏区广大群众对此的认同度相当高。政府在制定公共文化服务政策与规划时，要充分考虑到藏区宗教文化的力量和作用，不能把宗教文化排除在文化建设之外。云南藏区生活在寺院、教堂的众多喇嘛、教徒首先也是一位公民，他们有着强烈的文化需求，也有享受政府公共文化服务的权利。因此，在云南藏区的公共文化服务体系中，应该包括对宗教文化与教职人员的文化服务内容。迪庆藏族自治州的"党员干部千促活动"中就包括了党员干部进寺院宣传党的宗教民族政策、与喇嘛交朋友、帮助寺院解决实际困难、了解宗教工作最新动态、化解各类纠纷、维护藏区和谐稳定等内容。事实证明，在藏区，各级党委、政府的"科学发展进庙堂、宗教知识进支部"这类工作途径十分有效。如果进一步加强对宗教工作的引导工作，把云南藏区民族文化与宗教文化纳入当地公共文化服务体系全盘考虑，将会大大促进藏区公共文化建设的步伐。

（二）云南藏区民族民间文化发展参差不齐

云南藏区的民族民间传统文化丰富多彩、各具特色。在市场经济大潮的冲击下，各民族文化也发生了不同程度的裂变与汉化。人数相对较多、居住较为集中的地区，民族民间传统文化保留相对好一些，如香格里拉县的锅庄舞就保留得较好。其他人数较少的民族被同化现象较为严重。维西傈僳族自治县的塔城热巴舞解放初期曾代表云南藏区的文艺精品到北京演出，如今却濒临失传；会跳德钦铉子舞的年轻藏族男子也越来越少，云南藏区的民族民间文化出现了发展参差不齐的现象。

早在1997年，著名人类家费孝通先生就提出"文化自觉"① 的概念，这是针对跨入信息社会后，文化变迁快，少数民族自身文化如何保存下去的问题而言的。费先生认为少数民族要善于发挥原有文化的特长，求得民族的生存与发展。公共文化服务在面对云南藏区文化发展方面的特殊问题时，要避免单一的"从

---

① 费孝通：《文化自觉，和而不同》，《民族研究》2000年第3期。

上到下"的公共文化服务方式,在执行过程中要更多地采取"从下到上"的工作方式,认真分析各民族民间文化的发展状况,针对不同情况出台相应的文化政策,提供对路的文化产品。

(三) 云南藏区文化的部分游牧特质正在向农业文化转型

"对少数民族文化的保护,首先应该是对其特定经济生产方式的保护。"[①] 目前,云南藏区实行的草场划分到户、实行小农畜牧业、体制和文化与内地的趋同、农耕文明与游牧文明的撞击等都推动了藏区传统生产生活方式的转变。但文化上的不平等(认为农耕文明先进,游牧文明落后)导致的游牧文化的终结则会带来云南藏区文化的根本改变。

云南藏区文化部分游牧特质正在向农业文化转型,在这样的转型过程中,必然会导致藏区具有游牧特性的少数民族传统文化发生被同化或者汉化的现象。此外,政府为节约、优化教育资源在汉族地区实行"中小学撤并"、"一乡一校"的政策,近几年在云南藏区也开始实行,这种"一刀切"、"一并了之"的办学方法在藏区照搬是否可行是值得商榷的。社会实践的历史经验显示,在不同人群共存的社会中,少数人的文化、历史和传统通常被忽视。事实上,少数民族文化和语言应该与主体民族有同样的生存和发展机会。公共文化服务应该关注云南藏区文化的特殊性,对该地区提供的公共文化产品要与本地实际情况相结合,注重对藏区独具特色的游牧文化等予以有效的保护。

(四) 云南藏区旅游开发中的少数民族文化权利保护

文化权利是少数民族的根本权利之一,它包括知情权、参与权、决策权和受益权。随着现代性触角的渗入,少数民族传统文化权利保障正面临着前所未有的挑战。文化资源是少数民族地区最重要、最宝贵的资源之一。云南藏区独特而灿烂的文化,丰富多样的民俗风情,构成了发展旅游业的基础,成为吸引外来游客的一个最重要的因素,同时也成为地方政府和企业赚取巨大经济回报的"招牌",因此,形成了所谓"文化搭台,经济唱戏"的本末倒置的局面。地方政府

[①] 赛汉:《少数民族文化权利保护中的文化是什么——挪威民族事务的法律与实践研讨会的启示》,《凯里学院学报》2010 年第 4 期。

还停留在只重视文化产业"宣传造势"的层面上，缺乏后续的规划以及长远发展的利益考虑，即需要让当地少数民族能够借助本民族的文化资源发展经济，在合理化、可持续的前提下，将文化资本转化为经济资本，从而摆脱贫困。而目前我们看到的是，云南藏区在旅游开发过程中，对少数民族人口的文化权益尊重不够的现象普遍存在。旅游业应该深入研究在发展旅游业过程中如何能够既带动民族文化的传承和发展，又能保护少数民族的文化权利，让各族群众公平受益。早在1966年，联合国就通过《国际文化合作宣言》告知了每个世界公民的义务和责任：1. 每种文化具有尊严和价值，必须予以尊重和保存；2. 每个人都有发展其文化的权利和义务；3. 所有文化都属于全体人的共同遗产的一部分，它们的种类繁多，彼此互异，并互为影响。在我国政府的公共文化服务体系中，要重视对云南藏区少数民族文化权利的保护，这是构建文明和谐的边疆、维护边境文化安全的前提条件之一。

三　云南藏区公共文化服务滞后的原因分析

（一）公共文化阵地建设不足，基础设施匮乏

云南藏区宗教活动有场所、人员、固定时间等优势，而有一部分基层组织、村民小组则无场所，无法保证村级群众文化活动，组织稍大一些的活动都非常困难。农村公共文化活动经费短缺，投入严重不足。与此同时，一些投入较大的场所却没有得到充分地利用，甚至把普通群众排斥在外。云南藏区的县级政府既要发展生产又要投入文化事业，资金必然会捉襟见肘，难以打造出群众文化活动的精品项目和特色团队，农村文化基础设施匮乏。笔者在调研中访问过一些当地的领导、从事文化工作的人员，他们都认为，资金不足是云南藏区农村公共文化事业发展的主要障碍。

（二）各级干部对农村公共文化建设认识不足，云南藏区农村公共文化管理和服务人才紧缺，素质不高

云南藏区的乡镇文化站，最多的有三个工作人员，大部分乡镇是一人一编制。由于基层文化站工资少、待遇低，难以吸引具有较高素质的人才。一些文化

站的工作人员虽然有一些舞台表演方面的经验，但却欠缺公共文化活动组织和管理方面的能力，难以使乡村公共文化活动有效开展。有的乡镇政府认为文化站的人员可有可无，经常给这些人员安排与本职工作无关的事情，哪个部门工作忙都习惯来抽文化干事去帮助工作，很难使文化工作者做到专干专用。在香格里拉县的一个乡镇政府，我们访问了文化干事小王，他是学美术的，画得一手好画。当我们问到乡镇文化建设和藏区公共文化服务等问题时，他显得对工作很陌生，实际上他已经被抽调去当新农村建设指导员了。但"农民网校"的钥匙还是他管着，当他打开"农民网校"的大门时，我们看到的是落满灰尘的电脑和放在墙角的网校牌子。类似情况在其他乡镇都不同程度的存在，制约了藏区公共文化服务水平的提升。

（三）群众参与公共文化生活缺位，文化活动方式简单，文化生活依然匮乏

群众文化活动是公共文化服务的重要载体和形式，是衡量一个地区群众文化生活质量的重要标志。公共文化生活最重要的就是参与性，要充分调动群众参与各种文化活动的积极性，让越来越多的群众分享公共文化产品带来的成果，避免群众始终只是站在观赏者的位置上。目前，藏区的文化活动主要是放电影、歌舞表演，方式和内容都流于单调、重复，中老年群众参与文化活动的积极性较低。从藏区群众文化消费的总体上来看，文化生活依旧贫乏。

（四）云南藏区公共文化管理体制存在非畅通性因素

云南藏区大部分乡镇，对公共文化服务工作的重视远远不够，文化干事很难做到专人专干，工作缺乏创新和活力。另外，在广播电视、文化、体育分属于不同的部门来管理的状况下，很难对农村的公共文化事业进行统一的协调和规划，甚至出现对自己有利的事情争相管理，对自己不利或难以处理的事情互相推诿，无人问津，直接导致广大农村群众公共文化服务权利的缺失。加之在我国现行农村公共文化产品的供给体制下，藏区广大群众不能充分参与到公共文化产品供给的决策过程之中，农村公共文化产品的提供基本上都是由上级政府机关决定，然后逐级推广实施的，很难反映云南藏区群众的自身文化利益需求。

四　完善云南藏区公共文化服务的路径选择

（一）加大资金投入，确保文化基础设施建设

必须加强公共财政对公共文化事业的投入，藏区各级政府要本着"政府主导、量力而行、统筹规划"的原则，加大藏区公益性文化阵地建设力度，加快农村文化基础设施建设步伐。建议中央和省级财政每年安排一定数量的资金与各级地方财政配套使用，主要用于乡镇文化站硬件设施的建设和改扩建，同时注重为文化人才培养等"软件"建设提供一定比例的资金；继续实施"千里边疆文化长廊建设工程"、"百县千乡宣传文化活动中心建设工程"和"文化基础设施两馆一站建设工程"项目；进一步推动藏区文化市场健康、有序地发展。另外，加强民间资本对公共文化事业的投资；采用政策导向、社会荣誉等多种手段，积极鼓励民间资本对公共文化服务事业的投入，赞助文化设施，参与文化活动。政府的文化基础设施建设和公共文化资源配置要向牧区和农村地区倾斜。借鉴新疆等少数民族地区实施的文化"春雨工程"等文化建设经验，加快推进云南藏区的公共文化基础设施建设。

（二）必须提高认识，切实保障藏区群众的文化权利

关注藏区群众的文化权利，要把为藏区提供更多更好的文化产品的活动作为一种制度固定下来，变"送文化"为"种文化"，让先进文化在云南藏区扎根，还要注重培训，更新从业人员知识和技能，提高他们的文化服务本领。

近期，迪庆藏族自治州政府在香格里拉县建塘镇小街子村建设民族文化特色村，出发点就是要平衡当地村民与寺院喇嘛经济文化矛盾，维护僧俗群众共同的文化权利。小街子是一个与著名的松赞林寺比邻的村子，经过政府的多方协调，村中藏民与寺院喇嘛多年来的矛盾得以化解，寺院每年给村民一定数量的经济补贴，村民们配合寺院开设藏族民居旅馆、文明摆摊设点、改善村中卫生状况、实行牲畜圈养等。村中建盖新房，街道维修，藏民家庭中的摆设等都严格按照政府规定（严格保持藏族传统文化特色）执行，实现了当地政府加强藏族传统文化保护、弘扬藏族传统文化魅力的目标，村子与寺院共同开展旅

游活动，村民与喇嘛关系融洽，大大增强了广大僧俗群众对藏族传统文化的认同和保护意识。

（三）创新文化服务形式，提供多样化的文化产品和服务

在市场经济条件下，政府主要职能之一就是提供公共产品和设施，其中包括提供文化设施、文化服务以及办好公共文化事业等。随着藏区群众生活水平的提高，政府必须不断提高文化服务的水准，加大对好书、好节目、好电影的购买力度，争取在"三下乡"活动中使藏区群众有喜爱的好节目。同时，要根据藏区群众的生产、生活、文化传统和喜好等特点，不断创新文化服务形式，提供多样化的文化产品和服务。在认真落实送文化下乡活动的基础上，改变以往送文化下乡走形式的做法。通过让藏区群众自主选择所喜欢的演出剧目、影片以及其他文化活动内容，不断优化文化服务质量，满足藏区群众多样化的文化需求。

（四）加强云南藏区的公共文化管理体制建设

近年来，云南藏区以基本队伍、基本设施、基本活动内容和基本活动方式为主要内容的基层文化、基础设施建设有了较大的改善。但公共文化管理体制还需进一步完善。一是要建立云南藏区公共文化服务经费保障机制。建立中央、地方按比例分担的县乡村公共文化投入经费保障机制，保障基层公共文化机构正常运转，保障牧区和农村群众看书看报、看戏、参加文化培训和群众文化活动等基本文化权益。按照县乡村公共文化机构的职能、相关评估标准及开展基本服务单项经费水平，制定基层公共文化机构开展公益文化服务财政补助标准。二是要实行文化人才"专人专用"制度，加强云南藏区公共文化服务"软件"建设。加强以管理和服务为核心的"软件"建设是公共文化设施有效发挥作用的关键。要在"管好"、"用好"基层公共文化设施上下工夫，有计划、有步骤、有针对性地培训当地少数民族文化人才，提高他们的文化服务的能力和水平。发挥社区、农村文化热心人的积极作用，动员广大妇女参与社区、农村的文化建设。三是变"从上到下"为"从下到上"的公共文化服务产品的供给机制，注重征求、采纳藏区群众的文化诉求，制作符合藏区广大群众文化传统和消费特点、文化心理、欣赏习惯的文化产品，把先进文化有效传播到云南藏区边远的农村、牧区和少数民族中间，为进一步维护云南藏区稳定，繁荣和发展藏区经济，发挥公共文化服务的特殊作用。

B.22

恩施土家族苗族自治州
民族文化发展研究报告

司马俊莲*

摘　要："十一五"期间，恩施土家族苗族州在民族文化建设方面取得了较大的成绩，但仍存在诸多问题，如文化产业发展滞后、文化基础设施薄弱等。针对这些问题，我们需要"摸清家底，准确定位，抓住重点，合理规划，突出特色，创造品牌"。在保护现有文化的基础上，重点研究生态文化旅游中如何发展民族文化产业问题，做好文化产业的规划，培育好文化产业的市场主体，实现建设产业大州的目标。

关键词：恩施州　民族文化　建设　问题　战略

一　恩施州民族文化事业取得的成效

"十一五"期间，湖北恩施土家族苗族自治州（以下简称恩施州）以建设民族文化大州为目标，以体制改革为动力，以机制创新为重点，大力推进基层文体惠民工程建设，积极组织群众开展文化活动，精心实施文艺精品创作，规范开展文化市场管理，文化事业和产业发展都取得较大的成绩。

（一）文化产业得到初步发展

受益于国家和湖北省的民族文化政策，近年来恩施州的民族文化产业有了很大的发展。一是新闻出版规模逐渐扩大，全州现有公开出版发行报刊7家、内部

---

* 司马俊莲，湖北民族学院法学院副教授、副院长、法学博士，湖北民族学院南方少数民族研究中心研究员。邮编：445000。

资料 37 种，年均批准出版内部图书 63 种。二是演艺业稳步发展，恩施州民族地区现有专业艺术表演团体 9 个，演出机构 4 个，民间职业剧团 5 个，个体演出人员 101 人。三是民族工艺制造业发展较快，2009 年工艺制造业全州规模以上企业年产值 3871 万元，上缴利税 340 万元，规模以下企业年产值达 1720 万元，上缴利税 247 万元。四是注重民族文化与旅游业的结合，2009 年全州旅游综合收入 29 亿元，产生了良好的经济和社会效益。

（二）公共文化服务体系基本形成

一是公共文化服务基础设施体系基本形成，目前，由图书馆、文化馆、博物馆、文化广场等为主体的公共文化基础设施体系逐步完善；文化信息资源共享工程网络正在形成；乡镇综合文化站建设工程进展顺利；农村电影放映工程成效显著；农家书屋建设工程初具规模。二是公共文化服务内容不断完善，全州专业艺术团体积极开展"三下乡"活动，仅 2008 年就送戏下乡 1129 场，观众达 150.58 万人。三是公共文化服务体系的参与面不断扩大，出现了社区、企业、乡村以及城乡居民自办文化的热潮，仅农民文艺宣传队就有 512 支。

（三）有关文化发展的政策和法律体系初步建立

2003 年和 2009 年，恩施州分别颁布了《恩施土家族苗族自治州民族民间文化遗产保护条例》和《实施细则》，使恩施州对民族文化遗产的保护有了法律依据。在政策方面，2006 年，恩施州专门出台了《关于加快民族文化大州建设的若干意见》，并将相关内容写进了《恩施土家族苗族自治州自治条例》。这些法规和政策的制定，为确立恩施州民族文化保护的长效机制提供了法律保障和政策支持。

（四）文化遗产保护初见成效

恩施州是民族文化富集地区，民族文化遗产非常丰富。在各方的积极努力下，文化遗产保护工作取得了一定的成效。一是文物保护工作稳步推进，全州现有国家级文物保护单位 8 处、省级 57 处、州级 45 处、县级 177 处，馆藏文物近 10 万件；州政府落实州级文物保护单位维修保护专项资金 45 万元，并列入每年财政预算。二是非物质文化遗产保护走在全省前列，"十一五"期间完成了全州

非物质文化遗产普查，建立了"非物质文化遗产保护名录"四级体系和传承人保护体系。13个项目入选国家级非物质文化遗产名录；34个项目进入省级非物质文化遗产名录；州政府公布州级保护项目69项；县市政府公布县市级保护项目170项；全州13个县（乡镇）荣列"中国民间文化艺术之乡"；29人入选省级非物质文化遗产代表性传承人。州政府命名恩施州民间艺术大师40名；公布州级非物质文化遗产代表性传承人两批共74人。《精彩恩施——恩施非物质文化遗产名录》编辑出版。

（五）文艺创作事业健康发展

近年来，恩施州涌现了一批中青年文艺家，创作了一大批文化艺术精品。文艺理论专著《远去的诗魂》、诗集《巴国俪歌》获全国少数民族文学骏马奖。大型土家风情歌舞《比兹卡》，获中国第三届少数民族文艺会演音舞类大奖。群舞《土家阿哥苗家妹》获第八届全国舞蹈大赛优秀表演奖。曲艺节目《取名》入围全国第十四届"群星奖"决赛并获演出奖。2008年，"比兹卡组合"、"土苗兄妹组合"参加全国第13届CCTV青年歌手电视大奖赛，分获专业组民族唱法铜奖和原生态唱法金奖，其中"土苗兄妹组合"荣获"最受观众喜爱的歌手"称号；2009年，巴东"撒叶儿嗬组合"参加第14届CCTV青年歌手电视大奖赛，获得原生态唱法比赛金奖，并获"最受观众喜爱的歌手"称号。

（六）文化交流活动蓬勃开展

近年来，恩施州注重文化交流，采取"走出去"或"请进来"的方式，广泛开展各种文化交流活动，例如，开展了"中国作协多民族作家宜万铁路采风"、"中外摄影家看恩施"、"2010·中华诗词名家恩施行"等采风活动；组织了"特色文化旅游文学笔会"、"生态恩施·环境与人"、"恩施州民族文化保护与发展论坛"等学术论坛；湖北省民族歌舞团选派当地8名演员赴巴基斯坦访问演出；来凤摆手舞、恩施市民族文工团参加了上海世博会的踏街展演和广场演出等。这些活动在全省乃至全国都产生了一定的影响，为宣传湖北及恩施州经济社会发展面貌发挥了重要作用。

（七）群众文化活动日益丰富

在群众文化活动方面，恩施州利用各种节日和庆典为契机，组织开展各种活动，最典型的活动如"欢乐中国行·魅力恩施"等。此外，富有地域特色和民族特色的各种节庆赛事也颇受瞩目，如 2007 年举办了恩施州民族民间文化艺术节、原生态民歌大家唱、恩施女儿会以及民族服饰展演、清江舞表演等活动；2008 年举办"响恩施"全州歌曲创作演唱大赛；2009 年，举办恩施州首届地方戏会演、民族民间舞蹈大赛；2010 年举办恩施州曲艺、小品会演等。这些活动的举办充分展示了恩施州文化艺术的整体实力和水平，丰富了各族群众的文化精神生活。

（八）民族体育事业成绩突出

少数民族传统体育活动积极开展。清江健身舞、摆手舞、肉连响、板凳龙、草把龙等民族体育传统项目成为群众喜爱的健身项目，进入全州城市和农村的文化广场。体育竞赛成绩斐然。全州现有各项目注册运动员达 500 余人，向省专业队输送优秀运动员 8 名。射击运动员童欣在 2009 年射击世界杯韩国站的比赛中，获得女子 10 米气手枪金牌，在第十一届全运会上，童欣又获得金牌，实现了恩施州在全运会上金牌"零"的突破。体育培训设施不断完善。全州共有 9 个国家级青少年俱乐部，省、州级体育传统项目学校 13 所。2009 年，州政府将州民族体育运动学校与恩施职院合并，组建恩施职院体育系。

（九）民族文化研究工作扎实推进

恩施州民族文化工作者经过多年努力，相继整理编纂了《恩施州民间歌曲集》《恩施州民间舞蹈集》《恩施州民间曲艺音乐集》《恩施州民间歌谣集》和《恩施州民间戏剧——南剧音乐集》五大集成；编纂出版了《恩施州民族研究丛书》共五套48本；实施"恩施州民间文艺集成成果再抢救工程"，编纂出版民族文化丛书共14套91本；目前正在编印《恩施州非物质文化遗产集锦》。这些成果为挖掘、抢救、保护、传承和弘扬民族民间传统文化、创新民族文化奠定了理论基础。

二 恩施州民族文化事业发展存在的主要问题

恩施州的文化建设，虽然取得了上述成效，但总体来说发展水平仍然较低，主要问题体现在以下几个方面。

（一） 文化产业发展滞后

2009 年，恩施州第三产业占 GDP 的比重仅为 40.5%，而发达国家第三产业的比重与吸纳的就业人口都已超过 70%。因此，恩施州的第三产业及其中的文化产业还有很大的发展空间。一般而言，支柱产业的标志是该产业在 GDP 中所占的比重要超过 5%，而恩施州文化产业目前离这一标准还有很大差距。造成这种差距的原因主要有：缺乏产业规划，产业发展的任意性比较突出；产业门类单一且缺乏品牌产业；文化产业的经营主体还有待建立；文化产业与旅游业的结合不紧密，还没有产生良好的经济和社会效益；文化市场还欠发达，难以满足人们的文化消费需求。

（二） 文化基础设施薄弱

恩施州的民族文化基础设施整体上存在设备陈旧落后、结构布局不合理、服务功能不配套等问题。全州"三馆"大多是在"七五"、"八五"期间修建的，9个公共图书馆中仅州图书馆达到二级馆标准。9 个文化馆，除巴东县为移民搬迁新建外，其他文化馆功能与"三个中心"（群众文化研究中心、辅导中心、活动中心）的职能相差甚远。2005 年，全国第一次文化馆评估定级，全州无一馆达标。州城恩施市除了有一座博物馆外，大型书城、演艺厅、电影院等文化设施都未建设；有的乡镇文化站还没有活动场所，尤其是体育设施不全，功能单一，场地狭小；州城、县市及农村都缺乏民族博物馆、民族文化宫、美术馆等公共文化设施，缺乏代表民族地方形象的标志性文化设施；图书馆、文化馆大多未达到国家最低标准；部分农村收听、收看广播电视节目还有一定困难。落后的公共文化设施远远无法满足各族群众的文化生活需要。

（三） 公共文化投入不够

目前，恩施州还没有建立文化建设的长效投入机制，使得文化经费无法保障。以对文化遗产的保护为例，2007 年，恩施州周边地区的宜昌市拨款 160 万元、湘西自治州拨款 150 万元，但恩施州 2005～2008 年的 4 年时间，全州用于非物质文化遗产保护工作的经费总共只有 246 万元，其中县级财政投入资金 213 万元，州级实际投入的很少。2009 年，全州对非物质文化遗产保护共投入经费仅 42 万元，其中 30 万元为县级财政投入，州级实际投入为 12 万元；对 20 个州级民族民间文化生态保护区也无任何投入。由于投入不足，严重影响了恩施州民族文化的保护、传承和创新工作，影响了公共文化服务体系建设和文化产业的发展。

（四）文化创新发展缺乏品牌

恩施州拥有一批优秀的文艺创作人才，创作了一些在州内有影响的文化作品，但还没有形成在全省、全国有影响的文化品牌，严重制约了恩施州民族文化的发展水平。

（五）对外文化交流拓展不够

恩施州虽然组织了一些少数民族文艺团体到境外和港澳台地区演出，但其规模、数量、影响还十分有限，既不能适应全球化背景下文化交流的趋势，也影响了恩施州民族文化在国际上应有的地位。

（六）对文化遗产的保护存在扭曲、滥用现象

首先，在申报保护名录等工作中功利性太强，人为地造成民族文化的失真。其次，一些地方在开发利用民族文化资源中以单纯追求利润为目标，把民族文化粗俗化、庸俗化。最后，重申报、轻保护的现象比较突出。

三　恩施州民族文化事业发展的战略思路

恩施州应借助当前难得的发展机遇，把发展民族文化事业摆在突出位置。其总体战略目标是：摸清家底，准确定位，抓住重点，合理规划，突出特色，创造品牌。即在保护现有文化的基础上，重点研究生态文化旅游中如何发展民族文化产业问题，做好文化产业的规划，培育好文化产业的市场主体，使文化产业效益明显增强，民族文化在恩施州经济社会发展中的影响力和贡献率显著扩大，充分展示恩施州少数民族文化特色，提高特色文化项目、优势文化品牌在国内外的知名度，民族文化大州特征明显显现。

在发展文化产业过程中应找准以下着力点。

（一）大力发展民族文化旅游业

目前，全州旅游收入仅占全省的4.2%左右，旅游经济对GDP的贡献率只占4.3%，这与恩施州丰富的旅游资源是极不相称的，说明我们的旅游资源优势还没有真正转换为经济优势。21世纪的旅游已经集中到文化方面，据统计，民族文化中的民俗旅游占整个旅游的70%。恩施州应抢抓建设"鄂西生态文化旅游圈"的机遇，大力促进文化与旅游的融合，形成文化旅游品牌，加强利川大水井古建筑群、来凤仙佛寺、鹤峰容美屏山土司爵府等文化旅游景点的深度开发。同时，恩施州要注重旅游商品的开发，很多文化资源都有待进一步开发为旅游商品，如民族工艺方面的西兰卡普织锦、土家绣花鞋、藤编篾编、木器漆器、傩面具制作等方面的科技含量和经济效益都需要进一步提升。

（二）进一步繁荣民族演艺业

民族演艺业也是一个重要产业，尤其是原生态的民族歌舞，有着极大的文化消费市场。例如，广西《印象·刘三姐》的公演，不仅给游客以震撼和享受，还带动了当地相关产业的快速发展，形成了良性循环。公演两年内，阳朔县旅游总收入增加了5亿多元，给当地GDP贡献了两个百分点。原生态歌舞《云南映象》也引起了巨大的轰动，在多个大城市巡演。恩施州的民族演艺业具备一定的基础和条件，应重点举办具有民族特色的文化展演和体育活动，打造像长春的"刘老根"那样的地方特色文化展演场所品牌。

（三）开发好民族饮食业

民族饮食业是恩施州民族文化产业中的传统产业，具有起步早、发展快、规模大的特点，应是发展恩施州民族文化产业的基础之一。张关合渣、土家族火锅等已经形成系列。2005年，一位女大学生把土家烧饼做成了连锁项目，一夜之间，土家烧饼红遍全国，这说明恩施州民族饮食本身还是很受欢迎的。其他民族饮食如柏杨豆干、油茶汤、腊肉、酸姜等风味独特，开发价值巨大。针对这些民族饮食，要挖掘传统工艺，做精传统饮食；引进先进技术，改进制作工艺，提高产品质量和科技含量，走工业化生产之路；要培养技术人才，夯实土家族民族饮食的发展基础；要利用现代传媒，扩大对外宣传；要突出民族特色，弘扬民族精神。

（四）建设好民族文化展示场所

恩施州有丰富的民族文化，它们种类繁多，内容丰厚，形式多样，风格独特，其中的土家族文化不仅全面记载了土家族政治、经济和思想状况，而且展示了土家族在长期历史发展中的精神和文明程度。土家族在民族建筑、民族饮食、民族风情等方面都有独特的价值，但其中有多项非物质文化遗产，要给予外来客人直观的感受和体验，有关方面却往往无措。原因在于真正展现恩施州土家族、苗族的历史、生活习俗、建筑风貌等的景点并不多，因此，要积极推动"民族特色购物街区"项目建设，如土家族吊脚楼一条街、饮食文化一条街、农家乐一条街、民间艺术一条街等，使游客在游玩的同时又能感受到民族文化的魅力。

（五）办好民族节庆会展业

恩施州政府应当整合目前过多过滥的节庆活动，集中办好一个艺术节，比如"龙船调"艺术节。目前，恩施州的"龙船调"艺术节太笼统，缺乏明确的主题，不利于做精做专做大，对此要组织专家进行论证、定位，尽快确定明确的主题。其他节日如女儿会、摆手节、纤夫节、土司文化节等也要考虑文化定位的问题。此外，应拓展节庆活动的内涵，发展相关的会展业。

（六）兴办科普和文化观光业

恩施州号称"鄂西林海"，森林覆盖达67%，有"天然氧吧"和中国"三大后花园"之一的美称，有"华中动植物基因库"的美誉。但到底有哪些动植物、这些动植物的特性是什么、对人类有何重要性等，都有待进一步展示和发掘。可以考虑建立专门的植物观光园、地质博物馆等，将上述资源的科学知识和科学价值进行介绍说明，以此提升单纯的生态旅游的科学价值和内涵，满足游客更深层次的需要。

（七）培育新兴文化产业

注重对传统民族文化的现代化提升，拓展新兴文化产业门类，促进印刷复制业、发行业、动漫等产业发展，探索发展文化创意、广告、数字出版、数字传媒等产业。培育体育市场，促进体育产业的发展。积极开发体育旅游资源，实施体

育休闲项目，建成恩施体育休闲主题公园、恩施市芭蕉乡皮划艇激流回旋国家级训练基地、恩施市沐抚大峡谷国家级全民健身户外活动基地，提高文化产业对经济的贡献率和社会影响力。

（八）抓好文艺精品生产

深入挖掘丰富的民族文化资源，创作一批体现民族特色、反映时代精神、具有较高艺术水准的文艺精品。实施"恩施州舞台艺术精品工程"，鼓励和支持各专业剧团打造艺术精品，积极参加"楚天文华奖"，进军全国"文华奖"；继续深化文艺"一县一品"工程，树立具有浓郁地方特色的文艺品牌；组织拍摄好电视连续剧《大水井》等影视作品，进一步提高恩施的美誉度。

（九）搞好文化产业园区和各种创作基地建设

目前，恩施州已编制好《恩施州经济开发区控制性详细规划》以及《恩施旅游港建设》方案，在旅游港里规划"女儿城"等作为民俗文化展示场所。需要注意的是，在编制科学合理的文化产业发展规划之后，在建设开发区时还要特别加大文化产业的招商引资力度。另外还要考虑建立各类专门的文化产业基地，如作家创作基地、影视拍摄基地等，在税收等方面给予优惠条件。

四　恩施州民族文化事业发展的对策建议

针对恩施州民族文化事业发展中存在的问题，拟提出以下对策建议。

（一）科学编制规划，确立文化事业发展的战略重点

恩施州民族文化事业的发展，当务之急是科学编制好"十二五"规划，确立文化产业发展的战略重点。我们建议把上述产业作为着力点，规划要包括总体规划和各产业门类规划，最终落实到项目上。

（二）加大公共财政对文化的投入力度，切实保障各族人民的文化权利

完善的公共文化服务设施既是公民公平地享有各项文化权利的重要方面，也是文化产业发展的基础条件。因此，目前的首要任务就是要加大对城乡文体基础

设施建设的财政投入力度，落实"从城市住房开发投资中征收1%用于社区公共文化设施建设"等规定，改善城乡公共文化服务条件。同时要落实国家、省关于促进文化繁荣发展的税收、社保、融资、土地城建、物价、捐助等方面的政策，以促进文体事业和文体产业的发展。并且，要建立关于民族文化建设的公共财政投入长效机制，将州（县）级文物保护单位专项资金、州（县）级非物质文化遗产名录项目保护经费、文艺精品创作生产专项资金、珍贵古籍名录保护经费、农家书屋自建部分县级政府配套资金、文化信息资源共享工程运行经费、群众文化活动经费等资金纳入地方财政预算，并按财政收入的增长幅度逐年增加。

（三）创新文化发展的体制机制，培育文化产业发展的各类主体

深化民族文化体制改革，推行"谁受益，谁出钱"的新机制，使非物质文化遗产保护的资金来源多元化，形成政府和社会力量共同参与，公办、民办及其他多种形式并存，保护主体多元化的新格局。加快经营性文化、体育、新闻出版单位改革，培育一批符合现代企业制度、具有一定规模和品牌效应的市场经营主体。着力培植文化产业品牌企业。

（四）加大对各类文化遗产的保护与开发力度，在世界文化遗产的申报上有新突破

恩施州的各类文化遗产十分丰富，这些文化遗产是我们的民族之魂、民族之根。针对这些文化遗产应从三个层面上确定措施：对已经列入国家级非物质文化遗产保护名录的项目，重点做好传承、保护以及开发工作；对没有成为国家级非物质文化遗产保护名录的项目，也要注意保护和储备；争取在世界文化遗产的申报上有新突破，如将利川腾龙洞和恩施大峡谷申报为世界自然和文化双遗产，将"建始直立人"申报为世界文化遗产等。

（五）注重民族文化人才队伍建设，为民族文化事业的发展提供内在动力

民族文化人才是文化发展的根本。因此，应特别注重民族文化人才队伍建设。一是初步形成一支结构合理、有一定规模的少数民族非物质文化遗产的传承队伍。进一步发现和培养民族文化传承人，解决他们的实际困难，调动其传承民

族文化的积极性。二是依托州民委的民族研究所、湖北民族学院的南方少数民族研究中心以及各级社团组织，团结民族文化的各方人士，初步形成一支挖掘、抢救、整理、研究、创作等方面的人才队伍。三是初步形成一支民族文化产业的经营管理人才队伍。四是重点扶持有实力、有潜力的文艺团体，如湖北民族歌舞团、来凤南剧团、咸丰南剧团等，使这些团体成为出人才、出精品的基地，使之成为传承民族民间文化、带动基层文化活动的骨干团队，扶持湖北民族歌舞团等艺术团体进入全国民族艺术团体的先进行列。五是采取切实措施、依托大专院校培养和充实民族、文化等部门的管理干部队伍，使他们成为有专业知识、热爱民族文化事业的内行。

此外，在加强文化宣传与传播，拓展对外文化交流的广度和深度等方面也应当有更大的作为。

总之，恩施州的民族文化事业虽然有较大的发展，但与发达地区相比，无论是在发展的速度规模上，还是在发展的质量层次等方面都有较大的差距，还远远不能满足人民群众的文化精神需要。因此，政府和文化职能部门，应当充分抓住文化发展的新机遇，科学规划，立足于恩施州丰富的民族民间文化传统，在充分保护好传统文化的基础上，借助湖北省建设"鄂西生态文化旅游圈"的契机，大力发展文化产业，使民族文化产业成为社会发展的新的经济增长点，实现恩施州人文文明与生态文明的最佳结合。

田野调查

Field Investigation

B.23

西海固地区义务教育阶段师资
短缺问题亟待解决

林燕平*

摘　要： 目前西海固地区存在着义务教育阶段师资短缺和学历未达标、年龄老化、结构失衡、身心健康问题严重等状况，严重影响该地区的义务教育发展，亟待予以解决。通过提高教师待遇、培养和引进优质师资、体制机制创新等途径全面优化师资水平，是提高西海固地区义务教育质量、推动义务教育均衡发展的重要保证。

关键词： 西海固地区　义务教育　师资　发展

《国家中长期教育改革和发展规划纲要（2010～2020 年）》明确提出推进义务教育均衡发展的目标，并指出均衡发展是义务教育的战略性任务。其中，均衡

---

* 林燕平，中国社会科学院数量经济与技术经济研究所研究员。邮编：100732。

配置教师是均衡配备教育资源的首要内容。而目前在西海固地区，特别是其中偏远的少数民族地区，义务教育阶段师资短缺问题严重，已对义务教育的均衡发展造成阻碍，需要尽快解决。

一　西海固 LT 回族行政村小学教师队伍透视

（一）LT 回族行政村小学教师队伍的演变

在宁夏回族自治区西海固地区，回族行政村大都地处偏远，交通不便，信息闭塞。LT 回族行政村就是其中之一。该完全回族行政村共有 5 个自然村，2009年，有农户 526 家，人口 2552 人。由于该行政村地理位置偏僻，山大沟深，自然条件恶劣，导致这个村庄的社会经济发展始终处于落后状态。当地农民很少与外界交流，至今还没有充分认识到学习知识的重要性。加之这里长期没有外界优秀的教育人才走进来，义务教育也始终处在一个相对落后的发展水平上。截至2010 年，LT 回族行政村仅有一个中心小学和两个教学点。

1. 教学点

LT 回族行政村的两个教学点，一个在朗自然村，一个在贤自然村。[①] 据当地农民回忆（没有文字记载），朗自然村的教学点始建于 20 世纪 60 年代初，贤自然村的教学点始建于 20 世纪 70 年代末。朗自然村教学点离 LT 中心小学大约有五六公里路，步行需要一个多小时；贤自然村教学点离 LT 中心小学大约有三四公里路，步行需要四五十分钟。

2003 年，朗自然村教学点有 3 个班，一年级学生 25 人、二年级学生 18人、三年级学生 13 人；教师 3 人，他们都是被雇用的当地农民（初中学历），分别给 3 个年级的学生代课。贤自然村教学点有两个班，一年级学生 12 人、二年级学生 7 人；教师 1 人，也是被雇用的当地农民（高中学历），这位教师同时给两个年级的学生代课，采取复式教学法。2003 年，雇用教师的工资是每月 60 元，一学期一发，但是经常发不下来。到了 2005 年，雇用教师的工资提高到 100 元。

---

① 笔者对村庄名字做了技术处理。

由于两个自然村地处山塆沟背,农民生活相当封闭,意识不到上学识字的必要性,孩子们能读到小学毕业的就已经是相当不错了。

2004年7月20日,我第一次走进朗自然村的碑子塆,在那里采访了13户农民后,体会到"统计数字缺失"带给我的震撼。在27个6~14岁的学龄儿童当中,没有上学和辍学的儿童高达21人,占同龄人数的77.78%;其中,男性7人,占同龄人数的58.33%,女性14人,占同龄同性别人数的93.33%。这组数据证实了碑子塆女童几乎都不上学的传言。①

2006年,西部地区农村义务教育实施了"两免一补",雇用教师的工资也随之提高到了200元。可是,随着农民外出打工成为主要谋生途径,朗自然村教学点的一位雇用教师嫌工资低不干了,于是只好由剩下的两位老师带三个年级的学生,一、二年级的学生由一位老师代课,三年级学生由另一位老师代课。

大山深处天高皇帝远,教学点的孩子们上学也是三天打鱼两天晒网。当地的一位代课老师说,这里义务教育阶段儿童辍学严重的现象始终没有得到应有的重视,反映的多了,上面就来人走一趟、看一看,并没有采取具体的应对措施。这里的义务教育始终处于落后状态。

2006年11月,我去朗自然村碑子塆实地考察时,仍然看见不少没有上学的孩子在山里玩耍。我问当地的农民:"现在'两免一补'了,上学已经不要钱了,为什么不送孩子去学校里读书?"当地农民却回答说:"说是'两免一补'了,上学不要钱了,可是咱山里的娃娃和城里的娃娃还是不一样,上学也是白上,你看看我们这里是啥子老师教?城里的学校是啥子老师教?到头来,娃娃学了半天还是跟不上。"还有的农民抱怨说:"'两免一补'以后,孩子们是都被叫到学校里上学去了,可是娃儿们在学校里学的怎么样,老师教的怎么样根本无人过问。一到农忙季节,代课老师就忙着下地收庄稼,早就顾不上哪家的娃儿来上课、哪家的娃儿没来上课,不少娃儿也回家当帮手下地干农活去了。"

长期以来,这种农民教师教农民娃子的粗放式教学模式,严重制约了西海固回族山村学校义务教育的健康发展,在这样的环境下毕业的低年级学生,许多都因为一、二、三年级学的知识不系统、不巩固,转到中心小学后因学习成绩差、跟不上教学进度,最终还是失学了。

---

① 林燕平:《山村的守望——西海固骆驼巷村实地考察》,方志出版社,2009,第200~210页。

在国家推行农村教育"撤点并校"的大背景下，2009年8月，贤自然村教学点被撤掉；2010年3月，朗自然村教学点被撤掉，LT回族行政村的教学点和雇用教师的现象就此结束了。① 值得强调的是，LT回族行政村这一现象的结束并不意味着该现象在西海固其他地区也告绝迹。

2. 中心小学

LT小学是LT回族行政村的中心小学，始建于1954年，当时在校学生不足百人，有教师3人。据LT小学前两任校长的回忆，2003年LT小学学生已经超过200人，其中一年级学生60多人、二年级学生40多人、三年级学生约40人、四年级学生和五年级学生约30人、六年级学生近30人；教师有9人，其中7人是由民办教师转为公办教师的，2人是雇用教师（有1人为女性）；在7位公办教师当中，有3人是汉族；2003年，公办教师的月工资是800多元。

2004年5月28日，笔者曾经采访过LT小学。据当时学校介绍，LT小学共有学生207人，其中男学生140人，女学生67人。从这个数字我们可以推测，至少有半数以上的女孩子没有上学。当时，笔者无意间去了LT小学附近一户姓苏的农家，发现他家的6个孩子全都没有上学。2010年秋季，我再次去了这户姓苏的农家，看到他家三个男孩子都在上学，而三个女孩子都已经失学辍学了。我不禁感慨：如果我们国家"两免一补"政策早出台10年，挽救的不仅是整整一代西海固地区的回族孩子，更是该地区下一代孩子的母亲。

2006年，义务教育阶段实施"两免一补"政策以后，LT小学的学生人数也有了明显增加，增至300人。其中，一年级学生近80人，分成了两个班，二年级学生50多人、三年级学生约50人、四年级学生40多人、五年级学生约40人、六年级学生30多人。教师队伍也有所加强，新来了两位有师专毕业文凭的教师，替代了两位雇用教师。教师的总数还是9人，其中7人是民办转公办的。

---

① 撤点并校，特指为了优化农村教育资源配置，对农村教育资源进行整合；摒弃"村村办学"的方式，对临近的学校进行资源合并。该措施自2001年启动。2002年和2003年，国务院和财政部分别下达了《关于完善农村义务教育管理体制的通知》和《中小学布局调整专项资金管理办法》，进一步推动了农村中小学调整工作。许多县教育部门撤并小学及教学点，尤其在一些山区，从2003年开始，到2007年，撤了近1/2～2/3的教学点及完小，这对农村特别是偏远山区的农村造成了深远的影响。由于部分地区在操作中的不当，也有地区出现学生生活条件下降，甚至辍学的现象。因此，该政策的实施和操作方法的正确性受到舆论的争议。

9 位教师全部都是男性，其中有 5 人是汉族。2006 年，公办教师的月工资提高到 1000 多元。

2008 年，LT 小学一位有师专毕业文凭的教师调离（汉族）。这时，由于学生人数增加，教师短缺现象突出，又雇用了 3 名教师（2 女 1 男），其中 2 人是汉族。2008 年，公办教师的月工资提高到 2000 多元。

2009 年，LT 小学 3 名雇用教师全部被解雇，随后相继调来了 4 名正式教师，其中有一名是相对年轻的校长。截至 2010 年 11 月，LT 小学有正式教师 12 人，全部都是男教师。其中，有师专毕业学历的 2 人，汉族 8 人。老师的待遇也明显提高，现在加上各种补贴，每位教师每月能有 3000 元。

目前，LT 小学的生源相对减少。据 2010 年统计，学前班有孩子 36 人、一年级学生 43 人、二年级学生 38 人、三年级学生 40 人、四年级学生 30 人、五年级学生 29 人、六年级学生 33 人，除去学前班，共有学生 213 名。

（二）LT 回族行政村小学教师队伍建设存在的问题

从上面的描述我们可以看出，在 LT 小学教师队伍的配备上，2010 年与 2003 年相比的确有所加强，但是，所存在的问题也一目了然。

1. 专任教师学历未达标

LT 小学现有的 12 名正式教师当中，有师专毕业学历的教师只有 2 人，其余的教师都是从民办教师转过来的。这些教师教育观念落后，知识结构陈旧，教学手段滞后，创新意识淡薄，几乎都不会用电脑，已经远远不能胜任当今教学工作的要求。比较近年来中东西部小学专任教师的合格率，2008 年西部地区为 98.65%，与东部地区的差距十分明显（详见表 1）。

表 1　2004~2008 年东、中、西部小学专任教师的学历合格率

单位：%

年份	东部	中部	西部
2004	99.14	98.62	96.95
2005	99.32	98.84	97.51
2006	99.46	99.07	97.93
2007	99.57	99.27	98.36
2008	99.65	99.42	98.65

资料来源：历年《中国教育统计年鉴》。

2. 教师结构失衡

在 LT 小学，音乐、体育、美术专职教师始终是一个空白，更不要说计算机、外语等专职教师的配备。这种教学现状严重制约了少数民族地区儿童德、智、体、美的全面发展。另外，教师的性别结构也严重不合理，长期没有女教师，不利于偏远地区儿童的身心健康成长，特别是女童身心的健康成长。

3. 教师队伍老龄化

教师老龄化严重，师资队伍出现断层。LT 小学的 12 名教师平均年龄为 52.3 岁。其中，年龄最大的 56 岁，年龄最小的 38 岁。在 12 名教师当中，有 10 名教师的年龄在 50 岁以上，占教师总数的 83.33%，而 2008 年全国这个数字是 18.35%（见表 2）。这些 50 岁以上的教师，基本都是民办教师转过来的，随着年龄的增长，他们的精力和体力都有所下降，有的甚至是长年的病号，教书育人的工作热情已经减退，也很难有进取精神和竞争意识。

表 2　2004～2008 年全国小学专任教师年龄结构情况

单位：%

年份	25 岁及以下	26～30	31～35	36～40	41～45	46～50	51～55	56～60	61 岁及以上	总计
2004	15.19	16.88	14.26	12.31	12.32	14.48	10.53	4.00	0.05	100
2005	13.08	17.95	14.79	12.36	12.80	13.63	11.07	4.26	0.05	100
2006	11.16	18.62	15.20	12.76	13.22	12.57	11.87	4.56	0.05	100
2007	9.37	18.96	15.78	13.26	13.55	11.50	12.78	4.76	0.04	100
2008	7.98	18.99	16.43	13.95	13.18	11.10	13.39	4.93	0.03	100

资料来源：历年《中国教育统计年鉴》。

4. 教师心理健康问题严重

这个问题较少被关注，但实际上却是个很大的问题。LT 小学地处偏远，自然条件恶劣，生活环境艰苦，文化生活单调，特别是 8 位汉族老师，不仅要努力适应回族村庄的风俗习惯，还要面临远离家庭（大都在县城居住）的各种困顿。有些教师自身的家庭生活就很困难，上有老、下有小，所以他们的心理健康很容易受到威胁。有不少老师反映，在这样偏僻荒凉的地方教书，常有不安、焦虑、烦躁、坐不住的感觉，特别是在寒冷的冬季。教师心理健康直接关系到教学质量和教师队伍的稳定。

5. 教师有自卑感

在当地俗称分配教师有四个等级：一等的教师分到乡镇的中心小学校，二等的教师分到公路沿线的乡村小学校，三等的教师分到行政村的完全小学，四等的教师分到偏僻行政村的完全小学。因此，LT 小学的老师常常被戏称为"罚配"，老师自身有一种自卑感，一些老师不愿意在人前说自己在 LT 小学教书，生怕别人误解自己。

二 西海固地区义务教育阶段教师资源配置的问题

上述 LT 小学教师队伍建设中存在的问题，是西海固偏远地区义务教育阶段教师队伍现状的一个缩影。从整个西海固地区来看，教师数量不足、知识老化、结构不合理、老龄化、素质不高等问题是普遍存在的，只不过越是偏远的山村小学校问题越突出而已。教师素质不高，教学质量就难以提升，教育发展水平只能停留在较低的层面上。

2010 年初，西海固某乡镇共有 26 所小学校，按照国家规定，一个教学班配备 1.5 个教师的标准，他们缺少 40 多名教师，占总数的 14.3%。在现有的 26 所小学校的 238 名教师当中，年龄在 50 岁以上的就有八成左右，教师平均年龄为 51 岁。其中，有一所小学校，除了校长是 47 岁以外，其余的教师年龄都在 50 岁以上，人们戏称是"养老院"。尽管 2010 年新学期进来了一些"支教"和"特岗"的年轻教师，但依然缺少教师 30 名左右。虽然教育局已经规定不允许再雇用教师，但是由于教师短缺的问题没有从根本上得到解决，不得已仍然雇用了约 20 名教师，雇用这些教师的费用是从每个学生的人头费中挤出来的。雇用教师的工资，2008 年为 400 元，2009 年提高到 600 元，2010 年提高到 800 元，相当于"支教"（考上"支教"可以执教 2 年，月工资 1560 元）老师的 50% 左右；相当于"特岗"（考上"特岗"可以执教 3 年，月工资 1850 元）老师的 40% 左右。

目前，这个乡镇的教师当中，有半数是 20 世纪从民办教师转为公办教师的，不少教师的实际学历也就是高小，虽然他们在转正的时候都进修过一到两年，但有不少人是走过场。这些没有受过专职训练的老师，上课时难免要经常出"笑话"。例如：一位教数学的老师，在教授学生求证正方形的面积时这样说："一

个边长为 1 米的正方形的面积是 1 乘以 1，那么，一个边长为 10 米的正方形的面积就是 1 乘以 10；一个边长为 100 米的正方形的面积是 1 乘以 100，……"类似这样令人哭笑不得的误讲误读，在山村小学校里并不算稀罕事儿。另外，音乐、体育、美术专职教师匮乏，几乎是西海固地区所有的小学校都面临的问题。解决教师资源配置的问题已经迫在眉睫。

就制度安排而言，西海固地区教师资源配置的机制障碍主要表现在如下几个方面。

（一）编制瓶颈

造成西海固地区、特别是偏远地区义务教育阶段教师极端短缺的原因，首先是编制方面存在瓶颈。2003 年，自治区人民政府下文，凡是超编的市、县不得进人，连同教师编制也是"一刀切"，近 10 年没有补充正规的教师编制，造成师院毕业生因编制问题进不来。一名宁夏师范学院毕业的学生说：在我们班上毕业的四五十名学生当中，只有少部分人找到了正式工作。据了解，有不少从师范院校毕业的学生是愿意去乡村小学校任教的，但是由于没有进人的指标进不来，导致很多学师范的学生都改了行，造成了人力资源的严重浪费。与此同时，在编教师中一部分优秀人才"孔雀东南飞"，一部分到了退休年龄。一位在西海固地区从事教育工作 30 多年的专家这样说："西海固地区教师数量不足、质量不高的问题已经严重地影响着教育教学质量的提高，到了非下决心不得不认真解决的时候了！'文革'前那些支边的优秀教师为改变西海固一穷二白的面貌做出了巨大的贡献，现在全退出了岗位；'文革'后分配到西海固的不少优秀人才外流；优秀人才进不来。如果没有一个有效、合理的补充教师的机制，西海固地区的教育将面临灾难。"

（二）在编教师管理不到位

在编教师管理不到位也是一个比较突出的问题，主要表现在对"民转公"教师队伍的管理上。

第一，部分在编制教师由于各种原因不在岗位。据了解，某县在 2009 年查出了 100 多名在编制不到岗位的教师，至今都没有做出正面处理。

第二，部分在编制教师身在岗位心不在岗位，缺乏教书育人的工作热情。对此，教育管理部门未及时采取有效措施。

第三，缺乏在编教师的退出机制。一些在编教师由于这样那样的原因愿意退下来把位置让给年轻人，但是行政管理部门不允许。

第四，对教师队伍的管理缺少服务意识，特别是对在条件艰苦地区工作的教师关心不够。例如对学校无食堂的老师吃饭问题、近处无水源的师生的喝水问题等等，均缺乏应有的关心和解决问题的努力。

（三）"支教"教师的高流动性影响教师队伍的稳定

在西海固地区，为了缓解师资短缺，自2003年起实施了"支教"措施：即鼓励大学毕业生报考农村中小学校的"支教"名额，考上的人可以执教两年，执教期间每月工资600元（2010年约1560元）。尽管"支教"两年的做法，对缓解大学生就业难和农村小学校教师短缺起到了一定的作用，但是，从教师队伍的建设和长远发展来看，这种做法只是权宜之计。因为这些支教教师中的相当部分并没有在此长远工作的打算，他们具有很高的流动性。而且，即便是在两年的服务期内，他们也难以把精力全放在教学上。一部分"支教"人员担心两年以后的去向，在执教的两年里把很多时间都用在了今后如何谋职、如何应付考试上。在这种心态下，他们很难安下心来做教案、搞教学，影响了教学工作的质量。

如表3所示，某乡村小学校，2003年有13位教师，年龄都在30岁以上；2004年，流失了1名30岁出头的骨干教师，补充了4名年龄在30岁以下的"支教"人员；2005年，流失了1名30岁出头的骨干教师，补充了4名年龄在30岁以下的"支教"人员；2006年，流失了1名30岁出头的骨干教师，走了4名"支教"期满的人员，又补充了4名"支教"人员。如此类推，随着时间的推移，这所小学校教师年龄结构的老化和断层问题不仅没有缓解，反而越来越突出。即30岁年龄段的教师断档，原有的教师年龄越来越大，30岁以下的"支教"人员频繁地轮换，严重影响了乡村小学校教师队伍的稳定性。以2008年为例，在总数18名教师中，支教教师有8名，占到教师总数的44.44%。也就是说，在这个小学校中，接近一半的教师处于流动状态。不难想象，这样的成员不稳定、年龄断层且结构老化的教师队伍，对于该校的教学活动意味着什么。

表3 西海固某乡村小学义务教育阶段教师年龄老化和断层的变化趋势

教师年龄（岁）	2003 年（教师人数）	2004 年（教师人数）	2005 年（教师人数）	2006 年（教师人数）	2007 年（教师人数）	2008 年（教师人数）
55 岁以上	1	1	1	2	3	4
50～54	2	2	2	2	3	3
45～49	2	2	3	3	2	2
40～44	2	3	2	2	2	1
35～39	3	2	2	1	0	0
30～34	3	2〔1〕	1〔1〕	0〔1〕	0	0
25～29	0	(2)	(4)	(4)	(4)	(4)
20～24	0	(2)	(4)	(4)	(4)	(4)

注：1.（ ）里的数字表示支教老师的数字。

2.〔 〕里的数字表示流失老师的数字。

三 促进民族地区教师队伍健康发展的政策建议

2010 年初，教育部在《关于贯彻落实科学发展观进一步推进义务教育均衡发展的意见》中指出，把均衡发展作为义务教育的重中之重，力争在 2012 年实现区域内义务教育初步均衡，到 2020 年实现区域内义务教育基本均衡。最近，《国家中长期教育改革和发展规划纲要（2010～2020 年）》明确提出推进义务教育均衡发展的目标。为促进民族地区教师队伍健康发展，特提出如下政策建议。

（一）进行制度创新，建立一支兼有"飞鸽牌"和"永久牌"的构成多元的教师队伍

基于西海固地区义务教育阶段教师队伍建设严重滞后的现状，要在教师资源均衡配置方面进行制度创新，在民族地区建设一支由"飞鸽牌"和"永久牌"相结合的、构成多元的义务教育教师队伍。①

---

① 笔者受到中共西藏自治区党委书记张庆黎关于西藏人才"引进'飞鸽牌'人才不可少，培养'永久牌'人才更重要"观点的启发。见《张庆黎论人才：引进"飞鸽牌"培养"永久牌"》，《中国新闻网》2010 年 11 月 7 日。

1. 采取多种途径引进年轻、优质教师

第一，建立城镇教师到农村学校任教的长效机制，建立激励机制，将教师流动与教师职称评定、评先、评优以及骨干教师选拔结合起来。①

第二，适当延长"支教"年限，鼓励师范院校毕业生到农村扎根教学。根据不同地区的实际情况，适度延长支教教师的支教时间，例如由目前的两年延长到五年左右。与此同时，政府及时出台相应的优惠政策，建立激励机制，扶持、鼓励师范院校毕业的学生到农村扎根教学，让他们真正感受到广阔天地大有作为。

2. 注重培养本地、本民族的师资力量，对少数民族地区的教师聘任不搞"一刀切"

在努力提高少数民族地区偏远地区教师待遇的同时，如何选拔培养当地的大学毕业生、中专毕业生充实当地小学校的教师队伍，也是迫切需要考虑的问题。因为在一些偏远的少数民族地区，培养当地的优秀青年成为正式教师，比起从外面派遣更为切合实际。一是他们了解当地的生活习俗，可以降低很多适应环境方面的成本；二是他们接受新生事物快，所受的教育完全可以教好小学生；三是有利于民族地区自身基础教育的发展和人才的成长。

但是，由于当前教师聘任"一刀切"的做法，使得一些偏远山区的优秀青年看不到就业的机会而纷纷外出打工；从外面派老师来又很难适应这里的环境。结果造成越是需要优先发展教育的地区，教育资源就越匮乏，教育的社会公平和公正很难在贫困地区体现。为了改变贫困地区、少数民族地区基础教育"缺血"的现状，必须尽快进行必要的制度创新，制定适合当地情况的教师聘任政策，提高当地人才投身本地教育事业的主动性和积极性。

（二）切实提高偏远地区教师的待遇

1. 提高偏远地区教师的工资待遇

改革开放以来，我国西部地区教师资源流失严重。因此，需要出台保护人才的有效奖励措施。比如，工作越艰苦，工资水平就越高，用多付出多回报的奖励机制吸引人才，留住人才。一位当地搞教育的基层领导说：山村教师的工资如果

---

① 杨挺：《努力实现城乡教师资源配置均衡化》，《人民日报》2010年9月6日第7版。

比城里教师多1000元，就可以留住不少老师。为此，要切实提升偏远山区的教师的工资和待遇，根据实际情况适当增加交通补贴、伙食补贴、冬季取暖补贴等与艰苦教学环境相对应的岗位补贴。

2. 提高偏远地区教师的其他待遇，关心他们的身心健康

长期工作在艰苦地区的教师，久而久之会在不同程度上产生心理层面的障碍。比如，调节情绪的能力失衡、精神萎靡不振、感到压力重重等，这些状况有形无形地影响了教学质量。因此，管理部门要真正贯彻以人为本的科学发展观，关心他们的身心健康，不仅要切实帮助教师解决工作中的难题，还要尽可能提高他们的各种待遇（如制定外出学习制度、轮岗制度、深造制度、晋升制度等），给他们创造一个宽松的工作环境，以切实的政策倾斜来吸引、培养、稳定偏远地区的教师队伍。

（三）打破制约瓶颈，进行制度创新

1. 把教师编制与公务员编制分开考量

10年前，西海固地区还没有实施"普九"的时候，农村教育并没有出现教师短缺的现象。但是20世纪末，各市、县均出现事业人员超编现象。为了消肿，2003年自治区政府出台政策，规定"超编市、县不得进人"。这一政策将教师编制与公务员编制计算在一起，导致了教师队伍补充在编制上的瓶颈。为此，建议要按照生师比和教学班编制的规模配置师资，不要把教师编制和公务员编制捆绑在一块。

2. 改变僵化体制，打通师资正常代谢渠道

改善西海固地区义务教育阶段师资短缺和质量不高的现状，建立健全教师的优胜劣汰的竞争机制十分必要。一般来说，越是落后地区，人才流动机制就越保守；反之，越是发达地区，人才流动机制就越开放。教育部门在配备教师时要明确资格要求，如对学历、年龄、专业必须全面考虑。对严重缺乏的音乐、体育、美术、计算机等专职教师，国家应该出台具体办法向西部偏远地区、尤其是少数民族地区有计划地派送。教育部门要以本地区的实际问题为突破口，扫除师资正常代谢的障碍。允许不合格的又没有教书意愿的教师提前内退、转岗，把占用的编制腾出来让师范院校的毕业生进来，推动教师队伍合理有序流动，让有能力教书的人进来，不愿意教书的人出去。

（四）严惩"替岗"现象

"替岗"现象是指正式在编教师不愿意在一线教书，用自己工资的零头雇用年轻人代替自己教书。这种做法不仅不能解决教师短缺的问题，而且突破了道德底线，对学生将产生极为负面的影响。因此，必须规范在编教师的管理，坚决杜绝教师的"替岗"现象。发现"替岗"现象要及时给予警示、纠正，在警示无效后视具体情节予以严惩。

教育公平是社会公平的基石。西海固地区义务教育质量差的状况，在西部很多地方、特别是偏远的少数民族聚集地都可以看到。这种教育资源短缺、教育观念落后的代际传递，将会加深贫富差别、两极分化的鸿沟，从而关闭阶层正常流动的大门。其后果严重，必须予以正视。为此，我们需要解放思想，调查研究，脚踏实地地进行制度创新，从而推动西部民族地区真正实现《国家中长期教育改革和发展规划纲要（2010～2020年)》提出的义务教育均衡发展的目标。

B.24
海南三亚回族社区文化发展调查报告

马洪伟*

摘　要：三亚市凤凰镇回族社区文化在改革开放进程中不断发展，形成了以清真寺建设为象征，以宗教文化为底蕴的和谐、开放、进取、时代性与传统性相融合的民族社区文化。这种文化特色为社区经济发展和社会伦理建设提供了重要支撑，使爱国爱教思想在社区深入人心，促进了社区的民主管理和社区文化的多元性。

关键词：三亚　回族社区　民族文化　调查

海南省回族唯一聚居地位于三亚市凤凰镇，8000 余人，占海南回族总人口的 90% 左右。三亚市是体制改革的试验区，实行市直接管乡镇，不设县。根据海南省人大常委会公告《关于海南省实施〈民族区域自治法〉若干规定》，三亚市享受民族自治地方优惠政策。三亚市凤凰镇的回族社区分为回辉、回新两个居委会，民族主要来源是越南古国占城的穆斯林，居民之间操独特的回辉话。[①] 该社区东与三亚市中心区接壤，南边面朝三亚湾大海，北靠三亚市凤凰国际机场，西距天涯海角游览区和西线高速路口不到 8 公里，交通十分便利，属于热带海滨气候。社区所在的凤凰镇在三亚市所辖的乡镇中经济发展程度最好，辖有 13 个行政村，全镇总人口 54156 人，是海南省唯一的黎、苗、回、汉多民族聚居的乡镇。

---

* 马洪伟，中南民族大学 2009 级民族学博士生，许昌学院社科部讲师，律师，研究方向为民族文化与民族发展。邮编：461000。

① 马建钊：《海南回族的历史来源与社会变迁——对海南省三亚市羊栏镇两回族村的历史学与人类学考察》，《回族研究》2001 年第 4 期。

勤劳的三亚回族世代以捕鱼和种植蔬菜为生，原来是全镇最为贫穷落后的村庄。改革开放以来，他们秉承回族善于经商的传统，勇于抓住商机，利用自己独特的区位优势，积极参与当地热带滨海旅游产业等，在海南建省长足发展的时代背景下成功实现了社区的经济社会完全转型。现在的主要经济产业是：交通运输业、酒店宾馆业、珠宝销售业、家庭宾馆业、出租车业、餐饮业、旅游产品销售业、房屋出租业、房地产业等。2008 年，三亚市回族农民年人均收入达 7000 多元，比全市农民年人均收入高出 1900 多元，成为三亚市最富裕的农民。①

一 三亚回族社区发展民族文化的认识与举措

（一）民族文化的商业思想促进社区经济文化发展

三亚回族社区的文化发展始于伊斯兰文化的商业思想。回族文化是多种文化融合而成的，核心是伊斯兰文化，并与儒家文化和乡土地域文化相结合。伊斯兰文化是一种重商文化，有着丰富的经济思想，"当你阅读《古兰经》时，有时会觉得它不是一本圣书，而是商业手册"。② 计划经济体制下社区居民的商业思想受到抑制，以几艘破旧简陋的渔船进行近海捕鱼生产，兼以种植蔬菜进行补充，生活贫苦，文化落后。改革开放的环境激活了回族居民的商业"基因"，当三亚旅游业起步时，他们发现了新的商机，开始向游客卖珍珠等纪念品，载游客往返景点搞运输。现在三亚的各个景区都活跃着经商的回族人的身影。社区居委会的墙上挂着江泽民总书记来三亚视察时在天涯海角同提篮卖珍珠的回族妇女的合影。当以勤劳的双手摆脱贫困，获得富足的生活时，社区居民从经济文化的自觉，走向精神文化的自觉，并没有被西方现代文化所淹没，而是选择保持民族文化特色。

（二）国家的改革开放政策推动社区民族文化发展

30 多年的改革开放不仅助推经济腾飞，还带来了人们思想的解放和文化意识的提高。中国的强国之路也增强了国人对民族文化的信心。处在最大的特区、

---

① 新华网：http://news.xinhuanet.com/society/2009 - 07/07/content_ 11667678. htm。

② 马·叶列米耶夫：《伊斯兰教是多结构社会的意识形态》，《世界宗教资料》1986 年第 4 期。

开放前沿的三亚回族社区，居民作为国家改革开放政策的受益者，在本区域内率先致富，改革开放的强大动力使社区经济转型。随着社会转型，居民身份由渔民转为城镇居民，生活逐步现代化，发展民族文化有了物质保证，进而文化走向繁荣，社区民族文化发展的轨迹可以说是国家文明进步的缩影。居民的精神面貌焕然一新，民族自信心增强，发展民族文化的热情高涨，积极投身于民族文化建设，民族文化的硬件设施水平、教育水平迅速提升。

（三）我国宗教与文化政策保障社区文化发展

公民的宗教信仰自由权、选举权和被选举权以及文化教育权、科学研究权等基本权利受到《宪法》保护，人权保护以修正案的形式载入《宪法》。在此基础上，党的系列重要决议和国家领导人的讲话一直强调民族文化的保护与发展，提升文化软实力，转变经济增长方式，实现科学发展。这种指导思想下的宗教与文化政策为三亚回族社区的文化发展提供了保障。根据《关于海南省实施〈民族区域自治法〉若干规定》，社区居民在民族文化、教育、计划生育、生产经营等各个方面享受少数民族政策优惠。

二　三亚回族社区的文化发展特点

（一）清真寺建设成为社区文化发展的象征

清真寺是三亚回族社区居民宗教生活的中心。社区现有六座清真寺，分别是东寺、北大寺、西北大寺、古寺、南寺和南开寺，原来基本都是砖瓦房，低矮简陋，面积狭小。20世纪90年代中期，社区经济发展和居民收入增加，原有清真寺已不能满足宗教活动的需要，因而新建了东寺和南开寺，两栋建筑都是典型的阿拉伯风格，壮观华丽，大殿主体建筑面积都在1000平方米以上；而其他四座清真寺也进行了彻底的重建，结构上是中国宫殿式风格和阿拉伯建筑艺术相结合，体现了两种文化的融合。此外，还有两座清真女寺供女性穆斯林礼拜和学习宗教知识之用，附设于北大寺和西北大寺，体现了中国伊斯兰教的特色。新建和改建的清真寺的设施不断改善，装饰更加高档，如2009年都在大殿上安装了大功率空调，还有先进的手机信号屏蔽器，以保证礼拜时的凉爽温度和安静；伊玛姆①在领拜和讲卧尔兹②时用上了无线话筒等音响设备；在清真寺的水房安装了电热水器，可以在做大小净时用上热水。清真古寺因地处低洼易受水患，在 2008 年 8 月份的暴雨中受淹，2009 年底决定重建，准备建成与国际旅游岛相匹配的、具有热带海滨风情和阿拉伯风格的国际性清真寺。清真寺的勃兴成为了社区文化发展的象征。

除此之外，无处不在的民族文化元素也融入社区的发展进程中。民居在改善生活的同时也呈现阿拉伯化，民族文化符号鲜明。20 世纪 90 年代前，社区全是黑色瓦房，基本样式与其他村庄的房子无异，特点是在门的上方写有阿拉伯语的清真言。后来，村子里的瓦房大多换成二层的小楼，外墙为瓷砖，民族文化符号增多。近年来，社区新建的楼房都有三到四层，建筑风格呈现阿拉伯建筑风格，都有圆顶装饰与星月标志。窗户是圆拱形状，大门上方都镶刻有"真主至大"、"真主独一"以及清真寺言等民族文化符号。社区内的宾馆、加油站也在外部装饰上呈现阿拉伯建筑风格。妇女们都戴有盖头，不穿短袖短裤。中老年人戴礼拜帽，民族服饰特征明显。部分公交车辆、家庭轿车内也有阿拉伯语的清真言标牌，社区内的饭店全部是清真的。民族特色的美食鲜鱼汤获得了三亚市十大美食评选的第二名，中央电视台进行过专题报道，现在基本上形成了以鲜鱼汤为代表的餐饮一条街。进入社区让人感觉到异域文化之风扑面而来，吃穿住行各个方面都在显示回族社区的特质。

（二）宗教的规约实现社区良好的秩序

阿訇利用礼拜前后讲卧尔兹的时间宣传禁毒，教育居民使之认识到吸毒不但严重违法，要受到法律的严惩，而且直接违背《古兰经》，破坏伊玛尼③，是严重违背教义的恶行，从而要求大家远离毒品。清真寺还腾出房间用于对吸毒人员的隔离戒毒，阿訇们轮流对他们进行讲经活动和学习教育活动，关心照顾他们的生活，充实和净化吸毒人员的心灵。对于反复吸毒人员，阿訇们会领着公安人员到他们家中依法执行强制戒毒或进行劳动教养。社区生活严格遵循伊斯兰教禁

---

① 伊玛姆一词，最早来源自穆斯林做礼拜时候的领拜人，意为教长，引申为领袖、率领者、楷模。
② 伊斯兰教宣教的一种方式。阿拉伯语音译，意为"劝导"、"训诫"、"教诲"、"讲道"、"说教"。
③ 伊斯兰教义学术语。阿拉伯语音译，意为"信仰"。

忌，不能卖酒。社区内设有麻将室、足疗室、歌舞厅等娱乐场所，没有卖淫嫖娼行为、打卦算命行为和酗酒行为。对于少数社区成员跑到市区"玩包厢"，从事喝酒打牌及其他不健康活动，阿訇们利用周五聚礼、开斋节、古尔邦节会礼等时机严厉指责，公开批评，指出这是有悖于教义的恶行，引导人们多做善事。现在社区内治安秩序良好，大家普遍具有安全感。据笔者对社区所在镇的综合治理部门和司法部门的访谈了解，该社区的治安状况在全镇基本上是最好的。宗教道德的约束对社区文明之风起到了重要作用。

（三）海内外穆斯林的频繁交流丰富了社区文化

该社区文化作为异质文化需要不断地与外部文化交流以保持自己的生命力。随着三亚旅游业的蓬勃发展，特别是国际旅游岛战略提出后，到社区旅游、过冬、经商、文化交流的海内外穆斯林越来越多。在社区内居住的游客绝大多数是全国各地的穆斯林，选择住在社区也是受伊斯兰文化的吸引。他们参加社区的宗教文化活动，同时把本地的伊斯兰文化特征带到了社区，跟社区内的回族形成了交流互动。在冬季的几个月里，阿訇在讲卧尔兹以及开展其他宗教活动时用普通话，因为这时在清真寺里礼拜的外地穆斯林居多，外地穆斯林也利用聚礼的时间在清真寺演讲，与本地和其他外地穆斯林交流。来自中国香港、印度、伊朗、沙特阿拉伯、巴基斯坦、美国、马来西亚等地的穆斯林利用旅游的时机到社区进行参观和交流。社区开放前沿的位置使出国留学形成热潮，一般是到埃及、沙特、巴基斯坦、叙利亚、阿联酋、科威特、伊朗、马来西亚等伊斯兰教国家，主要学习阿拉伯语和伊斯兰文化，留学人数达70多人。从"哲玛提"① 来到社区进行文化宣传和文化体验的穆斯林坚持四个禁止：禁止谈论政治；禁止谈论教派分歧；禁止谈论穆斯林的缺点；禁止与人发生争论。这就使社区海内外的伊斯兰文化交流在和谐、友好的气氛中进行。

（四）宗教职业人员知识化、年轻化促进社区文化发展

改革开放以来，社区居民的文化教育水平提高，各寺的阿訇开始由社区居民担任，改变了过去到云南、西北地区请阿訇的历史。老一代的阿訇基本都退休

---

① 伊斯兰中的宗教性社区。

了，目前六个清真寺的伊玛姆均由年轻阿訇担任，平均年龄在 30 岁左右，年富力强；大都达到了大学文化程度，并经过伊斯兰经学院的正规学习，宗教文化知识较为丰富。年轻阿訇们还曾留学国外，都有过硬的阿拉伯语或波斯语的水平，同时具有一定的英语表达能力，可以同国外穆斯林进行一般交流。他们不仅在老一代阿訇的影响下为社区民族文化的传承发展以及人们的宗教生活而积极努力，而且他们的观念比较开放，如计划生育的观念就比较强，对社区居民的行为起到导引作用。

（五）宗教活动的增加构成了社区文化发展的基础

生活水平的提高，清真寺等宗教场所的改善，使社区居民的宗教文化生活需求增加。到清真寺礼拜的人多了，特别是在斋月里，全社区的男性，从成人到孩子都到清真寺礼拜，并在寺里开斋，过宗教集体生活，一派其乐融融的景象。妇女们则在家中礼拜。除个人身体不适等原因，男性 12 岁以上，女性 9 岁以上都封斋，体会穷人的疾苦，增强自己的意志，培养体恤贫苦的爱心，增加慈善事业的实践。居民在斋月里向清真寺出的乜提连年增长，如西北大寺 2009 年收的乜提是五万多元，2010 年收的是八万多元，全部用于清真寺水电费、开斋餐饮、救济穷苦等公益事业。大殿中的六台空调也是一位居民捐献的。古寺的重建过程中，居民的捐款达 110 多万元。妇女们在结束了一天的劳作后，会到清真女寺去参加夜校，学习宗教知识。在暑假，孩子们被组织起来到各个清真寺参加暑假班，学习阿拉伯语和基本宗教知识，开展文体活动，远离网络游戏等不健康活动，对传承民族文化起到了重要作用。为提高居民的民族文化修养，清真寺也举办成人学习班。周五主麻聚礼时大殿上站满了礼拜的人，来得晚的只能在走廊做礼拜。开斋节和古尔邦节的会礼更是壮观，整个社区的男女老幼几千人都在郊外空地铺上彩条布进行礼拜和聚会，聆听阿訇演讲。居民收入增加后，纷纷赴沙特麦加朝觐来完成穆斯林的功修。近几年，每年由中国伊斯兰教协会批准去麦加朝觐的有 40 人，2010 年 45 人，大大超过了每年按照千分之一的居民比例的标准。每年申请的人数多达 150 ~ 200 人。最初的朝觐由居民自发进行，存在安全隐患，食宿条件不好；现在由国家统一组织，秩序良好，安全可靠，居民感到满意，他们在国外深切感到祖国的强大，倍感自豪。

此外，鲜明的民族文化特点吸引了外族入教。通过改革开放 30 多年的发展，

该社区不但在经济上成功转型，而且文化也走向繁荣，丰富的伊斯兰教文化内涵和实践对周边村镇产生影响。每年都有居民出于非通婚因素而到社区内的清真寺自愿加入伊斯兰教，平均每年有 2～3 名，有男性也有女性，有黎族也有汉族。他们往往是通过与社区的经济文化联系而与居民建立良好关系，接触并了解《古兰经》等教义，随着与社区居民交流的增加，感到穆斯林生活方式的优越性，经过慎重考虑而决定入教。他们认真学习伊斯兰教义，并能够严格遵守教义和教规，甚至比社区居民还要虔诚。

（六）通婚范围扩大显示社区文化的发展

改革开放之前及初期，三亚回族社区的通婚范围一般在两个居委会内，实行族内通婚。随着三亚旅游业的兴起，开放程度提高，居民因商业活动而与游客的接触增多，部分社区青年到海口、广州等地经商，经济活动也造成居民与周围村子的来往频繁，这都扩大了通婚范围，族际婚姻不断增加。据不完全统计，近年来的族际通婚在 100 多人，其特点是由族内通婚变为教内通婚。原来要求在回族内部才能通婚，现在越来越多的族际通婚使这种禁忌被打破，无论是回族男性娶其他民族女性，还是回族女性嫁给其他民族男性，都要求对方加入伊斯兰教，如果是嫁到外地，则要求对方尊重民族习惯。有的远嫁国外、云南、海口、广州；近的和周围的汉族、黎族通婚。通婚范围的扩大促进了民族的融合和各民族的文化交流，改善了民族关系，使民族文化内涵更加丰富。

（七）保护少数民族语言构成社区文化发展的重要内涵

全国回族都以汉语为通用语言，只是存在方言的差异，但该社区回族却使用全国独有的语言——回辉话，而且进行了很好的保护和延续。社区先民主要来自越南占城，从宋朝开始向海南移民，初期的移民讲占城语，定居下来后吸收了部分汉族词汇，在与占城语环境分离的情况下发生一些演变，成为现在独特的回辉话，据语言学家考证，回辉话与占城语有 70%～80% 是相同的。据去麦加朝觐的居民反映，他们可以同越南占城的穆斯林用回辉话进行交流。回辉话在社区已延续几百年。现在居民之间，以及家庭成员之间的交流还是用回辉话，孩子从小学习的语言都是回辉话，成为母语。社区内的两所小学里上课使用普通话，课下仍然用回辉话。居民是先学回辉话，再学普通话。周围的汉族讲迈话、军话和儋州话，三亚市区的讲海南话，社区居民一般都会讲周围其他几种语言中的一种，但周围的汉族人不会讲回辉话。海南独特的多语言现象使各个语言都有生存空间，没有哪个语言占据统治地位。社区内存在双语现象，即回辉话和汉语两种语言，而且双语使用率达90%以上，远远超过双语普遍型的50%的标准。① 回辉话的生存环境没有改变，并且保持极高的使用频率，这是回辉话得以保护的最重要原因。

（八）教育的提升适应了社区文化发展的客观要求

改革开放以来，社区的教育长足发展。从1978年到1990年，小学的入学率达98%以上，目前九年义务教育普及率已经达到100%。社区两所小学的硬件设施如教室、电脑、操场、体育器材、图书室等在三亚市的乡镇中是一流的。回辉小学的教学楼建于2002年，由三亚市政府专门投资100多万元兴建，而回新小学是采用逸夫教育基金140多万元加上居民集资30万元兴建的。小学的教育水平在全镇来看也是较高的，在数学和语言竞赛中两所小学的成绩名列前茅。每年考入三亚市重点小学民族班（三包班）、一中等重点中学的回族学生比例，大大超过回族居民在三亚市的少数民族中的比例。每年考上重点大学的该社区学生都有3~4名，考上一般大学的约有40人，其比例都超过周围村庄。居民中大专以上文化程度所占比例由改革开放之初的不到1%提高到现在的10%左右。社区的公益组织"助学会"和"学生会"每年都在暑假期间对考上三包班、重点中学、大学的社区优秀青少年进行奖励，其奖励基金来自企业家和热心教育事业的居民，兴学重教蔚然成风。现在，为了使自己的子女获得更好的教育，部分居民把孩子送到条件更好的三亚市区中小学就读。

（九）社区文化发展的传统性与时代性统一

清真寺的建筑与装饰采用现代工艺和材料，空调、音响等现代设备不断增加。居民大都住上了华丽舒适的楼房，开着轿车到清真寺礼拜。斋月里开斋时，传统的煮粥成为一种象征仪式，实际的斋饭变成了从商家定制的牛肉粉、牛肉面、饺子之类的快餐，供应开水变成了免费发放王老吉、绿茶等饮料。社区妇女们戴的盖头也从普通彩色毛巾变成了专门的丝质纱巾，款式更加多样，色彩更加

---

① 何俊芳：《语言人类学教程》，中央民族大学出版社，2005，第150页。

艳丽，既符合宗教教义要求，又能起到美化装饰作用。社区每年一度的古尔邦节运动会，既有民族传统的荡秋千、点烟竞赛、击棒、穿针引线、寻物竞技之外，还有现代体育竞技项目，足球、篮球、排球、马拉松等，社区的足球队曾代表三亚市参加全省比赛并取得第一名的好成绩，社区的篮球队也是三亚市一流的。受传统文化的影响，原来社区居民普遍存在着多子多福的观念，生育子女多的达到10个，社区人口增长过快，造成土地的不足。现在年轻一代的生育观念有所转变，计划生育观念增强，一般是要两个子女。婚姻观念在更新，族内通婚的观念在减弱，在婚姻对象的选择上也不再是以回族为前提条件，而是看重对方的人品、能力、职业。通婚的范围在不断扩大，直至国外。婚姻的仪式在保持伊斯兰教传统的请阿訇念"尼卡哈"的同时，还增加了夜晚唱卡拉OK，拍婚纱照，婚礼花车游行等现代文化元素。

三 文化发展对社区建设的影响

（一）文化发展为经济发展提供精神支持和智力保证

回族文化中的商业文明思想、积极进取思想、敢为人先思想为三亚回族社区经济发展提供了初始动力。定期礼拜、恪守教规等生活方式有助于形成社区追求知识的学习之风、互相帮助的团结之风、拒腐防变的文明之风，从而进一步增强了社区居民进行产业升级、搞好社区建设、适应海南国际旅游岛战略新要求的信心和勇气，给予社区居民以更广阔的视野，促使社区民族经济更上一层楼。

（二）社区文化的发展增强了居民对国家、社区和本族宗教的热爱

由于文化自觉程度提高，社区居民深刻体会到改革开放政策给社区带来的巨大变化，爱国爱教思想深入人心，他们感谢党和政府的开放政策，也知感真主的赐福。在经济发展、文化进步的同时，主人翁意识增强，把社区当作自己心爱的家园，更加关心社区的建设。

（三）文化发展促进社区民主管理

社区建设是个复杂的系统工程，既需要资金技术支持，也需要各方力量的协调

统一与配合，社区文化核心——伊斯兰文化对社区建设起到整合作用，在政府的主导下，基层组织、经济组织、宗教组织和公益组织有效地结合在一起，实践着协商民主①的理念，丰富了基层民主的内涵。文化宗教力量在社会调解、治安管理、社区管理、公益事业中发挥了自己的作用，为文明和谐社区建设做出了贡献。

（四） 民族先进文化得到弘扬

伊斯兰文化中的商业思想、公平思想、慈善思想在促进经济发展的同时，增加了对改善民生、共同富裕、精神追求的关注，"哲玛提"这种穆斯林社区建设思想的成熟使社区居民凝聚力增强，就业增加，收入提高，生活条件进一步改善，社区建设中物质文明发展的同时，精神文明建设得到加强，清除了"黄赌毒"等社会丑恶现象。

（五） 文化发展呈现多元性

社区文化发展充分展示了本民族的特色和精神，加强了与汉族和黎族同胞的经济联系和文化交往，社区内出现了更多的外族打工者、经商者、避寒者。社区居民的商业活动也不断向社区外扩展，族际通婚在增多，节日问候与探访在增加，民族关系向着和谐、团结、平等、互助发展，社区建设向着文化多元、相互学习、相互包容前进。

四 三亚回族社区文化发展中的问题及对策

（一） 文化教育仍需提升

社区居民的整体文化素质还不够高，部分居民重视宗教教育和民族文化传承，轻视普通教育和职业教育。女生辍学率比较高，这些女性过早从事商业活动。然而，提篮小卖式的低技术含量的初级商业已经落后，民族整体素质亟待提升。"影响民族发展的主要条件是民族素质"，② 应大力发展包括职业培训、职业教育在内的各种形式的民族教育，全方位提高社区居民的文化素质。

---

① 韩冬梅：《西方协商民主理论研究》，中国社会科学出版社，2008，第268页。
② 都永浩：《关于民族发展研究的几个问题》，《民族理论研究》1991年第3期。

（二）民族特色需要凸显

社区的鲜鱼汤餐饮业环境不佳，民族风格不够突出。应该统一规划，改善就餐环境，增加回族特色装饰，宣传回族文化。在商业街中增强民族文化特质。清真古寺的重建既要提高档次，扩大规模，也要凸显阿拉伯建筑艺术。转变结婚送礼金的奢侈之风，弘扬民族风格。

（三）社区建设有待提高

虽然社区居民基本都住上了漂亮的楼房，但社区缺乏规划，乱搭乱建情况普遍存在；基础设施落后，道路较窄，没有排水管道，容易积水；电力供应紧张，拉闸限电时有发生。需要在社区建设中提高文化品位，建好民族特色的伊斯兰文化广场，以海南的生态文明村建设为契机，改善社区生态环境。

B.25
迁徙苗族语言的传承与教育变迁研究
——基于湖北宣恩小茅坡营苗族村的田野调查

向 轼*

摘 要：由于苗语本身发展滞后、人口外流、原生性族群意识淡化、通婚圈变化、政治生活边缘化、双语课程设计不合理等原因，近年来湖北省小茅坡营苗族苗语传承及其教育陷入困境。对此，需要支持小茅坡营苗村发展经济，重塑对本民族传统文化的自信心和自豪感，改善苗语学校教育传承体制，在课程中增添跟实际生活环境紧密相关的地方性知识，以促进当地教育的发展和苗语言的传承。

关键词：迁徙苗族 苗语 传承 教育

中国民族众多，各民族在长期的共同生活以及历史发展过程中，形成了十分复杂的民族分布局面，不同地区的民族语言传承和教育也各具特色。国家为了有效传承少数民族的语言，提倡在少数民族地区实行双语教育。但是随着各民族间壁垒的打破，汉语得到越来越广泛的应用，少数民族语言的传承与教育前景不容乐观。如何抓好少数民族的语言教育，已成为亟待解决的问题。在迁徙民族聚居地小茅坡营苗族村，苗语的传承面临着尴尬境地。我们从小茅坡营村苗语传承与教育的兴衰史中，可以思考如何开展一个迁徙民族的语言传承和教育工作。

一 小茅坡营苗族村及其苗语的历史和现状

小茅坡营村地处宣恩县南部，属高罗乡管辖，距离高罗乡集镇西北角约15

---

* 向轼，中南民族大学民族学与社会学学院博士，重庆文理学院非物质文化遗产研究中心专职研究人员，研究方向为南方少数民族文化与社会发展。邮编：402160。

公里，距离县城 45 公里，周边由西向南分别被大茅坡营村（以侗族人口为主）、黄家河村（以汉族人口为主）等乡村包围。全村有 5 个村民小组，121 户，约 480 人。主要姓氏有冯、龙、石、孙、杨五姓，苗族人口主要是前三姓，占 80% 以上。基本上是"一个姓氏一个组"，1～5 组的姓氏分布分别是冯、龙、石、孙、杨。全村以山地为主，总体地貌为七沟八梁九个湾，海拔高度 650～1200 米，第一组海拔最低，第五组最高，有"上山云里钻，下山到河边，对山喊得应，走路要半天"的说法，总面积 15 平方公里，耕地约 810 余亩，其中水田 339 亩，旱地 471 亩，其余均为林业用地。农作物主要有水稻、玉米、马铃薯、红薯等，近年来在国家扶持下，引进了木瓜、白术等经济作物。养猪业是主要的家庭养殖业，年均出生猪 500 头。20 世纪 80 年代以来，外出打工人数逐渐增加，打工收入极大提高了本村人均纯收入。2006 年该村人均产粮约 450 公斤，人均纯收入 1720 元。①

史载乾隆、嘉庆年间，湘西和黔东北的苗民起义失败后，清王朝继续对苗族进行残酷镇压，为逃避官府镇压，湘西苗民四处逃窜。湖北省宣恩县的很多苗民就是那个时候从湖南花垣迁来，并分散居住在苗寨、麻阳寨等地的。冯、龙、石三姓村民迁入小茅坡营村已有近 300 年的历史。共同的祖居地和战乱导致他们辗转迁徙的历史记忆，极大地强化了小茅坡营苗族的族群认同。近 300 年来，他们仍然较好地保存着与祖源地相同的最为本质的文化特征——苗语。

由于地处号称"蛮荒之地"的鄂西南，历代封建王朝执行"蛮不出境，汉不入峒"的政策，随后的土司也对各民族实行愚民政策，不准读书识字，小茅坡营能读书识字的人很少，在新中国成立前一直都没有正规的学校。"改土归流"以后，禁例废除，汉民迁入日众，苗族与其他民族的接触日渐广泛。小茅坡营苗族在与其他民族的交往中掌握了汉语，对客家讲汉语，在村内，一直"打苗话"。孩童在一个说双语的环境里长大，自幼就会两种语言。村内没有正规的学校，只有极少数条件好的家庭能把孩子送入周边汉人开的私塾念书。20 世纪 30 年代起，村内才陆续开办了两所私塾。由于自然环境及经济条件所限，私塾教育的发展相当缓慢。

1952 年，国家在村内的茶园开办了小茅坡营历史上的第一所小学，校舍据

---

① 摘自小茅坡营村委会资料：《小茅坡营情况简介》。

说是借村民的一间房子。1954 年，宣恩县教育局拨款，村民就地取木材，在桐木坳搭建了新的校舍，并命名为"小茅坡营苗族小学"。当时政府还给予贫困学生扶持，帮助他们入学。1955 年和 1965 年，该苗族小学先后两次被评为宣恩县先进学校。1958 年"大跃进"开始，与全国各地一样，苗族小学停课投入支农和大办钢铁运动之中，教学秩序被打乱。1966 年 11 月，小茅坡营小学响应县里的号召"停课闹革命"，此后 10 年间学校陷于半停顿状态。

1978 年，小茅坡营重兴教育，村小升为完小，教师人数达到 3 人，学生增至 80 余人。1988 年元月，鄂西州教委、民委将学校命名为"宣恩县小茅坡营苗族小学"并举行挂牌仪式，同年秋，校内教职工达到 7 人，学生达 140 余人，苗族小学达到历史上最鼎盛的时期。在这一时期，苗语作为一门课程首次走进课堂，苗汉双语教育逐步开展起来。这时候的双语教育是一种"反哺"式教学模式，即到这里来教学的老师，不是他们教学生汉语，而是这里的老百姓和学生教他们苗语。刚进到村子时，他们都不会说苗话，但调走时都熟练地说一口苗语。

1998 年，宣恩县民委、教委下发《关于兴办民族学校的通知》，进一步确认了小茅坡营苗族小学的地位。2005 年，恩施州民委、教育局再次下发了《关于重新认定我州民族学校的通知》，小茅坡营苗族小学依然名列其中。这期间小茅坡营得到各界重视，学校教育蓬勃发展。该校的硬件建设在全州村级小学中达到上等水平，甚至超过有些乡中心小学。小茅坡营苗族小学的知名度虽然持续扩大，教学设施也不断改进，但该学校的办学规模却逐年减小。截至笔者 2010 年暑假调查之时，该学校仅有 1 名教师和 7 名学生。与此同时，小茅坡营的苗语交谈者仅剩下 20 多位在世的七八十岁老人；中青年能听懂苗语，但已不用苗语交流；小孩子除了会用苗语称呼家里人外，已基本不说苗语。老人们叹息着："祖先留下的东西要脱基（失传）了，脱基了就不狠（吉利）了。"

二 小茅坡营村苗语传承和教育困境的原因探讨

近年来小茅坡营苗语传承及教育陷入困境，其原因主要体现在以下几个方面。

（一）苗语本身滞后于时代的发展

湖北省宣恩县的苗族大多从湘西花垣、保靖、吉首辗转迁徙而来。小茅坡营

的苗语属于汉藏语系苗瑶语族苗语支苗语东部方言。辗转迁徙的历史让小茅坡营苗族小心翼翼地应对外在世界。他们不仅不排斥周边民族的语言，而且还熟练掌握之，同时又不忘自己本民族语言。随着社会政治、经济、科学文化的发展，苗族与汉族的交往日益密切，为了表达苗语所不能表达的新事物和新概念，在苗语中出现了大量的汉语假借词。但苗语依然跟不上瞬息万变的社会，如英语、电脑、影碟机等随着社会高速发展出现的新名词仍然在苗语中找不到对应词。

（二）社区族群规模不足以支持苗语的传承和教育

苗语本身没有文字，其传承主要是依靠口传。一旦传承人不在，语言也就随着消失。近年来，小茅坡营村在外面打工的人数愈来愈多。据统计，2010年该村人口流动总人数141人，占全村人口总数的28%。其中，已办理婚育证的人数是124人，已婚育龄妇女是57人。[①] 打工的中青年大都是夫妇一起外出，以前的父母为了能节省劳力，多挣钱，把孩子放在家里，但现在小茅坡营苗民对孩子的教育认识有所提高，纷纷带孩子到打工地，以便于自己照顾和管理孩子。也有的父母，打工挣了钱，便请孩子的爷爷奶奶或其他亲戚带了孩子在县城或乡镇租房上学。人口外流导致村子里留下的大都是七八十岁的老人和少量的没有带出的孩子。社区的族群规模减小，不足以支持小茅坡营苗语学校的发展，学校人数越来越少，造成老师的教学积极性受影响，也影响到教学质量，而教学质量的下降又导致越来越多的小茅坡营苗族后代去外面上学，这样就形成了恶性循环。中青年和小孩子是苗语传承和教育中不可或缺的中坚力量，他们的流动导致苗语传承出现断层。

（三）苗民原生性族群意识淡化致使苗语传承积极性减弱

迁徙苗族由于历史原因，其分布呈大杂居小聚居模式。在一个陌生的迁徙地得以生存，必须有一定的生存技巧。据当地老人说，以前要是跟外面的人发生争吵，我们可以用苗话商量怎么对付，外面的人都听不懂。那个时候，苗族的族群意识和自我保护意识很强，在族内不讲苗话会受到歧视。为了很好地防御外族，加强自身凝聚力，小茅坡营苗族只跟境内和周边的苗寨通婚，以便保持苗族的传

---

① 摘自小茅坡营村委会资料：《2010年度高落乡小茅坡营村流动人口汇总表》。

统和语言。但由于小茅坡营村苗族人数少，再加上地势险要、聚族而居，从祖居地迁来，除了在日常生活中秉承着传统习俗，苗歌、苗舞等其他很多需众人参与的文化事项已经很难见到。一些巫术仪式也由于财力和巫师的缺乏而难以为继，族群意识的培养和教育仅在当地的生活习俗和苗语的传承中得到培养传承。人员外流导致苗族人原生性族群意识进一步弱化，这又导致了当地人学习苗语言的动力减弱。

（四）通婚圈的变化，导致苗语无意识传承的社会环境变迁

小茅坡营村苗族从湘西迁徙而来，先迁入小茅坡营村的是龙、冯、石三姓。据说龙姓族人最先搬到小茅坡营，道光年间，龙姓苗人在长潭河狮子关赶场时，与冯姓苗族相遇，讲苗语时自认湖南老乡，为帮冯姓苗族摆脱当地财主的欺凌，遂接之来小茅坡营同住。石姓原住在长潭会口冯家河，因儿子劳动时不小心打死了祖太婆，也逃到离龙冯两姓不远的茶园定居。冯姓为感谢龙姓搭救之恩，立誓告诫冯姓子孙，誓言"日后如冯姓势强，永不得欺压龙姓子孙"。至此，龙、冯、石三姓苗族同居一村，互相关照，共同御敌，相互联姻。在笔者采访的 12 位 70 多岁的老人当中，发现他们的配偶大多是在三姓苗族中相互择取（见表1）。

表1　小茅坡营村部分 70 多岁老人的配偶的族别

组　　别	采访者姓氏、性别和族别（苗族）	配偶的姓氏和族别
一组	冯（男）	龙苗族（已故）
	冯（男）	吴侗族
	石（女）	冯苗族
	冯（男）	龙苗族
二组	龙（女）	冯苗族
	龙（男）	石苗族
	龙（男）	吴侗族
三组（茶园）	石（男）	冯苗族
	龙（女）	石苗族
	石（男）	龙苗族
	石（男）	孙汉族
	冯（女）	石苗族

如果按照 20 岁结婚来推算，现今 70 多岁的老人大都在 20 世纪五六十年代结婚，由表 1 我们可以想象五六十年代当地苗民的通婚状况。在 12 位老人中，10 人的配偶是在本地 3 个组的苗族中寻找，约占 83%，另外两个分别与迁居而来当地五组避难的汉族和距他们约 5 公里之外的大茅坡营的侗族通婚。在龙冯石三姓中，老一辈开亲之后，就纷纷把自己的后辈们相互牵线认识，进而结成一家人。这三姓中，绝大部分人家都有着蜘蛛网一样密密麻麻、复杂的亲缘关系，只要一家有红白喜事，常常是这三组"倾组出动"。

在兵荒马乱的年代，一个外来民族，人口数量少，要在一个陌生地方长期生存下去，首先必须有强烈的自我保护意识，单个家族或宗族的力量是极为有限的，只有凝聚整个族群的力量才能达到防卫目的。简单而又有效的手段就是通过族内通婚来凝聚族群，去与外族抗争。冯姓苗族在东乡受汉族地主欺凌，被龙姓接到小茅坡营居住，聚族而居，相互联姻，逐渐强大，再没有受到相距 20 公里的东乡财主的报复。族内通婚让小茅坡营村近两个世纪以来都保持着单一的民族，这样的通婚方式和单一民族成分使当地历史上很少发生刑事案件。苗语成了这个小世界的主要流通语言，"是该族群成员世代传承相沿的共识符号，是族群内聚力和整合的象征"。① 与外界接触的稀少，让人们以为似乎懂了苗语就懂了整个世界。除了少数经常出山的男子外，苗村很少有能说汉语的人。

无论是传统社会还是当今社会，扩延社会关系网络的有效途径之一是联姻。据调查，小茅坡营村新中国成立前婚嫁的主要范围局限于本村三姓，但随着苗民对外交往的日益频繁，他们逐渐走出大山，很多的苗族妇女由于经济的原因纷纷外嫁，苗族男子也只好去外地入赘。随着新中国的成立，国家民族政策扭转了苗族历史上受歧视的地位，更多汉族妇女嫁到小茅坡营苗族村。在苗族的社会结构和网络中，妇女起着重要的作用。在对孩子的族群意识的教育中，妇女的作用仍不可小觑。虽然族际通婚日渐频繁，但直至 20 世纪 80 年代，小茅坡营苗族仍坚持着通婚底限——"苗民养数子，必有一苗妇"，以此来保证对苗语和苗族传统的传承。娶进来的妇女，也很快融入说苗语的气氛中。她们不仅带来了自己的文化和语言，也学会了苗语。苗村逐渐开始说起两种语言，对内打苗话，对外说客话。

---

① 滕星、苏红：《多元文化社会与多元一体教育》，《民族教育研究》1997 年第 1 期，第 18 页。

美国心理学家西蒙兹的研究发现，父母的行为和态度对孩子有着重大影响，并在有些方面存在着相对应的关系。[①] 家长尤其是母亲对孩子的润物细无声的言传身教作用不容忽视。小茅坡营的族内通婚制度很好地保存了苗语，延续了苗族传统习俗。新中国成立后，政府在苗村建立了历史上第一所学校，来到学校任教的老师，"个个只会讲客话，但走的时候都能说一口苗话"，可见当时苗语氛围的浓厚。这一时期小茅坡营的苗语教育以社会教育为主。苗族的族内通婚制度让苗语在一定时期内无意识地传承着。

随着族际通婚的普遍和人口外流的频繁，苗语无意识传承的环境已经改变，苗民的心理也发生了微妙的变化。苗民们发现，他们引以为豪的语言已经越来越远离他们了。老人们说："我们与周边民族不同的就是语言，如果连我们的语言都不在了，我们苗族拿什么来向外界显示我们的不同呢？"

（五）政治边缘化，导致苗语传承意识减弱

小茅坡营村民近 300 年来，定居于大山深处。无论是在社会、经济还是在文化教育上一直处于边缘地位。在区域的分布上，他们处于边缘地带，远离地方政治中心，尽管他们的聚居地离高罗乡政府仅有 15 公里，但实际上他们在政治空间上与基层地方政府的"距离"已远远超出他们与基层地方政府在地理空间上的距离。在行政管理上，他们受基层地方政府的管辖，除村干部换届选举时他们象征性地参与外，平时几乎不参加任何政治活动。村干部可以说是连接苗民与基层地方政府的纽带，他们是当地政府的代言人，苗民正是通过他们来获悉"国家"的信息，而基层地方政府则通过村干部来管理苗寨。

就如 Schultz 等人所指出的，如果人们从政治活动中得不到什么具体的利益，人们对政治参与的程度可能会很低。[②] 大部分苗民对地方政治持冷漠态度。相比之下，他们更关心与他们日常生活紧密相关的当地集市上的大米、蔬菜、箩筐的价格，而对当地政府的政策不闻不问。如国家搞新农村建设，给每个村 15 万元，10万元用于产业发展，5 万元用于基础设施建设，但只拨下来 5 万元，另外 10 万元据

---

① 刘豪兴、朱少华：《人的社会化》，上海人民出版社，1993，第190页。

② Schultz，Ann，1979，Local Politics and Nation-states：Case Studies in Policy. Santa Barbara, CA.：Clio Books，6.

说是因为小茅坡营村没有产业而被扣。村干部对于这些司空见惯的克扣拨款现象心灰意冷，也不追究这些没到位的款项，村民们常常觉得疑惑不解。他们无力改变当地的地理环境和政策环境，只好想着怎样摆脱这种落后境地，于是纷纷外出务工。

这种政治上的边缘化并不影响小茅坡营学校因为双语教育而成为吸引外部资金、上级拨款的招牌。各界的捐款和政府的拨款让学校的孩子们有新书包和新课本，而且学校的硬件设备赶超乡级小学。但是设备的先进仍然无法改变学校教育质量的落后和苗语传承的危机。"学校三天两头有人来参观视察，正常的教学秩序都不能保证，教学任务也难以完成。苗语教学只能给学生教一些简单的称呼和名词，再加上上完这两年学，孩子们到村外去就不再讲苗话，他们都感觉没有必要学"，学校唯一的老师这样说。一个老师七个学生跨两个年级，老师每天采取复式教学方式上每节课，可想而知教学任务的繁重，及教学质量的难以保证。加上学生的父母或忙于农活，或打工出门，学生回到家就不再摸课本，没有人督促学习，学生的学习成绩不乐观。

在外求学的小茅坡营学生的处境也令人担忧。

"带到打工地念书的学生，因为没有当地的户口，必须得转回来参加升学考试。很麻烦。"（LMZ，42 岁，初中，2 组）

"我们的娃儿 9 岁就到团结乡上学，那里没得苗语课。考试又不考，可以不开的。他们每星期都自带米和咸菜，在学校寄宿，每周回来一次，往返是 20 多里路，很辛苦。开始转去，还不适应那里，成绩也跟不上。"（FDX，37 岁，初中，1 组）

笔者也采访了一些从父母打工地转回来的学生，询问他们的感受。

"我们跟外面的学生没有区别，都不说我们是苗族，因为一说苗族，他们说，表演下你们苗族特色的东西，我就哑口无言了，没得什么可展示的。他们说普通话，我们也说。唯一不同的就是，过年的时候，还遵守着不能打口哨和讲话的规矩。"（LJ，15 岁，初中，2 组）

"成绩一开始去跟不上，到后来，通过自己的努力也就跟上了。跟汉族学生比，除了高考时能够加分外，其他都没觉得有什么不同。学习跟他们比，差一大截。"（FHR，13 岁，初中，1 组）

工具论的早期带头人 Abner Cohen 认为，人是双向度的，不仅仅是象征的，同时也是政治的。族籍之所以具有象征号召力是因为它具有实际的政治功能，只有关注族籍的这些政治方面，我们才能解释为什么在一些地方族群意识高涨的同时另一些地方族群意识却在消失，为什么不是在任何社会中族籍认辨都具有十分重要的社会意义。[①] 小茅坡营苗族村长期处于与世隔绝的状态，族群意识得到了坚守和加强，因其相对封闭的生活环境和落后的生产方式限制着他们参与地方政治，影响着他们政治行为的价值、信仰和态度，只能用本身传统凝聚内部族群。这也是小茅坡营村 300 年来能坚守苗语和恪守传统习俗的动力。而在开放的环境下，苗民走出山外，在与主流文化的碰撞中，逐渐意识到自己封闭世界的极不协调，包括苗村学校的双语教育，都让他们无法接受，说不说苗语似乎无所谓了，只要会电脑，会英语，对参加统一的考试和工作招聘就会有帮助。

据调查，小茅坡营近几十年来，考上大学的学生微乎其微，但没有考上大学的学生回到当地致力于本地建设的却很少，他们宁愿待在城市里打工，下苦力，也不愿意回来种大片的荒地。学校的知识跟他们的生存环境严重脱节，学校学到的知识回来用不到生产中去。由于从小所接受的教学方式方法不同，注定他们跟城市里的学生相比学习上也有差距，导致苗族学生在城市里也被"边缘化"，原生性族群意识随之淡化乃至逐渐消失。除了填写苗族身份能够加分以外，苗民后代对于苗族认同和传统苗族文化已经漠然，更不用说传承已经丧失语言环境的苗语了。

三　加强迁徙民族语言传承与教育的政策建议

可以说，小茅坡营苗语式微，是苗民在外在环境的刺激下族群意识变化的表现。针对这一症结提以下建议和意见。

（一）支持小茅坡营苗村发展经济

长期以来，政府对小茅坡营的扶持源源不断，但真正落到实处的、给老百姓贴心帮助的很少。政府不仅要拨款支持其发展，还要下到款项到达的终极地点检查款项的到位情况。一个地方只有经济上去了，才有充分的资金发展他们自身的文化，才能增强他们对自己民族文化的信心，自觉地传承本民族的文化和语言。

---

① 潘蛟：《"民族"的舶来及其相关争论》，中央民族大学民族学专业博士论文，2000，第 93 页。

（二） 树立小茅坡营村参政议政意识，重塑对本民族传统文化的自信心和自豪感

经济状况与受教育程度是重要的政治资源，是决定苗族参与地方政治的先决条件。经济利益的不均衡性分配是导致苗民参政议政不积极的关键性因素。同时，小茅坡营村的教育程度一直不容乐观，依靠教育渠道地位得到提升的民族精英少之又少。文化教育在很大程度上限制着当今苗族对地方政治的参与。笔者访谈时，小茅坡营籍的高罗乡干部仅有一名（任高罗乡纪委书记），县里干部有两名（仅是办事员而已）。这些走出去的小茅坡营籍的干部人数太少，虽然有时候会为家乡说上几句话，但呼声太微弱。由于缺乏社会关系，村里的疾苦很少能越过基层政府，从而引起上级政府的关注。久而久之，便形成了苗族对地方政治的消极态度，反过来也影响着苗族对地方政治的参与程度。

（三） 改善苗语学校教育传承体制

小茅坡营村苗语学校不管是与团结乡小学合并还是继续独立成校，其苗语教学体制都有待改进，这是很多民族地区的双语教育面临的问题。一个民族的语言从来都不是孤立存在的，它与一个民族的文化整体就像是水滴和大海一样，相互交融，互为一体。建议在双语学校里，不要单一设置少数民族语言课，而是要把很多本民族文化有关的东西列入课程，如本民族的迁徙史、民间故事、民族文化事象等都融入教材中，这样会增进孩子们对本民族文化的了解和认同。单调的语言教学只会让刚进校的学生乏味。乏味的教学再加上以主流文化课程为主的教学很容易弱化他们的族群认同，从而使之丧失传承苗语的信心。而把苗语放进一个广大的文化背景去教授，更能激发学生的传承兴趣。即便是小茅坡营学校合并到乡小学之后，也可以在校内开设苗语课或者苗族文化课，以吸引更多的学生参与传承苗语和苗族文化。

（四） 在双语教育课程中增添跟当地实际生活环境紧密相关的地方性知识

在当代的知识体系中，一些群体的知识成为合法化知识，进入官方学校，主流学校传授的也就是主流群体的文化，但这些文化跟迁徙苗族自身的生活实际环境相差太远，比如现在流行的电脑、英语在苗语中都找不到对应的词，更不用说在现实中能够用到了。双语教育学校设立在不发达的民族地区，其生源因为传统文化、地理环境、家庭环境、文化差异等方面的原因，学习成绩远远落后于城市学生，没有机会和能力跟他们挤过"独木桥"，也不具备跟他们竞争的能力。普世化、大众化的知识体系，让苗族学生们无所适从，回到家乡，所学知识无法应用于自己的生活环境；待在城市又只能生活在最底层，外面学成回来的学生在当地反倒成了没有"文化（地方性知识）"的人。从这一角度来说，调整民族地区学校的知识体系设置势在必行。

国 外 经 验

Overseas Experience

$\mathbb{B}$. 26
国外处理民族问题的有效手段
及其借鉴意义

新华社经济信息编辑部
杨晓静 徐珊珊 王晓蕊 执笔

摘　要：当今世界，国外处理民族问题时常用的手段包括推动少数民族地区经济发展、尊重少数民族宗教信仰、保护少数民族文化、强调法律和教育等领域的民族平等、推动民族之间的文化交流、借助民间力量促进民族关系和谐等。这些做法启示我们，在民族地区进行资源开发应注意对当地居民进行利益和生态补偿，要注意发挥宗教在民族地区社会发展中的积极作用，少数民族文化政策要有利于促进民族文化之间的相互融合。

关键词：国外　民族问题　宗教　文化　平等

一　国外处理民族问题的有效手段

由于政治、历史、文化、宗教、经济、自然等因素错综复杂，目前世界上还没有一套解决民族问题的完美模式。然而，通过调研全球民族问题热点地区的政策实践，我们发现，政治上强硬的民族同化政策往往导致民族逆反情绪，引发民族动乱；而通过经济、文化、教育等手段，则能润物无声地实现民族团结与社会稳定。

（一） 发挥少数民族地区优势，推动其经济发展

在多民族国家内部，各族经济发展水平的差距若长期得不到有效缩小，往往会引起民族间的隔阂，进而使民族矛盾激化并被反动势力和敌对势力利用。为此，不少国家在处理民族问题时都从经济这一根本性问题入手。

以越南为例，越南党和政府提出，处理好民族问题的关键在于，发展少数民族地区经济，提高少数民族的生活水平。鉴于少数民族大多居住在山地高原上，越南政府把开发山区资源、发展少数民族地区经济作为一项重要的政治任务，制定了合理的发展规划，实施了适当的倾斜政策，把资金优先投向建设高原、边远地区急需的基础设施和属于国际计划和发展目标的工程项目。越南还根据各少数民族地区自身的特点和优势，因地制宜发展多种成分经济，促进当地商品经济发展，培育商品意识和商品市场。针对山区少数民族还实施了"定耕定居"和"消饥减贫"工程，以当地农民为主要劳动力，扩大了耕种面积，不仅为越南粮食安全和经济增长做出了重要贡献，也对民族地区的稳定起到了至关重要的作用。

老挝在利用少数民族地区资源优势促进当地经济发展方面也有较好的经验。近年来，老挝在加大对民族地区经济开发力度的同时，特别注意根据其国内少数民族主要是山地民族的特点，结合当地资源优势，大力发展山区经济。

具体措施包括：一是大力开发山地经济作物，如木材、药材、水果等，发展山区农业、林业及其加工工业，同时，开展植树造林，禁止乱砍滥伐；二是发展山区商品经济，普及商业网点，发展边境贸易，同时，积极引进外资，兴办旅游业，促使少数民族地区从自然经济向商品经济过渡，提高当地生活水平；三是投资建设和改造山区道路、集市、城镇商贸和工业中心，增加对山区医疗卫生、文化教育事业的投资；四是在少数民族山区建立符合当地需要的科技研究中心，推广种植业、养殖业以及加工工业方面的科学技术。①

---

① 中国现代国际关系研究所民族与宗教研究中心编著《周边地区民族宗教问题透视》，时事出版社，2008，第402页。

得益于老挝这种因地制宜的少数民族山区经济发展扶持政策，加上老挝对民族政策其他方面所作的重大调整，其民族矛盾逐渐缓和，少数民族反政府武装也纷纷解体。

（二）尊重信仰自由，促进各宗教平等对话

宗教问题是民族问题的重要组成部分，民族问题也因掺入宗教因素而变得更加错综复杂。宗教信仰是一个民族社会生活的精神支柱，因而妥善处理宗教问题有利于增强民族凝聚力。

从各国成功实践来看，他们对于宗教问题的处理主要在于坚持宗教信仰自由、各宗教平等对话的基本原则，通过强调宗教中倡导的一些价值观念在社会发展中的积极作用，引导各宗教积极参与解决公共事务问题，促进民族和睦；与此同时，坚持政教分离，不允许宗教干预国家政治，以防止宗教极端势力对国家稳定造成破坏，尤其是防范境外宗教极端势力的渗透。

比如，韩国为促进国内宗教平等对话、有效发挥宗教的积极社会作用，经常召集各宗教领导者，为他们提供对话场所，同时也努力发展众多宗教能够一起参与的公共事业。

在俄罗斯，执政领导人十分重视宗教问题，并吸取了苏联在宗教政策方面的教训，学会了利用宗教来团结全社会，稳定社会局势。为此，《俄罗斯联邦国家民族政策构想》中强调：禁止旨在破坏国家安全，挑起社会冲突、种族、民族和宗教等方面的不和睦、仇视或敌视活动；要及时解决矛盾和冲突，促进社会稳定与和睦。

在泰国，佛教可以说享有国教的地位，但政府对伊斯兰教等少数教派也采取保护政策，例如吸收穆斯林进入政府工作，增强了广大穆斯林对政府的信任；允许南部穆斯林保留自己的文化教育、风俗习惯，缓和了他们与政府的对立情绪；同时还增加非穆斯林人口比例，对促进当地宗教同化产生一定作用。此外，泰国还通过与邻国马来西亚的合作，有效禁止了泰国伊斯兰分离主义分子在马来西亚的活动，切断了对泰伊斯兰分离势力的外部支援。

在民族和宗教问题较为复杂的中亚国家，吉尔吉斯斯坦也十分警惕宗教极端主义对国家稳定的破坏作用，严格限制有组织的非法宗教活动，并坚持与来自境外的宗教激进主义渗透和影响作坚决长期的斗争。塔吉克斯坦则在与国内宗教极端势力的斗争中把握节奏，运用策略手段，化解直接冲突，缓和战乱。

（三）保护少数民族文化，但不过度凸显差异性

为加强民族融合，一些国家通过各种渠道保护少数民族文化，包括语言、生活方式等，但同时并不刻意凸显或放大少数民族文化与主体民族的差异。

在民族融合方面做得较好的美国，其学术界 20 世纪中叶提出了"文化多元主义"的目标，坚持国家在政治法律上的一体化和主流文化（包括作为通用公共语言的英语、基督教文化等）的普遍性，同时也允许各少数族群保留自己的部分传统文化。另外，为了防止在就业和其他活动中可能出现的种族、族群歧视，美国人的身份证明中没有"种族、族群成分"的内容，政府在各种政治、经济、文化活动中也有意淡化和模糊各个种族、族群之间的边界，鼓励族际通婚，并以各种方式促进族群之间的相互融合。由此，美国在具有不同种族、族群背景和不同语言宗教文化传统的公民中逐步建立了新的"国民认同"。

在多元化理念的倡导下，新加坡政府采取了很多措施保护各族文化，促进各族民众相互尊重。在中小学教育中，除英语是通用语言以外，各族学生还要学习本族母语。各族的重要节日，如华人的春节、印度人的屠妖节和马来人的开斋节，都被列为国家法定假日，全国人民共同欢度。

越南对少数民族的文化也十分尊重和关心，对少数民族的语言文字实行保护政策，规定小学实行越语教育，但各少数民族有权使用本民族语言文字，与越语一起用来进行小学教育。基于此，越南少数民族文学艺术得到不断发展，涌现出一批少数民族文学家和艺术家，优秀的民族文学艺术作品不断问世。

（四）法律和教育方面各民族一律平等

在法律和教育方面，多数国家强调公民权利平等，对少数民族也不搞特殊化。这样既保证了少数民族不受歧视，也不会因为对少数民族的特殊照顾滋生其优越感，或令主体民族因少数民族受优待产生反向被歧视的感觉，有利于促进民族团结。

法律方面，俄罗斯强调所有人在法律和法庭面前一律平等。不管种族、性别、民族、语言、出身、居住地、宗教信仰、政治信念、财产状况和职务如何，法律一律保障其平等的权利和自由。

在埃及，不论科普特人或阿拉伯人，埃及法庭均将其看作"埃及人"，按照

统一的法律法规来办案，在量刑、罚款、死刑判决和死刑执行方式方面不考虑民族宗教因素。

教育方面，在美国，学生不论性别、种族、民族都享有平等受教育的机会，其倡导的多元文化教育理念，力图使多种群体的学生在学业上都获得成功的发展机会。① 值得注意的是，按照这种教育理念，学生的学业成绩不会因为种族、民族的不同而发生改变。

这种理念特别提倡学校的教职员队伍应包括各类人才，具备不同的教学能力，不以种族和民族来区分学生，而是使教学以学生的学习风格为基础，适应学生的技能水平，进而取得好的教育效果。此外，在课程设置方面，为更好地将不同族群的文化融入教育内容中，美国打破了设置单一民族文化课程的模式，而是围绕美国不同种族和民族重新组织课程内容。

（五）推动各民族间文化交流，但不强调同化

在一些倡导多元文化政策的多民族国家，通过创造民族交往的氛围，促进各民族间的交流与沟通，从而对民族和谐共存起到了积极作用。同时，这些国家并不强调交流过程中主体民族对少数民族的同化，而是努力创造民族文化多元共存的格局。长远来看，多元文化政策的推行将有助于不同民族文化的碰撞、对话与交流，产生异质文化间要素的流动，促进民族融合，进而给整个国家的发展增添活力。增加少数民族与主体民族之间的交流，也有助于少数民族提高素质和修养，使其更快融入社会大家庭。

在这方面比较典型的是澳大利亚，从同化政策向多元文化政策的转变成为当代澳大利亚社会现代化发展的重要步骤。澳大利亚政府为保持澳大利亚社会的文化同质性，曾在 20 世纪 50～60 年代推行了同化政策，试图以此消灭民族文化的多样性，使非英语移民在文化和生活方式上与英语移民及当地土著融合成一个单一民族。但随着民族文化多样性的不断发展，同化政策在 60 年代以失败告终。澳大利亚政府经过探索，从 70 年代开始推行多元文化政策，认可和鼓励民族文化的多样性，努力创造民族文化多元共存的格局，并取得了相当大的成功。

澳大利亚的多元文化政策尊重各民族的文化传统，创造多民族交往的氛围，

---

① 司金鹏：《浅谈美国多元文化教育》，《现代教育科学（普教研究）》2007 年第 5 期。

使少数民族在与主体民族交往中可以更客观地分析本民族文化的优劣，自觉地取长补短、相互学习与融合。在现代工业化、城市化深入发展的条件下，自由劳动力市场打破了民族界限，交通、通信的发展便利了社会和心理的交流，极大地改变了群体相互隔绝的状态。

美国在进行多元文化教育时，也特别注重不同民族学生间的交流与沟通工作，例如，举办民族集会节等交流活动，主要目的是联络感情，加强沟通，消除成见。

（六）充分借助民间力量促进民族和谐

不少国家在处理民族问题的过程中，民间力量都是一个很重要的因素。从部分国家民族矛盾激化的推动因素来看，西方政治势力利用一股民间力量进行意识渗透从而达到其民族、国家分裂目的的例子并不鲜见。为此，一些国家政府在处理民族问题时，也尝试从"民间"着手，通过正确引导，充分发挥民间力量在促进民族和谐方面的积极作用。

对于民族问题处理较好的新加坡来说，促进民族和谐的一个重要制度保障就是其基层社区组织。新加坡最大的基层组织是人民协会，其宗旨是促进种族和谐、社会团结，沟通政府与人民之间的关系。人民协会在各个组屋小区设"居民委员会"，由各族群的代表组成。除举办社区娱乐活动、排解邻里纠纷外，人民协会的一个重要功能就是为政府提供预警，一旦发现有族群间的不和，立即上报政府，将种族纷争化解于萌芽阶段。

在美国，对于一些少数族群成员在社会发展中面临的不利状况，美国主要不是通过政府政策来保护其群体的"政治权益"，而是通过民间或半官方的各种社会福利项目，对需要帮助的个人或群体予以救助和支持。这就使与族群相关的各种问题，主要以个体成员和个案的社会问题形式表现出来，而不表现为以整体族群为单位的政治问题。

二　国外处理民族问题的借鉴意义

各国处理民族问题的经验教训值得借鉴。在民族地区进行资源开发时，政府可通过让当地民众在项目中参股等手段，对民族地区进行适当的利益补偿；并通过植树造林、项目减排等措施，进行生态补偿。同时也要通过职业培训等，充分

吸纳当地劳动力。

处理宗教问题时，政府应通过对宗教团体的精神嘉奖等手段，发挥宗教组织的积极作用。淡化民族差异并强化国家意识有助于促进民族和谐，尤其是在法律、教育、官员选拔时，应维护公民权利平等。文化融合应该是双向的，不仅少数民族要学习汉族的文化，汉族也应学习少数民族的文化。

（一）民族地区资源开发应重视利益和生态补偿

我们在调研中发现，世界上不少国家的少数民族所在地都拥有各种丰富的自然资源，政府对这些地区经济扶持的最好方式就是合理开发当地资源，从资金、基建、技术等方面着手，将当地的资源优势转化为其经济效益，从而带动当地生活水平的提高。

首先，民族地区资源开发要建立利益和生态补偿机制，真正推动民族地区的经济发展。我们看到，部分国家的民族地区拥有丰富的自然资源，政府试图通过推动招商引资来发展当地经济，但反而引发少数民族对资源掠夺和环境破坏的担忧。以菲律宾棉兰老岛地区为例，尽管该地区矿产资源极其丰富，菲政府鼓励当地发展矿业，以提高少数民族生活水平；但由于政府与该地区穆斯林组织难以就利益分配问题达成协议，导致矿业复兴计划受阻。目前，该地区经济仍十分落后，并时常出现暴力事件。

因此，在进行资源开发时，除利用税收杠杆外，政府还可通过提高土地使用权转让费用、让当地民众在项目中参股等手段，对民族地区进行适当的利益补偿；并通过植树造林、做好项目减排等措施，进行生态补偿。

其次，扶持民族地区经济时还要注意调动当地的劳动生产力。从历史上看，南斯拉夫对民族地区的经济扶持就是一个反面例子。前南政府没有从落后地区的实际出发来提升落后地区的"造血"功能，对科技和人才的输入以及相关产业结构的调整不够重视，而是采取以注入资金为主的方式，不但造成许多资金的浪费，当地经济也未能得到改善，甚至使经济发达地区对这种"无偿援助"产生反感。

因此，推动民族地区经济发展时，要以政府支持与自力更生相结合，并以自力更生为主；应更多地通过职业培训等措施，来增加当地民众的就业，从而协调好经济发展与社会稳定的关系。

值得注意的是，解决少数民族地区的民生问题也要充分征求当地民众的意见，不能以主体民族的思路在少数民族地区办事。倘若扶贫工作没有从当地民众的实际需要出发，比如在游牧民族地区盖楼房来解决居住问题，就无法真正让少数民族享受到政策的实惠。

（二）应充分发挥宗教在社会发展中的积极作用

从多国实践来看，宗教力量若得到有效利用，不但不会导致民族问题，反而有助于调和民族矛盾，促进社会稳定发展。为此，应尊重信仰自由，并鼓励宗教组织和教徒在教育、科学、文化和社会福利方面发挥积极作用。

对不少民族来说，宗教信仰甚至高于物质追求，因此要坚持宗教信仰自由、各宗教平等对话的基本原则，通过强调宗教中倡导的一些价值观念在社会发展中的积极作用，引导各宗教积极参与解决公共事务问题，促进民族和谐。应该指出的是，尊重宗教信仰自由，并不代表要鼓励信教或帮助传教。在这方面，新加坡的做法值得借鉴。新加坡通过发表白皮书等形式，对宗教在社会发展中起到的积极作用予以肯定，对宗教团体对国家做出的贡献进行一一列举，并表示这类贡献将与日俱增。这些对宗教团体在精神上的嘉奖有时甚至比物质奖励更有效。

宗教间的对话有助于调和民族矛盾，因为许多民族矛盾是由于价值观不同引起的，而价值观是由信仰决定的。因此，应通过不同宗教文化间的对话以及宗教文化与非宗教文化的对话，来促进民族间的沟通与交流，和平解决民族矛盾。为促进宗教间相互理解与合作，新加坡还成立了宗教联合会，与世界各地有关组织建立联系。为促进宗教信徒相互了解和接触，新加坡还在学校开设《宗教教育》课程。

（三）应促进民族文化双向融合

文化融合是民族和谐共处的关键。在充分尊重少数民族历史文化传统的前提下，必须强调一个统一的多民族国家的整体历史观和传统意识，努力培养多民族统一国家的整体民族意识概念。融合的过程应该是双向的，在我国，不仅少数民族要学习汉族的文化，汉族也应学习少数民族的文化，形成双向交流与互动，推进共同文化。

首先，要形成双向文化融合的良性互动，不能简单地对少数民族进行同化。

我们看到，历史上苏联、日本等国都曾由于盲目推动文化整合，歧视少数民族的传统文化，强制要求少数民族接受主体文化，而引发少数民族的反抗。与此同时，部分国家则由于主体民族不尊重少数民族的文化传统，也不了解少数民族的生活习俗，误入其宗教信仰或传统的"禁区"，从而导致民族冲突。事实上，在一个多民族国家内，不仅需要深化少数民族的全民族概念意识，还需要对主体民族加强引导，让他们加深对少数民族的认知和理解，建立起更加和谐的族际关系，形成多民族统一国家的整体和谐的政治和社会氛围。为此，目前大部分民族问题处理得较好的国家都承认文化的多样性，并不刻意磨灭少数民族的文化传统。

其次，文化的融合是一个循序渐进的过程，其中加强教育是重要手段。目前大部分国家都强调通过对少数民族年轻一代的教育，向其灌输主体民族的思想，让少数民族逐步接受主体民族。但我们发现，这一过程也需要因势利导，应开展双语教育，在保留少数民族文化的同时，为少数民族融入主体社会和文化提供便利。随着官方语言的普及，根据市场的真正需求，再逐步减少少数民族语言的教学。从很多国家的经验可以看出，这是一个自然演变的过程，并不需要太多的政策介入。在这方面，墨西哥实施的"加强跨文化双语育计划"值得借鉴。

B.27

越南：社会转型中民族文化的本土发展与创新

黄 骏*

摘 要： 越南文化既兼容并蓄了东方传统文化与西方拉丁文明的特征，又有自己独特的民族地域风情。越南的革新开放和社会转型既给越南民族文化的本土发展与创新带来了机遇，同时也遇到了许多十分严峻的挑战。认真研究越南社会转型中民族文化的本土发展与创新，对于中国具有重要的借鉴意义。

关键词： 越南 社会转型 民族文化 发展创新

一 革新开放后越南的社会转型及民族文化本土发展创新面临的机遇和挑战

越南是一个多民族国家，共有 54 个民族。其文化既兼容并蓄了东方传统文化与西方拉丁文明的特征，又有越南民族地域风情。1986 年，越南实行革新开放，由计划经济向社会主义定向市场经济转型，这种转型引起的社会深刻变化既给越南民族文化的本土发展与创新带来了机遇，同时也遇到了许多严峻挑战。

（一）越南社会转型中民族文化本土发展与创新面临的机遇

1. 观念的更新为越南民族文化本土发展与创新带来了新的思路

革新开放后，人们思想冲破了传统观念的禁锢而得到解放，以一种更为务

---

* 黄骏，广西民族大学政治学与国际关系学院教授。邮编：530006。

实、灵活的态度来探索本国发展道路，比如社会主义定向市场经济的提出，强调越南正处于向社会主义过渡的社会转型阶段，要允许并充分利用小商品经济、私人资本主义、国家资本主义经济来为其服务。观念的更新不仅使人们在改革实践中敢于放开手脚，而且还改变了以往看问题的方式，为越南民族文化本土发展与创新带来新的思路。

2. 社会转型拓宽了越南民族文化本土发展与创新的空间

在传统计划经济时代，社会较为封闭，越南民族文化本土发展与创新的空间也比较狭小。而革新开放带来的社会转型打破了计划体制的约束，社会从封闭走向开放，人们不仅可以更好地了解外面的世界，加强与世界多元文化的交往，而且发展的自由空间也不断扩大，这无疑拓宽了越南民族文化本土发展与创新的空间。

3. 社会转型为越南民族文化本土发展与创新创造了有利条件

文化发展从来都受制于经济社会的发展，在经济社会发展落后的国家，民族文化的本土发展与创新往往难以摆脱发达国家文化霸权主义的支配而走出自己的路子。革新开放后，越南经济的快速增长一方面提升了国家的硬实力，为越南民族文化的本土发展与创新打下了相对较好的物质基础；另一方面也在社会转型和人民群众生活不断改善的过程中为越南民族文化的本土发展与创新培育出许多新的生长点，增强了越南民族文化的本土发展与创新的软实力。

（二）越南社会转型中民族文化本土发展与创新面临的挑战

1. 多元文化正在消解民族文化的凝聚力

革新开放前，由于越南社会相对比较封闭，各种外来文化产生影响的范围和程度都非常有限，人们的思想比较统一。革新开放后，国外各种不同文化纷至沓来，形成了对越南民族文化的强有力冲击，越南本土民族文化不再是社会生活舞台上唯一的重要角色，人们的价值观日益多元化，越南民族文化的凝聚力也在悄然消解。《南方人物周刊》2008 年第 20 期发表的一篇文章，题目就是《被撕裂的越南文化》。越南民族文化要想重新获得强大的凝聚力，难度很大。

2. 本土民族文化特色面临不断淡化的威胁

越南文化虽是对外来文化兼容并蓄的产物，但一直都保留着本土民族文化的鲜明特色。即使是当年法国殖民者在越南强行普及使用拉丁化拼音的"国语字"，越南民族主义者创造的越南现代拉丁化拼音文字也只是在拼写上借用了拉丁化的形式，以便简单好学，但在语法、词汇和拼读的声调上仍保留着本土民族文化的鲜明特色。今天，随着越南文化市场不断被大量外国文化产品所占领，人们对本土民族文化的记忆逐渐消退甚至变得有些陌生。如何使本土民族文化在激烈的市场竞争中仍然保持自身鲜明特色而不被淡化，同时还能具有强大的生命活力，无疑是对越南民族文化本土发展与创新的一大挑战。

3. 社会发展的不平衡正在不断加深"文化堕距"

社会学家威廉·奥格本认为，人类社会的非物质文化发展往往要滞后于物质文化发展，从而形成一种"文化堕距"。"文化堕距"过大，就会造成社会发展的严重失衡并带来许多难以解决的问题。革新开放后，越南发生了巨变，但制度建设还远远跟不上经济发展的步子，导致社会发展不平衡，贫富差距不断扩大，社会分化使得人们之间的疏离感悄然滋生，民族矛盾和宗教问题因此也不断凸显。2001 年和 2004 年在西原发生的少数民族暴乱事件虽然跟敌对势力插手有关，但也反映出当时越南社会发展的不平衡以及由此造成的主体民族与少数民族之间的紧张关系。如何协调好物质与非物质文化建设关系，有效解决因社会发展不平衡而不断加深的"文化堕距"以及由此导致的各种社会矛盾和冲突，这既是今后越南社会和谐稳定发展的头等重要问题，也是越南社会转型中民族文化的本土发展与创新不可回避的一个问题。

二　越南社会转型中民族文化本土发展与创新的路径

（一）发展民族经济，推动民族文化的本土发展与创新

没有经济的强有力支持，文化发展就会举步维艰。长期以来，越南人口最多的京族主要分布于城市和平原地区，经济和文化相对比较发达。少数民族大多生活在山区和边远地区，自然环境较为恶劣，加上生产力发展落后，群众生活贫困，这些地方民族文化的发展基本上也处于自生自灭的落后状态。革新开放后，越南逐渐意识到了这一问题的严重性，1989 年 11 月，越共中央政治局做出了《关于山区经济社会发展的一些重大政策路线的决议》（22 - NQ/TW 号决议）；1990 年 3 月，越南部长会议又出台了《关于山区经济社会发展的一些具体政策

路线的决定》（72 – HDBT 号决定），采取了一系列特殊的民族政策，将22 – NQ/TW 号决议具体化和制度化，这些政策推出后收到了明显成效，少数民族地区的经济发展得到国家重点支持，多项扶持计划和项目得到实施，山区和少数民族地区经济文化落后的状况逐渐改善。此后，为了进一步发展民族经济，促进少数民族地区社会各项事业的发展，2001 年越共九大在《越南2001 ~ 2005 社会经济发展方向、任务计划》中还提出，要将西原少数民族聚居区建设成"经济发达、国防稳固、可推动区域经济发展的地区"。2006 年越共十大政治报告也强调，要"实施好山区、边远地区、边境地区、革命根据地地区的经济社会发展战略"，"发展经济，关心物质和精神生活，消饥减贫，提高人民素质，保持和发扬各民族的文化特色、语言、文字和美好传统"。①

胡志明曾指出，文化不是在经济之外，也不是与经济平行的，"文化是在经济之中"。② 胡志明的这一思想也为今天越南强调发展民族经济、推动民族文化本土发展与创新的做法提供了最好的注解。

（二）弘扬传统民族文化，加大民族节庆与民族文化旅游的开发力度

越南1992 年颁布的宪法第5 条强调，要"保持民族特色，发扬美好的风俗习惯和传统文化"；越共从八大到十一大也都提出，要建设和发展具有浓郁民族特色的先进文化。

近几年，为了让年青一代更好地接受、学习和继承优秀的民族传统文化艺术，越南有关部门正在着手实施让民族舞台艺术进入学校的项目，并有意识地将一些散传于民间而逐渐被年轻人遗忘的民族特色文化向社会大力推广。比如，越南歌筹是古时越南人在祭祀、节庆、庙会、祝寿等场合演唱的一种歌舞，具有浓郁的越南北方民族特色。2007 年10 月，越南就在海洋省组织了第一届全国歌筹俱乐部联欢比赛。来自全国13 个省市的18 个歌筹俱乐部参加了比赛。比赛不仅有古词演唱，还有新词演唱和自选部分的演唱，演员们得以相互切磋歌筹表演技

---

① 《越南共产党第十次全国代表大会文件》，河内，国家政治出版社，2006，第121 ~ 122 页。
② 欧阳康：《在现代化进程中推进人与文化的良性健康互动——越南人学研究一瞥》，《哲学研究》2004 年第10 期，第87 页。

艺，人们也汇聚一起交流保护和弘扬歌筹文化的经验，探索歌筹文化如何才能在革新开放年代获得更好的发展。歌筹演唱比赛培养了一批年轻的歌筹演唱传承人，使得传统歌筹在今天又得到了越来越多人的关注和研究，2009 年歌筹被联合国教科文组织确认为急需保护的人类非物质文化遗产。

此外，经过长期大规模对西原一带各民族风情的认真调查和资料收集，2007年，越南文化研究院和 Fahasa 公司携手出版了 62 集 6 万多页的《西原史诗宝库》，展示了通过演唱和叙述形式存在于当地民间的既丰富而又在世界上罕见的民族史诗宝藏，为越南向联合国教科文组织申请西原史诗为人类口传杰作和非物质文化遗产创造了很好条件。

近些年，越南还举办了不少大型的文化旅游节，如胡志明市的"华人文化节"、和平省的"芒族文化节"、太原旅游节和安沛的"西北各民族文化体育节"等。这些文化节参加的人数众多，仅"华人文化节"就有数十万人，表演的演员 2000 人，19 场歌舞会和 200 多个节目吸引了大量国内外游客。2007 年 12 月的"芒族文化节"参加者则有越南 7 个省份的芒族群众以及全国各地的芒族代表。规模宏大的"芒族文化节"既有芒族群众艺术表演、传统庙会、民间游戏，也有芒族文化展览、芒族佳丽赛，还举办了"国家革新和融合时期芒族文化本色的保存和发展"研讨会等。这些民族文化节庆活动把传统文化与现代文化较好地融合到一起，既展示了今天越南特有的民族风情，吸引了越来越多的人对越南民族文化予以关注并产生浓厚兴趣，也带来了可观的经济效益。

为了开发民族文化旅游资源，1997 年 8 月，越南出台了关于各民族文化旅游村建设的 667/TTg 号文件。在完成了征地、总体规划建设和一些细节性的项目规划后，2007 年 5 月，越南各民族文化旅游村在河西省山西市开始动工，民族村区建设全部由国家财政出资，面积共 198 公顷，村区再现了越南民族分布状态、各民族的生产生活景观，在这里人们可以了解到越南 54 个民族的物质文化和非物质文化，包括村落建筑群、传统庙会、村落传统手艺、传统民族习俗等，民族村区的设施还有广场、公园、民族戏院、博物馆、展览室、民族产品展示和出售店铺、传统手工制作厂、民族商店、民族体育中心等。为了建好各民族文化旅游村，有关专家已多次开展田野调查并深入各民族村庄征求意见，以保证打造出来的各民族文化旅游村能真实反映越南各民族的文化及民俗风情。

（三）开展"全民团结建设文化生活"运动，推进文化乡村、文化街区和文化机关建设

民族文化本土发展与创新不是靠少数几个人就能完成的，而是需要全民族的共同参与，要有广泛的群众基础。早在1962年，越南文化部就在越南北方广泛开展"文化家庭"建设活动。其后这一活动一直在延续。截至2006年12月，越南全国登记参加这一活动的家庭户就占81.87%，其中达到文化标准的家庭户占72.58%，全国共有1300多万户获得"文化家庭"称号。① 2007年9月，为纪念"文化家庭"活动开展45周年，越南还召开了"第一次全国文化家庭优秀典范表彰大会"，900多名各民族"文化家庭"优秀典范代表出席了表彰大会。如今，越南又在开展"全民团结建设文化生活"运动，为此越南还成立了"全民团结建设文化生活"运动指导委员会，强调以弘扬爱国主义、民族自豪感、团结意识、淳风美俗和符合传统道德的生活方式等为主题，建设更多的文化乡村、文化街区和文化机关。

考察越南今天的一些文化乡村，人们可以欣赏到许多富有民族特色的传统工艺。在河内郊区的刺绣村，刺绣女们竟能刺绣出与古代皇服如出一辙的精细服饰，其手工之精巧丝毫不亚于古代专门制作皇服的工匠，被认为反映了传统工艺的真实水平，以至于世界各地不少博物馆都纷纷联系订购。离河内30公里的地方还有一个声名远扬的纺织村，该村已有近千年的纺织历史。村寨中央有一个介绍该村纺织历史的陈列室，村子的主干道旁，许多农户都在出售自产的纺织布料、成衣、围巾、桌布等，其纹样之丰富与手工之精巧细腻令人惊奇。据说该村纺织技艺中的秘诀只在本村代代相传。现在，纺织村已成为人们了解越南传统民族和民间纺织工艺的一个窗口，而该村纺织品中融入的文化、历史等非技术含量也已形成了其他同类产品不可替代的品牌效应。泰族竹器村离河内约100公里，这里不仅有泰族传统民居的木质结构房屋，而且每家都有许多编织得非常精巧的竹篾器物。在每家出售竹编器的摊位上，各种具有民族特色的竹编工艺品琳琅满目，有的还栩栩如生，十分惹人喜爱。苗族蜡染工艺村离河内大约300公里，该村传统蜡染工艺具有相当高水准，有旅游团到该村参观时，村民们便安排组织蜡染活动，向人们展示其独特的蜡染技艺。为使传统蜡染工艺进一步得到发扬光

---

① 参见越南《人民报》2007年9月29日。

大，现在每隔一段时间，还有民间手工艺组织的志愿者到该村指导产品的设计、配色以及缝纫技法的改良。

目前，越南每年都要花费大量人力、物力开展基层社区文化建设，文化乡村建设只是其中一个重要方面。有关部门经常深入基层开展民间艺术活动，如举办民间艺人技艺展演，组织培训、经验交流、演讲、比赛等，这些都为本土民族文化的发展与创新打下了良好的群众基础。

三 越南社会转型中民族文化本土发展创新存在的问题及其启示

当前越南民族文化的本土发展创新主要存在以下一些问题。

一是民族文化的本土发展与创新在一些方面还不能很好地适应现代社会的转型。例如，在引导人们树立正确的现代生活价值观方面，近几年越南一直都在强调要建设和发展具有浓郁民族特色的先进文化，先进文化当然应该能有效引导人们树立正确的现代生活价值观，而目前越南民族文化的本土发展与创新在这方面显然还没能发挥出其应有的作用。一个有目共睹的事实则是拜金主义、享乐主义普遍流行，文化和审美出现低俗化，不少人缺乏正确的现代生活价值观。在满足人们的精神生活需求方面，目前越南民族文化的本土发展与创新显然也还存在较大差距，不能为人们提供足够丰富的精神食粮，许多人很多时候只能转而在外来文化或封建迷信文化中寻找精神寄托和心灵家园。在增强民族凝聚力和提升国家软实力方面，虽然人们已经做出了很多努力，但效果似乎还不很理想，民族文化的本土发展与创新还不能很好地弥合不同民族的文化差异所产生的心理隔阂，也还不能充分彰显国家应有的文化软实力。

二是民族文化的本土发展与创新仍滞后于社会政治和经济的发展。革新开放后，越南经济发展速度惊人，政治改革也紧随其后推出了一系列新举措，引起了世人关注。相比之下，民族文化的本土发展和创新步子则明显跟不上社会政治和经济的发展。虽然早在 1962 年，越南文化部就在越南北方广泛开展"文化家庭"建设活动，如今越南还在开展"全民团结建设文化生活"运动，但其产生的社会影响远不能和经济、政治改革相比，而且民族文化的本土发展和创新也还不能很好地为当前的经济和政治改革服务，由此造成的"文化堕距"无疑还需

努力缩小。

三是民族文化本土发展的自主创新能力还比较弱。目前越南虽然也很重视民族文化的本土发展和创新，但由于适应现代社会转型的文化管理和培育体制还很不健全，导致民族文化本土发展和创新的内生活力不足，缺少"拳头型"产品，不能成为支柱性产业跻身全球文化市场。最能说明问题的也许是影视娱乐行业，现在越南国产故事片每年约10部，数量少且质量不高，卖座率远不如外来影片，中国香港武侠片和中国、韩国等外国影视剧似乎更受越南观众欢迎。越南的水上木偶戏本来很有特色也很有名气，有时甚至被邀请到国外演出，但如今在越南受欢迎的程度也大不如前，年轻一代对这种传统技艺感兴趣的越来越少。这跟水上木偶戏这种本土民族文化传统技艺缺乏发展和创新的后劲儿显然有关。

当前民族文化本土发展与创新存在的问题也给了我们以下几点启示。

一是民族文化的本土发展与创新要更好地适应现代社会的转型并较好地完成其应有的使命，一方面需要认真研究人民群众的现代文化消费需求，为人们提供足够丰富的精神食粮，满足现代社会人们的精神生活需求；另一方面必须注意打造具有民族传统文化特色的时代精神，引导人们树立正确的现代生活价值观。与此同时，民族文化的本土发展与创新还要注意弥合不同民族的文化差异所产生的心理隔阂，增强其在现代社会中对不同民族文化的整合功能，在做大、做强民族文化产业的同时有效地提升并充分彰显国家的文化软实力。

二是民族文化的本土发展与创新必须努力缩小与社会政治和经济发展不同步所出现的"文化堕距"状态，为此，必须重视民族文化产业的开发并加大对民族文化产业的投入，通过制度创新鼓励民族文化的本土发展与创新，强调在满足人民群众现代精神生活需求的同时必须更好地为今天的社会政治和经济发展服务，努力打造出一批反映民族精神与现代文明价值的文化品牌，推出更多的代表文化生产力较高素质、具有较强社会影响力和市场竞争力的文化服务项目。

三是为了有效提高民族文化本土发展的自主创新能力，必须改革不能适应时代发展要求的文化管理体制，使民族文化本土发展和创新具有更强的内生活力；要加强本土民族文化发展与创新人才的培养，努力探索民族文化本土发展中自主创新能力的有效培育机制，让更多人关心、重视并参与到民族文化本土发展与创新的行列，为民族文化的本土发展与创新打下坚实的基础并营造出一个更有利的内部环境。

大 事 记

Chronicle of Events

B.28
中国少数民族文化工作大事记
（2008～2010 年）

2008 年

1 月

1 月 10 日 中国首个研究摩梭人的文化机构——云南东方摩梭文化研究中心在昆明成立。

1 月 11 日 中国首套傣医药高等教育教材——《国家 21 世纪傣医本科教育规划教材》首发式在云南景洪举行，《中国民族医药杂志·傣医傣药》首发式同时举行。

1 月 12 日 国家"十一五"重点图书出版规划项目《苗族通史》首发式在湖南省湘西土家族苗族自治州举行。

1 月 15～18 日 由内蒙古自治区政府、蒙古国教文科部和中国驻蒙古国大使馆主办，中国·内蒙古自治区文化节在蒙古国乌兰巴托举办。

1月17日 国家民委、文化部联合下发《关于进一步加强少数民族古籍保护工作的实施意见》。

1月17~18日 由云南省社会科学院、楚雄彝族自治州人民政府和越南国家文化通讯研究院主办的红河流域民族文化与生态文明国际会议在云南省楚雄州举办。

1月21~22日 中部欧亚地区的民族问题国际学术报告会在北京举办。

1月23日 中国首部以土族历史文化和民族风情为题材的大型歌舞诗剧《彩虹部落》在青海西宁首演。

1月26日 文化部公布《第二批国家级非物质文化遗产项目代表性传承人名录》，确定民间音乐、民间舞蹈、传统戏剧、曲艺、民俗5类551名国家级非物质文化遗产项目代表性传承人，其中少数民族124人。

1月28~30日 中国少数民族哲学及社会思想史学会第四届理事会暨学术研讨会在云南昆明举办。

1月30日 中国民间文化遗产抢救工程重大项目——《中国唐卡艺术集成》示范本青海省"吾屯卷"在北京首发。

1月30日 中国民间文化遗产抢救工程重大项目——《中国傩文化集成》合作出版签约仪式在北京举行。

2月

2月9~24日 民族文化宫和浙江省杭州市文化产业促进会在杭州联合举办"中国少数民族文化风情节暨大型民族文化展演"，包括"中国藏传佛教文物精品展"、"中国少数民族乐器展"、"中国少数民族面具展"、"中国少数民族服饰展"四个专题展览和相关工艺演示，同时举办中国少数民族民间音乐舞蹈专场演出20余场。

2月19日 "甘肃省少数民族风情摄影展"在墨西哥举办。

2月24日 世界首个草原原生态儿童合唱团、中国首个少数民族儿童合唱团——五彩呼伦贝尔儿童合唱团首张专辑——《五彩传说，草原童年的歌谣》签售会在广东深圳举行。

2月28日 国家级非物质文化遗产项目少数民族代表性传承人在北京接受颁证。

中华民族艺术珍品评审专家委员会在北京成立。

新疆维吾尔自治区首届"签约作家"签字仪式在乌鲁木齐举行。穆哈默德·巴格拉希（维吾尔族）、夏木斯·胡玛尔（哈萨克族）、傅查新昌（锡伯族）等6个民族的18位作家成为首批签约作家。

3月

3月1日 国务院批准颁布首批《国家珍贵古籍名录》及"全国古籍重点保护单位"。全国208家单位的2392部古籍入选，其中少数民族文字古籍110部。内蒙古自治区图书馆、贵州省荔波县档案馆等民族地区图书馆（档案馆）入选首批全国古籍重点保护单位。

3月1～2日 "天籁之音——中国非物质文化遗产音乐选萃"音乐会在北京举办，演出曲目包括蒙古长调、土家族打溜子、朝鲜族民歌等多个少数民族民间优秀传统音乐。

3月22～25日 云南与中国民族学/人类学学术研讨会在云南昆明举办。

3月24日 国家新闻出版总署发布《关于下发2008年重点少数民族语言文字类音像电子出版物选题目录的通知》，60种少数民族语言文字类音像电子出版物（音像51种、电子出版物9种）被确定为2008年重点选题。

3月28日至4月3日 东北三省朝鲜族文化（艺术）馆舞蹈编导培训班在吉林延吉举办。

3月 云南省楚雄彝族自治州政府组织，州民委研发的《楚雄彝文笔画输入法》获国家知识产权局颁发的发明专利证书和计算机软件著作权登记证书。该输入法共收录彝文字8484个，是世界上收录彝文字最多的彝文电脑字库。

4月

4月1日至5月15日 由中国驻捷克大使馆、捷克国家画廊主办的"中国少数民族服装服饰展"在捷克布拉格举办。11月27日至12月11日，展览在塞尔维亚鲁马展出。

4月6～9日 第四届海峡两岸各民族欢度"三月三"节庆活动暨2008年中国畲乡"三月三"活动在浙江省景宁畲族自治县举办。

4月7日 北京中华民族博物院·土族博物馆建成。

4月7~8日 国家民委在海南海口举办全国民语委系统民族语文工作会议。

4月11日 全国彝文信息技术标准工作组成立大会在贵州毕节召开。

4月12~13日 国际人类学、民族学联合会第十六届世界大会国内学术筹备工作会议暨中国人类学民族学研究会年会在北京举办。

4月12日至5月12日 由中国民族博物馆、中国驻法国大使馆、巴黎民族风情园主办的"多彩中华"民族文化月活动在法国巴黎举办。

4月18日 《西藏青年》杂志创刊首发式在西藏拉萨举行。

4月24日 中国首个少数民族语言知识产权服务平台——中国蒙古文知识产权服务平台开通仪式在内蒙古呼和浩特举行。

4月26日 中国民族建筑研究会风格艺术专业委员会成立大会在北京召开。

《中国儿童百科全书》7种民族文字翻译出版协议在河南郑州签署。

4月28~29日 由中国作家协会、国家民委、云南省委宣传部主办的第五届全国少数民族文学翻译会议在云南景洪举办。

4月30日至9月20日 由中共中央统战部、国务院新闻办、国家民委、西藏自治区主办的"'西藏今昔'大型主题展"在北京民族文化宫举办。

5月

5月1~6日 由香港各界青少年迎奥运系列活动委员会、国家民委港澳台办主办的第二届"中华民族文化周"系列活动在香港举办,文化周以"民族共融,喜迎奥运"为主题。

5月3~6日 由天津市教委、中国少数民族舞蹈协会等主办的首届中华民族舞蹈创作发展论坛在天津举办。论坛包括全国少数民族舞蹈作品分析研讨会、"中华民族舞蹈发展图片展"、中国少数民族舞蹈经典作品鉴赏会等活动。

5月6日 西藏自治区出版发行物流中心开业,它填补了西藏原无出版物物流配送中心的空白。

5月9日 蒙古、藏、维吾尔、哈萨克、朝鲜5种民族语版《北京奥运会中学生读本》《北京奥运会小学生读本》首发式暨向边疆少数民族少年儿童赠书仪式在北京举行。

5月17~18日 首届全国民族院校教育信息化研讨会在北京举办。

5月23日　《中国少数民族古籍总目提要·锡伯族卷》首发式在新疆乌鲁木齐举行。

5月26日　教育部、国家语委民族语言文字规范标准建设及信息化科研项目《藏语语料库切分标注规范及其辅助工具研究》在青海西宁结项并通过鉴定。

5月28日　中国、蒙古国蒙古族长调民歌保护联合田野调查专家会议在内蒙古呼和浩特结束。中、蒙两国就联合开展长调民歌田野调查达成共识。8月22日，联合调查工作在蒙古国乌兰巴托启动。

5月30日　国家民委召开四川地震灾区羌族文化抢救和保护座谈会。

5月　由国家民委文化宣传司与国家体育总局群体司主办的少数民族传统体育运动会专家学者研讨会在贵州召开。

6月

6月7日　第二批国家级非物质文化遗产名录（510项）和第一批国家级非物质文化遗产扩展项目名录（147项）公布。188项少数民族项目入选第二批国家级"非遗"名录，51项少数民族项目入选第一批国家级"非遗"扩展项目名录。

6月8~18日　由文化部、新疆维吾尔自治区政府、国务院新闻办公室主办的首届中国新疆国际民族舞蹈节在乌鲁木齐举办。

6月11日至9月1日　文化部在北京举办中国非物质文化展演，展演节目包括羌笛演奏、藏族民间歌舞、"花儿"民歌等。

6月14~30日　由国家民委、文化部、国家文物局主办的"四川地震灾区羌族文化展"在北京民族文化宫举办。

6月16~20日　第七届全国"卧尔兹"演讲比赛在北京举行。

6月18日　国家民委在四川成都召开羌族文化灾后重建与保护专题座谈会。

6月19~21日　由中国民族卫生协会主办的首届中国民族卫生医药发展论坛在广西南宁举办。

6月23日　国家语言资源监测与研究中心少数民族语言分中心成立揭牌仪式暨首期项目启动论证会议在北京举办。

6月26日　首届少数民族诗歌翻译国际展示会在四川成都举办。

7月

7月3日 中华民族园·三都水族风情馆在北京开馆。

7月4日 西藏自治区藏医药产业发展协会成立大会及揭牌仪式在拉萨举行。

7月9~19日 以"共同歌唱民族团结"为主题的第五届世界合唱比赛在奥地利举办。中国贵州省民族民间文化保护促进会组织、黎平县侗族大歌合唱团表演的侗族大歌获表演民谣组金奖。

7月11~13日 海峡两岸CSNR全国第八届天然药物资源学术研讨会暨黔东南中药民族药产业发展论坛在贵州凯里举行。

7月15日 国家文物局、四川省政府在理县桃坪羌寨举行汶川大地震后民族地区启动的第一个文物抢救保护工程——"羌族碉楼与村寨抢救保护工程"开工仪式。

7月16日 中国最大的萨满文化博物馆在内蒙古自治区莫力达瓦达斡尔族自治旗建成。

7月18日至9月21日 由中国博物馆协会、中国工艺美术协会、中国文物保护基金会等主办的"中国少数民族艺术珍品展"在北京举办。

7月19~23日 第六届中国西部民歌（花儿）歌手邀请赛在宁夏银川举行。

7月20日 第七届全国民族医药学术大会在广西南宁召开。

7月23日 中国首个少数民族数字博物馆——"羌族文化数字博物馆"开通仪式在北京举行。

7月24~26日 六省区市藏文古籍工作第十次协作会在甘肃兰州举办。

8月

8月1日 宁夏回族自治区成立50周年大庆献礼工程、中国最完整的大型回族古籍资料——《回族典藏全书》出版。9月5日，该书首发式在银川举行。

8月6~24日 由文化部主办的中国非物质文化遗产传承技艺展演在北京民族文化宫举办。

8月8日 "台湾原住民歌舞团"在北京奥运会开幕式前文艺演出时段向世界展示台湾原住民歌舞《我们都是一家人》。这是唯一获邀在北京奥运会主场地鸟巢担纲演出的台湾表演团体。

8 月 11 ~ 15 日 第四届中国朝鲜族青少年音乐节在吉林延吉举办。

8 月 22 ~ 25 日 由中国民族医药学会和宁夏回族自治区卫生厅、民委、科技厅主办的全国回族医药学术研讨会在宁夏银川举办。

8 月 24 ~ 28 日 "20 年来中国非物质文化遗产保护的理论与实践学术研讨会"在湖北省长阳土家族自治县举办。

8 月 30 日至 9 月 8 日 由内蒙古自治区党委、政府主办的中国·内蒙古第五届国际草原文化节暨赤峰第三届红山文化节在赤峰举办，文化节期间举办了"中国·内蒙古第五届草原文化研讨会暨赤峰市第三届红山文化国际高峰论坛"等活动。

8 月 31 日至 9 月 1 日 第九次全国民族语文翻译暨全国民族译协会长、秘书长工作会议在西藏林芝举行。

9 月

9 月 1 ~ 3 日 科技部在青海西宁召开藏医药产业创新支撑平台建设工作研讨会。

9 月 2 日 中国广播电视协会少数民族广播电视研究委员会 2008 年会议在吉林延吉召开。

9 月 5 日 国家民委在北京举行抗震救灾民族好新闻颁奖仪式，为 19 位获奖者颁奖。

9 月 10 ~ 14 日 八省区蒙古语文工作协作小组第十四次成员会议在吉林长春举行。

9 月 12 ~ 14 日 中国西藏传统文化艺术收藏高层论坛在拉萨举办。

9 月 18 ~ 24 日 由国家民委、人力资源和社会保障部主办、国家民委文化宣传司筹办的民族医药高级研修班在北京举办。

9 月 20 ~ 21 日 由中国民族卫生协会、中国西藏文化保护与发展协会主办，中国（西藏）首届民族传统医药博览会在拉萨举办。

9 月 22 ~ 23 日 中国第二届蒙古学国际学术研讨会在内蒙古呼和浩特举办。

9 月 25 日 国务院新闻办公室发表《西藏文化的保护与发展》白皮书。

9 月 26 日 国家广电总局在北京举行捐赠仪式，向西藏和新疆两个自治区各捐赠 41 部 1009 集少数民族译制语电视剧。

9 月 26 ~ 27 日　全国侗族经济文化研讨会暨全国侗族文学学会年会在广西龙胜各族自治县举办。

9 月 26 日至 10 月 5 日　由国务院新闻办公室、国家旅游局、中国摄影家协会、贵州省政府主办的"第一届多彩贵州·中国原生态国际摄影大展"在贵州黔东南苗族侗族自治州雷山县、贵阳市举办，展览以保护民族文化多样性为主题。

9 月 27 日　首届新媒体与民族文化传播论坛在北京召开。

9 月 27 ~ 28 日　海峡两岸清代驻藏大臣与边疆治理学术研讨会在四川成都举办。

10 月

10 月 8 ~ 11 日　第二届全国少数民族青年自然语言处理学术研讨会在安徽合肥举办。

10 月 10 ~ 15 日　第二十四次全国藏语广播电视节目交换会暨第九届全国藏语广播电视节目评析会在青海德令哈举办。

10 月 11 ~ 14 日　第四次全国民族理论与民族政策教学研讨会在贵州贵阳举办。

10 月 12 ~ 14 日　国务院发展研究中心民族发展研究所、甘肃省民委民族宗教问题研究中心在兰州召开穆斯林与和谐社会研讨会。

10 月 12 ~ 16 日　西北五省（区）图书馆第九次科学研讨会在宁夏银川举办。

10 月 14 日　国家住房和城乡建设部、国家文物局下发《关于公布第四批中国历史文化名镇（村）的通知》。内蒙古自治区喀喇沁旗王爷府镇等 58 个镇被确定为中国历史文化名镇；云南省巍山彝族回族自治县永建镇东莲花村等 36 个村被确定为中国历史文化名村。

10 月 15 ~ 16 日　由中国民族理论学会主办的第九次全国民族理论学术研讨会在贵州贵阳举办。

10 月 16 日　中国民族博物馆·伊通满族分馆揭牌仪式在吉林省伊通满族自治县举行。

10 月 18 ~ 20 日　第十次全国民族地区图书馆学术研讨会在宁夏银川举办。

10 月 21 ~ 23 日　全国民族高校图书馆工作会议在辽宁大连举办。

10月21日　中国"'西藏今昔'图片展"在墨西哥举办。

10月30日至11月3日　国家民委副主任丹珠昂奔率队在云南开展少数民族文化工作专题调研。

11月

11月1～5日　全国民族文博发展战略研讨会暨中国民族博物馆合作网年会在江苏南京举行。

11月2～5日　第六届国际哈尼/阿卡文化学术讨论会在云南绿春举办。

11月3日　文化部下发《文化部关于命名中国民间文化艺术之乡的决定》，237个民族地区县、市（乡镇）入选。

11月3～6日　中国少数民族音乐学会第十一届年会暨少数民族音乐创新教育研讨会在北京举行。

11月8～10日　第三届国际西夏学研讨会在宁夏银川举办。

11月9～10日　贵州省苗学会第六次会员代表大会暨纪念苗学会成立20周年研讨会在贵阳举行。

11月12日　中国民族博物馆·逊克鄂伦春族分馆揭牌仪式在黑龙江逊克县举行。

11月14日　文化部审定通过《羌族文化生态保护实验区规划纲要》，四川、陕西两省羌族文化生态保护实验区授牌仪式在北京举行。

11月16日　由中国作家协会、国家民委主办的第九届全国少数民族文学创作"骏马奖"颁奖典礼在贵州贵阳举行。本届"骏马奖"设长篇小说，中、短篇小说，诗歌，散文，报告文学，文学理论、评论奖及人口较少民族文学作品特别奖，少数民族文学翻译奖八类。

11月23～27日　中国回族学会第十七次学术研讨会暨第三届会员代表大会在云南省寻甸回族彝族自治县举办。

11月27日　中国民族语言文字信息技术重点实验室学术委员会成立大会暨第一次工作会议在甘肃兰州召开。中国首个国家民委与教育部共建重点实验室——中国民族语言文字信息技术重点实验室，落户西北民族大学。

11月28日　国家新闻出版总署在北京召开少数民族文字出版工作征求意见座谈会。

11 月 29 日　中国敦煌吐鲁番学会少数民族语言文字专业委员会成立暨民族文献学术会议在甘肃兰州召开。

11 月 30 日　中国维吾尔古典文学和木卡姆学会成立大会在新疆乌鲁木齐举行。

11 月　中国少数民族作家学会代表会议在北京召开。

国家"十一五"重点文化项目《中国少数民族古籍总目提要》套书《哈尼族卷》《回族卷（铭刻类）》《柯尔克孜族卷》出版。

国家民委下发《国家民委关于建立少数民族古籍保护与资料信息中心和少数民族古籍文献人才培养与科学研究基地的通知》，决定全国少数民族古籍整理研究室在中央民族大学少数民族语言文学院建立"国家民委少数民族古籍保护与资料信息中心"，在西南民族大学古籍文献研究所建立"国家民委少数民族古籍文献人才培养与科学研究基地"。

国家民委下发《关于编制少数民族文字古籍定级标准的通知》，决定由民族文化宫组织负责编制《少数民族文字古籍定级标准》，该项目是中国首次编制国家级行业定级标准。

12 月

12 月 8 ~ 10 日　中标普华藏文 office 软件应用专家高级培训班在上海举办。

12 月 11 日　东北三省蒙古族教育教学研究会第二十一次专题研讨会议暨研究会成立 20 周年庆典在黑龙江杜伯特蒙古族自治县召开。

12 月 13 ~ 21 日　由中国西藏文化保护与发展协会主办的"吉祥哈达——西藏大型文化艺术展"在上海举办，这是新中国成立以来最大规模的西藏文化艺术展。

12 月 17 ~ 19 日　《藏文大辞典》编纂出版工作会议在北京举办，《藏文大辞典》编纂顾问委员会、编纂委员会、学术委员会正式成立，标志中国历史上最大规模的藏语文百科工具书的编纂工作全面展开。

12 月 22 ~ 24 日　首届中国漠河北方少数民族服饰歌舞展演在黑龙江漠河举办。这是黑龙江省首次举办的跨省区少数民族歌舞服饰展演。

12 月　中国民族图书馆申报的 2008 年度国家社会科学基金项目——《藏文古籍元数据著录标准化研究》获准立项。

2009 年

1 月

1 月 8 日 联合国开发计划署（UNDP）驻华代表处任命中国新音乐代表人物朱哲琴为 2009～2010 年 UNDP 中国亲善大使，并发起"中国少数民族文化保护与发展亲善行动"。

1 月 9 日 中国作协鲁迅文学院举办的第十届中青年作家高级研讨班（首个少数民族文学翻译家班）结业。

1 月 16 日 "天边的彩云——中国美术馆馆藏少数民族题材美术展"开展。

1 月 29 日 教育部在清华大学组织召开技术鉴定会，"多体蒙古文（混排汉英）印刷文档识别暨统一平台少数民族文字识别系统"通过技术鉴定。该系统为全球首款在统一系统框架中支持蒙古、藏、维吾尔、哈萨克、柯尔克孜、朝鲜以及阿拉伯文的双向印刷文档识别系统。

2 月

2 月 9～23 日 由文化部、国家发展和改革委员会、国家民族事务委员会等 14 个非物质文化遗产保护工作部际联席会议成员单位和北京市人民政府共同举办的中国非物质文化遗产传统技艺大展系列活动在北京举行，活动包括中国非物质文化遗产传统技艺大展、中国传统技艺产品展销订货会、中国传统烹饪和副食加工技艺展演、元宵节民俗踩街活动、非物质文化遗产生产性方式保护论坛五个部分。

2 月 12～13 日 由中国社会科学院民族学与人类学研究所、国家民委、教育部（国家语委）等单位主办的羌族语言文化抢救与保护规划座谈会在北京举行，会议就进一步落实《羌族文化生态保护实验区规划纲要》中抢救、保护、传承羌族语言文化的具体措施和方案进行讨论。

2 月 16～27 日 由国家古籍保护中心、云南省图书馆举办的第二期全国民族语文古籍鉴定与保护研修班在云南昆明举办。

2 月 21 日 由中国驻塞使馆、贝尔格莱德民俗博物馆举办的"锦衣华

韵——中国少数民族服装服饰展"在塞尔维亚贝尔格莱德开展。

2月24日至4月30日 由国家民委、国务院新闻办、中央统战部等单位共同主办的"西藏民主改革50年"大型展览在北京民族文化宫展出。这是中国首个以西藏民主改革为主题的大型展览。

2月28日 "纪念西藏民主改革50周年演出周"在北京开幕。

3月

3月3~5日 由云南省民族文化基金会、云南省彝学会等单位主办的首届中国彝族祭祖节暨云南省第六届彝学学术研讨会在巍山彝族回族自治县举行。

3月18日 由中国藏学研究中心主办,纪念西藏民主改革50周年学术研讨会在北京召开,会议围绕西藏民主改革的过程和内容、民主改革在西藏发展史的地位和意义等问题进行研讨。

3月27日 纪念西藏百万农奴解放50周年座谈会在北京人民大会堂召开。

3月29日 第五届海峡两岸各民族欢度"三月三"节庆活动在四川成都举行,86名台湾少数民族同胞与大陆各民族代表、西南民族大学各民族师生共度节日。

4月

4月10日 由云南大学西南边疆少数民族研究中心与泰国清迈大学社会科学与可持续发展区域研究中心(RCSD)共同筹办的中国西南及东南亚大陆的边疆、生计和区域化发展国际学术研讨会在云南大学召开,会议围绕"边疆问题与区域性发展"等八个主题进行研讨。

4月13日 国务院新闻办公室发表中国首份《国家人权行动计划(2009~2010年)》。这是中国首次制定的以人权为主题的国家规划。该《计划》指出要促进少数民族文化发展。

4月16日 全国土司文化研讨会在广西壮族自治区忻城县召开,会议就土司文化的地位、影响和作用等进行研讨。

4月16~17日 新疆民族研究与考古新发现学术研讨会在北京举行。

4月22日 "贵州少数民族美术展览"在奥地利布尔根兰州开展。

4月23~30日 第二届中国蒙古舞蹈大赛暨第二届内蒙古电视舞蹈大赛在

呼和浩特举办，内蒙古、北京、甘肃等省区市和蒙古国、俄罗斯、日本等国家的230部作品参赛。

4月25～27日 第二届中国民族卫生医药发展论坛在广西南宁举行。

4月 《民族文学》增办蒙古、藏、维吾尔3个少数民族文字版本。

由国家民委文化宣传司、中国社会科学院文化研究中心合作编写的《中国少数民族文化发展报告（2008）》由民族出版社出版，这是我国首部反映少数民族文化发展的蓝皮书。

5月

5月5日 由中国驻荷兰使馆举办的"进步的中国——中华人民共和国成立60周年·西藏民主改革50周年"图片展在荷兰海牙市开展。

5月7日 国家"十一五"重点文化项目《中国少数民族古籍总目提要（羌族卷）》和全国少数民族古籍重点出版项目《羌族释比经典》出版并举行首发座谈会。

5月8日 国家民委在全国设立的首个少数民族古籍文献人才培养与科学研究基地在西南民族大学揭牌。

5月13日 "藏、维、彝民语语音参数数据库"通过鉴定。该项目为教育部、国家语委民族语言文字规范标准建设及信息化项目，由中国社会科学院民族学与人类学研究所、西藏语委、新疆大学和西南民族大学共同完成。

5月16～17日 由中南民族大学、中国少数民族审美文化研究中心等单位主办，首届全国少数民族审美文化学术研讨会在湖北中南民族大学举行。

5月18日 "大美青海走进希腊"中国青海民族民间文化艺术展在希腊雅典展出。

5月23日 中华慈善总会I Do儿童基金宣布启动"少数民族儿童艺术关注计划"。

6月

6月1～13日 由文化部、四川省人民政府、联合国教科文组织主办的第二届中国成都国际非物质文化遗产节在四川成都举行。遗产节以"多彩民族文化，人类精神家园"为主题。

6 月 8 日　中国首个盟市级电视台蒙古语综合频道在内蒙古通辽正式开播。

6 月 10 日　国务院总理温家宝主持召开国务院常务会议，讨论并原则通过《关于进一步繁荣发展少数民族文化事业的若干意见》。这是新中国成立以来国务院关于少数民族文化工作的首份文件。7 月 5 日，国务院印发《关于进一步繁荣发展少数民族文化事业的若干意见》。

6 月 12～13 日　全国少数民族文化工作会议在北京举行。这是新中国成立以来召开的第一次全国少数民族文化工作会议，会议强调，要牢牢把握社会主义先进文化前进方向，促进少数民族文化建设与全国文化建设协调发展，促进民族团结、实现共同进步，更加自觉、更加主动地推动社会主义文化大发展大繁荣。

6 月 12～14 日　文化部在京举办"中国非物质文化遗产展演——少数民族传统音乐舞蹈专场"演出。展演汇集全国 10 个省区市 14 个少数民族传统音乐舞蹈类国家级非物质文化遗产名录项目。

6 月 20 日　人民网推出维吾尔、哈萨克、彝、壮四种少数民族文字网页及藏、维吾尔两种文字手机报。至此，人民网蒙古、藏、维吾尔、哈萨克、朝鲜、彝、壮等七种少数民族文字网页全部上线。

6 月 22 日至 7 月 22 日　由国家民委、内蒙古自治区人民政府、广西壮族自治区人民政府、宁夏回族自治区人民政府、新疆维吾尔自治区人民政府主办的"新中国成立 60 周年内蒙古、广西、宁夏、新疆成就展"在北京民族文化宫举办。

6 月 30 日　由国际人类学与民族学联合会第 16 届大会组织委员会主办的"国际人类学与民族学联合会 60 周年回顾展暨中国人类学民族学百年历程展"在昆明开展。

7 月

7 月 2 日　由新华社和中国移动携手打造的少数民族语言手机报——"维吾尔文新闻早晚报"在新疆乌鲁木齐正式开通。

7 月 11～12 日　第六届中国·内蒙古草原文化主题论坛在内蒙古呼和浩特举办。

7 月 11～13 日　第六届中国蒙古族服装服饰艺术节暨蒙古族服装服饰大赛在内蒙古呼和浩特举办。

7月16日　第六届全国卫拉特蒙古历史文化学术研讨会在内蒙古自治区鄂温克族自治旗召开。

7月23日　第五届全国民间法民族习惯法学术研讨会在贵州凯里举行。

7月24日　由世界大会组委会主办，中国民族博物馆、云南大学协办的"多彩中华——中国的少数民族展"、"世界本土文化展"、"研究机构及个人学术展"、"国际人类学与民族学图书展"四个展览在云南昆明开展。

7月27～31日　由国际人类学与民族学联合会主办、中国人类学民族学研究会承办的国际人类学与民族学联合会第十六届大会在云南昆明举行。大会围绕"人类、发展与文化多样性"的主题开展交流，并就人类发展路径的选择、文化多样性保护等重大问题发表了《昆明宣言》。

8月

8月1日　《人民日报》藏文版在西藏自治区和四川、甘肃、云南、青海等省藏区正式出版发行。

8月6日至9月18日　由中国博物馆学会等单位主办的第二届中华民族艺术珍品文化节在北京举行。

8月7日　首届全国民族辞书编辑出版学术研讨会在宁夏银川开幕。

8月10日　"2009桂台少数民族交流周"在广西桂林启动，80多名海峡两岸的少数民族同胞参加交流活动。

8月12日　由中国艺术研究院等单位主办，首届中国彝剧国际学术研讨会在云南省楚雄彝族自治州开幕。

8月15～17日　中国民族文学60年学术研讨会在内蒙古通辽举办。

8月16日　中国首份以原生态民族文化为研究对象的专业学术期刊——《原生态民族文化学刊》创刊。

8月16日至9月18日　第二届中华民族艺术珍品文化节在北京举行。

8月18～26日　由文化部、内蒙古自治区人民政府主办的第十一届亚洲艺术节在内蒙古鄂尔多斯举行。这是亚洲艺术节创办以来首次在中国中西部地区举办，也是首次在中国少数民族地区举办。艺术节期间举办的首届中国少数民族非物质文化遗产展演集中展示了中国55个少数民族的非物质文化遗产。

8月23日　历时7年、总投资3.8亿元的西藏布达拉宫、罗布林卡和萨迦寺

3 大重点文物维修工程正式竣工。

8 月 25 日至 9 月 17 日　由中央统战部、中央外宣办、国家发展改革委、国家民委等单位主办的"内蒙古、新疆、广西、宁夏、西藏自治区成就展"在北京民族文化宫展出。"平息乌鲁木齐'7·5'打砸抢烧严重暴力犯罪事件纪实图片展"同时开展。

8 月 31 日至 9 月 3 日　第 13 次全国民族语文翻译学术研讨会在广西桂林举行。

9 月

9 月 11 日　"2009 年度国家广电总局向西藏、新疆捐赠千集少数民族译制语电视剧仪式"在京举行。

9 月 12 日　中国作协《民族文学》杂志举行蒙古、藏、维吾尔 3 种少数民族文字版本创刊信息发布会。中国唯一的国家级少数民族文学刊物实现多民族文字同时刊发。

9 月 15 日　中国首个专门研究少数民族作家和文学的基地——中国少数民族文学馆在内蒙古呼和浩特开馆。

9 月 18～21 日　中国民族民间体育开发研究会 2009 年年会暨民族民间体育教学创新研讨会在宁夏大学举行。

9 月 21 日至 10 月 5 日　以中央民族大学、西南民族大学学生为主体的大陆少数民族青年学生文化艺术交流团在台湾进行文化艺术交流。

9 月 23 日　第七届中国舞蹈"荷花奖"民族民间舞大赛颁奖晚会在贵州贵阳举行。大赛共收到全国各地的节目 300 余个，涵盖 31 个民族，参赛作品民族风格浓郁、时代气息强烈、地域特色鲜明，反映了民族团结、和谐发展的时代风貌和民族民间文化艺术的蓬勃发展。

9 月 28 日　由中央宣传部、中央统战部、国家民委联合主办的《爱我中华——民族团结专题晚会》在中央电视台第一套播出。这是新中国成立 60 年来首次播出的民族团结专题晚会。

在阿拉伯联合酋长国召开的联合国教科文组织保护非物质文化遗产政府间委员会第四次会议上，中国申报的包括侗族大歌、格萨（斯）尔、热贡艺术、藏戏、玛纳斯、朝鲜族农乐舞、呼麦等少数民族非物质文化遗产项目在内的 22 个项目入选"人类非物质文化遗产代表作名录"，羌年、黎族传统纺染织绣技艺等 3 个项目入选"急需保护的非物质文化遗产名录"。

10 月

10 月 9 日　由中国文联、中国摄影家协会共同主办的《中华全家福——56 个民族共同走过》大型摄影展览在北京开幕。

10 月 11 日　文化部、国家民委和中国文联在人民大会堂召开《中国民族民间十部文艺集成志书》全部出版总结表彰大会。

10 月 13～18 日　在第 61 届德国法兰克福书展上，国家民委组团参加了中国主宾国活动并举办中国少数民族图书展。国内 20 多家民族出版单位的 23 种民族文字图书和汉文、英文少数民族题材图书 140 余种、近 200 册参展。这是中国首次在国外全面展示民族出版成果，也是中国少数民族图书首次集体参加国际书展。

10 月 17 日　民族文化宫成立 50 周年庆典在北京举行。

10 月 17～19 日　由首都师范大学、故宫博物院、中国西藏文化博物馆和中国西藏文化保护与发展协会等单位主办的第四届西藏考古与艺术国际学术研讨会在北京举行。

10 月 19～22 日　中国回族学会第 18 次学术研讨会在河南郑州举行。

10 月 22～23 日　由中国国务院新闻办公室、意大利意中基金会和中国驻意大利使馆主办，第二届中国西藏发展论坛在意大利罗马举行，论坛通过并发表《罗马声明》。

10 月 22～26 日　由联合国教科文民间艺术国际组织（IOV）主办，IOV 中国分会承办，首届中国（九寨沟）濒危文化遗产保护论坛在四川省阿坝藏族羌族自治州举办。

10 月 22 日　第二届海峡两岸少数民族丰收节在福建厦门举行，来自海峡两岸的 130 多位少数民族同胞参加。

10 月 26 日　首家互联网民族外宣频道——中国网"民族频道"上线新闻发布会在国家民委举行。

10 月 30 日　中国首部全面、系统地研究朝鲜族移民史的大型专著——《中国朝鲜族移民史研究》研讨会在北京举行。

11 月

11 月 2 日 中国首家傣文网站（http：//www.dw12.com）在云南省西双版纳傣族自治州开通。

11 月 5 日 由广西民族大学、越南社会科学院社会学研究所、越南老街省文化体育旅游厅举办的中越跨境瑶族经济与文化交流国际学术研讨会在广西民族大学召开。

11 月 6 日 文化部等八部委下发《关于支持西藏古籍保护工作的通知》和《西藏古籍保护工作方案》。

11 月 10 ~ 11 日 庆祝中国蒙古语标准音确定 30 周年研讨会暨成立中国蒙古语标准音示范基地仪式在内蒙古锡林郭勒盟举行。

11 月 12 ~ 22 日 中国文学艺术界联合会、中国民间文艺家协会举办的"中国民族民间服饰文化暨中国民间文化遗产抢救工程成果展"在北京举办。

11 月 15 日 全国彝语术语标准化工作委员会成立大会在西南民族大学举行。

11 月 22 日 中国民族文化旅游产业高峰论坛在广东省连南瑶族自治县举行。

11 月 23 ~ 30 日 四川省羌族文化展演团在台湾进行文化交流。

11 月 26 日 由中国驻意大利大使馆和佩斯卡拉市政府联合主办，"'锦衣华韵'中国少数民族服装服饰展"在意大利佩斯卡拉开幕。展览汇集藏、蒙古、高山等中国 33 个少数民族的 43 套典型服装。

11 月 28 日 "首届仫佬族依饭文化节"在广西罗城仫佬族自治县开幕。这是仫佬族首次举行大规模依饭节庆祝活动。2006 年，依饭节民俗活动被列入第一批国家级非物质文化遗产名录。

11 月 28 ~ 29 日 中国民族建筑研究会第四届会员代表大会暨第十二届民族建筑学术年会在北京举行。

12 月

12 月 1 日 由国家民委、中国国际经济技术交流中心、联合国开发计划署主办的少数民族和民族地区综合扶贫示范项目少数民族文化产业开发研讨会在贵州凯里开幕。

"2009 中国民族体育发展高峰论坛"在福建武夷山举行。

12月2～6日　中国少数民族传统造纸技术调查和保护现场会议暨第二届东亚纸张保护项目协调会在贵州贵阳召开。

12月5日　全国首届扎鲁特历史文化学术研讨会在内蒙古呼和浩特召开。

12月8日　海峡两岸少数民族族谱对接恳亲会在福建漳州举行。

12月11日　由国家民委、宁夏回族自治区人民政府主办的"全国回族书画精品展"在北京民族文化宫开展。

西藏古籍保护工作座谈会在北京举行。

12月12～15日　"第二届中国北方少数民族歌舞服饰展"在黑龙江漠河举办，满、朝鲜、蒙古等12个民族的11支代表队参加展演。

12月18日　黎族文化中日学术研讨会在海南五指山召开。

12月18～22日　由台湾"中央研究院"语言学研究所和佛光大学佛教学系主办、中国社会科学院西夏研究中心协办的西夏语文与华北宗教文化国际学术研讨会在台北召开。

12月19～22日　2009怒江"阔时"文化旅游节暨首届云南少数民族酒歌大赛在怒江傈僳族自治州泸水县举行。这是中国首次举办以酒歌、酒舞、酒诗、酒画、酒品为一体的少数民族酒文化活动。

12月20日　由中国民族博物馆、中央民族大学、外交学院举办的"多彩中华——中国各民族音乐会"在北京上演。音乐会以中国少数民族音乐风格为主，融入汉族传统乐器与作品，首次全方位、全新角度展示了中国优秀的民族民间音乐文化。

12月21日　由全国台联主办的"台湾少数民族历史文化展"在北京民族文化宫开幕。这是大陆首次大规模、比较系统全面地介绍台湾少数民族历史文化的大型主题展览。展览以"揭开原住民族神秘面纱，展现丰富多彩人文内涵"为主题，共分历史、文化、生活三个方面。

12月23日　国家民委在中央民族干部学院召开大型综合丛书《民族问题五种丛书》修订再版总结大会。《民族问题五种丛书》是《中国少数民族》《中国少数民族简史丛书》《中国少数民族语言简志丛书》《中国少数民族自治地方概况丛书》《中国少数民族社会历史调查资料丛刊》的总称。原版丛书401本，修订后364卷本。《民族问题五种丛书》再版工作于2005年7月启动，2009年7月完成。

12 月 26 日　全国民族文化数字化保护与传承研讨会在北京召开，会议围绕当下文化多元价值取向和情感诉求以及民族文化保护、传承和发展问题进行讨论。

2010 年

1 月

1 月 1 日　广西首个面向海外播出的电视频道——广西电视台国际频道正式开播。

1 月 6 日　国家民委副主任丹珠昂奔接见中国作家协会鲁迅文学院第十二届少数民族中青年作家高级研讨班的全体学员。

1 月 8 ~ 9 日　史诗《玛纳斯》保护与研究全国学术研讨会在乌鲁木齐举行。

1 月 29 日　我国第一部壮族民歌出版物——《壮族民歌 100 首》首发仪式在南宁举办。

1 月　《新中国成立 60 周年少数民族文学作品选》（6 卷 20 册）由作家出版社出版。

2 月

2 月 6 日至 5 月 16 日　"黄金旺族——内蒙古博物院文物精品特展"在台北故宫博物院举办。

2 月 18 ~ 28 日　精品唐卡展在雍和宫举办。

中华民族全家福图片展在法国巴黎举办。

2 月 27 日　全国少数民族非物质文化遗产项目调演在北京民族文化宫大剧院开幕。本次调演汇聚了全国 20 个省（自治区、市）的 20 余个少数民族的近 20 名国家级非物质文化遗产项目代表性传承人和近 2000 名少数民族同胞。

2 月　中国西安穆斯林风情文化盛典活动在马来西亚马六甲州举办。

3 月

3 月 2 日　"神秘水族，魅力三都——中国水族文化旅游节"启动仪式在上海举行。

3月12日 《哈萨克族经典歌曲宝库工程——天鹅之歌》DVD、VCD光碟和新疆少数民族民间文化工程叙事长诗系列《哈萨克民间达斯坦》（第一卷）和《哈萨克阿依特斯选集》（第一卷）汉译版在乌鲁木齐出版发行。

3月21～23日 由上海世博会执行委员会、贵州省政府主办的"世博论坛·和谐城乡互动发展"西江世博论坛在贵州省雷山县西江千户苗寨举行。

3月28日 中国藏学研究中心西藏文化博物馆开馆仪式暨"雪域宝鉴——见证西藏历史、弘扬藏族文化"大型主题展览在北京举行。

3月 国家民委全国少数民族古籍整理研究室组织编纂的国家"十一五"重点文化项目——《中国少数民族古籍总目提要（土家族卷）》由中国大百科全书出版社出版。

《中国少数民族古籍总目提要（维吾尔族卷）》完成编撰工作。至此，新疆专家学者承担的塔吉克族、塔塔尔族、俄罗斯族、锡伯族、柯尔克孜族、维吾尔族、哈萨克族、乌孜别克族8个少数民族的古籍总目提要已全部完成编撰工作。

4月

4月4日 全国仡佬族代表和贵州省务川仡佬族苗族自治县上万名仡佬族群众齐聚该县仡佬源头——天主坳，举行仡佬族祭天朝祖大典。

4月20～21日 首届国际贝叶文化研讨会在云南西双版纳傣族自治州举行。

4月25日至5月5日 中国民族高等院校文化教育交流团在美国举办"多彩中华——2010民族文化周"。

4月28日至5月2日 国家民委组织西北民族大学52名师生在澳门举办澳门第一届青少年民族文化节系列活动。

4月 全国首家瑶医药高等教育科研机构——瑶医药学院在广西中医学院成立。

5月

5月1日 拉萨人民广播电台举行开播仪式。这是中国最年轻的省会城市广播电台。

5月12日 全国少数民族作家2010改稿班暨蒙古文作家翻译家座谈会开幕式在内蒙古自治区呼和浩特市举行，来自全国各地的蒙古、藏、维吾尔、土家、苗、朝鲜、达斡尔等20多个民族的60余位作家、文学爱好者参加。

5 月 17～18 日 当代黎族文学研讨会在海南省澄迈县举行。这是海南第一次召开黎族文学专题研讨会。

5 月 24～28 日 宁夏回族自治区第七届少数民族传统体育运动会在银川举办，1000 多名运动员、教练员参加，运动会设花炮、珍珠球、武术、民族式摔跤等 10 多个竞赛项目和 12 个表演项目。

5 月 31 日 锡伯族"西迁节纪念活动暨沈北新区建设锡伯族文化生态保护区"论坛在辽宁沈阳召开。

5 月 新疆维吾尔自治区首次全疆范围内古籍普查登记工作启动。

6 月

6 月 5 日 中国哈拉达斡尔族画家村在黑龙江省齐齐哈尔市梅里斯达斡尔族区哈拉新村民族博物馆举行揭牌仪式。

6 月 8 日 全国朝鲜族摔跤邀请赛在延边大学举行，来自辽宁、黑龙江、重庆等省市的 4 支代表队参加。

6 月 12 日 海南省第二届黎族织锦大赛在海南省博物馆举行，来自五指山市、东方市、保亭黎族自治县等 9 个少数民族市县的织锦选手 61 人参加。

6 月 22 日 新闻出版总署在其网站上发布《民族文字出版专项资金资助项目管理暂行办法》，对我国少数民族文字出版专项资金资助项目的立项、申报、评审、结项、验收等工作进行全面规范。该办法于 2011 年 1 月 1 日起施行。

6 月 24 日 第四届北京民族博览园暨北京民族酒歌节启动仪式在京举行。

6 月 26～30 日 第三届贺兰山岩画艺术节在银川市举行。

6 月 27 日 第四届中国撒拉族旅游文化节在青海省循化撒拉族自治县开幕。

6 月 29 日 《中国贝叶经全集》出版座谈会暨新闻发布会在北京举行。这是我国南传上座部佛教经典有史以来第一次大规模的全面汇集。

7 月

7 月 11～16 日 第四届全国少数民族曲艺展演在贵阳举行，参加展演的 36 个节目分别来自贵州、内蒙古、宁夏、广西、西藏、新疆、湖北、湖南、吉林、云南、甘肃、四川、天津、青海、福建 15 个省和自治区。

7 月 15 日 中国作家协会《民族文学》三都创作基地在贵州省三都水族自

治县挂牌成立。这是《民族文学》在全国建立的第七个创作基地。

7 月 17～23 日　第二届中国少数民族戏剧会演在宁夏回族自治区银川市举行。

7 月 18～24 日　第二届中国（宁夏）国际文化艺术旅游博览会在银川举行。

7 月 22 日　中国大百科全书出版社出版的《中国少数民族古籍总目提要》达斡尔族卷、鄂温克族卷、鄂伦春族卷在呼和浩特市首发。

7 月 28～30 日　黑龙江省第八届少数民族传统体育运动会在佳木斯市举行，600 多名少数民族运动员参加。

7 月 28 日至 8 月 1 日　甘肃省第七届少数民族传统体育运动会在酒泉举行，1096 名运动员参加了 7 个大项、73 个小项的比赛。

7 月 30 日至 8 月 1 日　甘肃·青海·宁夏三省（区）穆斯林摄影家作品展在甘肃省艺术馆举办。

7～9 月　第十一届中国·呼和浩特昭君文化节在呼和浩特举办。

8 月

8 月 3 日　"中国·凉山彝州论坛——古彝文化探源国际研讨会"在四川省凉山彝族自治州召开。

8 月 4～10 日　第六届中国·凉山彝族国际火把节在四川省凉山彝族自治州举行。

8 月 10～12 日　海南省第四届少数民族传统体育运动会在三亚市举行。

8 月 11～18 日　首届国际那达慕大会在内蒙古自治区鄂尔多斯市举行，来自中国、埃及、德国、印度、日本、韩国、越南、蒙古、俄罗斯 9 个国家的体育代表团和中国澳门、中国台北以及北京、鄂尔多斯等 9 个省、市、自治区的体育代表团参加。

8 月 13～16 日　中国土家文化高峰论坛暨纪念潘光旦先生 111 周年诞辰学术研讨会在重庆市酉阳土家族苗族自治县举行。

8 月 16 日　我国首家侗锦博物馆——湖南侗锦博物馆在湖南省通道侗族自治县皇都侗文化村建成开馆。

8 月 18 日　吐谷浑与丝绸南路文化研讨会在青海省都兰县举行。

8 月 20～24 日　辽宁省第七届少数民族传统体育运动会在锦州举行，全省55 个少数民族近 1400 人参加了 14 个竞赛项目的比赛、3 类表演项目的表演。

8 月 21 ~ 28 日　北京市第八届少数民族传统体育运动会在丰台区世界公园举行，来自全市 16 个区县的 18 个代表团（队）共 8000 余名各族体育健儿参赛。

9 月

9 月 2 ~ 6 日　河北省第八届少数民族传统体育运动会在承德举行，运动会共设珍珠球、木球、蹴球、毽球、秋千、射弩、陀螺、押加、高脚竞速、板鞋竞速、武术、民族式摔跤 12 个大项、72 个小项。

9 月 6 ~ 10 日　第十一次全国民族地区图书馆学术研讨会在新疆维吾尔自治区乌鲁木齐市举行。

9 月 7 ~ 10 日　首届"五彩神箭杯"国际民族传统射箭邀请赛暨达顿文化节在青海省黄南藏族自治州尖扎县举办，蒙古、波兰、韩、英、德、法和澳大利亚 7 支国外参赛队和北京、内蒙古、江苏、云南、四川、西藏、新疆、甘肃 8 支国内参赛队及 15 支省内参赛队参加。

9 月 10 日　贵州省第七届少数民族传统体育运动会在贵阳举行，近 4000 人参加。

9 月 10 ~ 14 日　陕西省第五届少数民族传统体育运动会在榆林市举行，全省 10 个市和高校的 15 个代表团参加武术、摔跤（回族式绊跤）、花样跳绳、蹴球、板鞋竞速、高脚竞速、押加、射弩 8 个项目的比赛。

9 月 11 日　河南省第六届少数民族传统体育运动会在济源举行，竞赛项目共 8 大项、28 个小项，表演项目 28 项。

9 月 14 ~ 20 日　广东省第四届少数民族传统体育运动会在韶关学院体育馆举行，36 个民族、1458 名运动健儿参加。

9 月 20 ~ 26 日　湖北省第七届少数民族传统体育运动会在宜昌市长阳土家族自治县举行。

9 月 21 日　《中国朝鲜族音乐文化史》出版座谈会在北京民族出版社举行。该书是 55 个少数民族出版的第一本本民族的音乐文化史专著。

9 月 25 ~ 29 日　四川省第六届少数民族艺术节在成都举行。

9 月 30 日　"第四届中国·贵州·凯里原生态民族文化艺术节暨镇远古城文化旅游艺术节"在贵州省黔东南苗族侗族自治州镇远县举行。

10 月

10 月 16 日　国家民委少数民族古籍保护与资料信息中心在中央民族大学正式挂牌成立。

10 月 16 日至 11 月 16 日　"今日西藏"大型图片影视展在美国南加州圣盖博市举办。

10 月 20 日　我国首家斯拉夫蒙古文新闻中心——索伦嘎新闻中心在内蒙古自治区成立。

10 月 24～26 日　我国首家以西藏新闻传播事业为研究范围的"西藏新闻传播与社会发展研究所"挂牌成立。

10 月 25 日至 11 月 6 日　"多彩中华"——中国民族服饰展演团在美国展演。

10 月 28 日　我国首个专为拉祜族（苦聪人）设立的历史文化博物馆在云南省镇沅彝族哈尼族拉祜族自治县建成开馆。

11 月

11 月 2～7 日　湖南省第七届少数民族传统体育运动会在郴州举行，全省 1416 名运动员参加。

11 月 4～6 日　安徽省第六届少数民族传统体育运动会在蚌埠市举行，比赛项目有蹴球、押加、高脚竞速、毽球、武术、民族式摔跤 6 个竞赛大项、50 个小项。

11 月 10 日　2010 全国首届藏医高级研修班结业典礼在北京藏医院举行。

11 月 12 日　2010 中国民族电影回顾展在中央民族大学举行。

11 月 16～23 日　云南省第九届少数民族运动会在普洱市举行，来自全省 18 个代表团 28 个少数民族的 2668 名运动员参加。

11 月 22～26 日　浙江省第四届少数民族传统体育运动会在丽水市举行。

11 月 26 日　武陵山区（湘西）土家族苗族文化生态保护实验区授牌仪式在湖南省吉首市举行，这是文化部批准设立的我国第六个国家级文化生态保护实验区，也是湖南省第一个国家级文化生态保护实验区。

11 月 26～29 日　首届全国民族医药养生保健学术研讨会在怀化举行，来自湖南、云南、广西、湖北、山东、安徽等 7 个省区市，包括汉、侗、苗、壮、瑶

等十几个民族在内的民族医药专家、教授、民间医药秘方传承人在内的200多人参加。

11月28日 中华瑶医药发展论坛暨北京瑶医医院开业庆典在北京举行。

12月

12月1日 中国哈萨克语广播网上线，同时，中央人民广播电台哈萨克语广播节目也从过去每天播出4个小时延长到现在的7个小时。

青海人民广播电台藏语频率制作的安多方言藏语广播登陆中央人民广播电台藏语频率，每天播出时间为1个小时。

12月4日 第一届东北亚民族文化论坛在中央民族大学举办。

贵州省水家学会受贵州省人事厅、黔南布依族苗族自治州人事局的委托，首次对贵州省的水族水书翻译专业职务任职资格进行评定。

12月14~15日 第三次全国少数民族古籍工作会议在北京举行。

12月21日 国家民委主办的2010年民族新闻宣传优秀专题专栏颁奖仪式在京举行。

（中国民族图书馆供稿）

《中国少数民族文化发展报告（2014）》
征稿启事

文化蓝皮书《中国少数民族文化发展报告》由国家民委文化宣传司与中国社会科学院文化研究中心合作编写，是我国民族文化发展领域综合性、前沿性的学术研究报告集。目前已经出版两本（《中国少数民族文化发展报告（2008）》《中国少数民族文化发展报告（2012）》），受到广泛关注。

《中国少数民族文化发展报告》重点关注的领域包括：少数民族文化理论与政策、少数民族文化发展的国家战略、民族地区文化体制改革、民族地区公共文化服务体系建设、民族地区现代传媒业和文化产业发展、非物质文化遗产保护、少数民族语言文字保护和发展、民族地区教育和科技发展。

《中国少数民族文化发展报告（2014）》将于2014年初出版。我们真诚邀请您为本书赐稿（栏目介绍见附件）。来稿应是未公开发表的稿件，须有摘要，关键词，作者介绍，每篇以6000~10000字为宜，特殊情况下不超过15000字。注释格式和参考文献格式参见《中国少数民族文化发展报告（2012）》。

我们也真诚欢迎您同时为《中国少数民族文化发展报告（2014）》推荐其他撰稿人。

稿件一经采用发表，我们即向撰稿人支付稿酬并寄送样书，稿酬标准不低于140元每千字（税前，按实际发表数字计）。杰出稿件稿酬从优。

1. 请于2013年6月1日前确定稿件题目或写作大纲，并将"回执"通过电子邮件发至文化蓝皮书《中国少数民族文化发展报告（2014）》编辑部。

2. 稿件完成后，请于2013年9月15日前通过电子邮件发至《中国少数民族文化发展报告（2014）》编辑部（中国社会科学院文化研究中心901室）。

我们收到"回执"或稿件后将及时回复您。

《中国少数民族文化发展报告（2014）》栏目介绍

　　总报告：本栏目由总课题组撰写，重点展示我国少数民族文化发展的新成就，以及"总课题组"对我国少数民族文化政策与发展战略问题的深度研究与战略思考。

　　年度专稿：本栏目稿件，展示国内优秀学者对于我国少数民族文化政策与理论发展创新的最新研究成果和理论洞见。

　　宏观视野：本栏目探索少数民族文化发展前沿话题或理论热点，研究宏观经济社会环境对少数民族文化发展的影响，解读政策内涵，总结发展成就，预测发展趋势，提出对策见解。

　　年度主题：本栏目的年度主题是"文化产业与民族地区文化发展"，旨在通过民族地区文化产业发展的个案研究、区域文化产业发展现状与趋势研究、民族地区文化产业人才培养、民族地区文化产业集聚研究、民族地区文化产业发展环境研究等维度，从不同视角揭示文化产业发展对民族地区文化创新发展的深层影响。

　　年度聚焦：本栏目的聚焦点是"边境民族地区文化建设"，侧重从边境民族地区文化发展的政策创新、公共文化服务体系建构的路径创新、边境民族地区文化建设与国家文化软实力的提升等多种角度探讨边境民族地区文化建设的国家战略。

　　区域报告：本栏目从不同层面、不同角度集中反映我国民族地区（省、自治区、市、地、州、盟等）少数民族文化发展的总体现状和特点。

　　田野调研与案例研究：本栏目反映我国少数民族文化发展研究领域的田野调查和案例研究的最新成果，以个案方式展示我国少数民族文化发展的动态。

　　国外经验：本栏目研究国外处理少数民族文化发展问题的经验与教训，为我国少数民族文化发展提供借鉴。

联系方式

《中国少数民族文化发展报告（2014）》编辑部

联系地址：北京市建国门内大街 5 号中国社会科学院文化研究中心 901 室

电子邮件：ssmzwh@126.com　　　　邮　　编：100732

联系人：惠　鸣　　　　　　　　电话（传真）：010 - 85195547

回执样式

撰稿人姓名	
工作单位	
合作人姓名	
工作单位	
稿件题目或写作大纲	
电话	
电子邮箱	
联系地址	

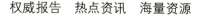

社会科学文献出版社 **皮书系列**

"皮书"起源于十七、十八世纪的英国，主要指官方或社会组织正式发表的重要文件或报告，多以"白皮书"命名。在中国，"皮书"这一概念被社会广泛接受，并被成功运作、发展成为一种全新的出版形态，则源于中国社会科学院社会科学文献出版社。

皮书是对中国与世界发展状况和热点问题进行年度监测，以专家和学术的视角，针对某一领域或区域现状与发展态势展开分析和预测，具备权威性、前沿性、原创性、实证性、时效性等特点的连续性公开出版物，由一系列权威研究报告组成。皮书系列是社会科学文献出版社编辑出版的蓝皮书、绿皮书、黄皮书等的统称。

皮书系列的作者以中国社会科学院、著名高校、地方社会科学院的研究人员为主，多为国内一流研究机构的权威专家学者，他们的看法和观点代表了学界对中国与世界的现实和未来最高水平的解读与分析。

自 20 世纪 90 年代末推出以经济蓝皮书为开端的皮书系列以来，至今已出版皮书近 800 部，内容涵盖经济、社会、政法、文化传媒、行业、地方发展、国际形势等领域。皮书系列已成为社会科学文献出版社的著名图书品牌和中国社会科学院的知名学术品牌。

皮书系列在数字出版和国际出版方面成就斐然。皮书数据库被评为"2008~2009 年度数字出版知名品牌"；经济蓝皮书、社会蓝皮书等十几种皮书每年还由国外知名学术出版机构出版英文版、俄文版、韩文版和日文版，面向全球发行。

2011 年，皮书系列正式列入"十二五"国家重点出版规划项目；2012 年，部分重点皮书列入中国社会科学院承担的国家哲学社会科学创新工程项目；一年一度的皮书年会升格由中国社会科学院主办。

法 律 声 明

　　"皮书系列"（含蓝皮书、绿皮书、黄皮书）由社会科学文献出版社最早使用并对外推广，现已成为中国图书市场上流行的品牌，是社会科学文献出版社的品牌图书。社会科学文献出版社拥有该系列图书的专有出版权和网络传播权，其 LOGO（ ）与"经济蓝皮书"、"社会蓝皮书"等皮书名称已在中华人民共和国工商行政管理总局商标局登记注册，社会科学文献出版社合法拥有其商标专用权。

　　未经社会科学文献出版社的授权和许可，任何复制、模仿或以其他方式侵害"皮书系列"和 LOGO（ ）、"经济蓝皮书"、"社会蓝皮书"等皮书名称商标专用权的行为均属于侵权行为，社会科学文献出版社将采取法律手段追究其法律责任，维护合法权益。

　　欢迎社会各界人士对侵犯社会科学文献出版社上述权利的违法行为进行举报。电话：010 - 59367121，电子邮箱：fawubu@ ssap. cn。

社会科学文献出版社